CODE CIVIL

PAR DEMANDES ET RÉPONSES

TOME III

Tout exemplaire non revêtu de la signature de M. Prosper Rambaud et de l'un des éditeurs sera réputé contrefait.

Tous Droits de traduction réservés par l'auteur.

7529-83. — CORBEIL. Typ. et stér. CRÉTÉ.

CODE CIVIL

PAR

DEMANDES ET RÉPONSES

PAR

PROSPER RAMBAUD

DOCTEUR EN DROIT, RÉPÉTITEUR DE DROIT

SIXIÈME ÉDITION

TOME TROISIÈME

COMPRENANT LES MATIÈRES DU TROISIÈME EXAMEN

(Articles 1387 à 2281)

PARIS

DELAMOTTE FILS ET Cte	CHEVALIER-MARESCQ
LIBRAIRES-ÉDITEURS	LIBRAIRE-ÉDITEUR
53, QUAI DES GRANDS-AUGUSTINS, 53	20, RUE SOUFFLOT, 20

1884

AVIS AU LECTEUR

Lorsque ce livre fut publié pour la première fois, un des plus éminents professeurs de la Faculté de droit de Paris, M. Valette, voulut bien l'honorer de son patronage. Ceux qui ont connu ce grand jurisconsulte savent quelle bonté sans limite s'alliait, chez lui, à une droiture, à une fermeté antique, à une science juridique qui a exercé une influence si considérable.

La mort est venue l'enlever à cet enseignement du Droit qu'il avait préféré à toutes les dignités. Mais on comprendra que nous n'ayions rien voulu changer à la forme de la préface qui va suivre, et qui, en même temps qu'elle explique la méthode adoptée par nous, est un juste hommage de reconnaissance à la mémoire vénérée de M. Valette.

PRÉFACE DE LA DEUXIÈME ÉDITION

A M. VALETTE

PROFESSEUR A LA FACULTÉ DE DROIT DE PARIS

Vous avez bien voulu, mon honoré et savant maître, accepter l'hommage de ce travail; ce qui est pour lui une sorte de patronage. Cet encouragement que vous lui avez donné, vos conseils, vos critiques, votre bienveillance, ont été d'un grand prix pour moi. Je m'honore d'avoir à vous en remercier publiquement.

Ainsi que je vous l'ai exposé, ce livre n'est pas destiné à remplacer les cours; il doit servir, au contraire, à leur donner plus d'attrait et plus d'utilité, en y préparant l'esprit des jeunes gens. Il facilite la connaissance du droit; mais il n'a pas été fait pour dispenser d'une étude plus complète et plus étendue. Je me suis inspiré de cette maxime de Bacon « que les jeunes gens et les débutants doivent être préparés par des livres élémentaires, avant d'aborder l'étude approfondie du droit. » *Præparandi sunt juvenes et novitii ad scientiam et ardua juris altius et commodius haurienda et imbibenda, per institutiones.* — Ces livres élémentaires, ajoutait Bacon, doivent être clairs et faciles : ils doivent parcourir toutes les parties du droit ; ne rien omettre d'important, et observer sur tous les points une juste proportion.

C'est ainsi qu'un savant jurisconsulte, qui eut l'honneur d'être chargé de l'enseignement du droit criminel à la Faculté de Paris, M. Le Sellyer, appréciait ce livre lorsqu'il parut, il y a deux ans, pour la première fois : « Le livre de M. Rambaud, écrivait-il dans la *Revue bibliographique de droit*, est l'application de la règle tracée par Bacon. Il est clair, il parcourt tout le droit civil, ne garde le silence sur aucune partie, ne s'étend pas trop sur d'autres, présente de toutes un choix succinct ; et lorsque le *juvenis*, le *novitius*, ce sont les expressions de Bacon, qui se le sera assimilé, commencera l'étude approfondie du corps des lois, rien ne sera entièrement nouveau pour lui, tout lui aura été enseigné par avance dans une proportion exacte et mesurée. Ainsi préparé par ce livre substantiel et élémentaire, il pourra, plus à fond et avec plus de facilité, puiser la science du droit et se pénétrer de ses notions les plus ardues. »

Voué depuis longtemps à l'enseignement du droit,

j'apprécie autant que personne le mérite des traités qui ont été déjà publiés sur le Code civil. Mais je sais par expérience combien est dangereuse pour les débutants la multiplicité des détails qu'on y rencontre, et quelles difficultés ils éprouvent à reconnaître, dans un sujet traité avec trop de développements, les principes qui le dominent et qui forment un corps de doctrine. C'est dans cette pensée que je me suis efforcé de leur offrir un livre vraiment élémentaire, renfermant la substance de l'enseignement officiel, et destiné tout à la fois à préparer aux cours et à faciliter les examens ; convaincu que la notion claire et bien ordonnée des éléments du droit est éminemment propre à éveiller dans l'intelligence une noble curiosité, à faire naître le goût et l'attrait d'une étude plus approfondie.

Voilà pourquoi, mon honoré et savant maître, j'ai recherché vos suffrages. Votre enseignement que tant de générations ont recueilli avec empressement, votre autorité doctrinale qui a tant contribué à maintenir l'antique renommée de la Faculté de Paris, me faisaient désirer d'autant plus de les obtenir que je suis attaché à cette Faculté par le lien d'une profonde reconnaissance pour mes anciens maîtres.

Il me reste maintenant à dire quelques mots sur la méthode que j'ai employée.

Suivant l'exemple de M. Pigeau, une des gloires de la Faculté de Paris, j'ai adopté la forme de demandes et réponses. M. Pigeau motivait ainsi l'adoption de cette forme : « J'ai préféré, dit-il dans son *Introduction à la procédure civile*, la forme par demandes et par réponses à la forme ordinaire, conseillée par plusieurs personnes, parce qu'elle est plus propre à inculquer les principes dans la mémoire; que, d'ailleurs, la plupart des étudiants s'examinant entre eux pour se préparer à l'examen sur la procédure, cette forme est plus commode pour leur faciliter cet exercice. »

Je puis donc invoquer en faveur de ma méthode l'opinion de M. Pigeau, comme j'ai, sous d'autres rapports, celle de Bacon. Toutefois, j'ai cru devoir apporter quelques modifications à cette méthode, en évitant de multiplier les demandes, et en ayant soin de les formuler, autant que possible, d'une façon brève et concise, de manière à ce qu'elles signalent à l'attention du lecteur les points importants de la matière, sans tomber dans des redites oiseuses et puériles.

J'ai suivi l'ordre et les divisions du Code. En tête de chaque titre, j'ai placé une exposition du sujet; mais je l'ai faite, à dessein, très sommaire. J'ai indiqué, sous l'énoncé de chaque chapitre, les articles du Code qui s'y réfèrent; et j'ai ensuite cité successivement chacun des articles à la suite des réponses qui en forment le commentaire. Dans les questions controversées, j'ai exposé brièvement les systèmes les plus autorisés.

L'ouvrage forme trois volumes qui embrassent tout le droit civil, et qui comprennent chacun la matière d'un examen.

Outre les changements et les additions opérés dans le cours de l'ouvrage, on trouvera, dans cette édition, des renvois aux auteurs les plus suivis et aux décisions les plus importantes de la jurisprudence.

Prosper RAMBAUD,

DOCTEUR EN DROIT, RÉPÉTITEUR DE DROIT.

Paris, Octobre 1883.

CODE CIVIL

PAR DEMANDES ET RÉPONSES

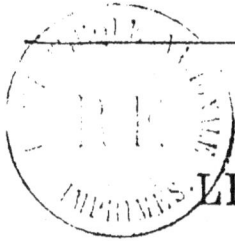

LIVRE TROISIÈME

(SUITE.)

Dans le premier volume de cet ouvrage, nous nous sommes occupé des personnes et des biens, qui forment la matière des livres I et II du Code.

Dans le second volume, nous avons étudié les modes généraux d'acquisition et de transmission des biens, qui sont contenus dans les quatre premiers titres du livre III du Code.

Il nous reste maintenant à examiner les règles particulières qui régissent chaque contrat, ainsi que celles qui concernent les privilèges et hypothèques et la prescription. — C'est là l'objet de ce troisième et dernier volume.

Ainsi, nous traiterons successivement :

TITRE   V. — Du contrat de mariage.
TITRE   VI. — De la vente.
TITRE   VII. — De l'échange.
TITRE   VIII. — Du louage.
TITRE   IX. — De la société
TITRE   X. — Du prêt.
TITRE   XI. — Du dépôt et du séquestre.
TITRE   XII. — Des contrats aléatoires.
TITRE   XIII. — Du mandat.

LIVRE III, TITRE V

Du contrat de mariage.

DÉCRÉTÉ LE 10 FÉVRIER 1804. — PROMULGUÉ LE 20 DU MÊME MOIS.

On peut considérer l'association conjugale sous deux points de vue différents : les personnes des époux, et leurs intérêts pécuniaires. De là deux contrats distincts : le mariage proprement dit, et le contrat de mariage.

Nous avons exposé, dans le titre V du livre I, les règles qui concernent le mariage proprement dit.

Nous allons maintenant examiner le contrat qui a pour but de régler les intérêts pécuniaires des époux. — Sur ce point, tout en suivant l'ordre des articles du Code, nous avons adopté des divisions plus méthodiques. En conséquence, nous traiterons dans l'ordre suivant des différentes matières qui rentrent dans le contrat de mariage.

Chap.   I. — Dispositions générales.

Chap.   II. — De la communauté légale.

Chap.   III. — De la communauté conventionnelle.

Chap.   IV. — Du régime sans communauté.

Chap.   V. — Du régime de séparation de biens.

Chap.   VI. — Du régime dotal.

CHAPITRE PREMIER

DISPOSITIONS GÉNÉRALES.

Articles 1387 à 1398.

Qu'est-ce que le contrat de mariage ?

Le contrat pécuniaire de mariage est une convention rédigée par acte notarié, dans laquelle deux personnes qui veulent s'unir par le mariage réglementent leurs intérêts pécuniaires.

Le contrat de mariage ne peut avoir d'existence sans le mariage lui-même. Ce dernier est le contrat principal ; l'autre est le contrat accessoire. Au reste, il existe entre eux des différences importantes. — En effet, le mariage est un contrat moral qui a en vue la personne des époux, et dont les règles ne peuvent être fixées que par l'autorité législative, parce qu'il fait naître des droits et des devoirs qui touchent à l'ordre public ; tandis que le contrat pécuniaire de mariage est, comme tout autre contrat pécuniaire, abandonné au libre arbitre des contractants, sauf quelques restrictions qu'on verra plus loin. En un mot, la loi seule parle dans le mariage, seule elle règle l'union des personnes ; tandis que, dans le contrat pécuniaire, les parties déterminent elles-mêmes les clauses de leur association.

Seulement, comme il serait difficile aux époux de prévoir et de régler par avance tous les points de leur association pécuniaire, le législateur a formulé quatre séries de règles, quatre types principaux et distincts, appelés *régimes*, entre lesquels ils ont à choisir celui qu'il leur convient d'adopter.

Ainsi, on entend par *régime*, l'ensemble des règles qui s'appliquent à chacune des formes du contrat de mariage. (Art. 1387.)

Quels sont les quatre régimes du contrat de mariage ?

Les quatre régimes principaux et essentiellement distincts que le Code offre au choix des époux sont :

1° Le régime de communauté.

2° Le régime sans communauté.

3° Le régime de séparation de biens.

4° Le régime dotal.

I. *Régime de communauté.* — Ce qui caractérise ce régime, c'est qu'une portion des biens des époux forme un patrimoine commun, destiné à être partagé entre eux après la dissolution de la communauté, et que le mari administre avec les pouvoirs les plus étendus. — La communauté peut être légale ou conventionnelle. Elle est *légale*, lorsque les époux ont entendu suivre toutes les règles de la communauté telles que la loi les a formulées. Elle est *conventionnelle*, lorsqu'ils ont voulu déroger à certaines règles, tout en conservant le principe d'un patrimoine commun. Ajoutons dès maintenant que le législateur a indiqué lui-même les modifications les plus importantes qui pourraient être apportées à la communauté légale.

II. *Régime sans communauté.* — Sous ce régime, tous les biens des deux époux restent séparés ; mais le mari a seul l'administration et la jouissance des biens de la femme, sous la condition de subvenir aux charges du mariage. — Ce régime est le moins usité de tous dans la pratique, car il présente des avantages trop excessifs pour le mari.

III. *Régime de séparation de biens.* — Sous ce régime, tous les biens des époux restent également séparés, mais la femme conserve la jouissance et l'administration de son patrimoine. — Au reste, le régime de séparation de biens peut résulter non seulement d'une convention antérieure au mariage, mais aussi d'une décision judiciaire intervenue au cours de l'union conjugale.

IV. *Régime dotal.* — Sous ce régime, tous les biens des deux époux restent encore séparés : ceux de la femme se divisent en biens paraphernaux et en biens dotaux. Elle garde la jouissance et l'administration des *biens paraphernaux*, comme sous le régime de séparation de biens ; mais le mari a la jouissance et l'administration des *biens dotaux*. En outre, ces derniers sont inaliénables et imprescriptibles.

Les époux peuvent adopter, rien qu'en le désignant, celui de ces régimes qu'ils veulent. Le Code ne leur en impose aucun : il se borne à les présenter à leur choix, et à mettre sous leurs yeux les règles qui les régissent. Ce n'est pas à dire cependant qu'il ne manifeste aucune préférence entre ces divers régimes ; mais cette préférence ne nuit en rien à la liberté des époux.

Quel est le régime que la loi préfère ?

Le régime que la loi préfère est celui de la communauté légale. — En effet, il résulte de l'article 1393 que le régime de la communauté légale forme le droit commun en France, et qu'il régit les époux qui n'ont pas manifesté expressément la volonté de s'y soustraire, en adoptant un autre régime. — Mais ce n'est pas sans peine qu'il a fini par triompher. *Portalis* et *Malleville* étaient partisans de la dotalité; cependant l'opinion de *Treilhard* prévalut, et le régime de la communauté devint le régime français par excellence.

Plusieurs motifs paraissent avoir assuré à ce régime la préférence du législateur. D'abord, la communauté légale s'est définitivement constituée et développée sur le sol français. En second lieu, elle semble particulièrement conforme à la nature même du mariage. Les époux, qui sont unis dans une complète association de leurs existences par un lien indissoluble, doivent être également unis dans une même espérance de bonne ou de mauvaise fortune. Enfin, le régime de communauté intéresse davantage la femme à la prospérité du ménage, parce qu'elle doit profiter des augmentations du patrimoine commun.

Les futurs époux peuvent-ils combiner ensemble plusieurs régimes ?

Oui ; les futurs époux peuvent non seulement adopter celui des divers régimes qu'il leur plaît, mais ils peuvent aussi combiner ensemble plusieurs de ces régimes, en prenant l'un pour base de leur association, et en y ajoutant une ou plusieurs règles empruntées à un autre. — Ainsi, en adoptant le régime dotal pour base de leur association, ils peuvent mettre en communauté les gains et les économies qu'ils pourront réaliser pendant le cours du mariage.

Au surplus, la loi ne se contente pas de laisser aux intéressés la liberté de choisir entre les divers régimes et de les combiner entre eux ; elle les autorise, en outre, à mettre dans leur contrat toutes les stipulations qu'il leur plaît, et même des clauses qui ne sont pas prévues dans le Code, à l'exception de certaines clauses qui seraient contraires aux principes généraux qui président à l'organisation de la famille. (Art. 1387.)

Quelles sont les clauses interdites aux époux ?

Les clauses que la loi interdit aux époux d'insérer dans leur contrat de mariage sont celles qui seraient contraires :

1° Aux bonnes mœurs ;

2° Aux droits résultant de la puissance maritale et paternelle ;

3° Aux droits appartenant au survivant des époux ;

4° Aux droits appartenant au mari comme chef de l'association pécuniaire ;

5° A l'ordre des successions et aux dispositions prohibitives du Code ;

6° Enfin elle interdit les clauses qui tendraient à faire revivre d'anciennes coutumes abrogées par les lois nouvelles.

I. *Clauses contraires aux bonnes mœurs.* — Quelle que soit la latitude que le législateur ait entendu laisser aux futurs époux, il est évident qu'elle devait s'arrêter devant le respect dû aux bonnes mœurs. Ainsi, il est clair que les époux ne pourraient pas stipuler la faculté de se créer des ressources au moyen de l'adultère, ou en exerçant une profession déshonnête. — Mais il sera quelquefois assez difficile de reconnaître si une clause doit être prohibée comme immorale. C'est là une question de fait que les juges auront à apprécier (1).

II. *Clauses contraires à la puissance maritale et paternelle.* — Les clauses du contrat de mariage ne peuvent porter atteinte aux droits que le mari possède à raison de la puissance maritale dont il a été investi par la loi. Il ne peut jamais abdiquer en faveur de sa femme, ou même partager avec elle cette autorité. — Ainsi, les époux ne peuvent pas stipuler que la femme aura le droit d'habiter hors du domicile conjugal, ou qu'elle pourra consentir seule au mariage des enfants.

III. *Clauses contraires aux droits appartenant au survivant des époux.* — Les époux ne peuvent pas convenir que le survivant d'entre eux sera privé de la puissance paternelle et des autres droits qui lui appartiennent, et qui sont mentionnés aux titres de la *Minorité*, de la *Tutelle* et de l'*Émancipation*. — Toutefois, aux termes de l'article 392, le mari peut désigner à sa femme survivante un conseil pour l'aider dans la tutelle.

Au reste, il importe d'observer que les prohibitions dont nous avons parlé jusqu'ici s'appliquent aux droits résultant du mariage lui-même plutôt qu'aux intérêts pécuniaires des époux que le contrat de mariage a pour but de régler

_____

(1) Est nulle, comme contraire à l'ordre public, si les époux n'ont pas adopté le régime dotal, la clause d'un contrat de mariage, aux termes de laquelle les engagements pris par la femme, même conjointement avec son mari, ne pourraient la rendre responsable à l'égard des tiers. Cass., 22 décembre 1879.

IV. *Clauses contraires aux droits du mari comme chef de l'association pécuniaire des époux.* — Il n'en est pas de même du pouvoir du mari comme chef de l'association pécuniaire des époux, pouvoir qui s'applique directement aux biens. Les époux ont-ils déclaré se marier sous le régime de la communauté, il en résulte que le mari peut aliéner, hypothéquer les immeubles de la communauté à son gré, nonobstant toute convention contraire. Pareillement, si les futurs époux ont déclaré adopter le régime dotal, la femme ne peut pas stipuler qu'elle administrera les biens dotaux. Enfin, quel que soit le régime adopté par les époux, la femme ne peut pas se réserver le droit d'ester en justice, d'aliéner ou d'hypothéquer ses immeubles sans l'autorisation de son mari. De pareilles clauses seraient injurieuses pour celui-ci, et elles porteraient indirectement atteinte à la puissance que la loi lui confère.

V. *Clauses contraires à l'ordre des successions et aux dispositions prohibitives du Code.* — A la différence de notre ancienne jurisprudence, le Code interdit aux époux de stipuler des clauses qui auraient pour objet de modifier l'ordre des successions, soit au profit de l'un d'eux, soit au profit d'un de leurs enfants. Ainsi, ils ne peuvent pas stipuler que la succession de leurs enfants appartiendra exclusivement à l'un d'eux, ou, qu'en cas de prédécès de l'un des enfants, l'aîné succédera seul à l'exclusion de ses autres frères ou sœurs.

Outre les clauses contraires à l'ordre des successions, la loi interdit aux époux celles qui dérogeraient aux dispositions prohibitives du Code. — Parmi ces dernières, on peut citer : la disposition de l'article 1527, qui défend, lorsqu'il se trouve des enfants issus d'un précédent mariage, toute convention qui tendrait dans ses effets à donner à l'un des époux au delà de la quotité disponible.

VI. *Clauses qui tendraient à faire revivre d'anciennes coutumes.* — Les époux ne peuvent pas non plus stipuler d'une manière générale que leur association sera réglée par l'une des coutumes, lois et statuts locaux qui régissaient autrefois les diverses parties du territoire français. — Au reste, ce ne sont pas les dispositions particulières contenues dans ces coutumes que le Code défend d'adopter. Ce qui est prohibé, c'est la convention générale que les époux s'en réfèrent aux dispositions de telle coutume ;

mais on devra tenir pour valables les conventions tirées des anciennes coutumes, lorsque ces conventions seront relatées en
entier dans le contrat de mariage. (Art. 1387, 1388, 1389, 1390.)

Les époux peuvent-ils se marier sans faire aucun contrat ?

Oui ; les futurs époux peuvent se marier sans faire rédiger aucun contrat, et ils se trouvent alors soumis aux règles de la communauté légale. — En effet, le régime de la communauté, ainsi
que nous l'avons déjà observé, est établi par la loi comme système de droit commun, et il est destiné à régir l'association pécuniaire des époux dans tous les cas où il n'existe pas d'autres
conventions.

Au reste, les futurs époux peuvent avoir intérêt à faire rédiger
un contrat de mariage, alors même qu'ils veulent adopter le régime de la communauté légale. — Dans ce cas, l'acte notarié
leur est utile pour constater quels sont les biens qu'ils ont apportés en se mariant, et pour en obtenir la restitution à la dissolution de la communauté. (Art. 1387, 1393, 1400.)

Qu'est-ce que la dot ?

Le mot *dot* présente dans le Code deux significations très différentes. Dans un sens tout spécial, il s'applique exclusivement
aux biens que la femme mariée sous le régime dotal a déclaré
expressément constituer en biens dotaux. — Dans un sens bien
plus large, il comprend les biens que tout futur époux, sous
quelque régime que ce soit, apporte en se mariant pour subvenir
aux besoins du ménage.

Aux termes de l'article 1392, la soumission au régime dotal ne
résulte pas de la simple déclaration faite par les époux qu'ils se
marient sans communauté ou qu'ils seront séparés de biens. —
Dans le premier cas, ils seront placés sous le régime exclusif de
communauté ; dans le second cas, ils suivront le régime de séparation de biens.

La dot peut être fournie par l'époux lui-même sur ses biens
personnels, ou être donnée par des tiers, parents ou étrangers.
La constitution de dot, quand elle est ainsi faite par un tiers,
participe à la fois des actes à titre gratuit et des actes à titre
onéreux. D'une part, celui qui la fait est bien un donateur,
puisqu'il se dépouille gratuitement, et il en résulte que sa disposition reste soumise, comme toute autre libéralité, à la réduction, au rapport et à la révocation pour survenance d'enfant.

Mais, d'un autre côté, l'acte est réputé à titre onéreux pour l'époux doté et pour son conjoint, parce que la libéralité est destinée à faire face aux charges du mariage, qui n'aurait peut-être pas été contracté si elle n'avait pas été fournie. — En conséquence, le donateur, contrairement aux principes ordinaires des donations, est soumis à la garantie du bien donné, et au payement des intérêts, si la dot n'est payable qu'à terme et si elle consiste en choses productives de fruits, à moins d'une stipulation contraire.

Quant à l'étendue de la garantie, elle s'apprécie par la combinaison des principes généraux et des règles particulières à la vente. — Ainsi, pour des créances, le donateur ne garantit que leur existence, et non la solvabilité du débiteur; pour des biens corporels, il doit, en cas d'éviction, la valeur de la chose donnée au temps de l'éviction. (Art. 1392.)

Dans quelle forme le contrat de mariage est-il rédigé ?

Le contrat de mariage est un acte solennel; il doit être passé par devant notaire, dans la forme ordinaire des actes notariés, c'est-à-dire en minute et non simplement en brevet. — De plus, il est soumis aux conditions suivantes :

1° Il doit, sous peine de nullité, être rédigé avant la célébration du mariage. — On ne suit pas ici la règle romaine *dos sequitur aut antecedit matrimonium ;* car la liberté des parties contractantes, principalement celle de la femme, ne serait plus, après le mariage, aussi entière qu'auparavant;

2° Il n'est valable que sous la condition tacite que le mariage, dont il est l'accessoire, aura lieu;

3° Il ne peut recevoir aucun changement après la célébration du mariage;

4° Enfin, aux termes de la loi du 10 juillet 1850, le notaire est tenu de délivrer aux parties, au moment de la signature du contrat, un certificat sur papier libre énonçant ses nom et lieu de résidence, les noms, prénoms, qualités et demeure des futurs époux, ainsi que la date du contrat. (Art. 1394, 1395.)

Quel est le but de la loi du 10 juillet 1850 ?

Le but de la loi de 1850 a été de prévenir certaines fraudes qui auraient pu être pratiquées par les époux, à l'encontre des tiers, lorsqu'ils étaient mariés sous le régime dotal. Sous les autres régimes, la femme peut valablement aliéner ses immeu-

bles ou les hypothéquer avec l'autorisation de son mari. Mais il
n'en est pas de même lorsqu'elle est mariée sous le régime dotal : elle ne peut alors, même avec le consentement de son
mari, ni aliéner ni hypothéquer ses immeubles dotaux. Par
suite, les époux mariés sous le régime dotal pouvaient, sous
l'empire du Code, escroquer impunément l'argent des tiers en
déclarant qu'ils n'avaient pas fait de contrat, ce qui revenait à
dire qu'ils étaient mariés sous le régime de la communauté et
que la femme pouvait aliéner ou hypothéquer ses immeubles
avec le consentement de son mari. Une fois en possession du
prix de l'immeuble aliéné par eux, ils n'avaient qu'à invoquer
la nullité de l'aliénation résultant de ce qu'ils étaient mariés
sous le régime dotal. Il en résultait que lorsqu'une femme s'était
réellement mariée sans contrat, les tiers auxquels elle le décla-
rait refusaient de traiter avec elle dans la crainte d'être victimes
d'une fraude concertée par elle avec son mari.

La loi du 10 juillet 1850, due à l'initiative de MM. Valette et
Demante, a eu pour but de remédier à cet état de choses, en
fournissant aux tiers un procédé commode de vérification offi-
cielle, pour s'assurer exactement de la position des époux avec
lesquels ils voudraient entrer en relations d'affaires. Dans ce but,
elle a édicté les dispositions suivantes, qui complètent les articles 76 et 1394 du Code civil.

1° L'officier de l'état civil devra, sous peine d'amende, mentionner dans l'acte de célébration du mariage s'il a été fait, ou
s'il n'a pas été fait un contrat de mariage ; et, dans le premier
cas, la date du contrat, ainsi que les nom et lieu de résidence
du notaire.

2° Si l'acte de célébration du mariage porte que les époux se
sont mariés sans contrat, la femme ne pourra pas opposer son
incapacité aux tiers qui auront été trompés par cette déclaration ;
à moins que, dans l'acte même par lequel elle s'est engagée, elle
n'ait déclaré avoir fait un contrat de mariage.

3° Le notaire qui reçoit un contrat de mariage donnera lecture aux parties de la disposition qui précède, et mentionnera
dans le contrat que cette lecture a été faite, à peine de dix francs
d'amende. — En outre, il délivrera aux parties, lors de la signature du contrat, un certificat sur papier libre et sans frais, énonçant ses nom et lieu de résidence, les noms, prénoms, qualités

et demeure des futurs époux, ainsi que la date du contrat. Ce certificat indiquera qu'il doit être remis à l'officier de l'état civil avant la célébration du mariage (1).

Les époux peuvent-ils faire des changements à leur contrat avant la célébration du mariage ?

Ainsi qu'on l'a vu précédemment, les conventions matrimoniales ne doivent recevoir aucun changement après la célébration du mariage (2). Mais elles peuvent être modifiées dans l'intervalle qui s'écoule entre le contrat et la célébration du mariage, pourvu qu'on observe les conditions suivantes. — Il faut :

1° Que les changements apportés au contrat soient constatés par un acte passé dans la même forme que le contrat, en présence et avec le consentement simultané de toutes les personnes qui ont été parties dans l'acte, c'est-à-dire en présence non seulement des époux, mais encore des donateurs et de toutes les personnes dont le consentement au mariage est nécessaire (3).

2° Qu'ils soient rédigés à la suite de la minute même du contrat de mariage.

3° Qu'ils soient transcrits à la suite de toute grosse ou expédition du contrat de mariage.

Au surplus, ces trois conditions n'ont pas toutes la même importance. — Ainsi, par rapport aux époux, il suffit que les changements apportés au contrat aient été constatés par un acte notarié, dressé en minute, et passé avec le concours de toutes les parties. — Si la loi exige en outre que l'acte modificatif soit rédigé à la suite de la minute du contrat, ce n'est qu'autant qu'il

---

(1) Voy. Daniel de Folleville, *Revue pratique*, t. XXXII.

(2) Mais le mode d'exécution ou de paiement peut être changé du consentement des parties. Ainsi il peut être convenu que la rente viagère stipulée au contrat de mariage sera transformée en un capital immédiatement disponible. Paris, 11 mars 1879. — Est également valable la convention par laquelle le père de la future vend au futur époux un immeuble, avec la clause que le prix sera compensé avec la dot stipulée en argent. Cass., 4 août 1852.

(3) Si l'enfant a plus de vingt et un ans, les ascendants non donateurs ne sont point parties, et leur présence n'est pas nécessaire pour valider les changements apportés au contrat, lors même qu'ils y avaient été appelés lors de la rédaction primitive. Bugnet, *sur Pothier*, VIII, p. 53; Mourlon, III, 7. — *Contrà*, Duranton, XIV, 57; Valette.

augmente ou qu'il diminue la capacité des époux dans leurs rap
ports avec les tiers. — Enfin, la loi veut aussi que le notaire ne
délivre jamais aucune expédition du contrat, sans y joindre l'expédition de l'acte accessoire; mais la violation de cette règle
n'entraînerait pas, au profit des tiers, la nullité du changement :
elle leur permettrait seulement d'exercer un recours contre le
notaire, pour se faire indemniser du préjudice que leur cause
l'irrégularité de l'expédition.

Le Code donne assez inexactement le nom de *contre-lettres* à
tous ces changements. Cette expression n'est pas ici à sa place ;
car elle s'emploie habituellement pour désigner des modifications à un acte, destinées à rester secrètes et à ne produire d'effet
qu'entre les parties. Or, il n'en est pas ainsi dans l'espèce.
(Art. 1395, 1396, 1397.)

**Quelle est la capacité nécessaire pour le contrat de ma-
riage ?**

En principe, toute personne habile à contracter mariage est
par cela même capable de faire un contrat pécuniaire de mariage, pourvu qu'elle soit assistée des personnes dont le consentement est nécessaire au mariage. — C'est la reproduction de
la maxime romaine : *Habilis ad nuptias, habilis ad pacta nup-
tialia.*

Il s'ensuit que le fils mineur de dix-huit ans et la fille mineure
de quinze ans peuvent, par une faveur spéciale de la loi, faire en
se mariant leur contrat de mariage et tout ce que comporte un tel
contrat, avec l'assistance des personnes qui doivent consentir
au mariage : il y a, dans ce cas, une grave dérogation au droit
commun (1). (Art. 1398.)

CHAPITRE DEUXIÈME

DU RÉGIME DE COMMUNAUTÉ LÉGALE.

Articles 1399 à 1496.

Suivant l'ordre du Code, nous avons divisé notre sujet en six

(1) Le contrat de mariage d'un mineur qui n'a pas d'ascendants est radicalement nul, si le mineur n'y a pas été assisté du conseil de famille. Cass.,
20 juillet 1850.

sections, qui traitent : 1° de la composition de la communauté; — 2° de son administration; — 3° de sa dissolution; — 4° de la faculté de l'accepter ou d'y renoncer; — 5° du partage de la communauté; — 6° de la renonciation à la communauté.

SECTION I

DE LA COMPOSITION DE LA COMMUNAUTÉ.

Nous examinerons d'abord, ainsi que le fait le Code, la composition de l'actif, et en second lieu la composition du passif de la communauté.

§ I. — *De l'actif de la communauté.*

Qu'est-ce que la communauté ?

La communauté est une société de biens entre époux, régie par des règles particulières.

Nous disons qu'elle est une société régie par des règles particulières; car elle présente les différences suivantes avec les sociétés ordinaires :

1° Dans les sociétés ordinaires, les associés ont ordinairement des droits égaux. — Dans la communauté, au contraire, la loi accorde des avantages particuliers à chacun des époux.

2° Les associés peuvent changer les bases de leur association. — Celles du contrat de communauté sont irrévocables.

3° Les associés ne peuvent pas convenir que la totalité des bénéfices appartiendra à l'un d'eux, ou que l'un d'eux sera affranchi de toute contribution aux dettes. — Les futurs époux peuvent stipuler ces clauses.

Dans le régime de communauté, on distingue trois personnes, ayant chacune un patrimoine distinct : le mari, la femme et la communauté. — Cette dernière constitue une personnalité distincte : tant qu'elle subsiste, les biens qui la composent lui appartiennent exclusivement; lorsqu'elle se dissout, le mari et la femme ou leurs représentants en deviennent copropriétaires. Cette indivision dure jusqu'au partage du fonds commun ou à la renonciation de la femme. — Le mari administre les trois patrimoines; mais ses pouvoirs sont réglés par la loi de telle manière que chacun d'eux conserve son individualité juridique.

Les biens de la communauté se nomment *biens communs ;* mais on désigne plus spécialement sous le nom d'*acquêts* ou de *conquêts,* les biens de communauté qui ont été acquis postérieurement à la célébration du mariage.

Les biens dont les époux conservent exclusivement la propriété sont appelés *biens propres* ou simplement *propres*. — En principe, tout bien est présumé appartenir à la communauté, et c'est à l'époux qui prétend en être propriétaire à établir qu'il lui appartient exclusivement.

Dans quel cas les époux sont-ils mariés sous le régime de la communauté légale ?

Les époux sont mariés sous le régime de la communauté légale dans trois cas :

1° Lorsqu'ils n'ont pas fait rédiger de contrat de mariage.

2° Lorsqu'ils ont déclaré dans leur contrat s'en référer purement et simplement à ce régime.

3° Lorsque le contrat de mariage qu'ils ont rédigé devant notaire est frappé de nullité.

Dans les deux premiers cas, la communauté légale résulte de l'acceptation des parties ; seulement cette acceptation a lieu tacitement dans le premier cas, et expressément dans le second. En effet, en se mariant sans contrat, les époux sont censés convenir que leur association sera régie par la communauté légale. — Dans le troisième cas, enfin, la communauté légale résulte d'une sorte de quasi-contrat. Elle est une conséquence naturelle de l'union conjugale réalisée.

La communauté légale n'est donc pas ordonnée, imposée par la loi ; elle vient toujours de la volonté des parties, qui sont libres d'y déroger, et par suite il faut en conclure que les règles qui la composent constituent un *statut personnel*, applicable à tous les biens indépendamment de leur situation, tant aux biens situés à l'étranger qu'à ceux qui sont situés en France. (Art. 1400.)

A quel moment la communauté commence-t-elle à exister ?

La communauté, soit légale, soit conventionnelle, commence au jour du mariage contracté devant l'officier de l'état civil.

Cette disposition a eu pour but de mettre fin à la confusion des règles qui étaient encore en vigueur au moment de la confection du Code. — En effet, certaines coutumes faisaient commencer la communauté au jour de la célébration du mariage, d'autres au lendemain, quelques-unes enfin en retardaient l'ouverture jusqu'à l'an et jour depuis la célébration.

Une question importante est celle de savoir si les époux peuvent stipuler une communauté sous condition suspensive.

Marcadé admet la négative. La loi, dit-il, exclut tout aussi bien la communauté conditionnelle que la communauté à terme. Il y a, sans doute, entre les deux cas cette différence que l'avènement de la condition ferait remonter juridiquement l'existence de la communauté au moment de la célébration; mais il n'en résulterait pas moins qu'en fait il y aurait successivement deux régimes : celui qui existait avant l'accomplissement de la condition, et le régime de communauté après son accomplissement. Or, un tel résultat serait évidemment contraire à la fixité des conventions matrimoniales, que le législateur a entendu établir.

L'opinion contraire, soutenue par M. Valette, paraît cependant avoir prévalu, pourvu toutefois que la condition ne dépende pas de la volonté des époux. Ainsi, ils peuvent convenir qu'ils seront mariés sous le régime de la communauté, s'ils ont des enfants. — En effet, dit-on, l'effet rétroactif attaché à toute condition fait que les époux n'auront eu, à partir du mariage, qu'un régime uniforme, celui de communauté si la condition se réalise, celui de la séparation de biens dans le cas contraire. D'où il suit que tous les actes faits avant l'avènement de la condition seront réglés de la même manière qu'ils le seraient si l'un de ces deux régimes avait été stipulé purement et simplement.

Il peut arriver que les parties, en stipulant une communauté conditionnelle, n'aient pas indiqué quel autre régime elles veulent adopter dans le cas où la condition ne se réalisera pas. On convient généralement qu'ils seront alors réputés mariés sous le régime de la séparation de biens. — Effectivement, on ne peut guère les supposer mariés sous le régime exclusif de communauté, parce qu'il confère au mari des droits trop importants pour qu'il puisse les posséder sans une stipulation formelle; ni sous le régime dotal, parce que la loi décide que ce régime ne peut résulter que d'une déclaration expresse. Quant à les supposer mariés sous le régime de communauté, ce serait aller directement contre leur volonté, puisqu'ils n'ont entendu l'accepter que si la condition se réalisait.

Ci Ces points établis, voyons maintenant quels sont les biens qui sont compris dans la communauté, et quels sont ceux qui appartiennent exclusivement à chaque époux. (Art. 1399.)

Quels sont les biens dont se compose l'actif de la communauté ?

La communauté se compose activement :

1° De tous les biens mobiliers que les époux possédaient en se mariant, ou qu'ils ont acquis pendant le mariage à titre de succession ou de donation, quand le donateur n'a pas exprimé le contraire.

2° De tous les fruits des biens qui sont restés propres aux époux, ainsi que des gains provenant de leur travail ou de leur industrie.

3° De tous les immeubles acquis à titre onéreux pendant le mariage.

I. *Meubles.* — Ainsi que nous l'avons dit, tous les meubles appartenant aux époux lors de la célébration du mariage tombent dans la communauté sans aucune exception. — Ainsi, l'argent comptant, les animaux, denrées et marchandises qu'avait un époux en se mariant ou les sommes qui lui étaient dues entrent dans l'actif de la communauté.

Il faut également y faire entrer les rentes perpétuelles ou viagères, ainsi que les offices ministériels. Seulement, en ce qui concerne les offices ministériels, on observera que ce n'est pas la propriété de ces offices qui tombe dans la communauté, parce qu'elle est attachée exclusivement à la personne du titulaire, mais la valeur qu'ils représentent. — Il en est de même des œuvres littéraires ou artistiques. Ces œuvres ne cessent pas d'appartenir à l'époux qui les a conçues, mais la valeur qu'elles représentent tombe dans la communauté (1).

II. *Fruits des propres.* — Outre les capitaux mobiliers, la communauté acquiert tous les fruits des biens immobiliers dont les époux sont restés propriétaires, à la charge de pourvoir aux besoins du ménage.

Comme l'usufruitier ordinaire, la communauté acquiert les fruits civils jour par jour, et les fruits naturels par leur perception seulement. Comme lui, elle n'a aucun droit sur les produits qui ne sont pas réputés fruits. — Mais il y a cependant une double différence à noter entre les droits de l'usufruitier ordinaire

_____

(1) Cass., 4 janvier 1853 ; 30 avril 1862.

et ceux de la communauté : 1° La communauté a droit à une indemnité pour les coupes de bois, et en général pour toutes les récoltes qui auraient dû être faites et que le mari n'a*pas fait faire ; 2° elle peut également réclamer une indemnité, lors de la cessation de sa jouissance, pour les frais de labour, semences et autres qui ont été faits avec ses deniers.

III. *Immeubles acquis à titre onéreux pendant le mariage.* — Enfin, l'actif de la communauté comprend les immeubles acquis à titre onéreux pendant le mariage. — La loi suppose que toute acquisition faite pendant le mariage a été payée avec les deniers de la communauté. Il n'est dérogé à cette règle que dans le cas où l'un des époux établit que l'immeuble lui appartient.

Telles sont les trois classes de biens qui composent l'actif de la communauté. — Nous devons examiner maintenant certaines hypothèses particulières, qui demandent quelques développements. (Art. 1401, 1402, 1403.)

Que faut-il décider si l'un des époux a une action dans une société commerciale ?

Lorsque l'un des futurs époux a une action dans une société commerciale, cette action constitue un droit purement mobilier, et, à ce titre, elle doit entrer dans l'actif de la communauté, lors même que la société dont il s'agit comprendrait tout à la fois des meubles et des immeubles. Effectivement, tant que la société subsiste, le droit de l'associé consiste uniquement à participer aux bénéfices en argent qui seront réalisés. — Mais il en est différemment lorsque la société vient à être dissoute : dans ce cas, l'action ne reste dans la communauté que pour la portion mobilière du fonds social à laquelle elle donne droit, et elle devient la propriété personnelle de l'époux sociétaire pour la portion immobilière du fonds social qui lui revient.

Mais il se présente ici une difficulté. L'époux qui fait partie d'une société pourrait facilement, afin de s'enrichir aux dépens de la communauté, s'entendre avec ses associés pour composer son lot en biens immobiliers. — La loi n'a pas prévu cette fraude. Pour la prévenir, les auteurs décident qu'on doit régler les droits respectifs de la communauté et ceux de l'époux sociétaire indépendamment des résultats du partage. Ainsi, supposons qu'il y ait deux associés et un actif de 200,000 fr., composé par moitié en meubles et en immeubles : la communauté aura droit à la moitié des valeurs mobilières, c'est-à-dire à 50,000 fr. Si donc les lots ont été composés de telle façon qu'elle n'ait reçu que 20,000 fr., elle pourra réclamer une récompense de 30,000 fr. à l'époux sociétaire. — Il en serait de même dans le cas d'une succession échue à l'un des époux avant son mariage, et comprenant tout à la fois des meubles et des immeubles (1).

Que faut-il décider relativement au trésor trouvé par un époux ?

Lorsqu'un époux trouve un trésor dans le fonds d'autrui, la portion qu'il acquiert *jure inventionis* tombe évidemment dans la communauté, puisqu'elle est appelée à profiter de tous les gains qui proviennent du fait des époux.

Mais que faudrait-il décider si le trésor était découvert par un tiers dans le fonds de l'un des époux ? La moitié que la loi attribue au propriétaire du fonds serait-elle acquise par la communauté ou par l'époux ? — Pothier et quelques auteurs assimilent le trésor à un produit, et décident en conséquence que la moitié dont il s'agit doit être acquise par l'époux, et non par la communauté. — Mais la solution contraire est généralement préférée. Effectivement, le trésor n'est pas un produit du fonds dans lequel il est trouvé. C'est un gain ; et il est de règle que tous les gains qui auraient été réalisés par les époux demeurent acquis à la communauté (2).

Quels sont les biens propres des époux ?

Les biens propres des époux sont :

1° Les immeubles qu'ils possédaient au moment du mariage, et ceux qu'ils ont acquis pendant le mariage, soit à titre gratuit, soit en remplacement d'un propre, soit en exerçant le retrait d'indivision.

2° Les meubles qui leur ont été donnés ou légués sous la condition qu'ils ne tomberont pas dans la communauté ; ceux qu'ils ont acquis en remplacement d'un propre ; enfin les produits extraordinaires provenant de leurs biens personnels et qui n'ont pas le caractère de fruits.

Voyons d'abord pour les immeubles.

I. *Les immeubles que les époux possédaient au moment du mariage.* — Chaque époux conserve la propriété des immeubles qu'il

---

(1) Valette, *à son cours.*
(2) Bugnet, *sur Pothier*, VII, p. 93. — Valette, *à son cours.*

possédait au moment du mariage, ainsi que de ceux qu'il acquiert pendant le mariage en vertu d'une cause antérieure à sa célébration, par exemple, par l'effet d'une prescription accomplie ou d'une condition réalisée.

Toutefois si un époux qui devait faire entrer dans la communauté des valeurs mobilières, avait employé ces valeurs, dans l'intervalle du contrat à la célébration du mariage, à l'acquisition d'un immeuble, cet immeuble tomberait dans la communauté, parce qu'il a été acquis par l'époux en remplacement des valeurs mobilières qui devaient être comprises dans la communauté et sur lesquelles son conjoint était en droit de compter.

II. *Les immeubles que les époux ont acquis à titre gratuit pendant le mariage.* — Ainsi, les immeubles qu'un époux acquiert pendant le mariage à titre gratuit, par succession, donation ou legs, lui restent propres, pourvu que le disposant n'ait pas manifesté expressément la volonté de les rendre communs.

Le Code range également au nombre des propres, l'immeuble qu'un des époux reçoit d'un ascendant au lieu et place de la dot mobilière qu'il s'était engagé à fournir ou à la condition de payer ses dettes, sauf récompense à la communauté pour le montant de ce qui était dû à l'époux par l'ascendant ou des sommes qu'elle a payées à sa décharge. — Si l'on avait suivi la rigueur des principes, on aurait fait tomber l'immeuble ainsi cédé dans la communauté, puisqu'il représente des valeurs mobilières sur lesquelles le conjoint était en droit de compter. Mais le législateur a voulu déroger ici aux règles habituelles, afin de faciliter la conservation dans la même famille des immeubles patrimoniaux.

III. *Les immeubles que les époux ont acquis pendant le mariage en remplacement d'un propre.* — L'immeuble qu'un époux acquiert pendant le mariage à titre d'échange contre un immeuble qui lui appartenait n'entre point en communauté, et est subrogé au lieu et place de celui qui a été aliéné, quand même l'époux aurait payé une soulte pour l'obtenir, sauf alors récompense à la communauté. — Il en est de même de l'immeuble acquis en remploi pendant le mariage, c'est-à-dire de l'immeuble acquis avec les deniers provenant de la vente d'un autre propre.

IV. *Les immeubles que les époux ont acquis pendant le mariage en exerçant le retrait d'indivision.* — On entend par *retrait d'indivision*, l'acte par lequel un époux qui possédait un immeuble par indivis avec un tiers acquiert la totalité de cet immeuble. Lorsqu'un époux s'est ainsi rendu adjudicataire pour le tout de l'immeuble qu'il possédait par indivis, cet immeuble lui reste propre, sauf récompense à la communauté si l'acquisition a été faite avec les deniers communs.

Ici se présente une hypothèse que le Code a spécialement prévue. — Il peut arriver que le mari se rende acquéreur, en son nom personnel et sans la participation de sa femme, d'un immeuble que celle-ci possédait par indivis. Dans ce cas, l'immeuble acquis par le mari tombera dans la communauté ou deviendra un propre de la femme, selon qu'il plaira à celle-ci de le laisser à la communauté ou d'accepter le marché pour elle. Si elle prend le premier parti, elle peut réclamer une indemnité à la communauté pour la part indivise qu'elle possédait ; dans le cas contraire, elle devra elle-même fournir une indemnité à la communauté pour les sommes qui ont servi à désintéresser ses copropriétaires. — Afin d'empêcher que le mari n'exerce une pression sur le choix de sa femme, la loi décide que celle-ci ne pourra user de l'option qui lui est laissée qu'après la dissolution de la communauté. Mais alors, si la femme opte pour l'acquisition de l'immeuble, son option, ayant un effet rétroactif au jour de l'acquisition, fera évanouir les charges dont l'immeuble aurait été grevé du chef du mari (1).

V. *Les meubles qui ont été donnés ou légués aux époux pendant le mariage sous la condition de rester propres.* — Pour qu'une condition de cette nature soit valable, il faut que la volonté du disposant soit manifestée expressément, et qu'elle soit constatée dans l'acte même.

VI. *Ceux que les époux ont acquis pendant le mariage en remplacement d'un propre.* — On sait déjà que l'immeuble acquis en remplacement d'un propre devient propre lui-même. Il en est naturellement de même du meuble acquis en remplacement d'un propre.

VII. *Les produits extraordinaires provenant des biens personnels des époux.* — Nous avons déjà vu que la communauté n'a droit qu'aux fruits des biens personnels des époux. Ainsi, une mine

---

(1) Toutefois, la femme ne peut plus exercer le retrait lorsqu'elle a ratifié la vente faite par son mari des immeubles qui y sont soumis. Cass., 1er mai 1860.

est-elle mise en exploitation pendant le mariage, les produits de la mine sont des propres mobiliers. (Art. 1404, 1405, 1406, 1407, 1408.)

L'immeuble qui a été donné conjointement aux deux époux tombe-t-il dans la communauté ?

L'intérêt de cette question est facile à saisir. — Si l'immeuble qui a été donné conjointement aux deux époux, sans assignation de parts, tombe dans la communauté pour le tout, le mari pourra le grever de droits réels et même en disposer à titre onéreux sans le consentement de sa femme, puisque tel est son pouvoir par rapport aux biens de communauté ; mais si, au contraire, cet immeuble doit être partagé en deux portions égales qui resteront propres à chaque époux, le mari ne pourra disposer que de sa part et portion.

Nous pensons que l'immeuble ainsi donné aux deux époux, conjointement et sans assignation de parts, est commun ; car il est naturel de supposer que la personne qui donne un immeuble à deux époux placés sous le régime de la communauté, qui le leur donne conjointement et sans désignation de parts, a entendu disposer au profit de la communauté plutôt qu'au profit de chaque époux séparément (1).

Ne distingue-t-on pas deux sortes de propres mobiliers ?

Oui ; en ce qui concerne les meubles, il faut distinguer deux sortes de propres, les propres parfaits et les propres imparfaits. *Les propres parfaits* sont ceux qui, comme les propres immobiliers, demeurent réellement la propriété de l'époux, pour être repris en nature lors de la dissolution de la communauté (2). *Les propres imparfaits*, qui sont bien plus nombreux, sont ceux qui entrent dans la communauté, qui s'y confondent, mais en faisant naître pour l'époux une créance égale à leur valeur, qu'on désigne sous le nom de *récompense*, et qui se règle à la dissolution de la communauté. — Les propres imparfaits comprennent les meubles qui se consomment par le premier usage, comme l'argent, les denrées, et ceux qui ont été livrés avec estimation.

---

(1) *Sic*, Valette ; Marcadé, V, art. 1405.

(2) Le mari ne peut aliéner le mobilier de sa femme, qu'elle s'est réservé propre, pas plus qu'il ne peut aliéner ses immeubles. Cass., 2 juillet 1840.

§ II. — *Du passif de la communauté.*

Qu'est-ce que le passif de la communauté ?

Ces mots *passif de la communauté, dettes de la communauté,* peuvent s'entendre dans deux significations différentes. — Dans un sens restreint, le passif de la communauté est l'ensemble des dettes qui sont définitivement à sa charge, qu'elle doit supporter sans avoir aucun recours à exercer contre les époux. Dans ce sens, il faut entendre par ces expressions « passif de la communauté », les dettes qui sont poursuivies contre la communauté comme ayant été contractées dans son intérêt, et qu'elle paie pour son propre compte. — Dans un sens plus large, le passif de la communauté comprend toutes les dettes qui peuvent être poursuivies contre elle, même celles qu'elle ne doit pas supporter définitivement, et pour lesquelles elle peut, après avoir payé, exiger une indemnité de la part de l'époux débiteur.

Ainsi, les dettes qui tombent dans la communauté n'y tombent pas toutes de la même manière : les unes y entrent sans charge de récompense, les autres avec charge de récompense. Même dans ce dernier cas, la dette sera néanmoins comprise dans le passif de la communauté ; elle sera une dette de communauté en ce sens qu'elle sera acquittée avec les deniers de la communauté, sauf à celle-ci à se faire ensuite indemniser par les époux.

On voit par là que le passif de la communauté comprend deux idées fondamentales et distinctes : considéré par rapport aux créanciers, il donne lieu au droit de poursuite ; considéré par rapport aux époux, il fait naître la contribution. Et, comme le droit de poursuite comprend sans distinction toutes les dettes qui peuvent être poursuivies contre la communauté, et que la contribution au contraire ne comprend que certaines dettes qui doivent être remboursées à la communauté, il en résulte que le droit de poursuite est plus étendu que la contribution.

Voyons maintenant pour quelles raisons le droit de poursuite est plus étendu que la contribution ; pour quelles raisons, en d'autres termes, la communauté peut être poursuivie à raison de certaines dettes qui doivent être supportées définitivement par les époux.

Pour quelles raisons le droit de poursuite des créanciers est-il plus étendu que la contribution de la communauté ?

L'extension donnée au droit de poursuite des créanciers, et qui leur permet de poursuivre la communauté non seulement pour les dettes qui sont à sa charge, mais encore pour certaines dettes qui doivent être supportées définitivement par les époux, résulte des règles suivantes :

1° La communauté, étant en possession de tout l'actif mobilier, doit nécessairement payer toutes les dettes mobilières. En d'autres termes, comme la communauté détient toutes les valeurs mobilières et que les époux ne peuvent guère avoir en propre que des immeubles, il faut bien qu'elle puisse être poursuivie pour toutes les dettes mobilières, même pour celles qui sont à la charge des époux ; car, s'il en était différemment, les créanciers ne pourraient se faire payer qu'en faisant vendre leurs biens personnels.

2° En second lieu, la communauté, comme on le verra par la suite, reçoit et encaisse, sauf à en tenir compte aux époux, toutes les sommes d'argent qui doivent leur profiter. Ainsi y a-t-il eu aliénation d'un bien propre d'un époux, le prix de cette aliénation tombe dans la communauté, est encaissé par elle, sauf à l'époux à réclamer une indemnité ou récompense à la dissolution de la communauté. Il en est de même si une donation mobilière a été faite à un époux sous la condition qu'elle lui resterait propre. Les sommes provenant de cette donation tombent également dans la communauté, sauf récompense ultérieure au profit de l'époux donataire. Ainsi donc, deux faits expliquent péremptoirement l'extension du droit de poursuite. La communauté possède toutes les sommes d'argent, et par conséquent elle est seule en mesure de payer les dettes mobilières. De plus, elle encaisse toutes les sommes qui sont à l'actif des époux, sauf à en rendre compte lors de sa dissolution, et par conséquent rien de plus rationnel qu'elle acquitte les dettes mobilières qui sont à leur charge, sauf à en demander compte ultérieurement. En un mot, elle reçoit toutes les sommes d'argent, elle possède tous les fonds mobiliers, et par suite elle paie toutes les dettes de même nature, comme ferait un banquier qui encaisserait à l'actif de ses clients et qui paierait à leur passif, sauf règlement ultérieur de compte.

Il faut ajouter que les dettes qui peuvent être poursuivies contre la communauté peuvent également être poursuivies contre l'époux qui les a contractées. Ainsi lorsque le mari s'oblige, les dettes qu'il contracte peuvent être poursuivies, soit contre lui sur ses biens personnels, soit contre la communauté. Effectivement le mari, en s'obligeant, est censé agir dans l'intérêt de la communauté qu'il représente. Pareillement, les dettes qui ont été contractées par la femme avec l'autorisation de son mari peuvent être poursuivies, soit contre la femme elle-même, soit contre le mari, soit contre la communauté. — Le créancier peut poursuivre la femme, parce qu'elle s'est personnellement obligée ; il peut poursuivre le mari à cause de l'autorisation accordée à sa femme ; enfin, il peut poursuivre la communauté, parce que le mari qui l'administre se trouve obligé envers lui. — Ces règles générales étant connues, passons aux détails de la matière.

Le passif de la communauté comprend trois catégories bien distinctes de dettes :

1° Les dettes antérieures au mariage ;

2° Celles qui sont contractées pendant le mariage par le fait des époux ;

3° Celles qui grèvent les successions échues aux époux pendant le mariage.

Quelles sont les dettes antérieures au mariage qui tombent dans la communauté ?

Les dettes dont les époux se trouvent grevés au moment de la célébration de leur mariage sont mobilières ou immobilières. Une dette est mobilière quand elle a pour objet un meuble à fournir, par exemple une somme d'argent ; et elle est immobilière quand elle a pour objet un immeuble. — Les dettes immobilières, qui étaient assez fréquentes dans notre ancienne jurisprudence, sont aujourd'hui très rares, à cause du principe introduit par le Code « que le créancier d'un corps certain en devient propriétaire dès l'instant du contrat. » — On peut cependant en citer quelques-unes : telle serait, par exemple, l'obligation imposée à une personne de construire une maison.

Les dettes immobilières restent propres à l'époux qui les doit et ne peuvent être poursuivies que contre lui. Ainsi, elles restent étrangères à la communauté et quant à la contribution et quant au droit de poursuite.

A l'inverse, les dettes mobilières des époux antérieures au mariage tombent toutes dans la communauté. Seulement les unes, et c'est le plus grand nombre, y tombent tout à la fois quant au droit de poursuite et quant à la contribution, en ce sens que c'est bien la communauté qui les doit et qu'elle ne peut réclamer aucune indemnité après les avoir payées. — D'autres, au contraire, ne tombent dans la communauté que par rapport au droit de poursuite, en ce sens que la communauté les paye, mais qu'elle les paye pour le compte des époux et en leur faisant une avance de fonds, pour laquelle elle peut exiger une indemnité, qui sera réglée lors de sa dissolution. Telles sont celles qui auraient été contractées par l'un des époux pour l'acquisition, la réparation ou l'amélioration d'un immeuble lui appartenant encore lors de sa dissolution. Ainsi, supposons qu'antérieurement au mariage le mari ait emprunté une somme de 10,000 francs pour réparer un immeuble qui lui appartenait, la communauté pourra être poursuivie à raison de cette dette, parce qu'elle est en possession de toutes les valeurs mobilières ; mais elle ne la supportera pas définitivement, car, après l'avoir payée, elle pourra exiger du mari une récompense égale à ses déboursés (1).

En ce qui concerne les dettes antérieures au mariage, le Code a donc suivi la règle de notre ancienne jurisprudence : *là où va l'actif mobilier, là va le passif mobilier ; là où va l'actif immobilier, là va le passif immobilier.* (Art. 1409.)

La règle qui précède est-elle applicable aux dettes mobilières de la femme ?

Oui ; toutes les dettes mobilières antérieures au mariage tombent dans la communauté, quel que soit l'époux qui les a contractées, sauf la distinction que nous avons établie entre celles qui sont définitivement à sa charge et celles qui peuvent seulement être poursuivies contre elle. — Seulement lorsqu'il s'agit de dettes contractées par la femme, il faut, pour qu'elles puissent être poursuivies contre la communauté, qu'elles aient été constatées par un acte ayant une date certaine antérieure au mariage. Sans cela, la femme aurait pu, pendant le mariage,

(1) Cass., 19 juillet 1864.

obliger la communauté par son propre fait et sans aucune autorisation du mari, au moyen de reconnaissances antidatées. — Toutefois, si le mari avait consenti à acquitter une dette de la femme déclarée antérieure au mariage mais n'ayant pas date certaine, il ne pourrait plus exercer aucun recours contre la femme ou ses héritiers, parce qu'il serait censé, en payant la dette, reconnaître par là qu'elle était antérieure au mariage (1).

Quant aux dettes du mari, il est inutile que leur antériorité au mariage soit constatée par un acte ayant date certaine, parce que celles mêmes qu'il contracte durant le mariage tombent dans la communauté. (Art. 1410.)

Quelles sont les dettes de communauté qui ont été contractées durant le mariage ?

Les dettes de communauté qui ont été contractées durant le mariage sont :

1° *Les dettes contractées par le mari.* — Le mari étant le chef de la communauté, il s'ensuit que toutes les dettes qu'il contracte, aussi bien par ses actes illicites que par ses contrats ou par ses quasi-contrats, peuvent être poursuivies, soit contre lui sur ses biens personnels, soit contre la communauté. — Toutefois, si la communauté est tenue de payer toutes les dettes que le mari a contractées, elle peut exiger une récompense dans les deux cas suivants : 1° lorsqu'elle a payé une amende à laquelle il avait été condamné; 2° lorsqu'elle a payé une dette qui avait été contractée dans son intérêt, par exemple pour l'amélioration de ses biens personnels.

2° *Les dettes contractées par la femme avec l'autorisation de son mari.* — Lorsque la femme est autorisée par son mari, toutes les dettes qu'elle contracte peuvent être poursuivies, soit sur ses biens personnels, soit sur ceux du mari, soit sur les biens de la communauté. — Toutefois, la loi fait exception à cette règle dans deux cas. Ainsi, la femme seule peut être poursuivie : 1° lorsqu'elle a accepté une succession immobilière avec l'autorisation du mari; 2° lorsqu'elle a vendu un de ses immeubles avec la même autorisation de son mari. — En outre, la communauté peut, comme précédemment, exiger une récompense, lorsque la dette qu'elle a payée avait été contractée par la femme autorisée dans son intérêt personnel.

(1) Cass., 9 décembre 1850.

Quant aux dettes qui ont été contractées par la femme sans le consentement de son mari, elles n'obligent, en général, ni la communauté ni le mari, et elles ne peuvent être poursuivies que sur la nue propriété des biens de la femme. A plus forte raison, les délits ou les quasi-délits qui lui seraient imputés n'engageraient-ils que la nue propriété de ses biens personnels.

3° *Certaines dettes contractées par la femme sans l'autorisation de son mari.* — En général, ainsi qu'on vient de le voir, les dettes contractées par la femme n'obligent la communauté qu'autant qu'elles ont été contractées avec le consentement du mari. — Toutefois, la femme, même non autorisée du mari, peut obliger la communauté : 1° lorsqu'elle contracte en qualité de marchande publique et pour les besoins de son commerce ; 2° lorsqu'elle s'oblige avec l'autorisation de justice pour tirer son mari de prison ; 3° lorsque en l'absence de son mari et avec l'autorisation de justice elle s'oblige pour l'établissement de ses enfants.

4° *Les intérêts et arrérages des dettes qui restent personnelles aux époux.* — La communauté étant usufruitière des biens propres des époux, il s'ensuit qu'elle doit supporter les intérêts des dettes afférentes à ces biens. Ainsi, lorsqu'un époux est tenu personnellement des dettes d'une succession purement immobilière à lui échue, les intérêts de ces dettes sont supportées par la communauté.

5° *Les réparations usufructuaires des immeubles restés propres aux époux.* — La communauté étant usufruitière des biens propres des époux, il s'ensuit encore qu'elle doit supporter définitivement toutes les charges qui s'imputent sur les revenus, telles que les contributions ordinaires et les réparations d'entretien.

6° *Les aliments des époux, l'éducation et l'entretien des enfants, ainsi que toutes les autres charges du mariage.* — Pour celles de ces dettes qui concernent les détails du ménage, telles que la nourriture et l'entretien des époux et des enfants communs, comme il est conforme à l'usage et à l'ordre naturel des choses que la femme soit chargée de ces soins, elle est présumée avoir un mandat tacite de son mari pour les contracter. D'où il suit qu'elles ne peuvent être poursuivies que sur les biens du mari et de la communauté, comme si le mari les avait lui-même contractées. Toutefois, la présomption de mandat cesserait, si le mari avertissait les fournisseurs qu'il ne payera plus les dépenses de sa femme (1). (Art. 1409, 1419, 1420.)

Quelles sont les dettes de communauté qui proviennent des successions échues aux époux?

On a vu précédemment que *pour les dettes antérieures au mariage*, on suivait le principe que tout le passif mobilier tombe dans la communauté parce qu'elle acquiert tout l'actif mobilier, et que tout le passif immobilier reste propre aux époux parce que chacun d'eux conserve la propriété de ses immeubles. Si l'on appliquait le même principe aux dettes afférentes à une succession échue aux époux pendant le mariage, il faudrait décider que la communauté devra supporter toutes les dettes mobilières de la succession, quelle que soit la nature des biens qui la composent et le profit qu'elle en retire. Mais on a remplacé ici le principe que nous venons d'énoncer par cette autre règle; « que les dettes afférentes à une succession doivent être supportées par la communauté, en proportion des biens qu'elle recueille dans la succession ». En d'autres termes, au lieu d'établir, comme précédemment, la corrélation entre telle nature de biens et telle nature de dettes, on l'établit entre le profit que la communauté retire de la succession et une part proportionnelle dans les dettes ; le passif ne tombe plus dans la communauté parce qu'il est mobilier, mais parce que la communauté s'est appropriée des biens héréditaires. — En conséquence, la communauté devra supporter tout le passif de la succession lorsqu'elle a acquis tout l'actif, ce qui arrivera si la succession se compose exclusivement de meubles ; et, à l'inverse, elle ne devra supporter aucune dette lorsqu'elle n'a rien acquis, par exemple lorsque la succession ne comprenait que des immeubles ; enfin la communauté devra supporter une part proportionnelle des dettes, lorsqu'elle a acquis une partie seulement des biens héréditaires, par exemple si la succession comprenait tout à la fois des meubles et des immeubles.

Mais la règle si simple que nous venons d'exposer ne s'applique qu'à la contribution, c'est-à-dire qu'elle ne fait que détermi-

(1) Une femme ne peut engager son mari en dehors des actes relatifs à la direction du ménage commun. Bordeaux, 26 février 1870.

ner quelle est la part que la communauté doit supporter définitivement dans le passif d'une succession échue à l'un des époux. — Quant au droit de poursuite des créanciers héréditaires, la loi a formulé des règles plus compliquées. Avant tout, il faut examiner si la succession est échue au mari ou à la femme. Art. 1411, 1412.)

Quel est le droit de poursuite des créanciers si la succession est échue au mari?

Pour savoir contre qui les dettes peuvent être poursuivies lorsque la succession est échue au mari, il faut distinguer : 1° si la succession est mobilière ; 2° si elle est immobilière ; 3° si elle est mixte, c'est-à-dire si elle comprend tout à la fois des meubles et des immeubles.

Si la succession est mobilière, tout le passif dont elle est grevée tombe dans la communauté quant au droit de poursuite et quant à la contribution. — En d'autres termes, toutes les dettes peuvent être poursuivies, soit contre le mari, soit contre la communauté ; et celle-ci, après avoir payé, ne peut exiger aucune récompense parce qu'elle acquiert tous les biens de la succession.

Si la succession est immobilière, tout le passif tombe encore dans la communauté, parce qu'en acceptant la succession le mari s'est obligé et qu'en s'obligeant il a engagé la communauté. Mais il ne tombe alors dans la communauté que pour le droit de poursuite. — En d'autres termes, toutes les dettes peuvent être poursuivies, soit contre le mari, soit contre la communauté ; mais celle-ci peut, après avoir payé les créanciers, exiger une récompense du mari, parce qu'il acquiert comme propres tous les biens de la succession.

Enfin si la successsion est mixte, tout le passif dont elle est grevée tombe encore dans la communauté, mais il n'y tombe en totalité que pour le droit de poursuite. — En d'autres termes, toutes les dettes peuvent être poursuivies, soit contre le mari, soit contre la communauté ; mais celle-ci peut, après avoir payé les créanciers, exiger une récompense du mari, à raison de la part de dettes afférentes à la quotité des valeurs immobilières comprises dans la succession. — Ainsi, si la succession comprenait 50,000 fr. de meubles et 50,000 fr. d'immeubles, et si elle était grevée de 30,000 fr. de dettes, la communauté aurait à payer les 30,000 fr. de dettes, mais elle pourrait exiger 15,000 fr. de récompense.

Dans ce cas de succession mixte, le mari doit faire dresser un inventaire pour constater l'importance du mobilier par rapport aux immeubles ; faute de quoi, la femme ou ses représentants sont autorisés à prouver cette importance non seulement par titres mais par témoins, et même à la faire présumer par la commune renommée (1). (Art. 1412, 1414, 1416.)

Quel est le droit de poursuite des créanciers, si la succession est échue à la femme ?

Pour savoir contre qui les dettes peuvent être poursuivies lorsque la succession est échue à la femme, il faut observer les mêmes distinctions que précédemment. — En outre, il faut examiner si la femme a accepté la succession avec l'autorisation du mari ou seulement avec celle de justice.

Si la succession est mobilière et si la femme l'a acceptée avec l'autorisation du mari, tout le passif dont elle est grevée tombe dans la communauté quant au droit de poursuite et quant à la contribution. En d'autres termes, les dettes peuvent être poursuivies, soit contre la femme qui a accepté la succession, soit contre le mari qui l'a autorisée, soit contre la communauté, et celle-ci, après avoir payé les créanciers, ne peut exiger aucune récompense. — *Mais si la femme n'a accepté la succession mobilière qu'avec l'autorisation de justice,* et si le mari a fait dresser un inventaire pour empêcher la confusion des valeurs mobilières de la succession avec celles de la communauté, les dettes héréditaires pourront seulement être poursuivies sur les biens de la succession et sur la nue propriété des biens de la femme. S'il n'y avait pas eu d'inventaire, les créanciers pourraient poursuivre la communauté pour le tout.

Si la succession est immobilière, le passif dont elle est grevée ne tombe pas dans la communauté. En d'autres termes, les dettes héréditaires peuvent être poursuivies seulement sur les biens de la succession et sur les autres biens propres de la femme ; pour

---

(1) En résumé, lorsqu'une succession est échue au mari, toutes les dettes mobilières de cette succession peuvent être poursuivies contre la communauté, sauf le droit qu'a celle-ci à être indemnisée par le mari, pour la totalité des dettes qu'elle a payées si la succession est immobilière, et pour une partie si a lsuccession est mixte.

la pleine propriété de ces biens, si celle-ci a accepté la succession avec le consentement de son mari, et pour la nue propriété seulement, si elle ne l'a acceptée qu'avec l'autorisation de justice. — On fait ici exception à la règle, admise en matière de communauté, que le mari qui autorise sa femme s'oblige lui-même et engage la communauté, parce qu'il n'a aucun intérêt à donner son autorisation, l'acceptation d'une succession immobilière par la femme n'étant pas de nature à augmenter les capitaux de la communauté. — Cette exception n'est pas la seule d'ailleurs et l'on en trouvera une autre plus loin : c'est lorsque le mari a autorisé sa femme à vendre ses biens personnels. Dans ce cas encore, le mari n'est pas engagé par son autorisation.

Enfin si la succession est mixte, et si la femme l'a acceptée avec l'autorisation du mari, tout le passif dont elle est grevée tombe dans la communauté, mais il n'y tombe en totalité que pour le droit de poursuite. En d'autres termes, tous les dettes héréditaires peuvent être poursuivies, soit contre la femme, soit contre le mari, soit contre la communauté; mais celle-ci peut, après avoir payé les créanciers, exiger que la femme l'indemnise pour la portion de dettes afférente à l'actif immobilier. — Mais si la femme n'a accepté *qu'avec l'autorisation de justice et si le mari a fait dresser un inventaire,* les dettes héréditaires ne peuvent être poursuivies que sur les biens de la succession et sur la nue propriété des biens de la femme. S'il n'y avait pas eu d'inventaire, les créanciers pourraient poursuivre la communauté pour le tout.

Au surplus, si le mari n'a pas fait dresser un inventaire, dans le cas d'une succession mixte échue à la femme, celle-ci pourra établir la consistance du mobilier par toutes sortes de moyens, et même par commune renommée.

Les règles qu'on vient de voir s'appliquent également aux donations échues aux époux pendant le mariage aussi bien qu'aux successions qui peuvent leur advenir. (Art. 1412, 1413, 1414, 1415, 1416, 1417, 1418.)

Quelles sont, en résumé, les dettes que la communauté doit payer sans récompense ?

Les dettes que la communauté doit payer sans récompense et qui forment ainsi son passif proprement dit sont :

1° Toutes les dettes mobilières des époux antérieures au mariage. — Toutefois, il faut excepter celles qui auraient été contractées par les époux en vue d'améliorer leurs propres, car elles ne tomberaient dans la communauté qu'à charge de récompense.

2° Toutes les dettes qui ont été contractées pendant le mariage, soit par le mari, soit par la femme munie de son autorisation ou agissant comme sa mandataire pour les dépenses qui concernent les besoins du ménage ; à l'exception de celles qui seraient contractées par les époux pour l'amélioration de leurs biens personnels ou pour les amendes encourues par le mari, car ces dettes ne tomberaient encore dans la communauté qu'à charge de récompense.

3° Les arrérages des rentes, et les intérêts des dettes qui doivent être supportés définitivement par les époux.

4° Les charges usufructuaires afférentes aux propres des époux.

5° Les charges du mariage.

6° Les dettes afférentes aux successions mobilières acceptées pendant le mariage, soit par le mari, soit par la femme munie de son autorisation.

SECTION II

DE L'ADMINISTRATION DE LA COMMUNAUTÉ.

Pour plus de clarté, nous examinerons successivement ce qui concerne : 1° l'administration de la communauté et des biens personnels de la femme ; 2° les remplois et les récompenses ; 3° les constitutions de dot.

§ I. — *De l'administration de la communauté et des biens personnels de la femme.*

Comment la communauté est-elle administrée ?

Le mari est seigneur et maître de la communauté, disait notre ancien droit. Cette qualification peut encore servir aujourd'hui à marquer l'étendue des pouvoirs du mari, pouvoirs qui lui appartiennent en vertu du mandat que la loi lui confère comme chef de l'association conjugale. — En effet, le mari possède, en ce qui concerne l'administration des biens de la communauté, des pouvoirs bien autrement étendus que ceux d'un administrateur ordinaire, principalement pour les actes à titre onéreux. Il peut non seulement consentir des baux de longue durée, des transactions, des compromis; mais il est encore autorisé à hypothéquer les immeubles, à les grever de servitudes et même à les aliéner. Il peut, en un mot, faire tous actes quelconques à titre onéreux, sauf le droit qui appartient à la femme de faire prononcer la dissolution de la communauté en cas d'administration ruineuse.

Pour les actes à titre gratuit, les pouvoirs du mari sont assujettis à certaines restrictions, que nous allons examiner. (Art. 1421.)

Quels sont les actes que le mari ne peut pas faire ?

Le mari ne peut pas :

1° Faire des donations immobilières, et même des donations mobilières à titre universel, si ce n'est pour l'établissement d'un enfant commun. — Dans ce dernier cas, en effet, les donations faites par le mari rentrent dans les charges du mariage, qui doivent être supportées par la communauté.

2° Il ne peut faire des donations comprenant des meubles individuels, qu'à la condition de ne pas se réserver l'usufruit des choses données. — Cette prohibition se comprend aisément : en effet, les libéralités faites avec réserve d'usufruit auraient diminué le patrimoine de la communauté, sans diminuer en même temps le montant des revenus dont le mari a la disposition, et par suite celui-ci aurait pu être entraîné à les faire avec trop de facilité.

3° Disposer par testament des biens de la communauté au préjudice de sa femme.

4° S'enrichir directement ou indirectement en appauvrissant la communauté. (Art. 1422.)

Pourquoi le mari ne peut-il donner que des meubles individuels ?

Ainsi qu'on l'a vu, la loi prohibe les donations immobilières et les donations mobilières à titre universel ; et elle autorise, au contraire, les donations mobilières à titre particulier, pourvu que le mari ne se réserve pas l'usufruit des choses données.

Il semble difficile au premier abord de saisir la distinction faite par la loi entre les donations de meubles individuels, et les donations d'immeubles et d'universalités de meubles. — On peut

III. 3

cependant l'expliquer par cette considération qu'il aurait été difficile de prohiber efficacement les donations de meubles individuels, parce qu'elles peuvent avoir lieu de la main à la main ; tandis qu'on pouvait empêcher les donations d'immeubles et d'universalités de meubles, parce qu'elles ne peuvent être valablement faites que par un acte authentique. Puis, les donations de meubles individuels n'ont pas en général autant d'importance que les autres. Elles comprennent souvent des sommes modiques, et il aurait été bien rigoureux d'interdire au mari, chef de la communauté, toute disposition à titre gratuit, même rémunératoire. Ce que la loi a voulu, c'est qu'il ne fît pas des libéralités importantes, comme le sont presque toujours les donations immobilières ou d'universalités de meubles.

Les donations de cette nature sont-elles absolument nulles ?

Non ; les donations immobilières ou celles qui comprennent des universalités de meubles sont à la vérité frappées de nullité, mais la nullité n'est pas absolue, et elle n'existe que vis-à-vis de la femme et dans son intérêt. — En conséquence, tant que la communauté dure, la donation s'exécute ; et si, après la dissolution, la femme renonce à la communauté, tous les biens communs étant devenus par là des biens personnels du mari, celui-ci n'aura disposé que de sa chose et la donation restera valable.

Si, au contraire, la femme accepte la communauté, l'objet donné sera remis dans la masse à partager : s'il tombe dans le lot du mari, la donation s'exécutera en nature ; s'il tombe dans le lot de la femme, celle-ci le reprendra, mais alors le mari sera tenu de fournir au donataire l'équivalent de ce qu'il a restitué à la femme.

Que faut-il décider si ces donations ont eu lieu avec le consentement de la femme ?

Si ces donations ont eu lieu avec le consentement de la femme, quelques auteurs, notamment M. Mourlon (1), admettent leur validité ; car, disent-ils, la disposition de l'article 1422 qui interdit au mari de disposer à titre gratuit, suppose qu'il agit seul. — Mais cette opinion ne nous paraît guère admissible. Effectivement, le mari tient ses pouvoirs de la loi, et il ne dépend pas de la femme de les augmenter. Ne voit-on pas d'ailleurs que cette prohibition a pour but de protéger la copropriété de la

_____
(1) Mourlon, III, n° 132 (note). — Adde, Cass., 5 février 1850.

femme contre les libéralités abusives du mari, et que ce serait rendre cette protection illusoire que de déclarer ces libéralités valables si elles ont été faites du consentement de la femme. Où donc celle-ci puiserait-elle la force nécessaire pour résister au désir de son mari? Et, si elle y résistait, ce serait aux dépens de la bonne harmonie qui doit régner dans le mariage (1).

Dans quelle mesure le mari peut-il disposer par testament des biens de la communauté ?

En principe, le mari ne peut disposer par testament que de la part qui doit lui revenir dans la communauté. Il ne peut pas, même pour l'établissement d'un enfant commun, disposer par cette voie de la totalité de la communauté. — Une pareille libéralité ne produirait son effet, que si la femme ou ses héritiers renonçaient à la communauté. Dans le cas contraire, le legs ne comprendrait que la moitié des biens communs.

Quant au legs que le mari aurait fait d'un objet individuel de la communauté, il ne produirait son effet que par rapport à lui. Si, au moment du partage de la communauté, il tombe dans son lot, le légataire pourra le réclamer en nature ; s'il tombe dans le lot de la femme, il pourra seulement exiger que les héritiers du mari lui en fournissent l'équivalent. (Art. 1423.)

Le mari peut-il dissiper la communauté ?

Oui ; le mari peut, dans une certaine mesure, dissiper les biens de communauté; car il est de règle que toutes les obligations qu'il contracte sont, sauf quelques exceptions, à la charge de celle-ci.

Ainsi le mari peut faire supporter à la communauté toutes les dettes qu'il lui plaira de contracter, de quelque cause qu'elles proviennent; lors même qu'il les aurait contractées, par exemple pour subvenir à l'entretien d'une concubine. Il peut faire supporter à la communauté le poids de ses folles prodigalités ou de ses entreprises téméraires. — Mais il est cependant une limite à des pouvoirs si exorbitants : il ne doit pas s'enrichir personnellement aux dépens de la communauté. En conséquence, la loi décide que les dettes qui auraient été contractées par le mari dans l'intérêt de ses propres, pour les améliorer ou les conserver, ne pourront être poursuivies contre la communauté qu'à charge de récompense. Il en est de même

(1) Marcadé, V, art. 1422. — Rodière et Pont, I, 662

des amendes qui auraient été prononcées contre lui, à raison de leur caractère essentiellement personnel. (Art. 1424, 1437.)

La communauté a-t-elle également droit à une récompense dans le cas où elle a payé des dommages-intérêts encourus par le mari ?

Comme on vient de le voir, la communauté a droit à une récompense de la part du mari à raison des amendes encourues par celui-ci et qu'elle a payées. — Il s'agit maintenant de savoir si elle a droit également à une récompense pour les sommes qu'elle a payées à raison des réparations civiles qui auraient été prononcées contre lui, à l'occasion de ses délits ou de ses quasi-délits.

La question est vivement débattue. — Marcadé admet l'affirmative ; car, dit-il, les réparations civiles, c'est-à-dire les condamnations aux dépens et aux dommages-intérêts envers la partie lésée, sont produites par les mêmes causes que les amendes. Elles naissent également des délits et des quasi-délits ; et quelque large que soit le mandat confié au mari, il ne comporte pas le pouvoir d'en faire supporter les conséquences à la communauté. Si donc la loi n'a parlé que des amendes, ce ne peut être que par oubli (1).

Ce système ne nous paraît pas admissible. — Effectivement, comme le fait observer M. Valette, l'amende est une peine, et il est de règle que les peines sont personnelles et qu'elles ne peuvent atteindre qne le délinquant. Or, il n'en est pas de même des dommages-intérêts. D'ailleurs, en admettant même qu'il y ait quelque analogie entre les amendes et les réparations civiles, on ne peut pas étendre les exceptions par voie d'analogie. Quant à supposer un oubli de la part du législateur, c'est un argument qui nous paraît peu concluant (2).

En résumé, toutes les dettes contractées par le mari tombent dans la communauté sans récompense, sauf exception relativement à celles qui ont été contractées : 1° pour l'amélioration de ses propres ; 2° pour le payement des amendes auxquelles il a été condamné.

L'article 1425 nous présente, il est vrai, une troisième excep-

___

(1) Marcadé, V, art. 1424. — *Adde,* Duranton, XIV, 298 ; Bugnet, *sur Pothier,* VII, p. 159 ; Rodière et Pont, 1,632.

(2) Valette, *à son cours.* — Mourlon, III, 106.

tion. Il y est dit que les condamnations prononcées contre l'un des époux pour crime emportant la mort civile n'obligent pas la communauté. Mais cette disposition est devenue inutile depuis l'abolition de la mort civile. (Art. 1424, 1425, 1437.)

Dans quels cas les actes faits par la femme obligent-ils la communauté ?

En principe, les actes faits par la femme non autorisée de son mari n'engagent pas la communauté. Et il en est ainsi non seulement pour les obligations qui sont nées à l'occasion de ses contrats, mais encore, et à plus forte raison, pour celles qui résultent de ses délits et de ses quasi-délits. Dans tous les cas où la femme a agi sans autorisation du mari, les créanciers ne pourront poursuivre que sur la nue propriété de ses biens.

Toutefois, la loi admet, comme on l'a vu précédemment, trois exceptions à cette règle. — Ainsi la femme, même non autorisée de son mari, peut obliger la communauté :

1° Lorsqu'elle contracte en qualité de marchande publique, et pour les besoins de son commerce.

2° Lorsqu'elle s'oblige, avec l'autorisation de justice, pour tirer son mari de prison.

3° Lorsqu'en l'absence du mari, et avec l'autorisation de justice, elle s'oblige pour l'établissement de ses enfants.

Au surplus, la première hypothèse ne s'écarte guère de la règle : en effet, la femme ne pouvant faire le commerce sans l'autorisation du mari, il s'ensuit que celui-ci a autorisé à l'avance toutes les obligations qu'elle contracterait en qualité de commerçante. (Art. 1426, 1427.)

Quels sont les pouvoirs du mari comme administrateur des biens personnels de la femme ?

Ainsi que nous l'avons dit, le mari possède la gestion de chacun des patrimoines : administrateur libre des biens communs, il conserve, à plus forte raison, l'administration et l'entière disposition de ses biens personnels. Bien plus, la loi lui confie l'administration des biens de la femme ; seulement il ne jouit à cet égard que des pouvoirs d'un administrateur ordinaire. — Pour apprécier l'étendue de ces pouvoirs, il faut les considérer par rapport aux aliénations, aux actions judiciaires, aux actes conservatoires et aux baux d'immeubles.

I. *Aliénations.* — Le mari ne peut aliéner les immeubles de sa femme qu'avec le consentement de celle-ci. Il ne peut pas davantage les hypothéquer, car l'hypothèque conduit à l'aliénation forcée. Ici les expressions du Code manquent un peu d'exactitude. Ce n'est pas le mari qui ne peut pas aliéner les immeubles de la femme sans l'autorisation de celle-ci : c'est la femme elle-même, à qui les immeubles appartiennent, qui ne peut les aliéner et les hypothéquer qu'avec le consentement de son mari.

Le Code ne s'est pas expliqué relativement à l'aliénation des propres mobiliers de la femme. La raison en est qu'ils consistent ordinairement en des choses fongibles ou en des choses qui ont été estimées, et dont la communauté est devenue propriétaire à la charge de restituer une valeur équivalente. — Quant à ceux qui consistent en des corps certains non estimés, dont la femme est restée propriétaire, il faut décider que le mari ne peut pas les aliéner, parce que l'aliénation des meubles dépasse les pouvoirs d'un administrateur ordinaire. Toutefois, les tiers qui les auraient acquis de bonne foi pourraient les conserver, en invoquant la maxime qu'*en fait de meubles la possession vaut titre.*

II. *Actions judiciaires.* — Les actions sont mobilières ou immobilières, suivant qu'elles ont pour objet un meuble ou un immeuble. Les actions immobilières se subdivisent elles-mêmes, en actions possessoires et pétitoires, suivant qu'elles ont pour objet la simple possession ou la propriété d'un immeuble.

Le mari peut exercer seul les actions mobilières relatives aux biens personnels de sa femme, même si les meubles qu'elles concernent sont des propres parfaits qui ne sont pas tombés dans la communauté.

Il peut exercer également les actions possessoires relatives aux immeubles de sa femme, mais non les actions pétitoires. Lors donc qu'il s'agira de procès concernant la possession d'un immeuble de la femme, le mari pourra intenter l'action ou y défendre sans le concours de celle-ci, et ce qui sera jugé pour ou contre lui sera jugé pour ou contre elle. — Mais si c'est la question de propriété qui se débat, le mari n'a plus qualité ni pour introduire l'action, ni pour y défendre. Toutefois, il pourrait, au nom de la communauté dont il est le chef, revendiquer la jouissance d'un immeuble de la femme, si elle était contestée.

III. *Actes conservatoires.* — Le mari est tenu de veiller à la conservation des propres de la femme. Ainsi il doit faire toutes les réparations : celles d'entretien, aux frais de la communauté puisqu'elle a la jouissance des propres ; les grosses réparations, aux frais de la femme, qui devra récompense à la communauté si celle-ci a fait l'avance des deniers.

Le mari a aussi le devoir de faire des actes interruptifs de prescription. S'il néglige d'exercer une action possessoire dans l'année du trouble, il sera responsable du dommage éprouvé par la femme. — S'il s'agit d'actions pétitoires, le mari, n'ayant pas qualité pour les exercer, doit avertir la femme des usurpations qui seraient commises.

IV. *Baux des biens de la femme.* — En sa qualité d'administrateur des biens personnels de la femme, le mari a le droit de consentir des baux pour tout le temps que durera la communauté. Si elle vient à être dissoute, les baux consentis par le mari seul ne seront maintenus dans leur entier qu'autant qu'ils auront été faits pour une période n'excédant pas neuf ans. — Ainsi, si le bail est de dix-huit ans et que la communauté se trouve dissoute quatre ans après qu'il a commencé, il ne sera maintenu que pour cinq ans.

Le mari peut également renouveler les baux des biens de la femme, mais les renouvellements ne peuvent être valablement consentis que deux ans avant l'expiration du bail s'il s'agit de maisons, et trois ans s'il s'agit de fermes. — Il en résulte que si la communauté vient à être dissoute après le renouvellement d'un bail, la femme ou ses héritiers seront soumis au premier bail pour le temps qui restera à courir jusqu'à son expiration, et qu'ils seront en outre soumis au deuxième bail pour neuf années, de telle sorte qu'ils pourront à la rigueur se trouver liés pour onze ans s'il s'agit de maisons, et pour douze ans s'il s'agit de biens ruraux. — Du reste, comme cette limitation du bail est dans l'intérêt de la femme, elle peut y renoncer et ratifier le bail fait par son mari. (Art. 1428, 1429, 1430.)

Quel est le droit de la femme dont l'immeuble a été aliéné par le mari ?

C'est une question délicate de savoir quel est, à la dissolution de la communauté, le droit de la femme dont l'immeuble a été aliéné par le mari. — Si elle renonce à la communauté, elle pourra exercer l'action en revendication pour le tout. — Mais si elle l'accepte, elle ne pourra revendiquer que la moitié de l'im-

meuble aliéné. Effectivement, en acceptant la communauté, elle
s'est soumise pour moitié à ses obligations : or, comme la communauté est engagée par les actes du mari, il s'ensuit que la
femme acceptante est tenue de la garantie vis-à-vis de l'acquéreur. Dès lors, elle ne peut revendiquer qu'une moitié de l'immeuble aliéné, à cause de la règle *Quem de evictione tenet actio,
eumdem agentem repellit exceptio.*

**Quel est le droit de poursuite des créanciers envers lesquels
le mari et la femme se sont engagés ?**

La femme commune en biens peut contracter une obligation
avec son mari de deux manières, solidairement ou conjointement.

Lorsqu'elle s'est engagée solidairement avec son mari, elle devient,
vis-à-vis du créancier, un véritable débiteur solidaire ; et celui-
ci peut, à son gré, poursuivre pour le tout, soit la communauté,
soit la femme. — Seulement la loi pr ésume qu'elle s'est engagée
dans l'intérêt de son mari, qu'elle a vou lu lui servir de caution ;
et il en résulte qu'elle peut exercer un r ecours contre lui pour
tout ce qu'elle a payé. Pour échapper aux co nséquences de ce
recours, le mari devra prouver que la dette avait été contractée,
soit en totalité, soit en partie, dans l'intérêt de sa femme.

*Lorsque la femme commune s'est engagée conjointement avec son
mari*, elle devient, vis-à-vis du créancier, un débiteur conjoint
ordinaire, et elle peut être poursuivie pour moitié de la dette. —
Quant au mari, il peut non seulement être poursuivi pour une
moitié en sa qualité de débiteur conjoint, mais encore pour
l'autre moitié à raison de l'autorisation accordée à sa femme.
En définitive, il peut être poursuivi pour le tout. Et comme la
femme est encore ici présumée s'être engagée dans l'intérêt de
son mari, elle peut, si elle a payé la moitié de la dette, se faire
indemniser par lui de tous ses déboursés. (Art. 1431, 1432.)

§ II. — *Des remplois et des récompenses.*

**Quel est le principe commun aux remplois et aux récom-
penses ?**

La théorie des remplois et des récompenses repose sur ce
principe, que l'un des trois patrimoines ne doit pas s'enrichir aux
dépens d'un autre.

On sait que la communauté légale comprend en général toutes les valeurs mobilières, et que par suite lorsqu'un immeuble appartenant à l'un des époux a été aliéné, le prix qui provient de cette aliénation tombe dans la communauté et se confond avec l'actif social. Mais alors, comme la communauté ne doit pas s'enrichir aux dépens des époux, il y aura lieu à remploi ou à récompense. — Il y aura *remploi*, si le prix est employé à l'acquisition d'un autre bien, destiné à remplacer le propre aliéné. — Dans le cas contraire, la communauté deviendra débitrice envers l'époux dont le propre a été aliéné, pour une somme égale à la valeur du prix. Elle devra, en un mot, lui fournir une indemnité, et c'est cette indemnité qu'on appelle une *récompense*.

Au reste, les récompenses peuvent être dues, comme on le verra plus loin, non seulement par la communauté à l'un des époux, mais aussi, à l'inverse, par l'un des époux à la communauté, et même par un époux à l'autre époux.

Qu'est-ce qu'un remploi ?

On entend par *remploi*, l'acquisition d'un propre faite avec l'argent provenant de l'aliénation d'un autre propre. — L'immeuble nouvellement acquis est ainsi *substitué* au propre qui a été aliéné. C'est cette substitution d'un nouveau propre à un propre aliéné, qui caractérise le remploi, et qui le distingue d'un simple *emploi*. Le remploi peut avoir lieu, soit pour le compte du mari, soit pour le compte de la femme.

Lorsqu'il est fait pour le compte du mari, il faut qu'il porte une double déclaration : 1° Que l'immeuble est acquis avec les deniers provenant de l'aliénation d'un de ses propres ; 2° que ce nouvel immeuble est acheté pour lui tenir lieu de remploi (1). Ces déclarations doivent être faites au moment de l'acquisition ; car sans cela le mari pourrait rendre l'immeuble propre ou le laisser à la communauté, selon qu'il aurait augmenté ou qu'il aurait diminué de valeur depuis l'acquisition.

Lorsque le remploi est fait pour le compte de la femme, il faut ajouter une troisième condition aux deux précédentes, c'est l'acceptation formelle de celle-ci. — Cette acceptation peut être donnée, soit dans l'acte de vente, soit à part, par acte authentique ou sous seing privé. Et il n'est pas nécessaire qu'elle soit don-

(1) Suivant Pothier, il suffisait de l'une ou de l'autre de ces déclarations. Mais le Code les exige l'une et l'autre. Marcadé, V, art. 1435 ; Mourlon, III, 151.

née au moment de l'acquisition : il suffit qu'elle ait lieu avant la dissolution de la communauté (1).

Reste à examiner une question importante et fort débattue : celle de savoir si l'acceptation de la femme, lorsqu'elle est donnée après coup, a un effet rétroactif au jour même de l'acquisition, ou si elle n'a son effet qu'à sa date et pour l'avenir seulement. (Art. 1434, 1435.)

L'acceptation de la femme rétroagit-elle au jour de l'acquisition ?

Suivant un premier système, il faut admettre la négative. — D'après ce système, l'acquisition faite par le mari avec déclaration de remploi pour le compte de la femme, n'est qu'une offre qu'il peut révoquer tant qu'elle n'a pas été acceptée. L'immeuble acquis avec déclaration de remploi appartiendra donc à la communauté, tant que le remploi n'aura pas été accepté par la femme. Il ne deviendra un propre qu'à partir du moment où cette acceptation aura eu lieu. — Il en résulte : 1° que le mari conserve sur l'immeuble acquis, jusqu'à ce que le remploi ait été accepté, tous les droits de chef de la communauté, qu'il peut valablement le vendre, l'hypothéquer, le grever de servitudes ; 2° que cet immeuble est transmis par la communauté à la femme au moment où elle accepte le remploi, et qu'ainsi la femme peut, en cas d'éviction, exercer l'action en garantie contre la communauté ; 3° que la double transmission qui s'est opérée, du tiers vendeur à la communauté et de la communauté à la femme, donne lieu à un double droit de mutation.

Suivant un autre système, qui nous paraît préférable, il faut décider, au contraire, que l'acceptation de la femme a un effet rétroactif au jour de l'acquisition. — Effectivement, l'immeuble acquis par le mari, avec déclaration de remploi pour le compte de sa femme, appartient à la communauté jusqu'au moment de l'acceptation, mais il ne lui appartient que sous une condition résolutoire. Si la femme accepte le remploi, la condition est réalisée ; et comme toute condition réalisée produit un effet rétroactif au jour du contrat, il en résulte : 1° que l'immeuble acquis en remploi est réputé avoir appartenu à la femme dès le jour de l'acquisition, et que le mari n'a pas pu dès lors le grever valablement de droits réels; 2° que la femme doit, en cas d'é<

(1) Cass., 2 mai 1859.

viction, exercer l'action en garantie contre le tiers qui lui a transmis l'immeuble, et non point contre la communauté ; 3° qu'il n'y a à payer qu'un seul droit de mutation (1).

Qu'est-ce qu'une récompense ?

On entend par *récompense*, l'indemnité qui est due par l'un des trois patrimoines à un autre. En général, cette indemnité ne se règle que lors de la dissolution de la communauté. — Les récompenses peuvent être dues : 1° par la communauté à l'un des époux ; 2° par l'un des époux à la communauté ; 3° par l'un des époux à l'autre époux.

I. *La communauté doit récompense à l'un des époux:* 1° Lorsqu'un immeuble propre a été vendu, et qu'elle s'est enrichie du prix ; 2° lorsqu'une servitude qui existait au profit d'un propre a été rachetée à prix d'argent, et qu'elle s'est enrichie de cet argent ; 3° lorsqu'une donation mobilière a été faite à l'un des époux sous la condition qu'elle lui resterait propre, et que les biens qui la composent, étant des choses fongibles ou des corps certains estimés, se sont confondus avec les autres biens communs. — En résumé, la communauté doit récompense à l'un des époux, toutes les fois qu'il n'a pas été fait remploi des sommes dont elle s'est enrichie à ses dépens.

II. *A l'inverse, les époux doivent récompense à la communauté,* lorsqu'ils se sont servis de ses deniers, soit pour acquitter une dette qui était à leur charge, soit pour acquérir des servitudes actives au profit de leurs immeubles ou pour éteindre les servitudes passives qui les grevaient, soit pour faire exécuter sur leurs immeubles des travaux d'amélioration.

III. *Enfin les époux se doivent des récompenses l'un à l'autre,* soit lorsque l'un d'eux a donné en payement un de ses propres pour la dette de l'autre, soit lorsque l'un d'eux a commis des dégradations sur le fonds de l'autre. — Au reste, ces deux cas se présenteront rarement, et c'est surtout avec la communauté que les époux auront des comptes à régler, parce qu'elle détient tout l'actif mobilier.

Il convient d'observer ici que la communauté n'a pas droit à une récompense, lorsqu'elle a subi une diminution de jouissance

---

(1) Voy. sur cette question : M. Labbé, *Dissertation sur les effets de la ratification des actes d'un gérant d'affaires*, p. 43-89. — Marcadé, V, art. 1435; Bugnet, *sur Pothier*, VII, p. 125.

par suite des modifications qui ont été apportées par un époux à la composition de son patrimoine. — Ainsi lorsque l'époux a échangé une rente viagère qui lui appartenait contre la nue propriété d'un immeuble, ou une maison d'un bon produit contre un terrain improductif, la communauté, malgré la diminution de jouissance qu'elle en éprouve, ne peut exiger aucune récompense. Effectivement, son droit de jouissance ne porte pas sur chaque propre pris individuellement, mais sur l'ensemble du patrimoine tel quel de l'époux, et cet époux conserve la faculté d'en disposer et de le composer comme il l'entend (1). (Art. 1433, 1437.)

Comment calcule-t-on le montant des récompenses ?

Lorsque la récompense est due par la communauté à un époux, elle doit être l'équivalent exact de la valeur dont elle s'est enrichie aux dépens de l'époux. — Ainsi lorsqu'un bien propre a été aliéné, la communauté tiendra compte du prix réel de l'aliénation, sans qu'il y ait à rechercher si la valeur du propre aliéné était moindre ou plus grande que ce prix.

Si la récompense est due par un époux à la communauté, elle doit être l'équivalent exact de la valeur dont la communauté a été appauvrie, sans qu'il y ait à rechercher non plus quel est le profit que l'époux a retiré des deniers qu'il y a pris. — Toutefois, on convient généralement que si un époux a fait des dépenses voluptuaires sur un de ses propres pour l'agrément de la famille, il ne devra compte de ces dépenses que dans les limites de la plus-value qu'elles ont procurée à son fonds.

Si la récompense est due par un époux à l'autre époux, elle doit pareillement être l'équivalent exact de la valeur dont l'époux a été appauvri.

Dans le cas où la récompense est due par la communauté, il importe de distinguer quel est celui des époux auquel elle est due. — Si c'est au mari, celui-ci ne peut la recouvrer que sur la communauté. — Si c'est à la femme, celle-ci peut la recouvrer tout à la fois sur les biens de la communauté, et, en cas d'insuffisance, sur ceux du mari, parce que l'insuffisance de la communauté provient le plus souvent de sa mauvaise administration (2). (Art. 1436.)

---

(1) Bugnet, *sur Pothier*, VII, p. 314.
(2) Valette ; Bugnet, *sur Pothier*, VII, p. 330.

§ III. — *Des constitutions de dot.*

La communauté est-elle tenue de fournir une dot aux enfants qui sont issus du mariage ?

Non ; les père et mère ne sont pas tenus civilement de fournir une dot à leurs enfants : en les dotant, ils ne font que s'acquitter d'une obligation naturelle.

Le mot *dot* est employé ici dans le sens le plus large, pour désigner tout bien donné par les parents à un de leurs enfants, en vue de son mariage. — En prenant cette expression dans ce sens, le Code détermine ici sur quels biens il faut imputer les constitutions de dot faites par des époux mariés sous le régime de la communauté.

Sur quels biens faut-il imputer les constitutions de dot faites par des époux mariés sous le régime de la communauté ?

A cet égard, il faut distinguer les hypothèses suivantes :

I. *Dot constituée par les deux époux à un enfant commun.* — Lorsque la dot a été constituée conjointement par les deux époux au profit d'un enfant commun, chacun d'eux est présumé avoir fourni la moitié de la dot sur ses biens personnels. Effectivement, l'intervention de la femme au contrat ne s'expliquerait pas si la communauté devait supporter la dot, puisque le mari avait des pouvoirs suffisants pour la constituer seul sur les biens communs. — Il en résulte : 1° que si la dot a été payée sur les biens de la communauté, chaque époux lui doit une récompense pour la moitié de la valeur de la dot ; 2° que si elle a été payée en entier ou pour plus de moitié sur les biens personnels de l'un des époux, l'autre époux lui doit récompense.

II. *Dot constituée par le mari seul au profit d'un enfant commun.* — Lorsque la dot a été constituée par le mari seul au profit d'un enfant commun, celui-ci est présumé avoir voulu la constituer sur les biens de la communauté, et par conséquent la communauté ne peut réclamer aucune récompense si elle l'a fournie. — Toutefois, si le mari avait déclaré *expressément* la constituer sur ses biens personnels, la dot devrait être payée sur ses biens, sinon la communauté aurait droit à une récompense.

III. *Dot constituée par la femme seule au profit d'un enfant commun.* — Dans ce cas, la dot est à la charge personnelle de la femme ; mais il faut qu'elle soit autorisée pour pouvoir la constituer valablement. — Si l'autorisation est donnée par le mari, la dot pourra être poursuivie sur ses biens et sur ceux de la communauté, aussi bien que sur ceux de la femme. Mais alors, si elle est payée par le mari ou par la communauté, la femme devra une récompense.

IV. *Dot constituée par l'un des époux au profit d'un enfant issu d'un précédent mariage.* — Dans cette hypothèse, la dot est à la charge personnelle de l'époux qui l'a constituée. Dans le cas où elle aurait été payée en effets de communauté, la communauté aura droit à une récompense. (Art. 1438, 1439.)

La constitution de dot est-elle un acte à titre gratuit ou à titre onéreux ?

En principe, la constitution de dot est un acte à titre gratuit, car le constituant ne reçoit aucun équivalent de ce qu'il donne. Aussi est-elle soumise au rapport et à la réduction, ainsi qu'à la révocation dans les cas où elle est prononcée par la loi. — Toutefois comme le donataire la reçoit pour faire face aux charges du mariage, la loi décide, par une faveur particulière : 1° que s'il subit une éviction, il lui en sera dû garantie, quoique, selon le droit commun, les donateurs ne soient pas garants ; 2° que les intérêts courront de plein droit du jour du mariage encore qu'il y ait terme pour le payement, s'il n'y a stipulation contraire. (Art. 1440.)

SECTION III

DE LA DISSOLUTION DE LA COMMUNAUTÉ.

Quelles sont les causes de dissolution de la communauté ?

Depuis que le divorce et la mort civile ont été abolis, il n'existe plus que trois causes de dissolution de la communauté, savoir : 1° la mort naturelle de l'un des époux ; 2° la séparation de biens ; 3° la séparation de corps.

Cependant, à ces trois causes habituelles de dissolution de la communauté, on peut en ajouter deux autres qu'on ne rencontre, il est vrai, qu'exceptionnellement, mais qui n'en produisent pas moins un effet analogue, savoir : 1° le jugement qui prononce la nullité d'un mariage putatif ; 2° le jugement en déclaration d'absence de l'un des deux époux.

Nous examinerons successivement ces diverses causes de dissolution de la communauté. — Toutefois, comme on connaît déjà les dispositions qui se réfèrent à la séparation de corps et celles qui ont rapport aux jugements en nullité du mariage et en déclaration d'absence, nous nous attacherons principalement à étudier les dispositions relatives à la séparation de biens. (Art. 1441.)

Que doit faire l'époux survivant lorsque la communauté est dissoute par la mort de son conjoint ?

Ainsi que nous l'avons dit, la mort naturelle de l'un des époux fait cesser immédiatement la communauté de biens qui avait été établie entre l'époux décédé et son conjoint en vue du mariage. — Il en résulte pour l'époux survivant l'obligation de faire dresser, dans les trois mois qui suivent le décès, un inventaire de tous les biens meubles de la communauté.

Suivant les coutumes de Paris et d'Orléans, les enfants mineurs issus du mariage pouvaient, si l'inventaire n'avait pas été fait, demander à ce que la dissolution de la communauté n'eût lieu qu'à partir du jour de leur demande en partage. — Aujourd'hui, le défaut d'inventaire n'entraîne pas les mêmes conséquences ; mais cependant il a encore pour effet : 1° d'autoriser les héritiers et les créanciers de l'époux décédé à prouver la consistance du mobilier au moment de la dissolution de la communauté, tant par titres que par témoins, et même par commune renommée ; 2° de faire perdre à l'époux survivant l'usufruit que la loi accorde aux parents sur les biens de leurs enfants mineurs de dix-huit ans ; 3° de faire perdre à la femme survivante le droit de renoncer à la communauté. (Art. 1442, 1456.)

Quel est l'effet du jugement qui prononce la nullité d'un mariage putatif ?

Lorsqu'un mariage entaché d'une nullité a été contracté de bonne foi, il produit, tant que sa nullité n'a point été prononcée en justice, des effets identiques à ceux qui résulteraient d'un mariage régulier et valable ; et, par conséquent, il fait naître entre les époux une association pécuniaire. — Mais cette association, établie en vue de l'union conjugale, ne peut se prolonger quand celle-ci est dissoute. C'est pourquoi le jugement qui prononce la nullité du mariage putatif met aussi un terme à la communauté établie entre les époux.

Leurs droits respectifs doivent alors se régler conformément aux règles habituelles, sous la seule distinction que si l'un des époux seulement avait été de bonne foi, cet époux pourrait seul exercer les droits qui dérivent du mariage.

Quel est l'effet du jugement qui déclare l'absence de l'un des époux ?

L'absence déclarée de l'un des époux, quelque prolongée qu'elle soit, ne peut jamais avoir pour effet de dissoudre les liens indissolubles du mariage, et de permettre à l'autre époux de contracter une nouvelle union. Mais elle peut avoir l'effet de dissoudre la communauté, si l'époux présent opte pour sa dissolution. — Toutefois, la dissolution ainsi arrivée ne sera définitive que si l'on reste perpétuellement sans aucunes nouvelles sur le sort de l'absent. En effet, si l'on apprend que celui-ci est mort postérieurement à l'option de son conjoint, on réglera les droits de l'époux présent et des héritiers de l'absent comme si la communauté avait été dissoute au moment de la mort de ce dernier.

Qu'est-ce que la séparation de biens ?

La séparation de biens est une ressource que la loi fournit à la femme pour la protéger contre la mauvaise administration du mari. Elle est une compensation au pouvoir presque illimité que celui-ci possède sur les biens de la communauté.

La séparation de biens, qui est aussi l'un des régimes que deux époux peuvent adopter par leur contrat, et qui porte alors le nom de *séparation conventionnelle*, ne peut se substituer à la communauté et en opérer ainsi la dissolution qu'au moyen d'un jugement. — Du reste, la *séparation judiciaire* résulte, soit du jugement spécial de séparation de biens, soit, comme conséquence forcée, du jugement de séparation de corps.

Nous avons indiqué, dans notre premier volume, pour quelles causes l'un des époux peut obtenir la séparation de corps. Nous n'avons donc à nous occuper ici que de la séparation judiciaire de biens.

Quelles sont les personnes qui peuvent demander la séparation de biens ?

La séparation de biens ne peut être demandée que par la femme. — Du reste, le droit de la demander n'appartient pas seulement à la femme mariée sous le régime de la communauté, mais aussi à celle qui est mariée sous le régime dotal, ou sous le régime sans communauté. — Quant au mari, il ne peut jamais former une demande en séparation, car son autorité maritale suffit pour empêcher la femme de dissiper la communauté.

Les créanciers du mari, n'ayant que les droits qui appartiennent à leur débiteur, ne peuvent pas non plus exercer cette action. — Quant aux créanciers de la femme, ils devraient, suivant les principes du droit commun, pouvoir l'exercer. Mais la loi déroge ici au droit commun, et elle leur refuse le droit de demander la séparation de biens sans le consentement de la femme. Elle les autorise seulement, dans le cas où le mari est tombé en faillite ou en déconfiture, à exercer les droits de la femme, leur débitrice, jusqu'à concurrence du montant de leur créance. (Art. 1443, 1446.)

Quelles sont les personnes qui peuvent s'opposer à la séparation de biens ?

La demande en séparation de biens peut être contredite :

1° *Par le mari.* — En effet, c'est contre lui que l'action est intentée, et il a d'ailleurs un grand intérêt à empêcher que la séparation ne soit prononcée; car elle lui fait perdre la jouissance et l'administration de la moitié des biens qui composaient la communauté, ainsi que des biens personnels de la femme.

2° *Par les créanciers du mari.* — Effectivement, si le mari a peu de fortune et si au contraire la femme possède des biens personnels, ils peuvent, tant que dure la communauté, espérer d'être payés sur les revenus de ces biens, puisque le mari en a la jouissance. — Bien plus, il peut échoir à la femme des successions mobilières, qui tomberaient dans la communauté si elle se continuait, et dont le mari aurait la disposition; tandis que si la communauté est dissoute, ces successions ne profiteront qu'à la femme.

3° *Par les créanciers de la femme.* — Effectivement, si la femme n'a pas un patrimoine suffisant pour les désintéresser, mais s'il doit échoir au mari des successions mobilières qui augmenteront l'actif de la communauté, et par suite la part de la femme dans cette communauté, ses créanciers ont intérêt à en empêcher la dissolution immédiate. En conséquence, on les admet à prouver que les époux se sont concertés entre eux pour obtenir la séparation. (Art. 1446, 1447.)

Quelles sont les causes de séparation de biens ?

La séparation de biens peut être demandée par la femme lorsque sa dot est mise en péril, et lorsque le désordre des affaires du mari donne lieu de craindre que les biens de celui-ci ne soient pas suffisants pour lui permettre d'exercer ses reprises, c'est-à-dire de reprendre les biens qu'elle a apportés en se mariant. — Le mot *dot* est employé ici dans son sens le plus large, pour exprimer tout ce que la femme apporte au mari en se mariant, et non pas seulement les biens constitués en dot par la femme mariée sous le régime dotal (1).

La séparation de biens peut être intentée contre le mari qui, sans mettre le capital de la dot en péril par sa mauvaise administration, dissipe cependant les revenus qui en proviennent, au point de ne plus pouvoir subvenir aux besoins du ménage, ainsi qu'à l'entretien et à l'éducation des enfants communs. — Elle peut même être intentée contre lui alors même que la femme n'aurait eu aucune dot, s'il dépensait en prodigalités les fruits de son travail ou de son industrie, au lieu de les employer à l'entretien de la famille (2).

La loi n'ayant pas déterminé quels sont les faits qui peuvent mettre en péril la dot de la femme, l'appréciation en est laissée à la sagesse des tribunaux. Du reste, il n'y a pas à distinguer si le désordre des affaires du mari provient de son inconduite ou de son incapacité comme administrateur. (Art. 1443.)

Quelle est la procédure à suivre pour obtenir la séparation de biens ?

La séparation de biens doit être poursuivie en justice et elle ne peut résulter que d'un jugement ; car la loi ne permet pas aux époux de modifier leurs conventions matrimoniales une fois que le mariage a été célébré.

La femme ne peut introduire sa demande qu'en vertu d'une autorisation du président du tribunal : celui-ci, il est vrai, n'a pas le droit de la lui refuser ; mais il pourra du moins lui faire toutes les observations et lui donner tous les conseils que lui suggérera sa prudence, afin qu'elle se désiste de sa demande si elle a été faite sans motifs suffisants.

Une fois la demande en séparation de biens formée, la femme doit la rendre publique, en en faisant afficher un extrait dans un tableau placé à cet effet dans l'auditoire du tribunal civil. Un extrait semblable sera aussi inséré dans l'un des journaux qui se

(1) Amiens, 31 décembre 1878.
(2) Cass., 28 février 1842 ; 17 mars 1847.

publient dans le département. — Cette publicité a pour but de prévenir les tiers des changements qui vont survenir dans l'association conjugale, et de mettre les créanciers des époux en mesure d'intervenir au procès pour sauvegarder leurs droits.

Le jugement qui ordonne la séparation ne peut être prononcé qu'un mois après que la demande a été rendue publique. Il doit, comme celle-ci, être publié au moyen des mêmes affiches et insertions, afin que ceux qui auront dans l'avenir à contracter avec les époux soient instruits des changements qu'ont subis leurs droits respectifs. — Enfin la femme doit, à peine de nullité, l'exécuter dans la quinzaine, soit en recevant le payement, constaté par acte authentique, de ses droits et reprises jusqu'à concurrence des biens de son mari, soit en exerçant des poursuites pour parvenir à ce payement. Il est évident, d'ailleurs, que ce délai de quinze jours sera souvent trop court pour permettre à la femme d'exercer ses reprises. Mais, dans la pratique, une simple sommation à comparaître devant le notaire liquidateur est regardée comme constituant une exécution suffisante, sans que la femme ait à craindre une déchéance quelconque par suite des lenteurs de la liquidation (1). (Art. 1444, 1445.)

Pourquoi oblige-t-on la femme à exécuter le jugement dans la quinzaine ?

En général, les jugements rendus peuvent être exécutés dans le délai de trente ans. Mais ici, par exception, la loi n'accorde à la femme qu'un délai de quinzaine, afin que l'exécution du jugement fasse connaître promptement aux tiers le changement qui s'est opéré dans la situation des époux.

Au premier abord, ce délai de quinzaine paraît inconciliable avec l'article 174 du Code de procédure, qui accorde à la femme séparée de biens un délai de trois mois et quarante jours pour faire inventaire et pour délibérer. — Mais cette contradiction n'est qu'apparente. Effectivement, le délai de quinzaine dont il s'agit ici ne s'applique qu'à la reprise des propres de la femme et au payement des récompenses qui lui sont dues, reprise qui peut être effectuée immédiatement, soit qu'elle accepte la communauté, soit qu'elle y renonce. Il ne concerne nullement la reprise qu'elle a également à faire de sa part dans les biens de la communauté. A cet égard, la loi lui accorde un délai de trois

(1) Cass., 13 février 1834.

mois et quarante jours, afin qu'elle ait le temps de se renseigner avant de faire son option pour la continuation ou pour la dissolution de la communauté.

Quelles sont les voies d'attaque contre le jugement en séparation de biens ?

Le jugement en séparation de biens peut être attaqué, soit par le mari, soit par ses créanciers, soit par les créanciers de la femme.

Le mari peut l'attaquer par la voie de l'opposition s'il a été rendu par défaut, et par la voie de l'appel s'il a été rendu contradictoirement et en première instance.

Les créanciers du mari peuvent aussi l'attaquer, en exerçant les droits de leur débiteur par la voie de l'opposition ou de l'appel. — De plus, l'article 1447 leur donne un autre moyen, qui leur est propre, c'est la voie de la tierce-opposition, qu'ils pourront exercer lorsqu'ils ne sont pas intervenus au procès. — Ce moyen leur permettra de faire réformer le jugement en ce qui les concerne, en prouvant qu'il y a eu entre les époux un concert frauduleux, ayant pour but d'obtenir la séparation et de diminuer ainsi les revenus dont leur débiteur avait la disposition.

Quant aux créanciers de la femme, ils ne peuvent attaquer le jugement en séparation de biens que par la voie de l'intervention ou de la tierce opposition, en prouvant qu'il a été rendu en fraude de leurs droits (1). (Art. 1447.)

Quels sont les effets du jugement de séparation de biens ?

Le jugement de séparation de biens a pour effet de dissoudre la communauté et de transporter à la femme la jouissance et l'administration de ses biens. Elle peut, en conséquence, sans avoir besoin d'être autorisée, toucher ses revenus, faire des baux qui n'excèdent pas neuf ans, recevoir les payements des sommes qu'on lui doit et en décharger valablement ses débiteurs, aliéner à titre onéreux ses biens meubles, en un mot, faire tous les actes d'une large administration (2). — Mais elle doit avoir l'autorisation de son mari pour aliéner ses immeubles, pour faire des donations,

---

(1) Les créanciers ne peuvent faire annuler un jugement de séparation de biens que si leur tierce-opposition est basée sur une fraude des époux. Cass., 14 mai 1879.

(2) Il appartient aux tribunaux d'apprécier souverainement si l'acte de la femme excède ou non les limites de l'administration. Cass., 21 août 1839.

pour ester en justice ; car si la séparation de biens fait perdre au mari les droits qu'il possédait comme chef de la communauté, elle ne lui enlève pas ceux qu'il tient de la puissance maritale (1).

Afin d'empêcher que le mari ne puisse dissiper pendant l'instance ce qui reste des biens communs, la loi donne au jugement un effet rétroactif au jour de la demande. — Il en résulte que le mari devra rendre à la femme tous les fruits provenant de ses biens qu'il a touchés depuis la demande. Mais comme ces biens, de même que ceux de la communauté, restent entre ses mains usqu'au jugement, les actes d'administration qu'il aurait faits à leur égard seront valables. (Art. 1449.)

Quelles sont les obligations de la femme séparée de biens ?

Le jugement qui prononce la séparation de biens oblige aussi la femme à contribuer aux charges du mariage. Et tandis que la séparation qui résulte du contrat de mariage ne l'oblige à contribuer aux besoins de la famille que pour le tiers de ses revenus, la séparation judiciaire lui impose le devoir d'y contribuer selon ses facultés, et même de supporter entièrement le fardeau des charges si le mari est devenu insolvable. — C'est entre les mains du mari que la femme doit verser la portion de ses revenus qui doit recevoir cette destination ; car, bien que la séparation ait été prononcée, c'est encore lui qui a la direction des affaires domestiques. Toutefois, les juges peuvent, dans l'intérêt de la famille, apporter une restriction à cette obligation, s'il y a de justes motifs de craindre que le mari ne dissipe les fonds ou qu'il ne les détourne de leur destination.

Après la séparation de biens prononcée, la femme peut donner à son mari mandat d'administrer ses biens pour elle et en son nom, et d'en toucher les revenus. Dans ce cas, celui-ci est tenu, comme le serait tout autre mandataire, de rendre compte des fruits qu'il a perçus. — S'il administre sans mandat, mais aussi sans opposition de la part de la femme, il n'est tenu, lorsque cesse son administration, qu'à la représentation des fruits qui existent encore : on présume que ceux qui ont été consommés ont servi à l'entretien de la famille. — Au contraire, s'il administre malgré l'opposition de la femme, il est responsable de tous

(1) Cass., 12 février 1828 ; 5 mai 1829 ; 7 décembre 1829 ; 7 décembre 1830 ; 3 janvier 1831.

les fruits, tant de ceux qui existent que de ceux qui ont été consommés. (Art. 1448, 1577, 1578, 1579.)

**Après la séparation, le mari est-il responsable du défaut
d'emploi des deniers provenant de l'aliénation des immeubles
de la femme ?**

Durant la communauté, lorsqu'un immeuble de la femme a été
vendu, le prix de l'aliénation tombe dans la communauté, qui en
doit récompense à la femme, à moins qu'il n'en soit fait remploi.
Mais lorsque l'immeuble de la femme a été aliéné après la séparation de biens, celle-ci en touche elle-même le prix et en fait
le placement.

Cependant il peut arriver que le mari ait été chargé par la
femme de recevoir le prix de l'immeuble aliéné et d'en faire le
placement; il peut arriver aussi qu'il ait touché le prix sans en
avoir reçu mandat de sa femme, et même la loi présume qu'il a
touché le prix toutes les fois que la vente a été faite en sa présence et qu'il a concouru à l'acte. — Dans ce cas, comme aussi
dans tous les cas où il est prouvé qu'il a reçu les deniers ou qu'ils
ont tourné à son profit, il doit justifier qu'il en a fait le placement. Seulement il ne doit justifier que du placement lui-même,
sans avoir à répondre de ses suites. Pour se décharger de toute
responsabilité, il lui suffira donc de prouver qu'il a placé les deniers qu'il avait touchés pour le compte de sa femme; et celle-ci
ne pourra exercer aucun recours contre lui à raison de ce que le
placement a été mauvais, pourvu qu'il n'y ait pas eu dol de sa
part. Effectivement, la femme n'avait qu'à faire elle-même le
placement; s'il a été mal fait, elle est en faute d'avoir chargé son
mari de l'effectuer. (Art. 1450.)

**La communauté peut-elle être rétablie après la sépara-
tion ?**

Oui ; les époux qui ont obtenu par un jugement la séparation
de biens ne sont pas, comme ceux qui l'ont établie par leur contrat de mariage, irrévocablement séparés. Ils peuvent, par leur
consentement mutuel, remettre les choses dans l'état où elles
étaient au jour de la demande. Mais, pour cela, plusieurs conditions sont nécessaires.

Ainsi il faut : 1° que la volonté des époux de rétablir la communauté soit constatée par un acte authentique, passé devant un
notaire ; 2° que cet acte soit rendu public de la même manière

que la demande en séparation ; 3° que la communauté soit rétablie telle qu'elle était avant la séparation.

Lorsque toutes ces conditions ont été remplies, la communauté est rétablie. A l'égard des époux, elle est même réputée n'avoir jamais été dissoute. — Mais les tiers qui ont contractés avec la femme durant la séparation, conservent tous les droits que celle-ci leur avait accordés dans la limite de ses pouvoirs. Ainsi les baux de neuf ans et au-dessous, de même que les aliénations de meubles consenties par elle, sont maintenus et conservent toute leur validité. (Art. 1451.)

La séparation de biens donne-t-elle ouverture aux gains de survie ?

Non ; la séparation de biens ne donne point ouverture aux avantages que les époux ont stipulés dans leur contrat de mariage en faveur du survivant, et qu'on appelle *gains de survie ;* car la condition qui doit déterminer l'effet de cette stipulation, le prédécès de l'un des conjoints, n'est point encore arrivée. Ces avantages restent donc en suspens jusqu'à ce qu'un décès survienne, sauf à l'époux créancier à demander caution à l'autre. (Art. 1452.)

Quelles différences y a-t-il entre les effets de la séparation de biens et ceux de la séparation de corps ?

La séparation de corps, de même que la séparation de biens, a pour effet de dissoudre la communauté ; mais elle en diffère sous d'autres rapports. Ainsi :

1° La femme seule peut former une demande en séparation de biens. — Au contraire, les deux époux peuvent demander la séparation de corps.

2° Les créanciers des époux peuvent s'opposer à la séparation de biens. — Ils ne peuvent pas s'opposer à la séparation de corps.

3° Les causes de la séparation de biens tiennent à des intérêts purement pécuniaires. — Celles de la séparation de corps se rattachent à des intérêts moraux ou d'ordre public.

4° Le jugement en séparation de biens rétroagit au jour de la demande, car autrement le mari pourrait achever de dissiper la dot de la femme dans l'intervalle qui s'écoule entre la demande et le jugement. — Le jugement en séparation de corps n'a pas, suivant l'opinion générale, le même effet rétroactif (1).

_____

(1) Du moins, lorsqu'il s'agit d'opposer cet effet rétroactif aux tiers qui,

5° Enfin la séparation de biens ne fait pas perdre aux époux les avantages qui ont été stipulés à leur profit dans le contrat de mariage. — Au contraire, la séparation de corps fait perdre à l'époux contre lequel elle a été prononcée tous les avantages qui avaient été stipulés en sa faveur.

SECTION IV

DE LA FACULTÉ D'ACCEPTER LA COMMUNAUTÉ OU D'Y RENONCER.

Quelles sont les facultés accordées à la femme commune pour compenser les pouvoirs du mari ?

Les facultés accordées à la femme commune en biens, en vue de compenser les pouvoirs exorbitants du mari et pour la protéger contre l'abus qu'il pourrait en faire, sont au nombre de trois. — Elle peut : 1° former, s'il y a lieu, une demande en séparation de biens ; 2° renoncer à la communauté, lors de sa dissolution, et par là se soustraire aux charges qui en dépendent ; 3° enfin accepter la communauté sous bénéfice d'inventaire, ce qui lui permettra de ne payer les dettes qui y sont attachées que jusqu'à concurrence de son émolument.

L'option que la loi accorde à la femme commune entre l'acceptation et la renonciation à la communauté est évidemment contraire aux règles ordinaires de la société ; car il paraît étrange qu'un associé puisse se soustraire au payement des dettes sociales, par le moyen d'une renonciation. — Néanmoins, elle existait déjà dans notre ancien droit. Introduite en France vers l'époque des croisades, elle fut d'abord réservée aux femmes nobles pour les mettre à l'abri des dettes que leurs maris pouvaient contracter dans leurs expéditions d'outre-mer, et elle finit plus tard par être étendue aux femmes roturières.

La faculté accordée à la femme de ne payer les dettes de la communauté, lorsqu'elle l'accepte, que jusqu'à concurrence de son émolument, a la même origine. — Ainsi, sur ces deux points, le Code n'a fait que confirmer les règles de nos anciennes coutumes. (Art. 1483.)

n'ayant été avertis par aucune formalité légale de cette demande, sont restés étrangers à l'instance. Mais il a un effet rétroactif par rapport au mari. Cass., 20 mars 1855 ; 12 mai 1869 ; 13 mai 1872.

La femme peut-elle faire abandon de son droit d'option ?

Non ; le droit d'option que la loi accorde à la femme entre l'acceptation de la communauté et la renonciation est d'ordre public ; et celle-ci ne peut, ni par son contrat de mariage, ni par aucune convention faite dans le cours du mariage, diminuer ce droit, et, à plus forte raison, s'en dessaisir. Ainsi, la femme conserve toujours son droit d'option, quelle que soit la cause de dissolution de la communauté, même quand cette dissolution serait le résultat d'une demande en séparation de biens intentée par elle. — Toutefois, il existe un cas où elle l'aliène implicitement, c'est lorsqu'étant mariée sous le régime de la communauté conventionnelle, elle consent à ce que la communauté appartienne en totalité au survivant des époux. (Art. 1453.)

Comment la femme exerce-t-elle son option ?

Il faut distinguer :

Si la femme accepte la communauté, son acceptation peut être expresse ou tacite. — Elle est expresse, quand la femme prend dans un acte authentique ou sous seing privé la qualité de commune. — Elle est tacite, quand elle fait des actes de disposition qu'elle n'a pu accomplir qu'en qualité de copropriétaire des biens communs ; mais les actes purement conservatoires ou administratifs n'emportent pas son acceptation. — L'acceptation tacite peut aussi résulter de certains faits, tels que le divertissement ou le recel des effets de communauté, une renonciation consentie à prix d'argent, l'expiration du délai accordé pour faire la renonciation.

Si la femme renonce à la communauté, sa renonciation doit toujours être expresse. Elle a lieu au moyen d'une déclaration faite au greffe, et inscrite sur le registre des renonciations à succession (1). Toutefois, la renonciation a lieu tacitement dans un cas : c'est quand la femme, présumée renonçante par la loi, laisse passer, sans accepter, les délais fixés pour son acceptation. (Art. 1454, 1455, 1457, 1460.)

L'option de la femme est-elle irrévocable ?

En principe, l'option faite par la femme est irrévocable, et il ne lui est pas permis de revenir sur le parti qu'elle a cru devoir

_____

(1) Elle peut avoir lieu également au moyen d'une convention passée entre la femme et les héritiers du mari ; mais alors, elle ne produit ses effets qu'entre les parties. Cass., 4 mars 1856.

prendre. — Mais l'acceptation ou la renonciation données par elle à la communauté peuvent être annulées pour des causes prévues par la loi, soit à la requête de la femme elle-même ou de ses héritiers, soit à la requête de ses créanciers.

L'acceptation ou la renonciation peuvent être annulées à la requête de la femme ou de ses héritiers : 1° lorsque celle-ci, étant mineure, a agi sans l'assistance de son curateur et l'autorisation préalable de son conseil de famille ; 2° lorsque son acceptation a été déterminée par le dol de l'un des héritiers du mari.

D'autre part, la renonciation de la femme à la communauté peut être annulée à la requête de ses créanciers, lorsqu'elle a été faite en fraude de leurs droits. (Art. 1455, 1464.)

L'annulation de l'acceptation pour cause de dol a-t-elle lieu par rapport à tous les intéressés ?

Nous avons dit que l'acceptation de la communauté par la femme pouvait être annulée, lorsqu'elle avait été déterminée par le dol de l'un des héritiers du mari. — Il s'agit de savoir maintenant si l'annulation a lieu, dans ce cas, par rapport à tous les intéressés, ou si elle a lieu seulement par rapport à celui des héritiers du mari ou des créanciers de la communauté qui a pratiqué des manœuvres frauduleuses.

La raison de douter vient de ce que, dans les contrats, le dol n'est une cause d'annulation qu'autant qu'il émane de la partie adverse ; d'où il semble, au premier abord, que l'acceptation de la communauté par la femme ne devrait être annulée que par rapport à celui des héritiers du mari ou des créanciers de la communauté qui a pratiqué des manœuvres frauduleuses pour la déterminer à accepter. — Mais ici, comme en matière de successions, il faut admettre une exception à cette règle, et décider que l'acceptation entachée de dol est annulable vis-à-vis de tous les intéressés. Effectivement, la femme n'est pas vis-à-vis d'eux dans la même position qu'un débiteur vis-à-vis de son créancier ; elle n'est liée par aucun engagement à accepter ou à refuser la communauté, et par conséquent ils ne peuvent pas alléguer que l'annulation de son acceptation porte atteinte à leurs droits.

Quels sont les délais que la loi accorde à la femme pour choisir entre l'acceptation et la renonciation ?

Afin que la femme puisse se prononcer en connaissance de cause, la loi lui accorde un délai de trois mois et uarante jours pour faire inventaire et pour délibérer, pendant lequel elle n'est pas obligée de répondre aux poursuites des créanciers. — Ce délai peut être prorogé par le tribunal, s'il y a lieu.

L'inventaire doit être fait contradictoirement avec les héritiers du mari, ou eux dûment appelés. — Il doit être affirmé par la femme sincère et véritable, lors de sa clôture, devant l'officier public qui l'a reçu.

Après l'expiration des délais légaux et des délais judiciaires, s'il en a été accordé, les créanciers de la communauté peuvent contraindre la femme à prendre un parti. — S'ils n'exercent aucune poursuite à cet effet, elle conserve pendant trente ans la faculté de choisir entre l'acceptation ou la renonciation, pourvu qu'elle ait fait dresser l'inventaire dans les trois mois de la mort de son mari. — A défaut d'inventaire dans les trois mois, elle sera définitivement regardée comme acceptante. (Art. 1456, 1458.)

Quelle est la situation de la femme qui n'a pas fait connaître le parti qu'elle entendait prendre ?

La femme, avons-nous dit, conserve pendant trente ans la faculté de choisir entre l'acceptation ou la renonciation à la communauté, lorsque les créanciers n'ont pas exercé des poursuites pour la contraindre à prendre un parti. — Les trente ans écoulés, si elle n'a pas fait son option, elle est considérée tantôt comme acceptante et tantôt comme renonçante.

Elle est considérée comme *acceptante*, si la dissolution de la communauté a eu lieu par le décès de son mari ; parce que l'acceptation de la communauté est alors le fait habituel, le parti qui est pris ordinairement par la femme commune en biens et qui résulte tout naturellement de l'état de société dans lequel elle s'est placée, tandis que la renonciation n'est qu'une ressource extraordinaire.

Elle est au contraire considérée comme *renonçante*, si la dissolution de la communauté a eu lieu par suite d'une séparation de biens ; parce qu'alors son silence peut faire présumer que la communauté est insolvable par suite de la mauvaise administration du mari.

Aux termes de l'article 1462, les dispositions relatives au décès du mari s'appliquent également dans le cas où il a encouru la mort civile. Mais cet article est devenu inutile depuis l'abolition de la mort civile. (Art. 1459, 1462, 1463.)

Les héritiers de la femme ont-ils également la faculté d'accepter le communauté ou d'y renoncer ?

Oui ; les héritiers de la femme ont, comme la femme elle-même, la faculté d'accepter la communauté ou d'y renoncer. — Mais il faut alors distinguer si la dissolution de la communauté a eu lieu par la mort du mari ou par celle de la femme.

Si la dissolution de la communauté a lieu *par la mort du mari*, et que la femme survivante soit ensuite décédée elle-même avant l'expiration des trois mois sans avoir terminé l'inventaire, ses héritiers auront, à partir de son décès, un nouveau délai de trois mois pour faire inventaire, et de quarante jours pour délibérer. — Si la femme est décédée après avoir terminé l'inventaire, ses héritiers auront un nouveau délai de quarante jours à partir de son décès pour délibérer. — Ils peuvent, au surplus, s'adresser à la justice pour obtenir une prorogation de délais.

Si la dissolution de la communauté a eu lieu *par la mort de la femme*, ses héritiers pourront accepter la communauté ou y renoncer, dans les délais et suivant les formes établies pour la femme survivante.

Pendant ces délais, les héritiers de la femme ne seront pas obligés de répondre aux poursuites des créanciers; et ce n'est qu'après leur expiration qu'ils pourront être contraints par eux de prendre un parti. — S'il n'existe pas de créanciers poursuivants, ils conserveront pendant trente ans la faculté d'accepter les biens de communauté qui leur sont échus du chef de la femme ou d'y renoncer, pourvu qu'ils aient fait l'inventaire dans les délais prescrits. S'ils veulent renoncer, leur renonciation aura lieu dans les formes prescrites pour la femme, au moyen d'une renonciation au greffe du tribunal. (Art. 1461, 1466.)

La loi n'a-t-elle pas assuré certaines ressources à la veuve commune en biens ?

Oui ; la veuve commune en biens, soit qu'elle accepte, soit qu'elle répudie la communauté dissoute par le décès de son mari, a le droit de prendre sur les biens communs : 1° son deuil et celui de ses domestiques, eu égard à la position sociale et à la fortune de son mari ; 2° le logement et la nourriture pour elle et ses domestiques, pendant les trois mois et quarante jours que la loi lui accorde pour faire inventaire et délibérer, ainsi que pendant les délais de prorogation qui lui seraient accordés par la justice (1).

En outre, elle peut, si elle renonce à la communauté, retirer les linges et hardes à son usage. (Art. 1465.)

SECTION V

DU PARTAGE DE LA COMMUNAUTÉ.

Suivant l'ordre du Code, nous examinerons successivement les dispositions qui se réfèrent : 1° au partage de l'actif ; 2° au passif de la communauté et à la contribution aux dettes.

§ I. — Du partage de l'actif.

Quel est l'effet de l'acceptation de la communauté par la femme ?

L'acceptation confirme chez la femme sa qualité de commune, de copropriétaire des biens, et lui donne le droit de prendre sa part de l'actif de communauté, en la soumettant d'autre part à l'obligation de supporter aussi sa part dans la contribution aux dettes. — En conséquence, après l'acceptation de la communauté par la femme, les biens corporels qui en faisaient partie sont partagés entre les époux ou leurs héritiers, et les créances, ainsi que les dettes, se divisent entre eux de plein droit. Il peut arriver cependant qu'une créance soit mise en totalité dans le lot de l'un des époux, afin de compenser son infériorité en nature ; mais alors ce n'est pas par l'effet du partage, mais par suite d'une cession consentie entre les parties.

Mais avant d'opérer le partage de la communauté, il faut d'abord former une masse partageable. — A cet effet, on procédera : 1° au rapport des récompenses dues à la communauté par les époux ; 2° aux reprises que ces mêmes époux peuvent avoir à exercer contre la communauté. (Art. 1467, 1468, 1469, 1470.)

Peut-on compenser ce que l'un des époux doit à la communauté avec la dette dont son conjoint est également redevable ?

Non ; on ne peut pas compenser ce que l'un des époux doit à la

---

(1) La femme survivante qui prend un parti avant l'expiration des trois mois et quarante jours qui lui sont accordés pour faire inventaire et délibérer, n'en conserve pas moins le droit d'être nourrie et logée aux frais de la communauté pendant toute la durée de ces délais. Cass., 15 décembre 1873.

commu nauté avec la dette dont son conjoint est également redevable. — Effectivement, la femme peut exercer ses reprises sur
les biens propres du mari en cas d'insuffisance de la communauté, et par suite celui-ci est intéressé à ce que la masse commune soit assez forte pour la couvrir intégralem ent des sommes
qui lui sont dues. Pour cela, il est nécessaire que chaque époux
remette dans la communauté ce qu'il lui doit.

Supposons, par exemple, que la femme ait à exercer une reprise de 30,000 francs contre la communauté, que celle-ci ait
seulement 10,000 francs d'actif, mais que les deux époux lui doivent chacun 10,000 francs de récompense. — Si les deux époux
étaient libérés par compensa tion des sommes qu'ils doivent verser dans la communauté, la femme ne pourrait recouvrer contre
elle qu'un tiers de sa créance, et elle devrait agir cont re son
mari pour le surplus, c'est-à-dire pour une somme de 20,000
francs ; tandis que, par suite de l'obligation où se trouvent les
époux de remettre dans la communauté ce qu'ils lui doivent,
celle-ci aura un actif suffisant pour la désintéresser complètement, et que le mari n'aura en définitive à payer que la somme
de 10,000 francs, dont il est redevable envers la communauté (1).

Au surplus, en rejetant la compensation dans notre hypothèse,
on ne déroge pas aux principes du droit commun. — En effet, la
compensation n'est possible que lorsque les deux parties sont à
la fois créancières et débitrices l'une et l'autre ; or, dans l'espèce, chacun des époux est débiteur de la communauté et non
de son conjoint.

Comment les époux exercent-ils leurs reprises ?

Sur la masse totale, comprenant et les biens communs et les
biens propres des époux, chacun des conjoints reprend : 1° ses
biens propres, meubles ou immeubles, qui exis tent en nature, et
ceux qu'il a acquis en remploi ; 2° le prix des propres aliénés
dont il n'a pas été fait remploi ; 3° le montant de tout es les indemnités que peut lui devoir la communauté.

Maintenant, il faut distinguer si les reprises sont e xercées par
le mari ou par la femme.

1° La femme exerce ses reprises non seulem ent sur les biens
de la communauté, mais encore, en cas d'insuffisance, sur les
biens personnels du mari. — Celui-ci, au contraire, ne peut

(1) Valette ; Bugnet, *sur Pothier*, **VII**, p. 330.

exercer ses reprises que sur les biens de la communauté. Effectivement, c'est lui, seul administrateur des biens communs, qui est en faute si la communauté n'a pas de quoi le couvrir des dépenses qu'il a faites pour elle.

2° Si les deux époux ont des reprises à faire, la femme commence par prélever les siennes. — Le mari exerce ensuite ses reprises, et, s'il ne reste plus d'actif dans la communauté, son droit est éteint.

3° La femme prélève ses reprises pour les biens qui n'existent plus en nature, d'abord sur l'argent comptant, ensuite sur le mobilier, et subsidiairement sur les immeubles de la communauté. Ainsi elle a la faculté de prendre à prix d'estimation, au lieu et place des sommes qui lui sont dues, des immeubles de la communauté, tandis qu'un créancier ordinaire devrait les faire vendre, et non se les approprier. — Le mari, au contraire, ne peut exercer ses reprises que sur le numéraire de la communauté, et, à défaut de numéraire, il doit faire vendre les autres biens de la communauté pour être payé sur le prix.

Au surplus, la loi n'accorde à la femme le droit de prendre des biens en nature, pour se payer des indemnités qui lui sont dues, qu'autant qu'elle exerce ses reprises sur les biens de la communauté. — Veut-elle les exercer sur les biens du mari, à raison de l'insuffisance de la communauté, elle doit agir contre lui comme un créancier ordinaire. (Art. 1470, 1471, 1472.)

En prenant des biens dans la communauté, la femme agit-elle en qualité de propriétaire ?

Non; lorsque la femme reprend des biens en nature dans la communauté, elle n'agit pas en qualité de propriétaire, mais comme créancière. — Dès lors, elle ne peut pas éviter le concours des autres créanciers de la communauté, ni prétendre les primer par son hypothèque légale; car elle n'a cette hypothèque que sur les biens du mari, et non sur ceux qui, au moment où elle exerce ses poursuites, font encore partie de la communauté (1).

La jurisprudence avait d'abord admis une solution opposée : en opérant ce prélèvement en nature, la femme, disait-on, agit à

---

(1) Voy. sur cette question : Valette, *le Droit*, n° du 25 avril 1855 ; *Revue pratique*, IV, p. 529. — Rodière et Pont, *Traité du contrat de mariage*, 1,834. — Pont, *Revue critique de législation et de jurisprudence*, II, p. 600; III, p. 436 te 898 ; IV, p. 552; VI, p. 522.

titre de propriétaire ; d'où il suit qu'elle a un droit de préférence sur les autres créanciers de la communauté. — Mais la Cour de cassation est revenue de cette doctrine par son arrêt solennel du 16 janvier 1858, où elle reconnaît que la femme n'agit qu'en vertu d'un simple droit de créance (1).

Maintenant, il se présente une autre question : tant que la communauté dure, les actions en reprises de la femme pour les indemnités qui lui sont dues sont évidemment mobilières, puisqu'elles ont pour objet des sommes d'argent ; mais faut-il leur conserver le même caractère et les regarder toujours comme mobilières, lorsque, la communauté étant dissoute, la femme prélève des immeubles, au lieu et place des sommes qui lui sont dues ? — Quelques auteurs admettent la négative, et décident que le prélèvement d'immeubles opéré par la femme rend sa créance immobilière (2). — Mais cette opinion est généralement rejetée, et c'est avec raison. Effectivement, pour déterminer le caractère d'une créance, il faut considérer uniquement quelle est la nature de l'objet dû. Or, dans l'espèce, l'objet de la créance est une somme d'argent, et par suite la créance est mobilière, lors même que le créancier recevrait en payement un objet immobilier, au lieu et place de ce qui lui était dû (3).

Les récompenses produisent-elles des intérêts ?

Tant que la communauté dure, les sommes dues à titre de récompenses ou d'indemnités, soit par la communauté aux époux, soit par les époux à la communauté, soit par les époux l'un à l'autre, ne sauraient produire des intérêts par la raison que toutes les dettes et créances mobilières tombent dans la communauté. Mais il en est différemment après la dissolution de la communauté. — Il faut alors observer la distinction suivante.

Si la récompense est due par la communauté à l'un des époux ou par l'un des époux à la communauté, elle porte intérêt de plein droit et sans qu'il y ait besoin d'aucune mise en demeure, à partir de la dissolution de la communauté. — En effet, à dater

---

(1) *Adde*, **Cass.**, 1er juin 1862 ; 13 décembre 1864 ; 15 juillet 1867 ; 6 juillet 1870.

(2) Marcadé, **V, art.** 1401 ; Rodière et Pont, I, 335.

(3) Valette.

de cette dissolution, la communauté, être moral, n'a plus de
représentant qui puisse exercer ses actions, ou contre lequel on
puisse agir pour la mettre en demeure.

Au contraire, si la récompense est due par l'un des époux à
son conjoint, elle ne produit des intérêts qu'à compter du jour
de la demande. — Effectivement, suivant le droit commun, les
intérêts ne courent qu'à partir de la mise en demeure, et il n'y
avait aucune raison d'y déroger dans cette hypothèse. (Art. 1473,
1479.)

Comment procède-t-on au partage ?

Lorsque les deux époux ont effectué leurs rapports et exercé
leurs reprises, le restant des biens communs doit être partagé.
— Toutefois, si l'un des époux a diverti ou recélé des objets de
la communauté, il est privé de sa moitié dans ces objets.

Aux termes de l'article 1476, toutes les règles établies par la
loi relativement à la forme et aux effets du partage des successions reçoivent ici leur application. Ainsi les époux ne pourraient
pas s'engager à rester indéfiniment dans l'indivision, après la
dissolution de la communauté. D'autre part, le partage devrait
se faire en justice, s'il y avait parmi les copartageants des mineurs, des interdits ou des absents.

Les effets du partage de la communauté sont également les
mêmes que pour le partage d'une succession. — Ainsi le partage
est purement déclaratif et non translatif de propriété. Par conséquent, chaque époux est censé avoir été propriétaire des biens
qui composent sa part depuis le jour de la dissolution de la
communauté, et a droit aux fruits et revenus qui en proviennent depuis cette époque. De même, chaque époux est tenu de
la garantie pour cause d'éviction envers son conjoint ou ses héritiers, et peut demander la rescision du partage pour dol, violence ou lésion de plus du quart.

Après le partage, la portion que l'un des époux a reçue de la
communauté se confond avec ses biens personnels. Si l'autre
époux a un droit de créance à exercer contre lui, il pour-
suivra son conjoint ou les représentants de celui-ci sur la totalité.

Aux termes de l'article 1481, le deuil de la femme veuve est
aux frais des héritiers du mari, même lorsqu'elle renonce à la
communauté. (Art. 1474, 1476, 1477, 1478, 1480, 1481.)

Lorsque la femme est représentée au partage de la communauté par ses héritiers, ceux-ci peuvent-ils prendre des partis différents ?

On a vu précédemment que les héritiers de la femme ont, comme la femme elle-même, la faculté d'accepter la communauté ou d'y renoncer. — Mais ici se présente la question de savoir s'ils doivent, lorsqu'ils viennent plusieurs ensemble, prendre tous le même parti, ou si, au contraire, il est permis à chacun d'eux de prendre séparément le parti qui lui convient.

Pour résoudre cette question, une distinction est nécessaire : Si la communauté a été dissoute *par le prédécès de la femme*, le droit de l'accepter ou d'y renoncer s'est ouvert divisément en la personne de ses héritiers, et alors chacun d'eux est libre de prendre le parti qui lui convient. — Si la femme a laissé deux héritiers et qu'ils acceptent la communauté, ils recueillent une moitié des biens qui la composent, et le mari prend l'autre moitié. Mais si l'un d'eux accepte la communauté et que l'autre y renonce, la part du renonçant n'accroît pas à son cohéritier ; mais elle revient au mari, qui alors recueille les trois quarts de la communauté. — Si la femme mariée sous le régime de la communauté conventionnelle, avait stipulé que le mari lui payera une certaine somme dans le cas où elle viendrait à renoncer à la communauté, le mari devra payer cette somme entière à ses héritiers s'ils y renoncent tous. Si l'un d'eux seulement y renonce et que l'autre accepte, le premier recevra la moitié de cette somme, et le second prendra la moitié des biens qui devaient échoir à la femme.

Au contraire, si la communauté a été dissoute *par le prédécès du mari ou par la séparation de biens*, et que la femme soit venue à décéder elle-même avant d'avoir pris un parti, ses héritiers doivent s'entendre pour prendre tous le même parti ; car alors le droit d'accepter la communauté ou d'y renoncer s'est ouvert indivisément en la personne de la femme, et il doit rester tel. Si les héritiers de la femme sont d'accord pour renoncer, le mari garde toute la communauté ; dans le cas contraire, il leur en abandonne une moitié (1). (Art. 1475.)

_____

(1) Voy. Marcadé, V, art. 1475 ; Rodière et Pont, I, 839.

§ II. — *Du passif de la communauté.*

Comment se divise le passif de la communauté après sa dissolution ?

Après la dissolution de la communauté, le passif qui la grève se divise de plein droit, et par égales portions, entre les deux époux, pourvu toutefois que la femme ait accepté la communauté.

Mais cette disposition ne s'applique absolument qu'à la *contribution*, c'est-à-dire à la portion de dettes que les époux doivent supporter définitivement. — De plus, elle reçoit les restrictions suivantes : 1° si la femme a fait un inventaire, elle ne supportera aucune dette au delà de son émolument ; 2° s'il s'agit d'une dette qui n'était tombée dans la communauté qu'à charge de récompense, l'époux qui doit la récompense supportera cette dette pour la totalité.

Quant au droit de poursuite des créanciers, il est, après la dissolution de la communauté, ce qu'il était durant son existence. Seulement, au lieu de s'exercer sur la communauté qui n'existe plus, il se divise et s'exerce pour moitié contre les deux époux, devenus chacun détenteurs d'une moitié des biens de la communauté. Et, en outre, l'époux qui avait contracté la dette commune peut être poursuivi pour la totalité de cette dette, comme étant personnellement obligé ; sauf à se faire rembourser par son conjoint ou par les héritiers de celui-ci, ce qu'il a payé au delà de la part qu'il devait supporter définitivement.

Faisons maintenant l'application de ces principes. (Art. 1482, 1483, 1490.)

Quel est le droit de poursuite des créanciers de la communauté après sa dissolution ?

Il faut distinguer :

1° Lorsque la dette commune a été contractée par le mari, les créanciers peuvent le poursuivre pour la totalité, comme personnellement obligé. — En outre, ils peuvent poursuivre la femme pour la moitié de la dette, si elle a accepté la communauté, parce qu'alors elle a dû recueillir la moitié des biens qui la composent.

Si le mari a été contraint de payer la dette en totalité, il peut exercer un recours contre la femme pour la moitié de cette dette.

2° Lorsque la dette commune a été contractée par la femme avec l'autorisation de son mari, les créanciers peuvent la poursuivre pour la totalité, comme personnellement obligée. — En outre, ils peuvent poursuivre le mari également pour la totalité de la dette, comme ayant autorisé sa femme à contracter.

Dans ce cas, celui des époux qui a été contraint de payer la dette en totalité peut exercer un recours contre son conjoint pour la moitié de cette dette.

3° Lorsque la dette commune a été contractée par la femme avec l'autorisation de justice, dans les cas exceptionnellement prévus par l'article 1427, pour l'établissement des enfants communs ou pour tirer son mari de prison, les créanciers peuvent la poursuivre pour la totalité, et en outre ils peuvent agir contre le mari pour la moitié de la dette.

Si la femme a payé la dette dont il s'agit en totalité, elle peut exercer un recours contre son mari pour la moitié de la dette.

4° Lorsque la dette a été contractée par l'un des époux, mais qu'elle n'est tombée dans la communauté qu'à charge de récompense, les créanciers peuvent poursuivre l'époux qui s'est engagé pour la totalité, et son conjoint pour une moitié de la dette. — Mais, dans ce cas, l'époux dans l'intérêt duquel la dette avait été contractée doit la supporter seul. S'il l'a payée en totalité, il ne peut exercer aucun recours contre son conjoint ; si celui-ci a été contraint de la payer en totalité ou en partie, il doit l'indemniser de tous ses déboursés. (Art. 1484, 1485, 1486.)

Que faut-il décider lorsque la dette a été contractée conjointement ou solidairement par les époux, ou lorsqu'elle est hypothécaire ?

1° Lorsque la dette commune a été contractée conjointement par les deux époux, les créanciers peuvent poursuivre le mari pour la totalité, d'une part comme ayant contracté personnellement envers eux, et d'autre part comme ayant autorisé sa femme à contracter elle-même. — En outre, ils peuvent poursuivre cette dernière pour la moitié de la dette.

Si le mari a été contraint de payer la dette en totalité, il peut exercer un recours contre sa femme pour la moitié de cette dette.

2° Lorsque la dette commune a été contractée solidairement par les deux époux, les créanciers peuvent poursuivre chacun d'eux pour la totalité.

Dans ce cas, celui des époux qui a été contraint de payer la dette en totalité peut exercer un recours contre son conjoint, pour la moitié de cette dette.

3° Enfin lorsque la dette commune est une dette hypothécaire, les créanciers peuvent poursuivre pour la totalité celui des époux qui a reçu dans son lot l'immeuble hypothéqué.

Dans ce cas, l'époux qui a été contraint de payer la dette en totalité peut exercer un recours contre son conjoint, pour la moitié de cette dette. (Art. 1487, 1489.)

L'époux qui a payé au delà de la part pour laquelle il pouvait être poursuivi a-t-il un recours contre le créancier ?

Lorsqu'un époux n'est susceptible d'être poursuivi que pour la moitié de la dette commune, ce qui a lieu ordinairement pour la femme, et qu'il paye cependant l'intégralité de cette dette, cet époux a, comme on l'a vu, un recours contre son conjoint. — Mais s'il craint que ce recours ne soit illusoire, ou s'il ne veut pas agir contre son conjoint, peut-il répéter contre le créancier la somme qu'il lui a indûment payée?

Il faut distinguer si c'est par erreur ou autrement que l'époux a payé la part de son conjoint dans la dette. Si c'est par erreur, c'est-à-dire s'il a payé croyant être tenu pour le tout, il aura le droit de répéter contre le créancier. L'erreur est suffisamment établie, lorsque la quittance qu'il s'est fait délivrer exprime que la somme qu'il a payée comprenait sa part dans la dette. — Mais si l'époux avait fait ce paiement en sachant que la somme qu'il a payée excédait celle pour laquelle il pouvait être poursuivi, il ne pourra exercer de recours que contre son conjoint. (Art. 1488.)

Après la dissolution de la communauté, la femme acceptante peut-elle être poursuivie à raison des dettes personnelles de son mari ?

Durant la communauté, les dettes contractées par le mari pour le payement des amendes qu'il a encourues, ou dans l'inté rêt de ses propres, peuvent être poursuivies contre la communauté, mais c'est à la condition que celle-ci pourra exiger une récompense. — Il s'agit maintenant de savoir si les dettes ainsi contractées par le mari pourront être poursuivies contre la femme après la dissolution de la communauté, en sa qualité de copartageante des biens communs, sauf à elle à exercer ensuite un recours contre son mari.

On admet généralement l'affirmative. — En effet, durant la communauté, les créanciers pouvaient exercer leurs poursuites sur tous les biens communs, sauf à la communauté à se faire indemniser par le mari. Or, de quel droit la dissolution de la communauté, acte essentiellement particulier aux époux et étranger aux créanciers, pourrait-elle leur porter préjudice, et leur enlever la moitié de leur garantie ? — Lorsqu'ils ont contracté avec le mari, ils avaient pour gage à la fois les biens du mari et ceux de la communauté, et leur droit ne peut leur être enlevé par un fait étranger, tel que la dissolution de la communauté. D'ailleurs, c'est peut-être parce qu'ils comptaient sur ce double gage qu'ils ont accordé au mari du temps pour se libérer (1).

La femme peut-elle toujours opposer son bénéfice d'inventaire, afin de n'avoir pas à payer au delà de son émolument ?

Il faut distinguer :

En principe, la femme peut toujours opposer son bénéfice d'inventaire au mari ou à ses héritiers, pour se faire indemniser par eux des dettes de la communauté qu'elle a payées au delà de son émolument, à moins qu'elle n'ait payé volontairement l'excédant. — Il n'y a qu'une seule exception : c'est lorsque la dette commune qu'elle a payée avait été contractée pour l'amélioration de ses propres. Dans ce cas, comme la dette est de nature à être supportée définitivement par elle, elle n'a aucun recours à exercer, si elle l'a payée en totalité.

Elle peut également opposer son bénéfice d'inventaire aux créanciers de la communauté, lorsqu'elle est poursuivie par eux au delà de son émolument; mais ce n'est toutefois qu'autant que les dettes communes à raison desquelles elle est actionnée ont été contractées par son mari exclusivement. — Si elle les avait contractées elle-même, elle pourrait, nonobstant son bénéfice d'inventaire, être poursuivie pour le tout ; sauf à recourir ensuite contre son mari.

En définitive, la femme peut, comme on le voit, user de son bénéfice d'inventaire de deux façons. — 1° Elle peut l'opposer

(1) Valette, *à son cours*.

par voie d'exception aux créanciers de la communauté, lorsqu'elle est poursuivie au delà de son émolument à raison des dettes communes contractées par son mari. — 2° Elle peut également en user *par voie d'action*, en recourant contre son mari pour se faire indemniser par lui de tout ce qu'elle a payé au delà de son émolument, lorsqu'ayant été poursuivie à raison d'une dette tombée de son chef dans la communauté, elle n'a pas pu opposer le bénéfice d'inventaire au créancier. (Art. 1483, 1490.)

Quelles différences y a-t-il entre le bénéfice d'inventaire de la femme et celui d'un héritier ?

Il y a entre le bénéfice d'inventaire de la femme commune et celui que la loi accorde aux héritiers d'une succession les différences suivantes :

1° Les héritiers ne jouissent du bénéfice d'inventaire qu'autant qu'ils ont fait une déclaration conforme au greffe du tribunal. — La femme commune, au contraire, n'a aucune déclaration à faire et elle possède son bénéfice de plein droit, pourvu seulement qu'elle ait fait dresser un inventaire.

2° Les biens personnels de l'héritier bénéficiaire ne se confondent pas avec ceux de la succession, et il ne peut être poursuivi par les créanciers héréditaires que sur ses derniers. — Au contraire, les biens de la femme commune sont confondus avec ceux de la communauté, en ce sens qu'elle peut être poursuivie par les créanciers de la communauté, tant sur ses biens personnels que sur ceux qu'elle a recueillis dans la communauté, pourvu que le montant de l'action n'excède pas son émolument.

3° Enfin l'héritier bénéficiaire qui a fait des actes de disposition sans autorisation de justice, est déchu de son bénéfice. — La femme commune, au contraire, peut de bonne foi disposer des biens qui lui sont échus, sans encourir aucune déchéance.

Toutes les dispositions qui précèdent s'appliquent également aux héritiers du mari ou de la femme. (Art. 1491.)

SECTION VI

DE LA RENONCIATION A LA COMMUNAUTÉ.

Quel est l'intérêt de la femme commune à renoncer à la communauté ?

Sous le régime de la communauté légale, la femme commune

n'a guère intérêt à renoncer à la communauté, puisqu'elle ne saurait être tenue des dettes, si elle accepte après avoir fait dresser un inventaire, que jusqu'à concurrence de son émolument. Le seul avantage qu'elle retire de la renonciation est celui de se soustraire aux poursuites des créanciers relativement aux dettes communes qui ont été contractées par son mari, et d'échapper ainsi à des ennuis et à des embarras.

Mais il en est différemment, comme on le verra plus loin, lorsque la femme commune a été mariée sous le régime de la communauté conventionnelle, et qu'elle s'est réservé par son contrat de mariage le droit de reprendre son apport franc et quitte de toutes charges dans le cas où elle renoncerait à la communauté. La renonciation lui permet alors de reprendre les biens qu'elle a apportés en se mariant, sans avoir à payer les dettes de la communauté.

Nous avons déjà parlé de l'origine du droit de renonciation et de ses caractères les plus importants. Nous avons dit notamment que ce droit était d'ordre public, et que la femme ne pouvait pas en faire l'abandon par avance. Il nous reste maintenant à examiner quels sont les effets de la renonciation.

Quels sont les effets de la renonciation ?

La renonciation produit deux effets principaux : 1° elle fait perdre à la femme tout droit à l'actif de la communauté ; 2° elle la décharge de toute contribution au passif.

I. *La femme renonçante perd tout droit à l'actif.* — Dès que la femme a renoncé à la communauté, le mari, qui jusqu'alors en avait été le chef, est réputé en avoir toujours été le propriétaire. Par suite, la communauté est censée n'avoir jamais existé, et la femme ne peut en principe prétendre à aucun des biens dont elle s'est enrichie. — Toutefois, les coutumes lui permettaient d'emporter un habillement complet, mais un seul ; encore voulait-on qu'il ne fût « ni le meilleur ni le pire ». Certaines coutumes s'étaient cependant montrées plus libérales et lui accordaient « un lit garni, ses heures, ses patenôtres, une de ses meilleures robes et l'autre moyenne, tant d'hiver que d'été ».

Aujourd'hui, sous l'empire du Code civil, la femme reprend tous ses linges et hardes sans exception, quels qu'en soient le nombre et la valeur ; mais elle ne doit rien enlever de plus. Les auteurs lui permettent cependant de reprendre son anneau nuptial, comme signe de son titre d'épouse ; mais ils lui refusent tout droit sur les joyaux à elle donnés par son mari.

La femme a, en outre, quelques autres faveurs dont nous avons déjà parlé. — Elle peut, pendant les trois mois et quarante jours qui lui sont accordés pour faire inventaire et délibérer, prendre sa nourriture et celle de ses domestiques sur les provisions existantes, et, à défaut, prendre les sommes nécessaires dans la masse commune, à la charge d'en user modérément. Même droit pour l'habitation, que la maison qu'elle habite soit la propriété de la communauté, ou qu'elle ne soit tenue qu'à loyer par les époux.

Sauf ces quelques exceptions, inspirées par des raisons d'humanité, la femme renonçante n'a rien à prétendre sur les biens de la communauté. Elle perd toute espèce de droits, même sur les effets qu'elle y a fait entrer.

II. *La femme renonçante est déchargée de toute contribution au passif.* — Ce principe est exprimé dans l'article 1494 : « La femme renonçante est déchargée de toute contribution aux dettes de la communauté, tant à l'égard du mari qu'à l'égard des créanciers. » Ces dettes sont pour elle *res inter alios acta*. — Mais cela n'est vrai qu'autant que la femme ne s'est pas personnellement obligée avec son mari, ou qu'elle n'a pas contracté elle-même les dettes avant son mariage (1).

Au reste, en ce qui concerne les dettes contractées personnellement avec son mari, la femme renonçante peut, si elle les a payées, exercer un recours contre le mari ou ses héritiers ; car elle est présumée ne s'être obligée qu'en qualité de caution.

La renonciation de la femme produit les mêmes effets à l'égard de ses héritiers, sauf qu'ils n'ont aucun droit au prélèvement des linges et hardes, ainsi qu'au logement et à la nourriture pendant les délais pour faire inventaire et pour délibérer. (Art. 1492, 1494.)

Comment la femme renonçante exerce-t-elle ses reprises ?

La femme renonçante peut reprendre tout ce qu'elle prélèverait avant le partage si elle avait accepté, c'est-à-dire ses

---

(1) La femme qui a renoncé à la communauté n'en est pas moins personnellement tenue, sauf son recours contre son mari, au paiement des dettes provenant d'une succession qui lui est échue, bien que ces dettes, quoique venant de son chef, soient à la charge de la communauté. Cass. 23 juillet 1851.

biens propres, ainsi que les récompenses qui lui sont dues.

Elle exerce ses reprises, tant sur les biens de la communauté que sur ceux du mari. — Mais elle ne peut plus ici, comme dans le cas de l'acceptation, prendre des biens en nature pour se payer. En effet, lorsqu'elle a accepté, elle agit sur une masse indivisé de biens dont elle est copropriétaire par rapport à son mari, sinon par rapport aux créanciers ; mais lorsqu'elle a renoncé, elle n'agit que comme simple créancière sur des biens appartenant exclusivement à son mari (1). (Art. 1403, 1495.)

Les avantages que l'un des époux retire de la communauté sont-ils sujets à réduction ?

L'adoption de la communauté légale peut, dans certains cas, procurer à l'un des époux de très grands avantages au préjudice de l'autre. Ainsi, supposons qu'en se mariant le mari ait fourni à la communauté un apport de 20,000 francs, et la femme un apport de 100,000 francs. Comme, à la dissolution, les biens de la communauté se partagent par moitié entre les deux époux, il en résulte que chacun d'eux touchera 60,000 francs, et que le mari recevra ainsi 40,000 francs de plus qu'il n'avait fourni. — L'avantage que l'un des époux peut ainsi retirer de la communauté est-il sujet à réduction, s'il dépasse la quotité dont son conjoint pouvait disposer, telle est la question à résoudre.

La loi répond en faisant une distinction.

Si le conjoint qui a fourni à la communauté l'apport le plus considérable avait des enfants issus d'un précédent mariage, on doit regarder l'avantage que son apport procure à l'autre époux comme une libéralité indirecte, et par suite il faut autoriser les enfants du premier lit à le faire réduire, s'il y a lieu, dans les limites de la quotité disponible entre époux. — Mais alors, si la réduction a lieu sur la demande des enfants du premier lit, elle doit profiter également aux enfants qui sont issus du mariage, bien qu'on ne leur reconnaisse pas d'ailleurs le droit d'intenter eux-mêmes l'action.

Si, au contraire, le conjoint qui a fourni à la communauté l'apport le plus considérable n'avait pas d'enfants issus d'un premier lit, on doit regarder l'avantage que son apport procure à l'autre époux comme le résultat d'un contrat à titre onéreux.

(1) Voy. cependant M. Valette, *Revue pratique de droit français*, IV, p. 529.

— En conséquence, ni les enfants issus du mariage, ni les ascendants ne peuvent en demander la réduction.

Quant aux avantages que l'un des époux aurait retirés, non de l'apport, mais de l'industrie de son conjoint, on doit les considérer, même à l'égard des enfants qui seraient issus d'un précédent mariage, comme étant le résultat d'un contrat à titre onéreux, et par conséquent il faut décider qu'ils ne peuvent jamais donner lieu à réduction. (Art. 1496.)

CHAPITRE TROISIÈME

DE LA COMMUNAUTÉ CONVENTIONNELLE.

Articles 1497 à 1528.

Quelles sont les différentes clauses de la communauté conventionnelle ?

On sait que les époux sont absolument libres de régler comme il leur plaît leur association pécuniaire, sauf quelques restrictions imposées dans l'intérêt de l'ordre public et des bonnes mœurs. Ils peuvent notamment, tout en adoptant le régime de communauté, y introduire de nombreuses modifications. — Le Code indique ici, sans les limiter, les modifications les plus usitées. Ce sont :

1° La clause de communauté réduite aux acquêts ;
2° La clause d'exclusion de tout ou partie du mobilier ;
3° La clause d'ameublissement ;
4° La clause de séparation des dettes ;
5° La clause de reprise d'apport franc et quitte ;
6° La clause de préciput ;
7° La clause de parts inégales ;
8 La clause de communauté universelle.

Suivant l'ordre du Code, nous examinerons chacune de ces clauses dans les huit sections qui suivent. (Art. 1497.)

Quel est l'objet de ces diverses clauses ?

Les diverses clauses que nous venons d'indiquer modifient la communauté, tantôt sous un rapport, tantôt sous un autre ; et même quelquefois elles agissent dans un sens absolument opposé les unes aux autres. — Ainsi elles ont tour à tour pour objet : 1° d'écarter de la communauté une portion de l'actif; 2° d'y faire entrer, au contraire, des valeurs qui, dans la communauté légale, restent propres aux époux ; 3° d'exclure une portion du passif ; 4° de permettre à la femme de reprendre ses apports ; 5° enfin de modifier les règles du partage de la communauté.

Parmi ces diverses modifications de la communauté légale, le Code ne mentionne pas une clause très usitée : celle qui oblige le mari à acheter en remploi des immeubles de la femme, soit un nouvel immeuble, soit des rentes sur l'État ou d'autres valeurs également susceptibles d'être immobilisées. Par suite de cette clause, la faculté d'acheter en rem ploi, que le mari tient de la loi, se transforme en une obligation.

Un autre point à signaler, c'est que la liberté des époux relativement à leurs conventions ne va pas jusqu'à pouvoir frapper d'inaliénabilité les immeubles de la femme, lorsqu'ils ont adopté le régi me de la communauté. — Effectivement, la libre circulation des biens, leur aliénabilité, est un principe d'ordre public ; et l'on ne peut y déroger que dans les cas et sous les formes prévus par la loi. Or, la loi ne permet d'y déroger que sous le régime dotal, et, d'autre part, ce régime ne peut exister que dans le cas où il a été expressément adopté.

SECTION I

DE LA COMMUNAUTÉ RÉDUITE AUX ACQUÊTS.

Qu'est-ce que la clause de communauté réduite aux acquêts ?
La clause de communauté réduite aux acquêts est celle par laquelle les époux restreignent la communauté légale, tant au point de vue actif qu'au point de vue passif, dans le présent et dans l'avenir.

Ainsi sont exclus de la communauté : les meubles présents lors du mariage, et tous ceux qui viendraient à échoir à l'un des époux pendant le cours du mariage par succession, donation ou testament. — En conséquence, la communauté commence avec zéro. Son actif se compose uniquement : 1° des gains provenant de l'industrie des époux ou de leurs économies ; 2° des revenus de leurs biens propres. Ajoutons, bien que la loi n'en parle pas mais parce que tel est son esprit, qu'on peut encore y comprendre les biens qui ont été donnés aux époux à la condition de tomber dans la communauté.

Le mot *industrie*, dont se sert la loi, doit s'entendre d'une manière très large, et non seulement d'une industrie commune aux deux époux, mais aussi d'uue industrie spéciale à l'un d'eux. Ainsi tombent dans la communauté : les rémunérations, même à titre de récompense nationale ; la propriété des compositions littéraires, scientifiques et artistiques, et des inventions faites pendant la durée du mariage.

Réciproquement, la communauté ne sera pas tenue des dettes existant lors de la célébration du mariage, ni de celles afférentes à des successions ou donations échues aux époux. — Son passif se composera donc seulement : 1° des dettes contractées pendant le mariage par le mari ou par la femme autorisée, sauf récompense, s'il y a lieu, suivant les principes de la communauté légale ; 2° des intérêts des dettes des époux et des charges usufructuaires de leurs biens propres. (Art. 1498.)

Les biens sont-ils réputés communs, comme sous le régime de la communauté légale ?

Oui ; dans la communauté réduite aux acquêts, comme dans la communauté légale, tous les biens sont réputés communs, et c'est à l'époux qui prétend que l'un d'eux lui appartient, à en fournir la preuve.

Cette preuve doit résulter, soit du contrat de mariage, soit d'un inventaire ou d'un état estimatif. — Toutefois, lorsqu'il s'agit des meubles échus à la femme pendant le mariage, il faut décider qu'elle pourra, ainsi que ses héritiers, en établir la propriété par témoins, et même par commune renommée ; car alors, comme elle se trouvait sous l'autorité du mari au moment où les biens lui sont échus, elle est réputée n'avoir pas eu la liberté d'en établir la propriété autrement. (Art. 1499.)

Comment la société d'acquêts est-elle administrée ?

La société d'acquêts est administrée par le mari, de la même manière que la communauté légale.

Comme sous la communauté légale encore, les meubles restant propres aux époux se divisent en propres parfaits et en propres imparfaits, et ces derniers appartiennent à la communauté d'acquêts, qui se trouve seulement débitrice de leur valeur envers l'époux. Il est d'ailleurs évident qu'il y aura beaucoup plus de biens propres dans la communauté d'acquêts que dans la communauté légale, puisque les époux conserveront la propriété des meubles qu'ils possédaient lors de la célébration, ou qui leur sont advenus pendant le mariage par succession ou donation.

Notons, en terminant, qu'il n'y a point de formule sacramentelle pour la stipulation d'une communauté d'acquêts; il suffit que les expressions employées ne puissent donner lieu à aucun doute sur la volonté des parties (1).

SECTION II

DE LA CLAUSE D'EXCLUSION DE TOUT OU PARTIE DU MOBILIER.

Qu'est-ce que la clause d'exclusion de tout ou partie du mobilier ?

La clause d'exclusion de tout ou partie du mobilier est celle par laquelle les époux conviennent qu'ils conserveront la propriété de leurs capitaux mobiliers, en totalité ou en partie.

De même que la précédente, cette clause déroge au principe que toutes les valeurs mobilières doivent tomber dans la communauté; et comme elle tend à les assimiler aux immeubles, on l'appelle quelquefois clause *d'immobilisation* ou de *réalisation*. — Mais les dérogations au droit commun qu'elle contient sont bien moins étendues que dans la clause précédente, et elles procèdent d'un ordre d'idées tout différent. Effectivement, la communauté d'acquêts a pour objet la réduction du fonds social ; tandis que notre clause a principalement en vue d'égaliser les apports des époux dans l'actif de la communauté. Ainsi, si l'un des époux a plus de valeurs mobilières que son conjoint, on rétablira l'égalité des apports en stipulant qu'une partie des meubles de cet époux resteront propres.

L'exclusion peut frapper, soit une partie du mobilier des époux, soit tout leur mobilier présent, soit tout leur mobilier présent et futur. — Enfin elle peut frapper le mobilier de l'un des époux seulement. (Art. 1500.)

---

(1) L'intention d'établir une communauté réduite aux acquêts, peut, à défaut de stipulation expresse, résulter de l'ensemble des conventions matrimoniales. Cass. 1er juin 1853.

Dans quelle forme les époux peuvent-ils stipuler l'exclusion de tout ou partie de leur mobilier ?

Les époux peuvent stipuler l'exclusion de tout ou partie de leur mobilier, soit expressément, soit tacitement.

Ils la stipulent *expressément*, lorsqu'ils déclarent dans leur contrat de mariage exclure de la communauté une portion déterminée de leur mobilier, par exemple, la moitié, le quart. — Il peut arriver que, dans ce cas, l'époux déclare, en outre, que le mobilier exclu sera employé en acquisitions d'immeubles à son profit : alors la clause prend plus spécialement le nom de *clause d'emploi*.

Ils la stipulent *tacitement*, lorsqu'ils déclarent dans leur contrat de mariage que leur mobilier ne tombera dans la communauté que jusqu'à concurrence d'une certaine somme, ou seulement pour les biens présents; ce qui exclut virtuellement le surplus. (Art. 1500, 1501, 1503.)

Comment l'époux prouvera-t-il qu'il a fourni son apport ?

Lorsqu'un époux a déclaré mettre son mobilier dans la communauté jusqu'à concurrence d'une certaine somme, il est devenu, par là, débiteur de cette somme envers la communauté, et il doit, lors de sa dissolution, prouver qu'il en a effectivement fait l'apport. — A cet égard, il faut distinguer si la somme dont il s'agit devait être fournie au moment du mariage, ou si elle devait échoir pendant le cours du mariage.

Si elle devait être fournie au moment du mariage, la femme, si c'est elle qui devait la fournir, prouvera qu'elle en a effectué l'apport par une quittance du mari, chef de la communauté. — Si c'est le mari qui devait la fournir, il prouvera qu'il en a effectué l'apport au moyen d'une déclaration portée au contrat de mariage et non contredite par la femme. Comme celle-ci était encore libre au moment où le contrat a été rédigé, elle a pu vérifier la sincérité de cette déclaration.

Si la somme dont il s'agit devait être fournie pendant le cours du mariage, la femme, si c'est elle qui devait la fournir, pourra établir qu'elle en a effectué l'apport, par témoins et même par commune renommée. — Mais, si c'est le mari qui devait la fournir, il ne pourra prouver son apport que par un inventaire ou par un état en bonne forme.

D'après ce qui précède, on voit qu'ici, comme dans la communauté légale et dans la communauté d'acquêts, tous les biens sont réputés communs, et que c'est à l'époux qui prétend avoir droit à l'un d'eux à prouver l'existence de son prétendu droit. (Art. 1502, 1504.)

L'exclusion de l'actif mobilier implique-t-elle une exclusion proportionnelle des dettes mobilières ?

A cet égard, les auteurs ne sont pas d'accord :

Suivant les uns, l'exclusion de l'actif, si elle porte sur l'universalité ou sur une quote-part, implique une exclusion proportionnelle des dettes mobilières ; car la communauté n'est tenue des dettes mobilières que par la raison qu'elle reçoit l'actif mobilier. — En conséquence, si l'un des époux exclut tous ses meubles présents, cet époux devra supporter toutes les dettes antérieures au mariage ; s'il exclut tous ses meubles futurs, il devra supporter les dettes afférentes aux successions et donations qui lui adviendront ; s'il exclut une quote-part des meubles présents, il supportera une part proportionnelle des dettes antérieures au mariage.

Mais on admet généralement que l'exclusion de l'actif mobilier n'entraîne pas nécessairement l'exclusion du passif mobilier, par la raison que les dérogations qui peuvent être faites aux principes de la communauté légale sont indépendantes les unes des autres, et que chacune d'elles a besoin d'être exprimée séparément pour exister.

Quelles différences y a-t-il entre l'exclusion de tout ou partie du mobilier et la communauté réduite aux acquêts ?

Si l'on admet que l'exclusion de l'actif mobilier n'implique pas nécessairement l'exclusion d'une part proportionnelle des dettes mobilières, la clause d'exclusion de tout ou partie du mobilier présente une grave différence avec la clause de communauté réduite aux acquêts, puisqu'elle ne modifie la communauté légale qu'au point de vue de l'actif, tandis que cette dernière exclut tout à la fois l'actif et le passif mobiliers. — Ce n'est pas là, d'ailleurs, bien qu'en ait dit M. Mourlon, la seule différence entre ces deux clauses. En effet, dans la clause d'exclusion de tout ou partie du mobilier, on peut procéder par voie de disposition partielle, en se bornant à exclure une portion de l'actif mobilier, et en outre en ne faisant porter l'exclusion que sur le mobilier de l'un des époux. Au contraire, dans la clause de communauté réduite aux acquêts, on procède par une exclusion générale de tous les meubles présents, et cette exclusion s'applique aux biens des deux époux. C'est qu'en effet ces deux clauses répondent à des ordres d'idées différents : dans la première, on veut obtenir l'égalité entre les apports que les époux font à la communauté ; tandis que, dans la seconde, on veut que les époux conservent chacun la propriété de leur apport.

La propriété des meubles exclus reste-t-elle à l'époux, ou passe-t-elle à la communauté sauf récompense ?

Dans l'ancien droit, la communauté devenait propriétaire des meubles exclus, à charge d'en payer la valeur à l'époux. De là, plusieurs conséquences : 1° le mari pouvait les aliéner ; 2° les créanciers de la communauté pouvaient les saisir ; 3° ils étaient aux risques et périls de la communauté ; 4° l'époux qui avait stipulé leur exclusion ne pouvait pas, à la dissolution de la communauté, en exiger le prélèvement en nature.

Le Code a-t-il admis ce système ? L'article 1503 le donnerait à supposer, puisqu'il autorise chaque époux à prélever comme autrefois, non pas les meubles exclus en nature, mais leur valeur.

Cependant, on convient généralement que ce texte ne doit pas être appliqué dans tous les cas, et l'on fait la distinction suivante : Lorsque les meubles qu'on a exclus consistent en des choses fongibles, ou en des corps certains estimés, la communauté en devient propriétaire, à charge d'en payer la valeur conformément à l'article 1503. — Mais lorsqu'au contraire les meubles exclus sont des corps certains qui n'ont pas été estimés, lorsque ce sont, en un mot, des propres parfaits, ils continuent à appartenir à l'époux qui a stipulé leur exclusion, conformément aux principes généraux qui régissent la matière (1).

SECTION III

DE LA CLAUSE D'AMEUBLISSEMENT.

Qu'est-ce que la clause d'ameublissement ?

La clause d'ameublissement est celle par laquelle les époux

(1) Valette. — Marcadé, V, art. 1503. — Cass., 2 juillet 1840 ; 21 mars 1859 ; 5 novembre 1860.

conviennent de faire tomber tout ou partie de leurs immeubles dans la communauté.

A l'inverse des clauses précédentes, qui tendent à diminuer la communauté, la clause d'ameublissement a pour but de l'augmenter, et comme elle tend à assimiler les immeubles aux meubles, on lui a donné le nom de clause d'ameublissement.

Au reste, il est bien évident que toute clause d'ameublissement étant dérogatoire au droit commun de la communauté, doit s'interpréter restrictivement. — Ainsi, lorsqu'un époux déclare ameublir tous ses immeubles, cette clause ne doit s'entendre que des immeubles présents. (Art. 1505.)

L'ameublissement n'a-t-il pas lieu de plusieurs manières ?

Oui ; l'ameublissement peut avoir lieu de plusieurs manières.

D'abord, il peut être déterminé ou indéterminé. — Il est *déterminé*, lorsqu'il porte sur un immeuble individuellement désigné ; il est *indéterminé*, lorsqu'il porte sur une universalité d'immeubles, soit sur tous les immeubles présents, soit sur tous les immeubles futurs, soit sur tous les immeubles présents et futurs des époux.

En outre, l'ameublissement déterminé se subdivise lui-même en ameublissement de la *première espèce* et en ameublissement de la *seconde espèce*. — L'ameublissement est de la première espèce, lorsqu'il est établi sur des immeubles pour toute leur valeur ; il est de la seconde espèce, lorsqu'il n'est établi sur des immeubles que jusqu'à concurrence d'une partie de leur valeur.

En définitive, il y a trois sortes d'ameublissements : 1° l'ameublissement déterminé de la première espèce ; 2° l'ameublissement déterminé de la seconde espèce ; 3° l'ameublissement indéterminé.

I. *Ameublissement déterminé de la première espèce.* — Cet ameublissement existe lorsque les époux conviennent qu'un ou plusieurs immeubles désignés tomberont dans la communauté d'une manière absolue, c'est-à-dire sans restriction à une certaine somme. On peut dire, dans ce cas, que l'ameublissement est parfait.

II. *Ameublissement de la seconde espèce.* — Cet ameublissement a lieu lorsque les époux conviennent qu'un ou plusieurs immeubles désignés tomberont dans la communauté, mais seulement jusqu'à concurrence d'une certaine somme. — Exemple : un époux déclare ameublir sa maison A, ou tous les immeubles qu'il possède dans tel département, jusqu'à concurrence de 10,000 francs. L'ameublissement, dans ce cas, est imparfait.

III. *Ameublissement indéterminé.* — Cet ameublissement existe lorsque les époux conviennent que tous leurs immeubles, soit présents, soit futurs, soit présents et futurs, tomberont dans la communauté, jusqu'à concurrence d'une certaine somme. — Exemple : un époux ameublit tous ses immeubles présents jusqu'à concurrence de 50,000 francs.

L'ameublissement est toujours de la seconde espèce lorsqu'il est indéterminé, c'est-à-dire lorsqu'il s'applique à la généralité des immeubles. — En effet, s'il en était autrement, si les époux étaient convenus d'ameublir tous leurs immeubles présents et à venir pour toute leur valeur, cette clause se confondrait avec celle de communauté universelle. (Art. 1506.)

Quels sont les effets de l'ameublissement ?

Il faut distinguer :

1º Lorsque l'ameublissement est déterminé de la première espèce, c'est-à-dire lorsqu'il est établi sur un ou plusieurs immeubles désignés et pour toute leur valeur, il a pour effet d'en faire passer la propriété à la communauté. — Il en résulte que le mari peut en disposer à titre onéreux ; que si l'immeuble vient à périr par cas fortuit, la perte est pour la communauté ; et enfin qu'il devra, lors de la dissolution de la communauté, être compris comme tous les autres conquêts dans le partage. — Toutefois, par une faveur spéciale, l'époux qui a fait l'ameublissement pourra le reprendre en nature, à la condition de tenir compte de sa valeur.

2º Lorsque l'ameublissement est déterminé de la seconde espèce, c'est-à-dire lorsqu'il porte, comme précédemment, sur des immeubles particuliers, mais seulement jusqu'à concurrence d'une certaine somme, la communauté n'acquiert qu'un simple droit de créance, en vertu duquel le mari, chef de la communauté, pourra sans le consentement de sa femme hypothéquer les biens ameublis jusqu'à concurrence de la somme promise, mais non les aliéner. C'est là une dérogation au principe que celui-là seul peut hypothéquer qui a le pouvoir d'aliéner.

3º Lorsque l'ameublissement est indéterminé, c'est-à-dire lorsqu'il porte sur l'universalité ou sur une quote-part des immeubles, comme alors il est toujours de la seconde espèce, la communauté n'acquiert encore qu'une simple créance, qui permet au mari d'hypothéquer les biens ameublis jusqu'à concurrence de la somme promise.

Dans ce cas, comme dans le précédent, l'époux qui a fait l'ameublissement devra, lors de la dissolution de la communauté, comprendre les immeubles ameublis dans la masse commune jusqu'à concurrence de la somme promise, à moins qu'il n'ait versé la somme elle-même dans la communauté. (Art. 1507, 1508, 1509.)

SECTION IV

DE LA CLAUSE DE SÉPARATION DES DETTES.

Qu'est-ce que la clause de séparation des dettes ?

La clause de séparation des dettes, entendue d'une manière générale, est celle par laquelle les époux conviennent d'exclure de la communauté toutes les dettes qu'ils ont au moment du mariage.

Cette clause déroge évidemment à la règle d'après laquelle toutes les dettes mobilières doivent tomber dans la communauté; mais elle n'établit aucune modification en ce qui concerne la composition de l'actif. Ainsi, tout en convenant que leurs dettes mobilières ou celles de l'un d'eux ne seront pas supportées par la communauté, les époux y feront entrer tout leur mobilier présent et futur. — On préviendra ainsi un résultat funeste de la simple communauté légale, dans laquelle des apports, égaux en apparence, se trouvent souvent entièrement disproportionnés, parce que l'un des époux est grevé de dettes. (Art. 1510.)

De quelles manières la clause de séparation des dettes peut-elle être formulée ?

La clause de séparation des dettes peut être formulée de trois manières. — Les époux peuvent stipuler :

1° Une clause de *séparation proprement dite des dettes*, en convenant que l'un d'eux ou que chacun d'eux supportera seul ses dettes.

2° Une clause d'*apport*, en convenant que l'un d'eux ou que chacun d'eux apportera en communauté une somme déterminée ou un corps certain; ce qui implique que cet apport n'est grevé d'aucune dette.

3° Une clause de *franc et quitte*, en déclarant que l'un d'eux ou que chacun d'eux est libre et exempt de toutes dettes. — Cette déclaration peut émaner, soit de l'époux lui-même, soit d'un tiers, ordinairement un de ses ascendants. — Mais alors même qu'elle émane d'un tiers, l'époux pour lequel elle est faite est toujours le principal obligé : c'est seulement en cas d'insuffisance de ses biens, que son conjoint pourra recourir contre les garants.

Au surplus, les deux dernières clauses ne produisent, comme on le verra, aucun effet par rapport aux créanciers de l'époux débiteur. (Art. 1510, 1511, 1513.)

Quels sont les effets de la séparation proprement dite des dettes ?

La clause de séparation proprement dite des dettes, c'est-à-dire celle par laquelle les époux conviennent qu'ils payeront chacun leurs dettes personnelles, produit un double effet : 1° par rapport aux époux; 2° par rapport à leurs créanciers :

1° *A l'égard des époux*, elle a pour effet d'obliger l'époux débiteur à indemniser la communauté des dettes que celle-ci aurait payées pour son compte. — Toutefois, il ne serait tenu de l'indemniser que pour le capital de la dette, et non pour les intérêts échus durant le mariage; par la raison que la communauté doit supporter les intérêts des dettes qui sont personnelles aux époux.

2° *A l'égard des créanciers*, elle a pour effet de leur enlever le pouvoir de poursuivre la communauté au delà de l'actif mobilier qui y est tombé du chef de l'époux débiteur, pourvu qu'il ait été dressé un inventaire ou un acte authentique pour constater le montant de son apport (1). (Art, 1510, 1512.)

Quels sont les effets de la clause d'apport ?

La clause d'apport, c'est-à-dire celle par laquelle les époux ont déclaré apporter une somme déterminée ou un corps certain dans la communauté, ne produit aucun effet par rapport aux créanciers, s'il en existe.

Mais il en est différemment à l'égard des époux. Cette clause produit, par rapport à eux, le même effet que la clause précé-

(1) Bugnot, *sur Pothier*, VII, p. 212.

dente, c'est-à-dire qu'elle oblige l'époux qui a promis l'apport à indemniser la communauté des dettes qu'elle aurait payées à l'occasion de son apport. En effet, la promesse d'apporter à la communauté une somme déterminée ou un corps certain, s'entend en ce sens qu'il n'y a pas de dettes afférentes. (Art. 1511.)

Quels sont les effets de la clause de franc et quitte ?

De même que la précédente, la clause de franc et quitte, c'est-à-dire la clause par laquelle les époux ou l'un d'eux ont déclaré qu'ils étaient libres et exempts de toute dette, ne produit aucun effet par rapport aux créanciers.

En ce qui concerne les époux, il faut distinguer si la déclaration de franc et quitte a été faite par l'époux lui-même, ou si elle a été faite par un tiers, par exemple, par un de ses ascendants.

Lorsqu'elle émane de l'époux lui-même, elle a pour effet d'obliger celui-ci à indemniser la communauté non seulement du capital de la dette qu'elle a payée et des intérêts antérieurs au mariage, comme dans les clauses précédentes, mais aussi des intérêts échus pendant le mariage. La raison en est que la fausse déclaration d'un époux ne doit pas nuire à son conjoint (1).

Lorsqu'elle émane d'un tiers, elle oblige de la même manière l'époux pour lequel elle a été faite, et le tiers qui l'a faite, en cas d'insuffisance des biens de l'époux. — En outre, si c'est au nom de la femme que la déclaration de franc et quitte a été faite par son père, par sa mère, par un ascendant ou par son tuteur, le mari est autorisé à agir contre les garants aussitôt que la communauté a payé la dette ; tandis que l'action ne pourrait être exercée qu'après la dissolution de la communauté, si elle était dirigée contre l'un des époux. (Art. 1513.)

SECTION V

DE LA FACULTÉ ACCORDÉE A LA FEMME DE REPRENDRE SON APPORT FRANC ET QUITTE.

Qu'est-ce que la clause de reprise d'apport franc et quitte ?

La clause de reprise d'apport franc et quitte est celle par la-

---

(1) Le mari qui, après s'être déclaré *franc et quitte de dettes*, emploie les fonds de la communauté pour payer des dettes antérieures au mariage, doit indemnité à la femme, non seulement pour le capital employé, mais aussi pour les intérêts de ce capital. Cass., 27 mai 1879.

quelle la femme stipule que, si elle renonce à la communauté, ells reprendra tout ou partie des valeurs mobilières qu'elle y a fait tomber, sans contribuer au payement des dettes communes qui ne proviennent pas de son chef.

Cette clause ne peut être stipulée qu'au profit de la femme, et seulement pour le cas où elle renoncerait à la communauté. (Art. 1514.)

Quelle étendue faut-il donner à la clause de reprise d'apport franc et quitte ?

Comme toutes les clauses qui dérogent aux règles de la communauté légale, la clause de reprise d'apport franc et quitte doit être interprétée restrictivement, c'est-à-dire que l'application doit en être rigoureusement limitée aux choses et aux personnes désignées.

Ainsi d'abord, et quant aux choses, si la femme s'est réservé, soit pour elle seule, soit pour elle et ses héritiers, le droit de reprendre tous ses apports, ou tout son mobilier, ou tous les biens mis par elle en communauté, la reprise devra être restreinte aux biens présents; car l'intention d'y comprendre les biens futurs n'apparaît pas suffisamment. — Pareillement, lorsqu'elle s'est réservé le droit de reprendre les biens provenant des successions à elles échues, cette faculté ne s'étendra point à ceux qui proviendraient des donations.

En second lieu, notre clause ne profite qu'aux personnes dans l'intérêt desquelles elle a été formellement stipulée. — Ainsi, tandis qu'en principe le droit qu'une personne a stipulé pour elle appartient, le cas échéant, à ses héritiers ou ayants cause, ici la faculté stipulée pour la femme n'appartiendrait pas à ses enfants; celle qu'elle stipulerait pour elle et ses enfants n'appartiendrait point à ses héritiers ascendants; celle qu'elle se réserverait pour elle et ses enfants et ascendants ne pourrait être exercée par ses héritiers collatéraux, et celle enfin qui serait stipulée pour la femme et ses héritiers ne s'étendrait ni à ses successeurs irréguliers, ni à ses successeurs testamentaires (1). (Art. 1514.)

(1) La clause de franc et quitte n'est opposable aux tiers envers lesquels la femme s'est obligée, qu'autant que cette clause est conçue en termes tellement clairs et précis que ceux-ci n'ont pu être induits en erreur sur la faculté exor-

A quelles conditions la femme peut-elle exercer la clause de reprise d'apport ?

Pour que la femme puisse exercer la clause de reprise d'apport, trois conditions sont nécessaires. — Il faut :

1° Qu'elle ait renoncé à la communauté. — Sans doute, une femme stipulerait valablement qu'elle reprendra son apport tant en acceptant qu'en renonçant ; mais cette convention ne serait point une clause de reprise d'apport : ce serait une clause d'exclusion de son actif mobilier de la communauté.

2° Que la communauté ait été dissoute, soit par la mort du mari, soit par la séparation de biens. — Si la communauté était dissoute par la mort de la femme, la clause de reprise d'apports n'aurait aucun effet, à moins qu'elle n'ait été stipulée au profit de ses héritiers.

3° Qu'elle acquitte les dettes qui sont tombées de son chef dans la communauté, en sorte que ses dettes seront à sa charge pour le tout, si la reprise comprend tout le mobilier présent et futur qu'elle a apporté ; et qu'elle devra les supporter pour une quote-part, si la reprise ne comprend qu'une partie du mobilier. — Cette obligation de supporter les dettes n'existera pas, si la reprise ne porte que sur une somme fixe ou sur un ou plusieurs objets déterminés. (Art. 1514.)

Comment s'exerce le droit de reprise ?

Les biens soumis au droit de reprise étant devenus la propriété de la communauté, la femme ne peut les reprendre en nature ; elle a seulement un droit de créance pour se faire payer la valeur qu'ils représentaient au moment où ils sont entrés dans la masse commune. — Et comme, par l'effet même de sa renonciation, il n'y a plus de communauté et que les biens qui la composaient sont devenus biens du mari, cette créance s'exerce, non contre la communauté puisqu'elle est censée n'avoir jamais existé, mais contre les biens du mari.

En résumé, la femme qui veut exercer son droit de reprise d'apport agira contre son mari comme créancière hypothécaire, ce qui lui permettra d'être payée avant les créanciers chirographaires, et même avant les créanciers hypothécaires dont l'hypothèque est postérieure au mariage.

bitante accordée à la femme ; faute de quoi la stipulation n'a d'effets que vis-à-vis du mari. Cass., 14 décembre 1858 ; 13 août 1860 ; 29 janvier 1866.

SECTION VI

DU PRÉCIPUT CONVENTIONNEL.

Qu'est-ce que la clause de préciput ?

La clause de préciput est celle par laquelle l'un des époux est autorisé à prélever, avant le partage, certains objets ou une certaine somme faisant partie de la communauté. — Il y avait autrefois deux espèces de préciput : le préciput légal et le préciput conventionnel. Le premier n'existe plus sous le Code, et le prélèvement est toujours conventionnel maintenant.

La clause de préciput est utile aux époux lorsqu'ils désirent reprendre, après la dissolution de la communauté, certaines choses qui y étaient tombées et auxquelles ils tiennent plus particulièrement ; ou bien lorsqu'ils veulent que l'un d'eux, s'il survit à l'autre, reçoive un avantage.

Du reste, le préciput est une simple convention de mariage et non une donation proprement dite ; d'où la conséquence que les avantages qui en résultent ne peuvent être réduits, en cas d'excès, que sur la demande d'enfants d'un précédent lit, par application de l'article 1098 (1). (Art. 1515, 1516.)

Quelles sont les choses qui peuvent faire l'objet du préciput ?

La loi ne parle pas des choses qui peuvent faire l'objet du préciput. Et comme les époux ont en général la liberté d'insérer dans le contrat toute convention qu'il leur plaira, on est admis à dire que tous les biens de la communauté peuvent être l'objet d'un préciput.

Les époux peuvent donc convenir que le survivant prélèvera, soit de l'argent, soit des meubles ou des immeubles en nature, soit des biens en nature et de l'argent tout à la fois, soit une quote-part de la communauté, soit enfin tous les biens d'une certaine classe : par exemple, si c'est pour la femme, ses habits, bagues et joyaux ; si c'est pour le mari, ses livres ou objets d'art ou de science, ses armes et chevaux.

Au profit de qui le préciput peut-il être stipulé ?

D'après le Code, le préciput peut être stipulé : 1° pour la femme, si elle survit ; 2° pour le mari, s'il survit ; 3° pour le sur-

(1) Valette, *à son cours.*

vivant des époux, quel qu'il soit. — Il est ordinairement stipulé au profit de la femme survivante.

Toutefois, si la loi ne parle que de la stipulation au profit des survivants, il ne faut pas croire pour cela qu'elle subordonne absolument l'existence de ce droit à la condition de survie; elle ne fait que mentionner ce qui se passe le plus fréquemment. Ainsi, on peut dire que le préciput appartiendra à tel époux absolument, soit qu'il survive, soit qu'il prédécède. Dans ce dernier cas, le préciput sera recueilli par les héritiers de l'époux préciputaire.

En principe, la femme qui renonce à la communauté perd le droit d'exercer le préciput. Il n'en saurait être autrement ; car le préciput, comme l'indique son étymologie *præ-capere*, suppose un prélèvement à faire sur une masse partageable par l'un des copartageants. Or, il n'y a pas de masse partageable lorsque la femme a renoncé à la communauté, puisque les biens qui la composaient sont réputés avoir toujours appartenu au mari. — Toutefois, la loi ajoute que la femme pourra, au moyen d'une clause explicite, se réserver le droit de prélèvement, même pour le cas où elle renoncerait. Mais alors, son droit n'offre plus le caractère du préciput proprement dit, et elle ne peut l'exercer que sur les biens appartenant exclusivement à son mari (1). Art. 1515.)

A quel moment s'ouvre le préciput ?

Le préciput, lorsqu'il a été stipulé pour le cas de survie, s'ouvre par la mort de l'un des conjoints et la survivance de l'époux préciputaire. Mais lorsqu'il a été stipulé au profit d'un époux sans condition de survie, il s'ouvre à partir du jour de la dissolution de la communauté.

Lorsque le préciput a été subordonné à la condition de survie et que la séparation de biens a été prononcée, la loi autorise la femme préciputaire à se faire donner une caution par son mari, pour la totalité ou pour une moitié de son préciput : pour la totalité, lorsqu'elle a renoncé à la communauté, et que par l'effet même de sa renonciation tous les biens communs sur lesquels elle devait opérer son prélèvement sont restés aux mains

(1) La femme peut valablement stipuler que la dissolution de la communauté donnera ouverture en sa faveur à un préciput indépendant de la condition de survie. .Cass., 26 janvier 1808.

du mari; pour la moitié seulement, lorsqu'elle a accepté la communauté, et que par l'effet de son acceptation elle a reçu une moitié des biens communs.

Bien que la loi ne parle ici que de la femme, on convient généralement que le mari préciputaire peut également exiger une caution de sa femme pour la moitié de son préciput, lorsque celle-ci a accepté la communauté après la séparation de biens, parce qu'elle a alors en sa possession une moitié des biens communs sur lesquels le préciput du mari doit être prélevé.

L'époux au profit duquel a été stipulé le préciput en perd les avantages, lorsque son conjoint a obtenu contre lui un jugement en séparation de corps. — Si c'est l'époux avantagé qui a fait prononcer le jugement, il pourra, comme on l'a vu, exiger une caution de son conjoint, à moins que le préciput n'ait été stipulé sans condition de survie, auquel cas il en opérera le prélèvement avant le partage de la communauté. (Art. 1517, 1518.)

Le préciput est-il opposable aux créanciers de la communauté ?

Non ; la clause de préciput n'est pas opposable aux créanciers de la communauté. Effectivement, les biens compris dans le préciput doivent être prélevés sur la masse commune. Or, il n'est plus possible de faire un prélèvement sur cette masse, si elle a été absorbée par les dettes. — Toutefois, l'article 1519 parle d'un recours que pourrait exercer l'époux préciputaire dans le cas où les biens de la communauté seraient saisis par les créanciers. Il paraît probable que notre article fait ici allusion au recours que la femme préciputaire pourrait exercer sur les biens personnels de son mari, si les biens communs avaient été saisis par les créanciers, lorsqu'elle s'est réservé le droit de prendre son préciput, même au cas où elle renoncerait. (Art. 1519.)

SECTION VII

DE L'ATTRIBUTION DE PARTS INÉGALES.

Qu'est-ce que la clause de parts inégales ?

La clause de parts inégales est celle par laquelle les parties conviennent que le partage de la communauté ne se fera pas par portions égales, ainsi que cela a lieu ordinairement.

La clause de parts inégales peut être stipulée de diverses manières. — Ainsi, les époux peuvent convenir :

1° Que l'un d'eux aura une part supérieure à la moitié de la communauté. — C'est là, à proprement parler, la véritable clause de parts inégales ;

2° Que le survivant d'entre eux, ou simplement que l'un d'eux, qu'il survive ou qu'il prédécède, prendra toute la communauté, à la charge de payer une somme fixe à son conjoint ou à ses héritiers. — Cette convention est plus spécialement désignée sous le nom de forfait de la communauté ;

3° Que le survivant d'entre eux, ou que l'un d'eux seulement, pourvu qu'il survive à l'autre, prendra toute la communauté, sans rien payer aux héritiers de son conjoint. — A la différence des précédentes, cette clause ne produit son effet qu'autant que l'époux qui doit en bénéficier survit à son conjoint. (Art. 1520, 1522, 1523, 1525.)

Quels sont les effets de la clause de parts inégales ?

La clause de parts inégales a pour effet de permettre à l'époux au profit duquel elle a été stipulée, de prendre dans le partage des biens de communauté une part plus forte que son conjoint. — Ainsi, il prendra, soit les deux tiers, soit les trois quarts, soit les quatre cinquièmes des biens de la communauté, suivant ce qui aura été stipulé.

Mais il faut observer qu'on ne peut pas stipuler valablement que l'un des époux prendra une part supérieure à la moitié des biens de la communauté, sans convenir en même temps que cet époux supportera une part plus forte que son conjoint dans les dettes communes. — Ainsi, lorsque les époux conviennent que l'un d'eux prendra les trois quarts de la communauté, cette convention n'est valable qu'autant que cet époux s'est engagé également à supporter les trois quarts du passif qui la grève.

La clause de parts inégales n'est limitée, ni quant à la forme, ni quant au fond. — Le plus souvent elle est stipulée au profit du survivant des deux époux ; mais rien n'empêche qu'elle n'ait lieu au profit de l'un des époux seulement, s'il survit, et même sans condition de survivance. (Art. 1520, 1521.)

Quels sont les effets du forfait de communauté ?

Il faut distinguer s'il a été stipulé au profit du mari ou au profit de la femme.

Lorsqu'il a été stipulé au profit du mari, celui-ci est obligé de le subir et de payer à la femme la somme promise, lors même que la communauté n'ayant pas prospéré cette somme en excéderait de beaucoup la valeur. — La femme alors devient complètement étrangère à la communauté, et les créanciers ne peuvent pas la poursuivre comme commune, à moins qu'elle ne soit personnellement obligée.

Au contraire, lorsque le forfait a été stipulé au profit de la femme, celle-ci a le choix ou de prendre toute la communauté si elle a prospéré, sauf à payer la somme convenue, ou de renoncer à la communauté si l'actif est absorbé par le passif, et alors de ne rien payer à son mari.

Il va de soi que l'époux qui retient la totalité de la communauté est obligé d'en acquitter toutes les dettes. (Art. 1524.)

Quels sont les effets de la clause par laquelle les époux ont stipulé que le survivant prendra toute la communauté ?

Cette clause est ordinairement stipulée au profit du survivant des époux, quel qu'il soit. On peut cependant la stipuler au profit de l'un d'eux seulement, mais alors il faut que ce soit sous la condition qu'il survivra à son conjoint. — Effectivement, la clause qui attribuerait purement et simplement toute la communauté à l'un des époux, équivaudrait, pour l'autre époux, à une exclusion absolue de cette même communauté.

Contrairement au droit commun, cette clause ne pourra être invoquée que par l'époux en faveur duquel elle a été stipulée, et non par ses héritiers, puisqu'elle ne doit produire son effet qu'autant qu'il survivra à son conjoint.

L'époux qui prend la communauté entière est tenu de restituer aux héritiers du pré-mourant tous les biens qui y sont entrés du chef de leur auteur. En outre, il doit supporter la totalité des dettes, moins celles qui correspondent aux biens repris par les héritiers de son conjoint. — Mais il y a encore, sur ce point, une différence à observer entre la situation du mari et celle de la femme. Si la stipulation a été faite au profit du mari, celui-ci devra satisfaire aux engagements et payer toutes les dettes, que la communauté soit bonne ou mauvaise. Mais si la stipulation a été faite au profit de la femme, celle-ci conservera toujours le droit de renoncer à la communauté.

Bien qu'elle soit avantageuse à l'époux en faveur duquel elle a été stipulée, la clause de parts inégales n'est **point** réputée une donation proprement dite, mais une simple convention de mariage. En conséquence, l'enfant d'un premier lit a seul le droit de la faire réduire (1). (Art. 1525.)

SECTION VIII

DE LA CLAUSE DE COMMUNAUTÉ A TITRE UNIVERSEL.

Qu'est-ce que la clause de communauté à titre universel ?

La clause de communauté à titre universel est celle par laquelle les époux conviennent de faire entrer dans la communauté tous leurs biens, meubles et immeubles, présents et à venir, ou tous leurs biens présents, ou tous leurs biens à venir. — Toutefois, les biens qui seraient donnés ou légués à l'un des époux sous la condition de ne pas tomber dans la communauté lui resteront propres, ainsi que les dettes dont ils seraient grevés.

De même que celle d'ameublissement, la clause de communauté universelle déroge à la règle d'après laquelle les époux conservent la propriété de leurs immeubles. Mais la dérogation est ici plus étendue, puisque la clause de communauté universelle s'applique à tous les immeubles des époux et qu'elle les fait entrer dans la communauté pour toute leur valeur.

Au reste, la clause de communauté universelle ne déroge pas seulement aux règles de la communauté légale : elle forme également une exception remarquable au principe contenu dans l'article 1837 du Code civil, d'après lequel les membres d'une société ne peuvent mettre en commun les biens à venir que pour la jouissance, puisqu'elle autorise les époux à mettre en société la propriété de tous leurs biens présents et à venir.

A la dissolution de la communauté, le partage a lieu suivant les règles de droit commun en cas d'acceptation par la femme. — Si elle renonce, elle ne recouvre aucun droit, même sur les immeubles qui sont entrés de son chef dans la communauté.

Il n'est pas besoin d'ajouter que la clause de communauté universelle doit, comme celles qui précèdent, être interprétée restrictivement. (Art. 1526.)

(1) Cass., 24 mars 1808 ; 13 juin 1855.

Les époux peuvent-ils apporter d'autres modifications à la communauté légale ?

Oui ; les diverses modifications contenues dans les huit sections qui précèdent ne sont pas les seules qui puissent être apportées au régime de la communauté légale. Les époux peuvent faire toutes autres conventions, pourvu qu'elles ne soient pas contraires aux bonnes mœurs et à l'ordre public, et qu'elles ne dérogent pas aux principes qui régissent l'organisation de la puissance maritale et paternelle, ainsi que l'ordre des successions. — Au reste, les règles de la communauté légale resteront applicables à la communauté conventionnelle, dans tous les cas où les époux n'y auront pas dérogé expressément par leur contrat.

En terminant, le législateur rappelle la règle, déjà citée, que toute convention qui tendrait dans ses effets à donner à l'un des époux au delà de la quotité disponible entre époux pourrait être réduite, dans le cas où l'époux qui a avantagé son conjoint aurait des enfants issus d'un précédent mariage. — Il résulte de là que l'époux qui, ayant des enfants d'un premier lit, contractera un second mariage, ne pourra avantager son conjoint que d'une part d'enfant le moins prenant, sans que la donation puisse jamais excéder le quart des biens. (Art. 1527, 1528.)

CHAPITRE QUATRIÈME

DU RÉGIME SANS COMMUNAUTÉ.

Articles 1529 à 1535.

Qu'est-ce que le régime sans communauté ?

On distingue trois régimes exclusifs de toute communauté de biens entre les époux, savoir : 1° l'exclusion pure et simple de toute communauté ; 2° la séparation de biens ; 3° le régime dotal.

Le régime exclusif de la communauté, ou régime sans communauté, a lieu lorsque les époux conviennent que chacun d'eux conservera les biens qui proviennent de son chef, en sorte qu'il n'y aura plus que deux patrimoines, celui du mari et celui de la femme. — Sous ce régime, la femme conserve la propriété de ses biens; mais le mari en a l'administration et la jouissance (1).

Le régime sans communauté diffère ainsi : 1° du régime de communauté, en ce qu'il n'y a pas de patrimoine commun ; 2° du régime de séparation de biens, en ce que la femme ne conserve ni l'administration, ni la jouissance de ses propres ; 3° du régime dotal, en ce que les immeubles de la femme ne peuvent pas être rendus inaliénables. (Art. 1529, 1530, 1531.)

Quels sont les droits du mari comme administrateur et usufruitier des biens de la femme ?

Comme administrateur des biens de la femme, le mari a, sous ce régime, les mêmes droits que ceux qui lui sont accordés sous le régime de communauté sur le patrimoine de la femme. — Ainsi, il peut exercer seul toutes les actions mobilières et les actions immobilières possessoires de la femme, toucher ses revenus, en donner quittance et faire des baux qui n'excèdent pas neuf ans. — D'autre part, il doit veiller à la conservation des biens de la femme et empêcher toute prescription.

Comme usufruitier, le mari recueille à son profit tous les fruits des biens de la femme échus ou perçus pendant le mariage ; et ce n'est pas comme mandataire de celle-ci, c'est par son droit propre, *jure mariti*, à ce point que, une fois les charges de l'usufruit remplies et les besoins du ménage satisfaits, c'est à lui que le reste des fruits appartient, ainsi que toutes les acquisitions qui en proviennent (2). — A l'inverse, il est tenu à toutes les charges d'un usufruitier. Ainsi, il ne peut entrer en jouissance qu'après avoir fait dresser un inventaire ou un état des biens sujets à l'usufruit ; faute de quoi, la femme serait admise à prouver par témoins, et même par commune renommée, la consistance de son mobilier. En outre, il doit supporter toutes les charges du mariage, telles que frais d'aliments, d'entretien et d'éducation des enfants. (Art. 1531, 1532, 1533.

---

(1) Pareillement, les dettes de chaque époux lui restent propres, et les créanciers de l'un ne peuvent pas agir sur les biens de l'autre.

(2) Marcadé, VI, art. 1530.

Quels sont les droits que la femme conserve ?

Dans le régime sans communauté, la femme conserve la propriété de tous les biens meubles et immeubles qu'elle apporte en dot au jour du mariage, ou qu'elle acquiert dans la suite à titre onéreux ou à titre gratuit. — Toutefois, les objets mobiliers qui se consomment par le premier usage, ou ceux qui ont été estimés sans qu'il ait été déclaré que l'estimation n'emportait pas vente, deviennent la propriété du mari, à la charge par lui d'en restituer la valeur.

De ce que la femme reste propriétaire de son avoir, il en résulte que si elle en a fait constater l'état par un inventaire ou tout autre acte authentique, les créanciers du mari ne peuvent agir que sur les biens de celui-ci. S'il y a confusion du mobilier des époux, les créanciers du mari pourront saisir et vendre sans distinction ; mais alors le mari devra indemniser sa femme de la valeur du mobilier vendu, si la consistance en est suffisamment prouvée.

Au surplus, tout en conservant la propriété de ses biens, la femme ne peut pas les aliéner, ni même les hypothéquer ou les grever de servitudes sans le consentement de son mari, ou, à son refus, sans l'autorisation de justice. (Art. 1532, 1535.)

Les époux peuvent-ils convenir que la femme touchera elle-même une portion de ses revenus ?

Oui ; quoique la jouissance et l'administration des biens de la femme appartiennent en principe au mari, rien n'empêche les époux de convenir dans le contrat que la femme touchera elle-même, et sur ses propres quittances, une portion de ses revenus, dont elle aura ainsi la libre disposition. Mais cette clause portée au contrat ne donne pas à la femme l'administration des biens sur lesquels elle touche ses revenus, et c'est toujours au mari que leur excédant doit appartenir, ainsi que les acquisitions qui en proviendraient. — Sans doute, on pourrait stipuler le contraire ; mais alors la femme serait mariée sous le régime de séparation de biens, et non sous le régime exclusif de communauté, quant aux biens dont elle aurait conservé l'administration et la jouissance. (Art. 1534.)

Comment cesse le droit d'administration du mari ?

Le droit d'administration et d'usufruit du mari cesse, non seulement par la dissolution du mariage, mais encore par la sé-

III.　　　　　　　　　　　　　　　　　7

paration de corps ou de biens. — Le mari doit alors restituer à la femme ou à ses héritiers tous les biens qu'elle lui a apportés, soit en se mariant, soit pendant le mariage.

Il restitue en nature ceux dont la femme a conservé la propriété ; mais il ne restitue que l'estimation de ceux qui se sont consommés *primo usu*, ou qui lui ont été livrés avec estimation.

En outre, il faut admettre, qu'en cas de prédécès du mari, la femme a droit aux frais de son deuil et de celui de ses domestiques. — Il résulte, en effet, du rapprochement des articles 1481 et 1570, que la succession du mari doit supporter ces frais, indépendamment du régime qu'avaient adopté les époux : *Non debet uxor propriis sumptibus lugere maritum*.

CHAPITRE CINQUIÈME

DU RÉGIME DE SÉPARATION DE BIENS.

Articles 1536 à 1539.

Qu'est-ce que le régime de séparation de biens ?

Le régime de séparation de biens est celui par lequel les époux conviennent qu'ils conserveront chacun leurs biens, et que la femme aura l'administration et la jouissance de son patrimoine.

Ce régime, admis par plusieurs de nos anciennes coutumes comme par le droit nouveau, est celui qui laisse à la femme mariée le plus d'indépendance et de pouvoir dans la jouissance de sa fortune. En effet, en dépit de l'union intime qu'ils contractent quant à leurs personnes, les époux restent complètement indépendants pour leurs biens, sauf ces deux points : 1° que la femme ne peut pas aliéner ses immeubles sans l'autorisation du mari ou de la justice; 2° qu'elle doit contribuer pour sa part aux dettes de la maison. — Il va de soi que les époux sont aussi étrangers l'un à l'autre pour le passif que pour l'actif, et que les dettes qu'ils ont contractées ne peuvent être poursuivies que sur leurs patrimoines respectifs, qui sont ici parfaitement distincts et séparés. (Art. 1536.)

Quels sont les droits et les devoirs de la femme séparée de biens ?

Ainsi qu'on l'a vu, le Code accorde à la femme mariée sous le régime de la séparation de biens l'entière administration de son patrimoine et la jouissance de ses revenus. Il faut, en outre, en présence de l'identité de position, appliquer à la séparation de biens contractuelle la plupart des dispositions qui régissent la séparation judiciaire. Ainsi, la femme mariée sous ce régime peut passer des baux de moins de neuf ans, toucher le prix des fermages, percevoir les fruits en nature, recevoir le payement de ses créances mobilières et en donner décharge.

Mais de ce que la femme séparée de biens a le droit de disposer de son mobilier à titre onéreux, il ne faudrait pas en conclure qu'elle puisse également en disposer par donation entre vifs. — Effectivement, la capacité qu'elle a d'en disposer à titre onéreux est une conséquence de son pouvoir d'administration ; mais ce serait sortir des limites de cette administration que de l'étendre jusqu'à la donation entre vifs.

Pareillement, la femme séparée de biens ne peut dans aucun cas, ni à la faveur d'aucune stipulation, aliéner ses immeubles, soit à titre gratuit, soit à titre onéreux, ni même les grever de droits réels, sans le consentement spécial de son mari, ou, à son défaut, sans autorisation de justice. — La nécessité de cette autorisation vient de ce qu'on la considère comme un des attributs de la puissance maritale.

En retour des avantages qui lui sont assurés, la femme mariée sous le régime de la séparation de biens doit, avons-nous dit, contribuer aux charges du mariage. — Aux termes de l'article 1537, quand il n'existe point de convention à ce sujet, la femme contribue à ces charges jusqu'à concurrence du tiers de ses revenus. Toutefois, si la totalité des gains et revenus du mari, réunis au tiers de ceux de la femme, ne suffisait pas à couvrir les dépenses du ménage, la femme serait tenue de fournir le reste, en vertu de l'obligation que la loi lui impose de secourir son mari et d'entretenir les enfants communs (1). (Art. 1536, 1537, 1538.)

_____

(1) Marcadé, VI, art. 1537. — A l'inverse, les époux peuvent, en se ma-

Quelles différences y a-t-il entre la séparation contractuelle et la séparation judiciaire ?

Bien que les pouvoirs de la femme, relativement à l'administration de son patrimoine, soient les mêmes dans la séparation contractuelle et dans la séparation judiciaire, on peut cependant signaler entre ces deux états des différences notables. — Ainsi :

1° La séparation contractuelle est une mesure *préventive* contre le mari, et elle naît au moment du mariage ; la séparation judiciaire, au contraire, est une mesure *répressive* contre la mauvaise administration du mari, et elle n'est prononcée que durant le mariage.

2° L'une est irrévocable, comme toute convention matrimoniale ; l'autre peut cesser, à quelque époque que ce soit, du consentement mutuel des époux.

3° Dans la première, la contribution aux charges du mariage est réglée par le contrat ou par loi ; dans la seconde, cette contribution est toujours fixée par le juge, proportionnellement aux ressources personnelles de chaque conjoint.

4° Dans la séparation contractuelle, la part contributive de la femme est versée entre les mains du mari, chef du ménage ; dans la séparation judiciaire, le juge peut enlever au mari le droit de disposer de l'apport annuel que fait la femme.

C'est précisément à cause de ce pouvoir qu'a le juge de retirer au mari la disposition des revenus fournis par la femme pour l'entretien du ménage, qu'on admet généralement que celle-ci peut former une demande en séparation judiciaire, lors même qu'elle est mariée sous le régime de la séparation de biens. — Effectivement, les juges pourront décider qu'elle aura elle-même l'emploi des deniers que son contrat l'oblige à remettre au mari pour l'entretien du ménage, s'il est à craindre que celui-ci n'en fasse un mauvais usage.

Le mari est-il responsable du défaut d'emploi des sommes provenant à la femme de la vente de ses immeubles ?

Non ; en principe, le mari n'est pas responsable du défaut d'emploi des sommes provenant à la femme de la vente de ses

riant, stipuler que la femme ne contribuera en rien aux charges du ménage ; une telle clause n'a rien de contraire à l'ordre public ni aux bonnes mœurs Metz, 17 août 1858.

immeubles, puisque celle-ci a, sous le régime de séparation, la libre administration de ses biens meubles, et par conséquent de ses capitaux, qu'elle peut employer comme elle l'entend. — Toutefois, il y a exception à ce principe dans deux cas : 1° lorsqu'il est prouvé que c'est le mari qui a reçu le prix de la vente, ou que ce prix a été employé à son profit ; 2° lorsque le mari a été présent, soit à l'acte de vente quand le prix a été payé à l'instant, soit à l'acte de quittance s'il n'a été payé que plus tard, parce qu'alors la loi présume, à raison de la dépendance de la femme, que c'est le mari qui a reçu les deniers. Pour échapper à cette présomption, ce dernier devra prouver que, malgré son concours à l'acte, c'est la femme qui a reçu le prix et qui en a disposé.

Il arrive quelquefois que la femme mariée sous le régime de la séparation laisse à son mari l'administration et la jouissance de ses biens. — Si le mari a administré en vertu d'un mandat tacite, ou en vertu d'un mandat exprès ne contenant point obligation de rendre compte, il ne doit restituer, lors de la cessation de sa jouissance, que les fruits encore existant. Si, au contraire, il a joui des biens de la femme à charge d'en rendre compte, il est tenu vis-à-vis d'elle comme un mandataire ordinaire ; il déduira seulement la somme annuelle qu'elle devait fournir pour les besoins du ménage. — Il en serait de même, s'il avait joui des biens de la femme, malgré l'opposition de celle-ci. (Art. 1450, 1539.)

CHAPITRE SIXIÈME

DU RÉGIME DOTAL.

Articles 1540 à 1581.

Suivant l'ordre du Code, nous traiterons successivement ici : 1° de la constitution de la dot ; — 2° de l'inaliénabilité du fonds dotal ; — 3° de la restitution de la dot ; — 4° des biens paraphernaux.

SECTION I

DE LA CONSTITUTION DE LA DOT.

Quelle est l'origine du régime dotal ?

On sait que le régime dotal a son origine dans le droit romain (1). Introduit par les conquérants dans le midi de la Gaule, il y resta en vigueur jusqu'à l'époque de la rédaction du Code. En même temps, les provinces du Nord suivaient, avec un égal attachement, le régime de communauté qui y avait été apporté par les peuples germains.

Lors de la rédaction du Code, le législateur n'avait point songé tout d'abord à reconnaître et à maintenir le régime dotal. Il l'avait relégué au rang des anciens régimes abrogés, dont on a toujours le droit de se servir en vertu de la liberté des conventions matrimoniales, mais à la condition d'en reproduire chaque clause dans le contrat. — Mais les provinces méridionales, soumises depuis tant de siècles au régime dotal, protestèrent énergiquement et l'on dut se rendre à leurs observations. Le régime dotal fut placé dans la loi en regard du régime de la communauté, et proposé comme lui au choix des parties. Toutefois, la préférence fut accordée à ce dernier, qui devint le régime de droit commun.

Ces données historiques expliquent la division du Code en trois chapitres : le premier, consacré à des dispositions générales qui s'appliquent au contrat de mariage, quel que soit le régime adopté; et les deux autres qui sont relatifs, l'un à la communauté et à ses annexes, et l'autre au régime dotal.

Qu'est-ce que le régime dotal ?

Le régime dotal est celui dans lequel chacun des époux garde la propriété de son patrimoine, et où certains biens de la femme peuvent être exceptionnellement déclarés inaliénables et imprescriptibles.

---

(1) Ce fut sous Justinien, si justement appelé *Uxorius*, que le régime dotal reçut son couronnement par l'institution de l'inaliénabilité absolue du fonds dotal. Il fallait à tout prix que la dot fût sauve, afin que la femme, après un divorce ou le décès du mari, pût se remarier et donner de nouveaux enfants à la patrie. *Reipublicæ interest mulieres dotes salvas habere, propter quas nubere possint.*

En effet, dans le régime dotal, les biens de la femme sont de deux sortes : paraphernaux ou dotaux. — Les biens *paraphernaux* sont ceux dont elle a l'administration et la jouissance, comme sous le régime de la séparation de biens, et qui ne présentent rien de particulier. Les biens *dotaux* sont des biens dont l'administration et la jouissance appartiennent au contraire au mari, et qui, de plus, ont cela de remarquable qu'ils sont inaliénables et imprescriptibles.

La paraphernalité est la règle et la dotalité est l'exception : c'est-à-dire que si les époux ont déclaré adopter le régime dotal, sans avoir ajouté en outre que tels biens de la femme seront dotaux, tous les biens apportés par elle, soit en se mariant, soit dans le cours du mariage, restent paraphernaux. (Art. 1540.)

Quelles sont les conditions requises pour constituer des biens dotaux ?

Avant d'examiner cette question, nous rappellerons d'abord que l'expression de *dot*, entendue d'une manière générale, s'applique sous ce régime, comme sous les régimes précédents, à tous les biens que la femme apporte au mari pour l'aider à subvenir aux charges du mariage. — Mais l'expression de *biens dotaux* a un autre sens, beaucoup plus restreint : on l'emploie, comme nous l'avons déjà observé, par opposition à celle de *biens paraphernaux*, pour exprimer, non pas tous les biens apportés par la femme, mais seulement ceux qu'elle a apportés en les déclarant dotaux, c'est-à-dire inaliénables et imprescriptibles.

Cela posé, nous disons que les biens ne peuvent être dotaux qu'à deux conditions. Il faut : 1° que les époux déclarent expressément dans leur contrat qu'ils se soumettent au régime dotal; 2° que ces biens soient constitués en dot à la femme. — Sans cette constitution, tous les biens de la femme seraient paraphernaux, et les époux se trouveraient en réalité mariés sous le régime de la séparation de biens.

1° *Il faut que les époux déclarent qu'ils se soumettent au régime dotal.* — Cette déclaration doit être formelle, mais il n'est pas nécessaire cependant qu'elle ait lieu en termes sacramentels. La loi veut une manifestation expresse de la volonté des époux; mais elle n'exige rien de plus. — Ainsi, si les époux ont déclaré que tels biens seront dotaux et tels autres paraphernaux, l'antithèse qui existe entre ces mots *biens dotaux* et *biens paraphernaux* précise la pensée des parties et montre clairement leur intention de se soumettre à ce régime.

2° *Il faut ensuite que la femme se soit constitué tels et tels biens en dot.* — Cette constitution de dot peut s'effectuer de deux manières : expressément ou tacitement. Elle a lieu *expressément*, lorsque la femme, après avoir adopté le régime dotal, déclare qu'elle se constitue tels biens en dot, ou que ces biens seront dotaux (1). Elle a lieu *tacitement*, pour tous les biens qui sont donnés par des tiers à la femme dans le contrat de mariage. Tous les biens qui sont ainsi donnés à la femme en faveur du mariage sont dotaux, sans qu'il y ait besoin d'une déclaration expresse à cet égard, et pourvu seulement qu'il n'y ait pas de stipulation contraire. Ils sont dotaux, parce que le mari a la jouissance des biens dotaux, et que les libéralités faites à la femme par contrat de mariage sont censées faites en vue de procurer au mari des ressources pour subvenir aux charges du mariage (2). (Art. 1392, 1541.)

Quels biens la femme peut-elle se constituer en dot ?

La femme peut se constituer en dot tous ses biens présents et à venir, ou tous ses biens présents seulement, ou tous ses biens à venir seulement, ou une partie de ses biens soit présents soit à venir, ou même un objet individuel.

Mais, comme dans le régime dotal la paraphernalité est la règle et la dotalité l'exception, il s'ensuit que lorsqu'une constitution est équivoque le doute s'interprète en faveur de la paraphernalité. — La fin de l'article 1542 nous en offre un exemple : nous y voyons que la constitution en termes généraux de tous les biens de la femme ne comprend pas les biens à venir. — En ceci la loi est fort sage; car les biens dotaux étant inaliénables, la société a intérêt à ce que ces biens ne soient pas retirés du commerce.

A l'exemple de l'article 1542, ajoutons le cas où la femme apporte la part qu'elle a dans un immeuble indivis : l'inaliénabilité ne frappera pas l'immeuble tout entier si la femme vient à l'acquérir par la suite au moyen de la licitation; car, bien qu'elle soit devenue propriétaire du tout, elle n'avait constitué que sa

---

(1) Il n'est pas nécessaire d'employer des termes sacramentels. Marcadé V, art. 1541; Rodière et Pont, II, 383. — Cass., 21 janvier 1856.
(2) Marcadé, VI, art. 1541.

part. — Il en serait autrement, bien entendu, si la femme s'était constitué en dot ses biens à venir. (Art. 1542.)

La dot peut-elle être constituée ou augmentée pendant le mariage ?

Non; aux termes de l'article 1543, l a dot ne peut pas être constituée ni même augmentée pendant le mariage.

Ce n'est là qu'une application de l'article 1395, qui défend aux époux d'apporter aucun changement aux conventions matrimoniales après la célébration du mariage. Il en résulte que les époux qui sont mariés sous le régime dotal ne peuvent pas convertir des biens paraphernaux en biens dotaux, car ce serait augmenter la dot; ni, à l'inverse, convertir des biens dotaux en biens paraphernaux, car ce serait la diminuer. — Le système contraire, qui était cependant admis en droit romain, aurait pour résultat de tromper les tiers qui contracteraient avec la femme. Où serait leur sûreté, quelle garantie leur resterait-il, si l'on permettait aux époux de modifier leurs conventions, d'augmenter ou de diminuer à volonté le nombre des biens dotaux?

Mais il faut remarquer que notre règle ne prohibe que les augmentations de dot résultant de la volonté des époux; qu'elle ne prévoit pas le cas où un tiers ferait une donation à la femme sous la condition de dotalité, alors que celle-ci ne s'est constitué en dot que ses biens présents; et, réciproquement, celui où la donation serait faite sous la condition de paraphernalité, alors que la femme s'est constitué en dot tous ses biens à venir.

Que faudra-t-il décider dans ces deux hypothèses? D'abord, il est certain que si le contrat de mariage lie les époux, il ne lie pas de même les tiers, puisque l'article 1543 ne formule notre règle que pour les époux; et que d'ailleurs, sous le régime de communauté, l'article 1401 autorise le donateur à rendre propres des meubles donnés, qui, selon les règles ordinaires du contrat de mariage, devraient tomber dans la communauté. — Le seul point à rechercher ici est donc de savoir si les deux conditions ci-dessus sont contraires à l'ordre public.

La première y est évidemment contraire. Effectivement, la donation faite sous la condition que les biens donnés à la femme seront dotaux, alors que celle-ci ne s'est constitué en dot que ses biens présents, est dérogatoire au principe de la libre circulation des biens, auquel il n'est permis de déroger que dans le contrat de mariage (1). — Cependant, comme on doit tenir compte de la volonté du donateur dans la mesure de ce qui est permis, il faudra décider, à notre avis, que la donation ainsi faite sous la condition de dotalité aura pour effet de rendre l'immeuble donné dotal sans le rendre inaliénable, afin que, par suite de la dotalité, le mari en ait l'administration et la jouissance.

Supposons maintenant que la donation ait été faite à la femme sous la condition de paraphernalité, alors que celle-ci s'est constitué en dot tous ses biens à venir. Dans ce cas, nous déciderons, avec la plupart des auteurs, que la condition doit être maintenue. En effet, elle ne présente rien de contraire à l'ordre public, puisqu'elle est conforme au principe de la libre circulation des biens (2). (Art. 1543.)

Dans quelle proportion la dot doit-elle être supportée par les père et mère qui la constituent?

La dot peut, comme en droit romain, être constituée, soit par la femme elle-même, soit par ses père et mère, soit par toute autre personne en général. — Le Code s'occupe ici des constitutions de dot faites par les père et mère; mais les règles qu'il indique ne sont pas à leur véritable place, car elles s'appliquent sous quelque régime que se marient les futurs époux, et sous quelque régime que les constituants soient placés, sauf une seule règle qui suppose ces derniers mariés sous le régime dotal. Les dispositions dont il va être question auraient donc dû figurer en tête ou à la fin de tous les régimes.

Quoi qu'il en soit, examinons les différents cas prévus par le Code :

1° Lorsque le père et la mère de l'un des futurs époux ont déclaré constituer conjointement une dot sans assigner la part de chacun d'eux, ils seront tenus chacun pour la moitié de la dot, mais sans solidarité, la solidarité ne se présumant pas (3).

2° Lorsque le père a seul déclaré consittuer la dot, il doit la

---

(1) Ainsi lorsqu'un testateur lègue à une commune tous ses biens pour fonder une œuvre de bienfaisance, la condition d'inaliénabilité qu'il met à son legs doit être réputée non écrite comme contraire aux art. 544, 1594 et 1598 C. civ. — Cass., 20 mai 1879.

(2) Valette. — Marcadé, VI, art. 1543. — Demolombe, IV, 171. — Cass., 9 mai 1842.

(3) Marcadé, VI, art. 1514. — Rodière et Pont, I, 95. 2ᵉ édit.

fournir tout entière, lors même que la mère aurait été présente au contrat, et que le mari aurait constitué la dot en biens paternels et maternels. — On suppose ici que les constituants sont mariés sous le régime dotal; autrement, la décision donnée par le Code serait en contradiction avec l'article 1439, d'après lequel la dot constituée par le mari seul, lorsque les époux sont mariés sous le régime de la communauté, est à la charge de la communauté et doit par conséquent être supportée par les deux époux (1).

3° Lorsque le père et la mère ont constitué une dot à un enfant commun qui avait des biens personnels, la dot sera prise d'abord sur les biens des constituants, s'il n'y a stipulation contraire. — En effet, constituer une dot, c'est se constituer donateur de la somme promise; or, il est évident que l'on ne peut donner que ses propres biens.

4° A l'inverse, lorsque le survivant des père et mère a constitué une dot pour *biens paternels et maternels* à un enfant commun qui avait recueilli la succession de l'autre parent, la dot sera prise sur les biens de l'enfant, et, en cas d'insuffisance, sur ceux du constituant. — La loi présume ici que le survivant des père et mère n'a promis que la différence entre la fortune particulière de sa fille et le montant de la dot.

Aux termes de l'article 1547, ceux qui constituent une dot sont tenus à la garantie, en cas d'éviction des objets constitués, envers le mari et même envers la femme. — En outre, l'article 1548 les oblige à payer les intérêts de la dot à partir du mariage, à moins de stipulation contraire; car la dot doit servir à faire face aux dépenses du ménage, et ces dépenses courent nécessairement à partir du mariage. (Art. 1544, 1545, 1546, 1547, 1548.)

SECTION II
DES DROITS DU MARI SUR LES BIENS DOTAUX ET DE L'INALIÉNABILITÉ DU FONDS DOTAL.

A qui appartiennent les biens dotaux ?

A Rome, le mari était déclaré propriétaire de la dot, *dominus dotis*. — Mais il n'en est pas de même sous l'empire du Code, du moins en principe. En effet, aucun texte ne donne au mari le

(1) Marcadé, VI, art. 1544.

titre de propriétaire, et l'article 1562 l'assimile, au contraire, à un usufruitier. En outre, les articles 1555 et 1556 indiquent bien que la femme est seule propriétaire des biens dotaux, puisqu'ils supposent que leur aliénation, dans le cas où elle est permise, vient d'elle et non pas du mari, celui-ci ne figurant à l'acte que pour donner son autorisation.

Mais, s'il en est ainsi en principe, il peut arriver cependant que le mari acquière dans certains cas la propriété des biens dotaux, à charge de restituer, lors de la dissolution du mariage, soit la valeur de ces biens, soit d'autres biens de même qualité et quantité.

Nous examinerons ici : 1° quels sont les biens dont la propriété passe au mari, et ceux dont la femme reste propriétaire ; 2° quels sont les droits du mari sur ces derniers ; 3° leur inaliénabilité ; 4° leur imprescriptibilité ; 5° le droit qu'a la femme de demander la séparation de biens.

Quels sont les biens dotaux dont le mari devient propriétaire ?

Les biens dotaux dont le mari devient propriétaire, à charge d'en restituer l'équivalent, sont :

1° *Les choses fongibles*, c'est-à-dire celles qui sont destinées à être consommées par le premier usage et à être remplacées par des équivalents. — La loi en donne seulement l'usufruit au mari ; mais, comme l'usufruit de ces sortes de biens consiste dans le droit même de propriété, c'est donc le droit de propriété qui passe au mari, sauf la restitution qu'il doit faire, lors de la dissolution du mariage ou de la séparation de biens. Parmi les choses fongibles, il faut placer l'argent comptant.

2° *Les meubles corps certains, qui ont été livrés au mari sur estimation*. — Comme en général l'estimation des meubles vaut vente, le mari devient propriétaire de ces meubles, sous la condition d'en restituer le prix d'estimation. — Cependant les parties peuvent convenir expressément que l'estimation ne vaudra pas vente ; et alors celle qui serait faite aura uniquement pour effet de déterminer l'étendue des reprises que la femme pourra exercer.

3° *Les immeubles livrés au mari sur estimation, avec déclaration que l'estimation vaut vente*. — A la différence des meubles, l'estimation des immeubles ne suffit pas pour en transférer la propriété ; il faut que les parties y ajoutent une déclaration expresse, indiquant que le mari sera propriétaire de l'immeuble estimé, à la charge par lui de payer le prix d'estimation.

4° *Les immeubles achetés avec les deniers constitués en dot, sans qu'il y ait une condition d'emploi.* — Ainsi, quand le mari achète un immeuble avec l'argent qui lui avait été livré en dot, sans y être obligé par une condition d'emploi inséré au contrat, il est évident que cet immeuble devient sa propriété, comme le seraient les deniers eux-mêmes. — Il faudrait décider différemment si le mari avait été obligé d'acquérir l'immeuble par suite d'une clause d'emploi. Dans ce cas, l'immeuble serait frappé de dotalité et appartiendrait à la femme.

De ce que le mari devient propriétaire des biens dotaux dans les cas qui précèdent, il en résulte : 1° qu'il peut les aliéner, et qu'ils sont à ses risques et périls ; 2° que ses créanciers peuvent les saisir. — C'est donc improprement qu'ils portent le nom de dotaux, puisqu'ils n'appartiennent pas à la femme et qu'ils ne sont pas soumis aux règles du régime dotal. (Art. 1551, 1552, 1553.)

Quels sont les biens dont la femme reste propriétaire ?

La femme reste propriétaire de tous les biens dotaux autres que ceux dont nous venons de donner l'énumération. — Ainsi, elle conserve la propriété :

1° De tous les meubles consistant en corps certains qui n'ont pas été estimés, ou dont l'estimation a été faite avec déclaration qu'elle n'en emporte pas vente ;

2° De tous les immeubles, même lorsqu'ils ont été estimés, s'il n'a pas été dit que leur estimation emportait vente.

Ces biens constituent les biens dotaux proprement dits. Ils sont inaliénables et imprescriptibles, s'ils sont immobiliers ; et, s'ils sont mobiliers, le droit de les aliéner appartient, non pas au mari, mais à la femme. Toutefois, le mari en a, comme nous allons le voir, l'administration et la jouissance.

Quels sont les pouvoirs du mari sur les biens dotaux dont la femme est restée propriétaire ?

Le mari est administrateur et usufruitier des biens dotaux dont la femme a conservé la propriété. Il jouit, à cet égard, de pouvoirs assez étendus que nous allons examiner.

I. *Droit d'administration.* — Comme administrateur des biens dotaux, le mari peut non seulement faire des baux, toucher les revenus et en donner décharge, mais encore exercer les actions mobilières et les actions immobilières possessoires, et même les actions immobilières pétitoires.

Sous ce rapport, il existe une différence notable entre le régime dotal et le régime de communauté, puisque, dans ce dernier régime, le mari ne peut pas exercer les actions immobilières pétitoires relativement aux propres de la femme. Mais comment expliquer qu'il puisse exercer ces actions dans le régime dotal, puisque la femme est restée propriétaire des biens dotaux, comme elle l'est de ses propres dans le régime de communauté? On l'explique en disant que ce pouvoir du mari est une réminiscence du droit romain. Le législateur a entendu consacrer l'ancien régime dotal tel qu'il existait à Rome, sauf à retirer au mari la propriété de la dot.

II. *Droit d'usufruit.* — Comme usufruitier, le mari perçoit tous les fruits naturels et civils des biens dotaux, et en devient propriétaire. — Il doit, il est vrai, les faire servir aux besoins du ménage; mais il pourvoit à ces besoins comme il l'entend, et il profite seul de toutes les économies qu'il peut faire.

Par contre, le mari est tenu de toutes les obligations d'un usufruitier. — Ainsi, il doit faire dresser un inventaire des meubles et un état des immeubles; il est responsable du défaut d'entretien; il est tenu de supporter toutes les charges annuelles qui s'imputent ordinairement sur les revenus.

Toutefois, le droit de jouissance du mari sur les biens dotaux diffère, comme on va le voir, sous plusieurs rapports, de l'usufruit ordinaire. (Art. 1549, 1562.)

En quoi l'usufruit du mari sur les biens dotaux diffère-t-il d'un usufruit ordinaire ?

L'usufruit du mari sur les biens dotaux diffère sous les rapports suivants d'un usufruit ordinaire :

1° L'usufruitier ordinaire doit toujours fournir caution, s'il n'en est dispensé par l'acte constitutif de l'usufruit; le mari, au contraire, en est exempt en principe, et il n'y peut être soumis que par une clause expresse du contrat de mariage.

2° L'usufruitier ordinaire ne peut réclamer aucune indemnité pour les améliorations qu'il prétendrait avoir faites, encore que la valeur de la chose en fût augmentée; le mari, au contraire, y a droit.

3° L'usufruitier ordinaire acquiert les fruits civils jour par jour, et les fruits naturels par la perception; le mari acquiert les uns et les autres jour par jour.

4° L'usufruitier ordinaire n'a droit à aucune indemnité pour les coupes de bois ou pour les récoltes qu'il aurait dû faire et qu'il n'a pas faites ; le mari, au contraire, a droit à une indemnité pour les coupes de bois ou pour les récoltes qu'il n'a pas perçues.

5° Enfin l'usufruitier ordinaire peut aliéner et hypothéquer son usufruit, tandis que le mari ne le peut pas, son droit de jouissance lui étant conféré dans le but déterminé de satisfaire aux charges du mariage. (Art. 1550.)

Le droit de jouissance du mari peut-il être restreint ?

Oui; le droit de jouissance du mari peut être restreint par le contrat de mariage. — Aux termes de l'article 1549, les époux peuvent stipuler que la femme recevra, sur ses seules quittances, une partie de ses revenus pour son entretien et ses besoins personnels.

Dans cette hypothèse, la femme peut recevoir directement les sommes convenues sans le concours de son mari, et elle acquiert les économies qu'elle pourrait faire sur ces sommes. Mais elle n'a pas l'administration des biens sur lesquels elle prélève les revenus qu'elle s'est réservés, et par suite la clause dont il s'agit ici ne doit pas se confondre avec la clause de paraphernalité, par laquelle elle obtient tout à la fois la jouissance et l'administration de ses biens. (Art. 1549.)

Quelles sont les conséquences de l'inaliénabilité des immeubles dotaux ?

Du principe que les immeubles dotaux sont inaliénables, il résulte :

1° Que l'immeuble dotal ne peut être aliéné ou grevé de droits réels ni par le mari, ni par la femme, ni par tous les deux conjointement.

2° Qu'il ne peut pas davantage être hypothéqué, car l'hypothèque conduit à l'aliénation forcée.

3° Que les créanciers des époux postérieurs au mariage ne peuvent pas les saisir et les faire vendre. — Toutefois, il faut admettre une exception lorsque leur créance est née à raison d'un délit ou d'un quasi-délit de la femme. Mais alors, ils ne peuvent faire vendre que la nue propriété de ces biens (1).

La dot mobilière est-elle également inaliénable ?

Non; la dot mobilière n'est pas inaliénable. C'est ce qui résulte clairement du Code. — Effectivement, l'article 1554 qui établit le principe de l'inaliénabilité de la dot, ne parle que des immeubles. En second lieu, la rubrique de notre section ne mentionne également que l'inaliénabilité du fonds dotal, et l'on sait que l'expression de *fonds dotal* ne concerne que les immeubles dotaux. Enfin, les articles 1557, 1558, 1559, 1560 ne s'occupent aussi que des immeubles dotaux ou du fonds dotal. — Au surplus, le droit romain et tous les anciens commentateurs n'ont jamais admis l'inaliénabilité que pour la dot immobilière; et il n'est guère possible de croire, en présence des textes si formels que nous avons indiqués, que les rédacteurs du Code aient voulu l'étendre à la dot mobilière.

Ainsi donc, l'inaliénabilité doit être restreinte aux immeubles dotaux, et seulement, bien entendu, à ceux qui sont proprement dotaux, c'est-à-dire qui restent la propriété de la femme. — On a dit, il est vrai, que la jurisprudence avait admis le principe de l'inaliénabilité de la dot mobilière ; mais c'est là un fait inexact. D'après le système constamment suivi par la Cour de cassation, le mari peut aliéner la dot mobilière, en vertu de son droit d'administration, à charge d'en restituer la valeur lors de la dissolution du mariage. La dot mobilière est donc aliénable. Seulement la femme ne peut céder ou aliéner, avec ou sans autorisation, ni l'action en restitution dont elle est investie contre son mari à raison de sa dot, ni l'hypothèque légale qui garantit cette action. A cet égard, elle est frappée d'une incapacité personnelle dont son mari voudrait en vain la relever, puisque cette incapacité a été établie précisément pour paralyser les effets de son influence et rendre inefficace toute pression exercée sur elle (2).

(1) L'inaliénabilité n'a été établie que dans le but de préserver les femmes mariées sous le régime dotal des influences qui pourraient agir sur leur consentement. Ce serait la détourner de son objet que de la faire servir à exonérer les femmes des conséquences de leurs faits personnels, commis en violation du droit d'autrui. On peut donc saisir un immeuble dotal en vertu d'une condamnation basée sur un quasi-délit de la femme. — Cass., 10 juin 1879.

(2) Cass., 3 février 1879. — Marcadé, VI, art. 1554. — *Contrà*, Paul Pont,

En résumé, l'action en restitution de la dot est seule inaliénable, et non les objets mobiliers que la femme s'est constitué comme biens dotaux. (Art. 1554.)

Le séparation de biens fait-elle cesser l'inaliénabilité des immeubles dotaux ?

Non ; la séparation de biens ne fait pas cesser l'inaliénabilité des immeubles dotaux. Mais elle fait perdre au mari son droit d'administration et de jouissance, en sorte que les époux se trouvent alors placés sous un régime mixte, qui participe tout à la fois du régime dotal en ce que les immeubles dotaux demeurent inaliénables, et du régime de séparation de biens en ce que la femme en a l'administration et la jouissance. — Du reste, un pareil régime ne saurait résulter que d'un jugement, et les époux ne pourraient pas le stipuler dans leur contrat de mariage, car il tend à obtenir l'inaliénabilité en dehors des conditions sous lesquelles la loi permet de la stipuler (1).

Après la dissolution du mariage, l'inaliénabilité cesse et les biens redeviennent libres. Mais les conséquences de l'inaliénabilité se produisent encore : ainsi, les créanciers en faveur desquels la femme s'est engagée pendant le mariage ne pourront pas, après sa dissolution, saisir les immeubles dotaux, en prétendant qu'ils sont devenus libres.

Quelles sont les exceptions au principe de l'inaliénabilité des immeubles dotaux ?

Par exception, les immeubles dotaux peuvent être aliénés dans un certain nombre de cas. Quelquefois, l'aliénation peut être faite à l'amiable ; mais le plus souvent elle ne peut avoir lieu qu'avec autorisation de justice, et dans la forme des aliénations judiciaires.

I. — Les immeubles dotaux peuvent être aliénés amiablement et sans formalités judiciaires :

1° *Lorsque l'aliénation en a été permise par le contrat de mariage.* — La loi ne parle que de l'aliénation ; mais il faut décider que les époux peuvent aussi stipuler le droit d'hypothéquer l'im-

---

Journal du Palais, 1852, II, p. 513 ; *Revue critique*, III, p. 655, et suiv. Voy. aussi, sur cette question, la *Revue critique*, III, p. 212 et 655.

(1) En un mot, le jugement de séparation, au lieu de produire ici *la substitution* du régime de séparation de biens au régime précédent, produit seulement une combinaison du régime de séparation de biens avec le régime dotal.

meuble dotal. Seulement, à défaut d'une stipulation explicite quant au droit d'hypothèque, le droit d'aliéner n'entraînera pas celui d'hypothéquer (1).

Le contrat de mariage peut autoriser l'aliénation purement et simplement, ou avec charge d'un remploi. Dans ce dernier cas, les acquéreurs sont responsables de la régularité du remploi, et ils peuvent être évincés s'il se trouve mal fait.

Lorsque la femme s'est réservé le droit d'aliéner l'immeuble dotal, l'effet de la dotalité sera évidemment affaibli ; mais il ne sera pas cependant complètement détruit, en supposant même que la clause d'inaliénabilité ne soit soumise à aucune restriction. En effet, la constitution de dot empêchera toujours les créanciers postérieurs au mariage de saisir et de faire vendre l'immeuble dotal (2).

2° *Pour l'établissement des enfants communs.* — Dans ce cas, la femme ne peut donner l'immeuble dotal qu'avec l'autorisation du mari ; car on présume avec raison que si un père se refuse à un sacrifice pour l'établissement de son enfant, c'est qu'il a de justes raisons de le faire.

3° *Pour l'établissement des enfants que la femme aurait eus d'un précédent mariage.* — Dans ce cas l'autorisation qui est nécessaire à la femme peut, sur le refus du mari, qui n'est ici qu'un beau-père, être accordée par la justice.

II. — Les immeubles dotaux peuvent encore être aliénés, mais alors il faut un jugement qui ordonne l'aliénation, et la vente ne peut être faite qu'aux enchères, après trois affiches, et dans les formes prescrites par l'article 97 du Code de procédure :

1° *Pour tirer le mari ou la femme de prison.* — Depuis la loi de 1867 qui a abrogé la contrainte par corps en matière civile et commerciale, cette disposition n'est plus applicable qu'à l'emprisonnement pour défaut de payement des amendes et des dommages-intérêts résultant des délits, ainsi que des frais de procès dus à l'État.

2° *Pour fournir des aliments à la famille.* — Les auteurs ne sont pas d'accord sur la question de savoir si l'aliénation doit

---

(1) Duranton, XV, 479. — Marcadé, VI, art. 1557. — Cass., 25 janv. 1830 ; 22 juin 1836 ; 29 mai 1839 ; 1er déc. 1868.

(2) Paris, 10 février 1879.

être permise pour fournir des aliments à un enfant naturel que la femme aurait eu avant le mariage.

3° *Pour faire des grosses réparations indispensables à la conservation de l'immeuble.* — On ne pourrait autoriser l'aliénation dans le but de faire des améliorations utiles ; il faut qu'il s'agisse de grosses réparations, de gros travaux indispensables à la conservation des biens, et que la femme n'ait pas de paraphernaux suffisants pour faire la dépense nécessaire.

4° *Lorsque l'immeuble se trouve indivis avec des tiers et qu'il est reconnu impartageable.* — Le tribunal aura à constater que l'impossibilité de partager en nature existe réellement. Si, lors de la licitation, la femme s'est portée adjudicataire de l'immeuble, celui-ci ne sera dotal que pour la part qui lui appartenait primitivement, car il n'est pas permis d'augmenter la dot pendant le mariage. Si l'immeuble licité a été acquis par le tiers co-propriétaire, le prix d'adjudication qui revient à la femme est dotal.

5° *Lorsqu'il s'agit d'échanger l'immeuble dotal contre un autre immeuble.* — Mais alors, il faut que l'immeuble reçu soit reconnu par experts d'une valeur égale à celui cédé, à un cinquième près. L'immeuble acquis en échange sera dotal, ainsi que la soulte qui y aurait été ajoutée pour en compenser l'infériorité.

6° *Pour payer les dettes de la femme ou celle des personnes qui ont constitué la dot, quand ces dettes ont une date certaine antérieure au mariage.* — Cette disposition n'a pas pour but de régler les droits des créanciers ; ce n'est pas à eux à s'adresser à la justice pour être autorisés à faire vendre l'immeuble dotal. En effet, ou ces créanciers ont conservé leur droit d'action sur les immeubles de la femme malgré la constitution de dot, et alors ils n'ont aucune autorisation à demander pour poursuivre la vente ; ou leur droit d'action s'est éteint, et alors les juges ne sauraient leur accorder l'exercice d'un droit que la loi leur refuse. Il s'agit donc ici, non pas des créanciers, mais des époux : ce sont eux qui peuvent obtenir, si la justice le juge à propos, l'autorisation d'aliéner l'immeuble dotal.

Voyons maintenant dans quel cas les créanciers antérieurs au mariage conservent leur droit d'action sur les immeubles dotaux, et dans quels cas ils le perdent. (Art. 1555, 1556, 1557, 1558, 1559.)

Les créanciers antérieurs au mariage conservent-ils leur droit d'action sur les immeubles dotaux ?

En général, les créanciers de celui qui a constitué la dot, c'est-à-dire les créanciers antérieurs au mariage, ne conservent aucun droit sur les biens dotaux. La constitution en dot de ces biens les a précisément fait sortir du patrimoine affecté à la garantie des créanciers du constituant, pourvu qu'elle n'ait pas été faite en fraude de leurs droits, auquel cas ils pourraient demander la rescision de la constitution.

Toutefois, les créanciers antérieurs au mariage conservent leur droit d'action sur les immeubles dotaux, et ils peuvent les saisir et les faire vendre dans les deux cas suivants :

1° Lorsque la femme, ou les personnes qui ont fourni la dot, ont constitué en dot l'universalité de leurs biens; car, toute universalité étant tenue de son passif, il n'y a, dans ce cas, de dotal que ce qui reste après l'acquittement des dettes ;

2° Lorsque l'immeuble constitué individuellement était hypothéqué à leur profit avant la constitution de dot.

En dehors de ces cas, les créanciers antérieurs au mariage n'ont plus aucun droit à exercer sur les immeubles dotaux pour le payement de leurs créances, puisque ces immeubles sont sortis du patrimoine du dotateur ou du patrimoine de la femme, par l'effet de la constitution de dot. — Ainsi, lorsque des immeubles libres de toute hypothèque ont été constitués en dot individuellement et sans fraude, c'est-à-dire lorsque la femme ou le dotateur les ont constitués dans la pensée que le surplus de leurs biens suffirait à l'acquittement des dettes, leurs créanciers ne peuvent plus ni saisir l'immeuble, ni faire annuler la constitution de dot.

C'est en vue de cette hypothèse que la loi a accordé aux époux la faculté de demander en justice l'autorisation d'aliéner les immeubles dotaux, afin de donner à la femme qui ne posséderait pas des biens paraphernaux suffisants, et qui voudrait cependant se libérer ou libérer celui qui a fait la constitution de dot, la possibilité de payer les dettes.

Quelle est la sanction du principe de l'inaliénabilité du fonds dotal ?

Aux termes de l'article 1560, toute aliénation du fonds dotal faite en dehors des cas exceptionnels qui ont été expliqués est révocable, soit qu'elle ait été faite par l'un des époux seulement, ou par les deux époux conjointement. — Le mari pourra faire révoquer l'aliénation pendant le mariage ; la femme ou ses héritiers pourront exercer le même droit après la dissolution du mariage, ou après la séparation de biens.

Au surplus, pour expliquer ce texte d'une manière complète, il faut examiner comment l'aliénation a eu lieu : si elle a été faite par la femme et par le mari conjointement, ou si elle a été faite par la femme seule, ou enfin si elle a été faite par le mari seul.

Lorsque l'aliénation a été faite par le mari et la femme conjointement, elle ne saurait donner lieu qu'à une nullité purement relative, qui pourra être invoquée, soit par le mari, soit par la femme ou par ses héritiers, mais nullement par le tiers qui s'est porté acquéreur du fonds dotal. — Effectivement, la nullité tient uniquement ici à un défaut de capacité des époux, et le défaut de capacité n'engendre d'action qu'au profit des incapables.

Il en est de même lorsque l'aliénation a été faite par la femme seule. Dans ce cas, il est vrai, la nullité a une double cause : 1° l'incapacité générale de la femme mariée, qui lui interdit d'aliéner ses immeubles, sous quelque régime qu'elle se trouve placée, sans y avoir été autorisée ; 2° l'incapacité spéciale, qui lui est commune avec le mari, d'aliéner les immeubles dotaux. Mais, en définitive, la nullité de l'aliénation provient toujours uniquement de son incapacité, et par suite elle ne peut être que relative.

En doit-il être de même lorsque l'aliénation a été faite par le mari seul ? L'article 1560 semble bien la considérer comme simplement annulable, puisqu'il n'accorde pas au tiers acquéreur le droit de demander la nullité. Cependant on remarquera que la nullité provient ici de deux causes parfaitement distinctes : 1° de l'incapacité dont les époux sont frappés en ce qui concerne l'aliénation du fonds dotal ; 2° de ce que le mari a vendu un bien dont il n'était pas propriétaire. — Aussi, à notre avis, une distinction est-elle nécessaire ici : si le mari a vendu l'immeuble dotal pour sa femme, et que le tiers ait su l'acheter comme propriété de la femme, la nullité sera simplement relative, et c'est alors l'hypothèse prévue par notre article. Mais si le mari a vendu l'immeuble, seul, en son nom, en laissant croire qu'il vendait sa propre chose, la nullité sera au contraire absolue, parce qu'aux termes de l'article 1599 la vente de la chose d'autrui est radicalement nulle. (Art. 1560.)

L'acquéreur a-t-il un recours en cas de révocation de l'aliénation ?

A cet égard, il faut également distinguer si l'aliénation a été faite par le mari ou par la femme.

Lorsqu'elle a été faite par le mari seul, l'acquéreur évincé peut réclamer son prix d'acquisition, et il a droit, en outre, à des dommages-intérêts lorsqu'on ne lui a pas déclaré la dotalité de l'immeuble.

Lorsqu'elle a été faite par la femme seule ou par le mari et la femme conjointement, l'acquéreur évincé ne peut réclamer que la restitution du prix. — En effet, d'une part, le mari ne doit aucune garantie, puisqu'il n'a pas agi comme vendeur et qu'il s'est borné à autoriser la femme ; et, d'autre part, la femme se trouve ici exemptée de la garantie qui incombe en général au vendeur. La raison de cette exemption vient de ce qu'on n'a pas voulu entraver sa liberté d'action, en l'obligeant à payer des dommages-intérêts à l'acquéreur dans le cas où elle voudrait faire résoudre la vente. (Art. 1560.)

Quelle est la durée de l'action en révocation ?

De même que toutes les actions en nullité relative, l'action en révocation dont il s'agit se prescrit par dix ans. — Mais dans le cas où le mari a aliéné seul et où il y a nullité absolue, la durée de l'action sera de trente ans. La prescription ne court pas pendant le mariage contre la femme ou ses héritiers.

A la dissolution du mariage, la femme peut ratifier l'aliénation et renoncer à l'action en révocation. Mais elle ne le peut pas durant le mariage, et même après la séparation de biens, car ce serait violer indirectement le principe d'inaliénabilité.

A défaut de la femme ou de ses héritiers, leurs créanciers ne peuvent pas exercer l'action en révocation, car elle est créée dans le seul intérêt de la femme et des enfants. D'ailleurs, la révocation de l'aliénation sera le plus souvent un acte de mauvaise foi et l'on ne peut pas permettre à de simples créanciers de la demander quand la femme ne la demande pas. C'est à elle seule, c'est à sa conscience, qu'il faut laisser le soin de prononcer à cet égard (1).

L'inaliénabilité est-elle le seul caractère des immeubles dotaux ?

Non ; les immeubles dotaux ne sont pas seulement inaliénables, mais ils sont encore imprescriptibles. S'il n'en avait pas été ainsi, le mari aurait pu les faire passer entre les mains des tiers en négligeant d'exercer contre eux des actes interruptifs de prescription. L'imprescriptibilité des immeubles dotaux est donc la conséquence nécessaire de leur inaliénabilité.

Toutefois, l'imprescriptibilité des immeubles dotaux reçoit deux exceptions. — Ainsi, l'immeuble dotal peut être prescrit pendant le mariage :

1° Lorsqu'un tiers avait déjà commencé à le posséder avant la célébration du mariage. La prescription continue alors de courir au profit du possesseur, car les conventions matrimoniales lui sont étrangères et ne sauraient exercer une influence préjudiciable à ses intérêts.

2° Lorsque la séparation de biens a été prononcée entre les époux. — A partir de la séparation, les tiers peuvent commencer une possession utile, ou continuer la possession commencée. En effet, la femme se trouve alors investie de l'exercice de ses actions, elle peut faire elle-même des actes interruptifs de prescription ; et l'on n'a plus à redouter une connivence secrète du mari avec les tiers qui voudraient acquérir les biens dotaux au moyen de la prescription.

Au reste, si la séparation de biens fait cesser l'imprescriptibilité des immeubles dotaux, elle ne les rend pas pour cela aliénables. Leur aliénation directe demeure soumise à la même prohibition, bien que la femme reçoive d'ailleurs l'administration et la jouissance de tous ses biens. — La raison en est que l'aliénation directe présente plus de dangers que l'aliénation par voie de prescription (2) (Art. 1561).

La femme dotale peut-elle demander la séparation de biens ?

Oui ; sous le régime dotal, comme sous tout autre régime, la femme qui voit sa dot mise en péril par la mauvaise administra-

---

(1) Voy., sur la sanction de l'inaliénabilité, Marcadé, VI, art. 1560. — Rodière et Pont, II, 591, et suiv. 2ᵉ édit. — Troplong, n° 3522, et suiv.

(2) Cass., 8 février 1879.

tion du mari peut faire prononcer la séparation de biens.

Par l'effet de cette séparation, la femme, comme nous l'avons déjà dit, reprend l'administration et la jouissance des biens dotaux et l'exercice des actions qui s'y rapportent. — En outre, la séparation de biens rend les immeubles dotaux prescriptibles, sans les rendre cependant aliénables.

Les charges du ménage sont supportées par les deux époux proportionnellement à leurs facultés ; la femme les supporte toutes, s'il ne reste rien au mari. (Art. 1563.)

SECTION III

DE LA RESTITUTION DE LA DOT.

Quels sont les évènements qui donnent lieu à la restitution de la dot ?

Les événements qui donnent lieu à la restitution de la dot sont : la dissolution du mariage, la séparation de biens, la séparation de corps et de biens, et enfin l'absence déclarée de l'un des époux.

La dot doit être restituée, soit à la femme si elle survit à son mari, soit à ses héritiers si elle prédécède, soit au constituant lorsqu'il a stipulé un droit de retour.

A quelle condition la femme peut-elle réclamer la restitution de la dot ?

La femme n'est en général admise à réclamer la restitution de la dot qu'à la condition de prouver que le mari l'a reçue. — Cette preuve résultera le plus souvent de la quittance contenue dans le contrat de mariage, ou même dans un acte authentique ou sous seing privé postérieur à ce contrat. Elle pourra encore avoir lieu par témoins s'il y a un commencement de preuve par écrit, ou si la dot était d'une valeur inférieure à 150 fr.

En dehors de ces sortes de preuves, il existe un cas où le mari est présumé avoir reçu la dot : c'est lorsqu'il s'est écoulé au moins dix ans depuis le moment où elle devait être payée. La femme ou ses héritiers pourront alors la répéter contre lui, sans être tenus de prouver qu'il l'a reçue ; car il est très probable qu'il l'a effectivement reçue. — Toutefois, le mari pourra faire tomber cette présomption, en établissant qu'il a fait inutilement les diligences nécessaires pour s'en procurer le payement. Ces expressions *diligences nécessaires* ont d'ailleurs un sens assez large, et il suffira le plus souvent que le mari ait fait de simples demandes ; car on comprend qu'il ait hésité à exercer des poursuites contre le constituant, qui est ordinairement le père de la femme ou son bienfaiteur.

L'action accordée à la femme pour exiger la restitution de sa dot dure trente ans. — Elle n'est plus garantie, comme elle l'était à Rome, par un privilège, mais seulement par l'hypothèque légale de la femme. (Art. 1569, 1572.)

Dans quel délai le mari doit-il faire la restitution de la dot ? Il faut distinguer :

Lorsque les biens dotaux qui doivent être restitués n'ont pas cessé d'appartenir à la femme, le mari est tenu d'en faire la restitution en nature, dans l'état où ils se trouvent lors de la dissolution du mariage, et sans aucun délai. — Toutefois, il peut exiger auparavant le remboursement des dépenses qu'il a faites pour leur conservation, et même pour leur amélioration jusqu'à concurrence de la plus-value qui en est résultée.

Au contraire, lorsque les biens dotaux qui doivent être restitués sont devenus la propriété du mari, celui-ci en fera la restitution en valeur, en fournissant des choses semblables en pareilles quantités et qualités, ou en payant le prix d'estimation. Et comme il a besoin d'un certain temps pour réunir les fonds nécessaires, on lui accorde le délai d'un an pour se libérer, pourvu que la restitution ne soit pas exigée par suite d'une séparation de biens. (Art. 1564, 1565.)

Comment s'opère la restitution lorsque le mari a substitué un nouveau bien à celui que la femme a apporté en dot ?

Lorsque le mari a substitué un nouveau bien à celui que la femme a apporté en dot, il faut examiner de quelle manière la substitution a eu lieu.

Si c'est un immeuble qui a été substitué à une somme d'argent, la restitution aura lieu en nature et sans aucun délai, parce que l'immeuble acquis par substitution est devenu la propriété de la femme.

Au contraire, lorsque c'est une somme d'argent qui a été substituée à un immeuble, le mari aura un délai d'un an pour en faire la restitution, pourvu toutefois que la substitution ait eu lieu dans les cas où elle est autorisée par la loi (1).

(1) Lorsqu'un immeuble déclaré dotal dans un contrat de mariage est vendu

La femme n'a-t-elle pas toujours le droit de reprendre les linges et hardes à son usage ?

Oui ; la femme peut toujours reprerrdre les linges et hardes à son usage, soit qu'elle les ait apportés en se mariant, soit qu'ils lui aient été fournis par son mari pendant le mariage.

Si le trousseau qu'elle a apporté en mariage avait été estimé et était ainsi devenu la propriété du mari, elle reprendra les linges et hardes existant lors de la dissolution du mariage, comme représentant la valeur de ce trousseau. Et elle pourra en outre se faire payer la différence, si le trousseau qu'elle a apporté en se mariant avait une plus grande valeur.

Si le trousseau qu'elle a apporté en se mariant n'avait pas été estimé, elle reprendra également les linges et hardes à son usage lors de la dissolution du mariage, au lieu et place du trousseau primitif en nature. (Art. 1566.)

Que doit restituer le mari lorsque la dot comprenait des choses incorporelles ?

Lorsque la dot comprenait des créances ou des constitutions de rentes, le mari doit en faire la restitution dans l'état où elles se trouvent, et il n'est responsable que des détériorations qui proviennnent de sa faute.

Pareillement, lorsque la dot comprenait un droit d'usufruit établi au profit de la femme, le mari, qui a retiré tous les avantages de cet usufruit pendant le mariage, afin de subvenir aux charges du ménage, le restitue dans l'état où il se trouve. — Par conséquent, il n'a aucune restitution à faire si l'usufruit s'est éteint par la mort de la femme, ou par toute autre cause qui ne lui est pas imputable. (Art. 1567, 1568.)

A partir de quel moment les intérêts de la dot sont-ils dus après la dissolution du mariage ?

Les intérêts et les fruits de la dot courent de plein droit au profit de la femme ou de ses héritiers, à partir du jour de la dissolution du mariage ou de la séparation de biens. — Mais dans le cas où le mariage a été dissous par la mort du mari, la veuve jouit de deux avantages qui lui sont personnels : 1° elle a le droit d'exiger, à son choix, pendant l'année de son deuil, ou les intérêts de sa dot, ou des aliments qui seront pris sur la succession

avant la célébration du mariage, l'immeuble acquis en remploi est également dotal. Cass., 18 décembre 1878.

du mari ; 2° elle peut, en outre, quelle que soit son option, réclamer l'habitation et des habits de deuil pendant le même temps.

Comme les fruits des biens dotaux sont destinés à compenser les charges du mariage, la loi veut que le mari les acquière tous jour par jour, sans aucune distinction entre les fruits naturels et les fruits civils. — En conséquence, on en attribuera la propriété au mari proportionnellement au temps que le mariage a duré. (Art. 1570, 1571.)

La femme mariée sous le régime dotal n'est-elle pas exempte, dans un cas, de faire le rapport de sa dot ?

En principe, la femme, sous quelque régime qu'elle soit mariée, doit toujours faire le rapport de la dot à la succession de ses père et mère, à moins qu'elle ne lui ait été donnée avec dispense de rapport.

Mais ce principe reçoit une exception dans le régime dotal. Aux termes de l'art. 1573, si le mari était déjà insolvable et n'avait ni art ni profession lorsque le père a constitué une dot à sa fille, celle-ci est quitte du rapport, en abandonnant à la succession de son père l'action qu'elle a contre son mari ou ses héritiers. — Effectivement, il aurait été peu équitable d'obliger la fille à faire le rapport de la dot, lorsque ses parents l'ont imprudemment mise aux mains d'un époux dissipateur et insolvable.

Mais si le mari n'est devenu insolvable que depuis le mariage, ou s'il avait un métier ou une profession qui lui tenait lieu de biens, la perte de la dot retombe uniquement sur la femme. (Art. 1573.)

Quelles sont, en résumé, les règles propres au régime dotal ?

Les règles propres au régime dotal peuvent se résumer de la manière suivante :

1° En principe, les biens de la femme sont paraphernaux ; la dotalité est l'exception.

2° Le mari a l'administration et la jouissance des biens dotaux, avec le pouvoir d'exercer les actions immobilières pétitoires et la faculté d'acquérir tous les fruits jour par jour.

3° Les immeubles dotaux sont inaliénables et imprescriptibles. — Quand aux meubles, ils donnent lieu à une action en restitution qui est inaliénable.

4° Le mari est présumé avoir reçu la dot, lorsqu'il s'est écoulé dix ans depuis le jour où elle devait être payée.

5° Hors le cas de la séparation de biens, le mari a un délai d'un an pour faire la restitution de la dot, lorsqu'elle comprend des biens dont il est devenu propriétaire.

6° La veuve dotale a droit à la nourriture et à l'habitation pendant une année, tandis que la veuve qui était mariée sous le régime de la communauté n'a droit à la nourriture et à l'habitation que pendant trois mois et quarante jours.

7° Enfin la femme qui a été mariée sous le régime dotal est quelquefois dispensée de rapporter la dot, et cette dispense exceptionnelle n'a pas été formulée pour les autres régimes.

SECTION IV

DES BIENS PARAPHERNAUX.

Quels sont les biens paraphernaux ?

Les Romains et les pays de droit écrit entendaient par biens paraphernaux, des biens dont la femme mariée sous le régime dotal gardait non seulement l'administration et la jouissance, mais aussi la libre disposition. C'était, assurément, quelque chose de très étrange que ce pouvoir souverain de la femme sur ses paraphernaux, en face de l'inaliénabilité absolue du fonds dotal. — Cette contradiction avait frappé les rédacteurs du Code, qui la firent cesser en n'accordant plus à la femme que des droits d'administration et de jouissance sur ses paraphernaux.

Les biens paraphernaux comprennent tous les biens que la femme mariée sous le régime dotal ne s'est pas constitué en dot. ainsi que ceux qui lui ont été donnés sous la condition de paraphernalité.

La femme dotale est, quant à ses biens paraphernaux, dans la même situation que la femme mariée sous le régime de la séparation de biens. Elle en a l'administration et la jouissance ; mais elle ne peut les aliéner s'ils sont immobiliers, ou paraître en justice à leur occasion sans l'autorisation de son mari ou du tribunal. — Lorsque tous ses biens sont paraphernaux, elle doit, s'il n'y a pas de convention contraire, contribuer aux charges du mariage jusqu'à concurrence du tiers de ses revenus. (Art. 1574, 1575, 1576.)

Quelle est la responsabilité du mari lorsqu'il administre les biens paraphernaux ?

Il peut arriver que la femme donne procuration au mari pour administrer ses paraphernaux, avec charge de lui rendre compte des fruits. — Dans ce cas, celui-ci sera tenu vis-à-vis d'elle comme un mandataire ordinaire, et il devra rendre compte des fruits qu'il a perçus.

Il se peut encore que le mari jouisse des biens paraphernaux de sa femme, sans opposition de sa part. — Dans ce cas, il est censé les avoir employés à soutenir les charges de la vie commune, et il n'est tenu qu'à la présentation des fruits existant lors de la cessation de sa jouissance.

Mais si le mari administre les paraphernaux et en jouit malgré l'opposition de la femme, il est comptable envers elle de tous les fruits, tant existant que consommés. (Art. 1577, 1578, 1579, 1580.)

Les epoux peuvent-ils combiner le régime dotal avec celui de communauté ?

Oui; aux termes de l'article 1581, les époux peuvent allier au régime dotal une communauté d'acquêts. Les biens présents et ceux qui sont échus aux époux pendant le mariage par successions ou donations, sont alors régis par les règles du régime dotal; les acquêts, qui proviennent du travail et de l'économie des époux pendant le mariage, sont partagés à sa dissolution suivant les règles de la communauté.

Les biens des époux forment donc sous ce régime deux masses distinctes : 1° ceux qui n'entrent pas dans la communauté et qui restent propres à chaque époux, soit comme dotaux, soit comme paraphernaux, de même que sous le régime dotal ordinaire ; 2° ceux qui entrent dans la communauté.

Les immeubles dotaux conservent leur caractère d'inaliénabilité et d'imprescriptibilité, mais leurs revenus entrent en communauté. Quant aux paraphernaux, la femme en garde l'administration, à charge de remettre au mari, chef de la communauté, le produit de ses économies.

La femme peut, à la dissolution de la communauté d'acquêts, accepter ou renoncer. Si elle accepte, le partage des acquêts se fait par moitié; si elle renonce, le mari garde tous les bénéfices provenant tant de l'industrie commune que des économies faites sur les fruits et revenus des biens dotaux, mais il supporte seul toutes les dettes relatives aux acquêts. (Art. 1581.)

LIVRE III, TITRE VI

De la vente.

DÉCRÉTÉ LE 6 MARS 1804. — PROMULGUÉ LE 16 DU MÊME MOIS.

Après avoir traité du contrat de mariage, qui est le plus important de tous les contrats, le Code s'occupe successivement des contrats plus usuels de vente, de louage, de société, de prêt, de dépôt, etc.

Suivant l'ordre du Code, nous examinerons ici les règles du contrat de vente, et nous diviserons notre sujet de la manière suivante :

Chap.   I. — De la nature et de la forme de la vente.
Chap.   II. — Qui peut acheter ou vendre.
Chap. III. — Des choses qui peuvent être vendues.
Chap.   IV. — Des obligations du vendeur.
Chap.   V. — Des obligations de l'acheteur.
Chap.   VI. — De la nullité et de la résolution de la vente.
Chap. VII. — De la licitation.
Chap. VIII. — Du transport des créances.

CHAPITRE PREMIER

DE LA NATURE ET DE LA FORME DE LA VENTE.

Articles 1582 à 1593.

Qu'est-ce que la vente ?

La vente est un contrat par lequel une des parties transfère ou s'engage à transférer à l'autre la propriété d'une chose, moyennant un prix, que celle-ci s'oblige à lui payer.

Cette définition s'écarte, il est vrai, de celle que donne l'article 1582. — Suivant cet article, le vendeur ne transfère pas la propriété de la chose vendue dès le moment du contrat; il s'oblige seulement à livrer la chose. D'où il semble résulter que la propriété de la chose vendue n'est pas transmise à l'acheteur par l'effet direct et immédiat de la vente, mais par la tradition qui la suit.

La définition du Code reproduit l'ancienne doctrine romaine. A Rome, en effet, le vendeur était seulement tenu de mettre l'acheteur en possession de la chose vendue, et de le garantir de toute éviction (1). — Mais cette doctrine n'a pas été admise dans notre nouveau droit, ainsi que le prouvent jusqu'à l'évidence les articles 1138, 1583, 1599 et 1604. Chez nous, la vente est translative de propriété; le vendeur doit transférer la propriété de la chose vendue à l'acheteur dès l'instant du contrat. Il est vrai que lorsqu'il s'agit de choses *in genere*, la translation de propriété n'a pas lieu dès le moment du contrat, mais seulement lors de la tradition des choses vendues ; mais, même dans ce cas, la définition du Code manque d'exactitude, car alors l'obligation du vendeur consiste à rendre l'acheteur propriétaire de la chose vendue, et non pas seulement à la lui livrer (2). (Art. 1582.)

Quelle est la forme de la vente ?

La vente étant un contrat purement consensuel, peut se former sans écrit. Elle existe et elle est parfaite par cela seul que les parties sont d'accord sur l'objet et sur le prix. — Toutefois, si l'écrit n'est pas exigé pour la validité de la vente, il est nécessaire pour la preuve toutes les fois que l'objet vendu est d'une valeur qui excède 150 francs.

L'article 1582 nous dit que cet écrit peut être, soit un acte authentique, soit un acte sous seing privé. — Le législateur a jugé à propos de s'expliquer sur ce point, parce que le Tribunat avait proposé d'introduire dans le Code l'usage suivi dans le ressort de certains parlements, qui n'admettaient la preuve des ventes d'immeubles que par acte authentique.

Voyons maintenant quels sont les effets de la vente, soit entre les parties, soit par rapport aux tiers. (Art. 1583.)

(1) *Ut rem emptori habere liceat, non etiam ut ejus faciat.* D. lib. XIX, tit. I, loi, 30, § I.

(2) *Marcadé*, VI, art. 1582, 1583. — Mourlon, III, 453. — Troplong, *De la Vente*, 204.

Quels sont les effets de la vente entre les parties ?

Les effets de la vente entre les parties varient suivant que l'objet vendu consiste en un corps certain ou en une chose *in genere*.

Lorsqu'elle a pour objet un corps certain, c'est-à-dire une chose déterminée individuellement, la vente produit trois effets à l'égard des parties : — 1° elle rend l'acheteur propriétaire de la chose vendue; — 2° elle fait naître pour le vendeur l'obligation de délivrer la chose, et pour l'acheteur celle de payer le prix convenu; — 3° elle met les risques à la charge de l'acheteur, c'est-à-dire qu'elle le rend débiteur du prix, alors même que l'objet vendu viendrait à périr avant qu'il ne lui ait été livré.

Lorsque la vente a pour objet une chose in genere, comme une certaine quantité de vin, de blé, etc., elle ne produit qu'un seul effet : elle fait naître pour le vendeur l'obligation de transférer la chose vendue, et pour l'acheteur celle de payer le prix. — Dans ce cas, le vendeur est bien obligé à transférer la propriété, mais la translation n'est pas instantanée; elle n'a lieu qu'au moment de la tradition, parce que ce n'est qu'à ce moment-là que la chose vendue est déterminée individuellement. (Art. 1583.)

Quels sont les effets de la vente par rapport aux tiers ?

Les effets de la vente par rapport aux tiers varient selon qu'elle a pour objet des meubles corporels, des meubles incorporels ou des immeubles.

Lorsque la vente a pour objet un meuble corporel, le consentement des parties suffit, en principe, pour la perfection du contrat. L'acheteur peut donc être considéré comme propriétaire *ergà omnes* de la chose vendue; mais son droit de propriété est soumis à une cause de résolution tant que la chose ne lui a pas été livrée, en raison de la règle *qu'en fait de meubles la possession vaut titre*. — Effectivement, si la chose vendue était livrée par le vendeur à un second acheteur de bonne foi, celui-ci en aurait la propriété.

Lorsque la vente a pour objet un meuble incorporel, tel qu'une créance, une rente, elle n'est généralement translative de propriété qu'entre les parties. — Pour qu'elle puisse obtenir cet effet à l'égard des tiers, il faut recourir à diverses formalités qu'on verra plus loin dans le chapitre VIII, et qui sont destinées à assurer la publicité du contrat.

Lorsque la vente a pour objet un immeuble, le seul consentement des parties ne suffit pas pour la rendre parfaite à l'égard
des tiers. Il faut, de plus, que l'acte de vente ait été transcrit au
bureau des hypothèques de l'arrondissement. — Tant que cette
transcription n'a pas été faite, la vente ne produit ses effets
qu'entre les parties ; elle n'existe pas, elle est non avenue pour
les tiers. En conséquence, si le vendeur venait à transférer l'immeuble vendu à un second acheteur, celui-ci en deviendrait
propriétaire en faisant transcrire, le premier, son acte d'acquisition (1). (Art. 1583. Loi du 31 mars 1855.)

Comment la transcription est-elle devenue obligatoire ?

Ainsi que nous l'avons déjà expliqué dans le deuxième volume de cet ouvrage, la transcription, qui a son origine dans
l'insinuation des Romains, et qui avait passé, sous cette forme,
dans notre ancienne jurisprudence, fut introduite, avant la confection du Code, par la loi du 11 brumaire an VII. — D'après
cette loi, quand il s'agissait d'un immeuble, la vente était bien
translative de propriété entre les parties par le seul effet de leur
consentement, mais elle ne produisait son effet, par rapport aux
tiers, qu'autant que l'acte de mutation avait été transcrit sur le
registre du conservateur des hypothèques. Tant que cette transcription n'avait pas été faite, les aliénations et les autres droits
réels consentis par le vendeur, postérieurement à la vente, n'en
étaient pas moins valables pour les tiers, sauf à l'acheteur à
exercer alors un recours en garantie contre son vendeur.

Lors de la rédaction du Code, il y eut de vives discussions
pour savoir si la transcription serait maintenue avec le caractère
qu'elle avait sous la loi de brumaire, c'est-à-dire comme constituant une condition nécessaire pour toute mutation de propriété immobilière à l'égard des tiers. — On admit d'abord cette
théorie pour les donations d'immeubles. Mais quand on arriva
au titre *des Obligations,* on convint de renvoyer la solution au
titre *de la Vente* ou *des Hypothèques.* Or, notre article 1583
restant muet sur ce sujet, la question se trouva réservée encore
pour le titre des *Hypothèques,* où, après de longs débats, elle fut
enfin tranchée dans le sens de la négative. On rejeta définitive-

(1) Lorsqu'un immeuble est vendu successivement à deux personnes, la première qui fait transcrire son titre est seule propriétaire au regard des tiers,
s'il n'y a fraude concertée entre le vendeur et l'acheteur. Cass., 29 janvier 1870.

ment la nécessité de la transcription pour les contrats à titre
onéreux.

Ainsi donc, sous l'empire du Code, la transcription n'était pas
nécessaire et le consentement des parties suffisait à rendre la
vente valable à l'égard des tiers, même lorsqu'il s'agissait de
ventes d'immeubles. — Mais la loi du 23 mars 1855 a rétabli la
nécessité de la transcription : actuellement, la vente, lorsqu'il
s'agit d'immeubles, ne produit ses effets à l'égard des tiers
qu'autant qu'elle a été transcrite.

Quels sont les éléments essentiels de la vente ?

Les éléments essentiels de la vente sont : 1° le consentement
des parties ; 2° un objet vendu ; — 3° un prix.

I. *Le consentement des parties.* — Le consentement des parties doit porter sur le prix et sur l'objet vendu. Il doit aussi,
comme dans toute autre convention, n'être pas entaché d'erreur,
de dol ou de violence, et être donné par des personnes capables.

II. *Un objet vendu.* — Tout ce qui est dans le commerce peut
faire l'objet d'une vente, les choses corporelles comme les
choses incorporelles. On peut donc vendre non seulement la
pleine propriété d'une chose, mais même un droit d'usufruit, de
servitude ou d'hypothèque.

III. *Un prix.* — Trois conditions sont nécessaires pour le
prix. Il doit : 1° consister en argent ; 2° être déterminé ou du
moins déterminable ; 3° être sérieux.

Et d'abord, le prix doit consister en argent ; autrement le
contrat ne serait pas une vente, mais un échange. — Cependant, on admet assez généralement qu'il peut consister aussi en
certaines denrées ayant un cours bien connu, ou en une rente
viagère à fournir en nature ; car il est d'usage de regarder ces
choses comme l'équivalent du prix.

En second lieu, le prix doit être déterminé, ou du moins déterminable. Effectivement, après avoir d'abord énoncé dans l'article 1591 que le prix doit être déterminé et désigné par les
parties, le Code ajoute qu'il peut être laissé à l'arbitrage
d'un tiers. — Du reste, le contrat ne sera valable qu'autant
que l'arbitre désigné aura fixé le prix. S'il ne peut ou ne veut
pas le déterminer, ou s'il vient à mourir, la vente sera nulle.

Enfin, il faut que le prix soit sérieux, c'est-à-dire qu'il ait
une valeur appréciable et que le vendeur soit dans l'intention

de l'exiger ; autrement le contrat ne serait pas une vente, mais une libéralité déguisée sous la forme d'un contrat à titre onéreux. (Art. 1582, 1591, 1592.)

Quelles sont les modalités de la vente ?

Comme tous les contrats en général, la vente peut être faite purement et simplement, ou sous une condition soit suspensive, soit résolutoire. Elle peut aussi avoir pour objet deux ou plusieurs choses alternatives. — Dans tous les cas, son effet est réglé par les principes généraux des conventions.

Mais, outre les diverses modalités communes à tous les contrats, la vente présente une particularité remarquable relative à l'élection de command. — On appelle *élection de command*, la désignation, faite après coup par l'acheteur, d'une tierce personne qui vient prendre son lieu et place, comme s'il avait traité pour le compte de cette personne. C'est là une clause bien bizarre, dont on ne voit aucune trace dans le Code, mais qui cependant était déjà consacrée par la loi du 5 décembre 1790 et par plusieurs autres lois postérieures. La faculté d'élire un command ou plusieurs commands, dont chacun sera acheteur pour une portion, n'existe, bien entendu, qu'autant qu'elle est formellement réservée par le contrat. (Art. 1584.)

Le Code n'a-t-il pas réglé spécialement certaines sortes do vente ?

Oui ; le Code a tracé quelques règles spéciales pour les ventes qui ont lieu au nombre, au poids et à la mesure, pour les ventes de choses qu'on est dans l'usage de goûter, et enfin pour les ventes à l'essai.

I. *Ventes au nombre, au poids et à la mesure.* — Lorsqu'il s'agit de marchandises qui se comptent, se pèsent ou se mesurent, la vente peut se faire de deux façons : — 1° en bloc ; — 2° sous la condition de les compter, peser ou mesurer.

Dans le premier cas, la vente est parfaite par le seul consentement des parties, quoique les marchandises n'aient pas encore été pesées, comptées ou mesurées (1). — Dans le second cas au contraire, quand les choses ne sont vendues que sous la condition d'être comptées, pesées ou mesurées, la vente n'opère translation de propriété et les risques ne passent à l'acheteur que lorsque les marchandises ont été pesées, comptées ou mesurées. Toute-

---

(1) Amiens, 31 mai 1870.

fois, l'acheteur a le droit d'en demander la délivrance ou des dommages-intérêts, s'il y a lieu, en cas d'inexécution de l'engagement (1).

II. *Vente des choses qu'on est dans l'usage de goûter.* — A l'égard du vin, de l'huile et des autres choses qu'on est dans l'usage de goûter avant d'en faire l'achat, il n'y a point de vente tant que l'acheteur ne les a pas goûtées et agréées. — Toutefois, si celui-ci avait suivi la foi de son vendeur, la vente serait parfaite aussitôt que les denrées lui auront été livrées, pourvu qu'elles soient de bonne qualité.

III. *Vente à l'essai.* — Lorsque la vente est faite à l'essai, elle n'est parfaite qu'à partir du moment où l'acheteur l'a agréée. Jusque-là, la propriété et les risques restent au vendeur. (Art. 1585, 1586, 1587, 1588.)

Quel est l'effet de la promesse de vente ?

On peut distinguer trois espèces de promesses de vente :

1° Promesse de vendre sans acceptation ;

2° Promesse unilatérale de vente avec acceptation ;

3° Promesse synallagmatique de vendre et d'acheter (2).

I. *Promesse de vendre sans acceptation.* — La simple promesse de vendre qui n'est pas suivie de l'acceptation de l'autre partie, ne constitue pas un contrat et ne produit pas d'obligation. C'est une simple offre, et celui qui l'a faite peut la retirer tant qu'elle n'a pas été acceptée.

II. *Promesse unilatérale de vendre avec acceptation.* — Lorsque le vendeur s'est obligé à vendre et que l'acheteur a accepté sa promesse sans vouloir s'obliger lui-même, il y a simplement vente faite sous condition potestative de la part de l'acheteur. Le vendeur seul est obligé, l'acheteur ne l'est pas. — Si le marché vient à se conclure, l'acheteur est censé être propriétaire dès le moment où la promesse de vente a été faite ; s'il ne se conclut pas, la promesse sera considérée comme un simple projet.

III. *Promesse synallagmatique de vendre et d'acheter.* — Lorsque les deux parties se sont engagées réciproquement l'une à vendre et l'autre à acheter, cet engagement équivaut à une vente pure et simple. C'est à cette hypothèse que se réfèrent ces expressions

(1) Cass., 2 avril 1879.
(2) Duvergier, I, 121. — Marcadé, VI, art. 1589. — Demolombe, XXV, 325 et 327. — Cass., 9 avril 1848.

de l'article 1589 : *la promesse de vente vaut vente*. En conséquence, la propriété de la chose vendue et les risques passent immédiatement sur la tête de l'acheteur, s'il s'agit d'un corps certain (1). Toutefois, si les parties avaient manifesté l'intention de reculer la translation de propriété jusqu'à la rédaction d'un écrit ou jusqu'à l'échéance d'un terme, leur volonté devrait être respectée ; mais alors la convention ne serait pas une vente proprement dite, ce serait un contrat synallagmatique innomé. (Art. 1589.)

Qu'entend-on par arrhes ?

On entend généralement par *arrhes*, une somme d'argent que l'une des parties remet à l'autre, soit pour donner plus de force au contrat que l'on vient de former, soit au contraire pour le cas où elle se départirait du contrat projeté, quand il n'y a eu qu'une simple promesse. — En un mot, c'est un à-compte dans le premier cas, et c'est un moyen de dédit dans le second.

Le Code considère les arrhes comme un moyen de dédit, lorsque la remise d'arrhes a été faite à la suite d'une simple promesse de vente. — Si, dit-il, la promesse de vendre a été faite avec des arrhes, chacun des contractants est maître de s'en départir : celui qui les a données en les perdant, et celui qui les a reçues en restituant le double. Le tribunal, à moins de preuve contraire, doit présumer que ces arrhes ont le caractère de dédit. Au contraire, on doit présumer que les arrhes sont un à-compte sur le prix lorsqu'elles accompagnent une vente ordinaire. Mais cette présomption peut être combattue par la preuve contraire. (Art. 1590.)

Qui doit supporter les frais d'actes et autres accessoires de la vente ?

Les frais d'acte comprennent les honoraires du notaire, le prix du papier timbré et les droits de mutation.

Aux termes de l'article 1593, les frais d'acte doivent être supportés par l'acheteur ; car il a intérêt à se procurer un titre pour établir son droit de propriété sur la chose qu'il acquiert. — Mais, en réalité, ils retombent sur le vendeur ; car il obtiendrait un prix plus élevé si les charges d'acquisition ne venaient pas augmenter celui qui a été convenu. (Art. 1593.)

(1) Duranton, XVI, 51 ; Duvergier, I, 124 ; Valette, *à son cours*. — Suivant Marcadé (VI, art. 1589) la promesse synallagmatique ne rend point le futur acheteur propriétaire : elle lui donne seulement le droit de le devenir.

CHAPITRE DEUXIÈME

QUI PEUT ACHETER OU VENDRE.

Articles 1594 à 1597.

Qui peut acheter ou vendre ?

En principe, tout le monde peut acheter ou vendre : toutefois, la loi a établi quelques exceptions à l'encontre de certaines personnes qu'elle déclare incapables.

Parmi les incapacités, les unes sont générales, quelle que soit la nature du contrat : elles concernent les mineurs, les interdits, les femmes mariées, les individus placés dans une maison d'aliénés, les prodigues. — Les autres sont spéciales au contrat de vente, et elles concernent trois classes de personnes, savoir :

1° Les époux, qui ne peuvent pas acheter ou vendre l'un à l'autre ;

2° Les tuteurs, mandataires, administrateurs, etc., qui ne peuvent pas se porter adjudicataires des biens qu'ils sont chargés de vendre ;

3° Les juges, magistrats du ministère public, greffiers, huissiers, avoués et notaires, qui ne peuvent pas devenir cessionnaires des procès, droits et actions litigieux qui sont de la compétence du tribunal dans le ressort duquel ils exercent leurs fonctions. (Art. 1594.)

Pourquoi les ventes entre époux sont-elles prohibées ?

La prohibition du Code relativement aux ventes entre époux tient à plusieurs considérations. — Et d'abord, il est bien évident que si cette prohibition n'existait pas, il aurait été facile aux époux de se faire, sous la forme de contrats à titre onéreux, des libéralités excédant la quotité disponible, ou d'imprimer à ces libéralités un caractère d'irrévocabilité que la loi leur refuse. — D'autre part, on a voulu écarter une cause de dissentiment, qui serait de nature à troubler la bonne harmonie de la famille.

Toutefois, le principe que la vente n'est pas permise entre époux reçoit exception dans trois cas. Mais alors, c'est qu'il ne s'agit pas de ventes proprement dites, mais plutôt de dations en payement, qui ont pour objet d'éteindre des dettes préexistantes entre les époux, et non pas de faire naître des obligations entre eux.

Quels sont les trois cas exceptionnels dans lesquels la vente est permise entre époux ?

La vente est permise entre époux :

1° Lorsque les deux époux étant séparés judiciairement, l'un d'eux cède des biens à l'autre en payement d'une indemnité qu'il lui doit.

2° Hors le cas de séparation judiciaire, lorsque le mari cède des biens à sa femme en payement d'une dette qu'il lui doit. — Peu importe le régime sous lequel les époux sont mariés : seulement il faut ici que le payement vienne du mari.

3° En dehors de ce même cas de séparation judiciaire, mais pourvu qu'il n'y ait pas communauté, lorsque la femme cède des biens à son mari en payement d'une somme qu'elle lui avait promise en dot. — Ici, la dation en payement vient de la femme. Il faut observer, en outre, qu'elle ne peut avoir lieu que pour éteindre la dette indiquée par la loi, et seulement lorsqu'il y a exclusion de communauté.

Ces derniers mots « *lorsqu'il y a exclusion de communauté* » ont donné lieu à diverses interprétations. Suivant quelques auteurs, ils s'appliqueraient également au cas où la femme est mariée sous le régime sans communauté et à celui où elle est mariée sous le régime dotal (1). — Mais on convient généralement qu'ils se réfèrent exclusivement à ce dernier régime, lorsque la femme dotale, étant dans l'impossibilité de fournir à son mari une certaine somme qu'elle lui a promise et qui devait être constituée en dot, lui cède en payement un de ses biens paraphernaux. Si le législateur s'est servi des mots *lorsqu'il y a exclusion de communauté*, c'est qu'il a parlé la langue du droit coutumier, qui les employait souvent pour désigner le régime dotal (2). (Art. 1595.)

Les héritiers des époux sont-ils admis à critiquer ces dations en payement ?

Oui; les héritiers des époux, et non seulement les héritiers réservataires mais tous leurs héritiers légitimes, car le Code ne fait aucune distinction entre eux, peuvent faire prononcer la

(1) Duranton, XVI, 150; Marcadé, VI, art. 1595. — *Contrà*, Valette.
(2) Valette, *à son cours.*

nullité de ces dations en payement, lorsqu'elles contiennent des libéralités indirectes au profit de l'un des conjoints. — Le donateur lui-même pourrait attaquer les libéralités ainsi faites, en se fondant sur son incapacité ; car si la loi autorise les donations faites par un époux à l'autre, c'est à la condition qu'elles seront révocables, et cette condition ne serait pas remplie si elles étaient déguisées sous la forme d'un contrat à titre onéreux.

Au reste, la nullité de ces dations en payement est une nullité relative, car elle provient uniquement de l'incapacité des parties. En conséquence, les héritiers des époux ne pourront l'invoquer que pendant dix ans, à compter du jour de la dissolution du mariage (1). (Art. 1595.)

Quelle est la deuxieme classe de personnes incapables ?

Aux termes de l'article 1596, ne peuvent se porter adjudicataires :

1° Les tuteurs, des biens de ceux dont ils ont la tutelle (2) ;

2° Les mandataires, des biens qu'ils sont chargés de vendre ;

3° Les administrateurs, des biens des communes ou des établissements publics confiés à leurs soins;

4° Les officiers publics, des biens nationaux dont les ventes se font par leur ministère.

Le but de cette prohibition a été d'éviter de mettre l'intérêt aux prises avec le devoir. — Les tuteurs, mandataires et administrateurs doivent faire monter autant que possible le prix des ventes dont ils sont chargés. Si la loi leur avait permis de se rendre adjudicataires, ils auraient eu intérêt à écarter les enchérisseurs pour obtenir la chose à vil prix.

Doit-on étendre les dispositions de l'article 1596 à d'autres personnes que celles qui y sont énoncées, par exemple, au curateur, au subrogé-tuteur, au conseil judiciaire? — Nous ne le pensons pas, car les incapacités ne s'établissent pas par analogie. (Art. 1596.)

Quelle est la troisième classe de personnes incapables ?

Aux termes de l'article 1597, ne peuvent pas devenir cessionnaires des procès, droits et actions qui sont de la compétence du

---

(1) Valette. — *Contrà*, Marcadé, VI, art. 1595.

(2) A moins toutefois que le tuteur ne soit copropriétaire par indivis avec son pupille. Valette, *sur Proudhon*, II, 397; Demolombe, VII, 754. — Aix, 27 janvier 1870.

tribunal dans le ressort duquel ils exercent leurs fonctions :

1° Les juges;

2° Les magistrats remplissant les fonctions du ministère public ;

3° Les greffiers, huissiers, avoués, défenseurs officieux et notaires.

La loi a prononcé cette interdiction dans l'intérêt de la dignité de la magistrature : elle n'a pas voulu qu'on pût soupçonner les magistrats et les officiers qui remplissent des fonctions près des tribunaux d'abuser de leur qualité pour faire un bon marché.

La prohibition dont il s'agit ici s'applique à tous les magistrats des divers tribunaux, aux juges de paix, aux juges de commerce, aux conseillers des cours d'appel et de la Cour de cassation, et même aux magistrats de l'ordre administratif, tels que conseillers de préfecture et conseillers d'État, car les expressions du Code sont générales. Mais elle n'a lieu, bien entendu, que pour les procès qui sont de la compétence du tribunal près duquel ils sont attachés. (Art. 1597.)

CHAPITRE TROISIÈME

DES CHOSES QUI PEUVENT ÊTRE VENDUES.

Articles 1598 à 1601.

Quelles sont les choses qui peuvent être vendues ?

En principe, toutes les choses qui sont dans le commerce peuvent faire l'objet d'une vente, lorsque des lois particulières n'en ont pas prohibé l'aliénation.

Par exception, sont réputés hors du commerce et ne peuvent pas être vendus :

1° Les biens du domaine public de l'État, des départements ou des communes, tels que les routes, fleuves, ports, havres, murs, fossés, remparts des places de guerre;

2° Les choses dont l'État s'est réservé le monopole, comme les poisons, les armes de guerre, la poudre, les allumettes, etc.;

3° Les blés en vert et pendants par racines, sauf dans le cas de tutelle, de curatelle ou de saisie immobilière. — Cette prohibition, assez inutile, date de la loi du 6 messidor an III, qui l'avait établie dans le but d'empêcher l'accaparement des grains.

4° Les pensions alimentaires accordées par la justice, les immeubles constitués en dot;

5° Les charges publiques. — Toutefois, si les titulaires de ces charges ne peuvent pas les vendre directement, ils peuvent très bien vendre à prix d'argent leur démission, en s'engageant à présenter leur successeur à l'approbation du gouvernement. (Art. 1598.)

Peut-on vendre des choses futures ?

Oui; les choses futures peuvent faire l'objet d'une vente valable : ainsi, on peut vendre une récolte à venir.

Maintenant, il peut arriver que les parties n'aient entendu contracter que pour le cas où la chose vendue existera à une époque déterminée, ou bien qu'elles aient entendu contracter à tout évènement. Dans ce dernier cas, ce n'est pas la chose vendue qui fait l'objet du contrat, mais seulement la chance que cette chose existera à un moment donné. — C'est ordinairement le prix qui dénonce l'intention des parties : est-il minime, c'est la chance de la récolte qu'on a eue en vue ; est-il égal au prix moyen d'une récolte ordinaire, c'est alors la récolte elle-même qui fait l'objet du contrat.

Bien qu'en règle générale la vente des choses futures soit valable, cependant l'article 1600 nous apprend qu'on ne peut pas vendre la succession d'une personne vivante, même de son consentement. — Les articles 791 et 1130 avaient déjà formulé cette prohibition, dont nous avons précédemment indiqué les motifs. (Art. 791, 1130, 1600.)

Que faut-il décider lorsque la chose vendue avait cessé d'exister au moment de la vente ?

Il faut distinguer :

Si, au moment du contrat, la chose vendue avait déjà péri en totalité, la vente serait nulle, faute d'objet. — Effectivement, l'objet vendu n'existant pas, le contrat manquerait d'un de ses éléments essentiels.

Si, au moment du contrat, la chose vendue n'avait péri qu'en partie, l'acquéreur aurait le droit ou de demander la résolution de la vente, ou de maintenir le contrat pour la partie conservée avec diminution proportionnelle du prix.

Lorsque la chose vendue n'a péri qu'*après* le contrat, la perte totale ou partielle est, comme nous le savons, à la charge de l'acheteur qui reste tenu d'en payer le prix. (Art. 1302, 1601, 1624.)

Quel est l'effet de la vente de la chose d'autrui ?

Dans le sens où elle est prise ici, la vente de la chose d'autrui est la convention par laquelle une personne s'engage à transférer à une autre une chose individuellement déterminée qui appartient à un tiers, sans le consentement de celui-ci. — Il s'agit donc ici de la vente pure et simple d'un corps certain, et non pas d'une vente conditionnelle, ou d'une vente pure et simple mais ayant pour objet des choses *in genere*.

Entendue dans ce sens, la vente de la chose d'autrui était cependant valable en droit romain, parce qu'elle ne devait pas avoir pour effet de transférer la propriété de la chose vendue à l'acheteur, mais seulement d'obliger le vendeur à lui en procurer la possession et à le garantir de toute éviction. Il en résultait que l'acheteur n'avait le droit de se plaindre qu'autant qu'il était évincé de la chose ou qu'il avait juste crainte de l'être. — D'après le Code, au contraire, la vente pure et simple d'un corps certain appartenant à autrui est radicalement nulle, parce que le vendeur doit transférer la propriété de la chose vendue dès le moment de la vente, et qu'il lui est impossible d'opérer cette translation de propriété si la chose n'est pas dans son patrimoine. Il en résulte que l'acheteur qui a compté recevoir la propriété de la chose vendue peut faire résoudre le contrat aussitôt qu'il apprend qu'elle ne lui a pas été transférée, sans avoir à attendre d'être évincé.

Dans notre législation, la vente pure et simple d'un corps certain appartenant à autrui est donc absolument nulle et ne saurait produire aucun effet. — Sans doute, la convention qui se serait formée en apparence pourrait bien donner lieu à des dommages-intérêts au profit de l'acheteur ; mais ce n'est pas en raison de la vente faite et à titre d'acheteur qu'il pourrait les demander, c'est, au contraire, à raison du préjudice qu'il avait éprouvé par suite de l'inexistence de la vente.

Il résulte de là que la nullité dont il s'agit ne se prescrit que par trente ans, et qu'elle peut être invoquée par les deux parties, par le vendeur aussi bien que par l'acheteur (1). (Art. 1599.)

Dans quel cas le vendeur peut-il invoquer la nullité ?

Le vendeur ne peut invoquer la nullité de la vente que dans le cas où il n'aurait pas encore livré l'objet vendu, et où l'acheteur en exigerait la délivrance. En effet, de ce qu'il a commis une première faute en vendant ce qui ne lui appartenait pas, ce n'est pas une raison pour qu'il en commette une seconde en livrant l'objet indûment vendu. — Si, au contraire, il a déjà livré l'objet vendu à l'acheteur, il ne pourra pas invoquer la nullité pour l'évincer, puisqu'il est tenu de le garantir et de l'indemniser contre l'éviction d'un autre.

Quant à l'acheteur, il pourra invoquer la nullité dans tous les cas, qu'il ait su ou non, lors de la vente, que la chose appartenait à autrui. — Seulement, il ne pourra demander que la restitution du prix dans le premier cas ; tandis qu'il pourra exiger, en outre, des dommages-intérêts, s'il a traité dans l'ignorance que la chose appartenait à autrui.

Peut-on s'engager à procurer la chose d'autrui, s'il est entendu que la propriété n'en sera pas transférée immédiatement ?

Oui ; on peut s'engager à procurer une chose appartenant à autrui, si l'on est convenu de ne pas en transférer immédiatement la propriété. Il est bien évident, en effet, que rien ne s'opposerait à la validité de la vente d'une chose appartenant à autrui, si la translation de propriété ne devait pas s'effectuer au moment même du contrat ; car la convention ne produirait alors pour le vendeur qu'une obligation de faire, qui se résoudra en dommages-intérêts en cas d'inexécution (2).

Pareillement, on peut très bien vendre des choses qu'on ne possède pas si ces choses ne sont pas des corps certains, parce qu'alors on ne fait que s'obliger à les livrer et à en transférer la propriété au moment de la livraison, sans être tenu de la transférer au moment même du contrat. D'ailleurs, on ne peut pas dire des choses *in genere*, comme des corps certains, qu'elles appartiennent à telle personne plutôt qu'à telle autre, et par conséquent il ne saurait être question de la vente de la chose d'autrui en ce qui les concerne.

(1) Valette. — Marcadé, VI, art. 1599.
(2) Duvergier, I, 222. — Duranton, XVI, 180. — Marcadé, *loco cit.*,

CHAPITRE QUATRIÈME

DES OBLIGATIONS DU VENDEUR.

Articles 1602 à 1649.

Suivant l'ordre du Code, nous avons divisé ce chapitre en trois sections qui traitent : 1° des dispositions générales : 2° de la délivrance ; 3° de la garantie.

SECTION I

DISPOSITIONS GÉNÉRALES.

Quelles sont les obligations du vendeur ?
Aux termes de l'article 1602, le vendeur est tenu d'expliquer clairement ce à quoi il s'oblige ; tout pacte obscur ou ambigu s'interprète contre lui. En effet, c'est ordinairement le vendeur qui établit les bases du marché ; c'est lui qui impose ses conditions ; il connaît la chose vendue bien mieux que l'acheteur. — Toutefois, le juge ne devra appliquer la disposition de notre article qu'après avoir recherché l'intention des parties, conformément au droit commun.

Outre le devoir d'expliquer clairement ce à quoi il s'oblige, le vendeur contracte deux obligations principales : celle de délivrer la chose vendue, et celle de la garantir. — Le Code ne parle pas de celle de transférer la propriété de la chose vendue, parce qu'elle s'accomplit dès le moment même de la vente, lorsqu'elle a pour objet un corps certain. (Art. 1602, 1603.)

SECTION II

DE LA DÉLIVRANCE.

Qu'est-ce que la délivrance ?
La délivrance est la remise de la chose vendue en la pleine puissance et possession de l'acheteur. — Ainsi, on peut dire que la délivrance est accomplie quand l'acheteur, de quelque ma-

nière que ce soit, se trouve avoir la chose en sa possession et sous sa puissance.

Dans l'ancien droit, la délivrance de la chose produisait un double effet : elle transférait à l'acheteur et la propriété et la possession. — Aujourd'hui, la délivrance n'a plus pour effet de transférer la propriété quand il s'agit de corps certains, puisque l'acheteur en devient propriétaire par le seul fait de la vente ; mais la translation de propriété résulte encore de la délivrance quand il s'agit de choses *in genere*. (Art. 1604.)

Quelles sont les diverses manières d'opérer la délivrance ?

Lorsqu'il s'agit d'immeubles, la délivrance s'opère, dit le Code, par la remise des clefs quand c'est un bâtiment, ou par la remise des titres qui constatent que le vendeur était propriétaire (1). — Mais cela ne suffirait pas pour mettre l'acheteur en possession : il faut, en outre, que le vendeur ait quitté et laissé libre l'immeuble ou la maison.

Lorsqu'il s'agit de meubles corporels, la délivrance peut s'opérer de trois manières : par la tradition réelle, par la tradition symbolique, et enfin par la tradition consensuelle. — La *tradition réelle* a lieu lorsque le vendeur met physiquement l'objet vendu entre les mains de l'acheteur. — La *tradition symbolique* a lieu lorsque le vendeur remet à l'acheteur les clefs des bâtiments où se trouvent les objets vendus. Mais cette tradition est aussi réelle que la première : en effet, du moment que j'ai les clefs du grenier où se trouve le grain vendu, ne puis-je pas ouvrir ce grenier, y prendre le grain et en disposer à mon gré ? — Enfin la tradition *consensuelle* a lieu, d'après le Code, lorsque l'acheteur avait déjà la détention à titre précaire de la chose avant qu'elle ne lui eût été vendue, par exemple lorsqu'il la détenait à titre de locataire ou de dépositaire. Mais on ne voit pas bien quel est alors l'effet de la tradition consensuelle ; car si la détention à titre précaire de l'acheteur s'est convertie en une possession à titre de propriétaire, c'est par l'effet de la vente elle-même, et non par aucune autre opération juridique. La tradition consen-

---

(1) Par la remise des titres, il faut entendre ici, non pas la remise de l'acte de vente qui appartient aussi bien à l'acheteur qu'au vendeur, puisque chacun d'eux en possède un double s'il est sous seing privé ; on peut s'en faire remettre une expédition s'il est authentique ; mais la remise des différents actes que le vendeur possédait précédemment.

suelle n'a donc rien à voir dans cette hypothèse, et les rédacteurs du Code, qui l'y ont appliquée d'après le droit romain, ne se sont pas aperçus que la translation de propriété, qui résulte maintenant de la vente elle-même, en rendait l'emploi inutile.

Il y a, au contraire, une tradition consensuelle dont le Code ne parle pas, et qui a beaucoup d'utilité : c'est celle que les Romains nommaient *constitut possessoire*. — On suppose que le vendeur garde l'objet vendu à titre de fermier, locataire, usufruitier, etc. Dans ce cas, la tradition consensuelle est nécessaire pour convertir la possession à titre de propriétaire, qu'il avait avant la vente, en une détention précaire.

Lorsqu'il s'agit de créances, la délivrance s'opère par la remise des titres qui constatent leur existence, ou, à défaut de titres et s'il s'agit d'un droit d'usufruit ou de servitude, par l'usage que l'acquéreur fait du droit vendu, du consentement du vendeur. — Du reste, la cession de créances n'existe et ne produit son effet à l'égard des tiers qu'autant qu'elle a été rendue publique au moyen de certaines formalités qu'on verra plus loin. Art. 1605, 1606, 1607.)

Quelles sont les règles relatives aux frais de la délivrance, au lieu et à l'époque où elle doit être faite ?

Le vendeur étant obligé de livrer l'objet vendu, supporte les frais de la délivrance, à moins de convention contraire ; mais ceux d'enlèvement restent à la charge de l'acheteur. Les frais relatifs à la délivrance sont, par exemple, ceux de mesurage et de pesage ; et les frais relatifs à l'enlèvement sont ceux de chargement et de transport.

L'objet vendu doit être livré, à défaut de convention expresse, au lieu où il se trouvait au moment de la vente ; s'il y a convention, au lieu convenu.

La délivrance doit être faite à l'époque fixée dans le contrat. A défaut de convention, l'acheteur peut en général exiger que la délivrance ait lieu immédiatement. Toutefois, le vendeur serait en droit de s'y refuser, si le prix ne lui avait pas été payé à l'époque convenue, ou si, avant l'échéance du terme, l'acheteur était tombé en faillite ou en déconfiture. — Lorsque la délivrance n'a pas été faite au terme convenu, l'acheteur peut, à son choix, demander la résolution du contrat ou sa mise en possession, sans préjudice des dommages-intérêts auxquels il aurait droit. (Art. 1608, 1609, 1610, 1611, 1612, 1613.)

Dans quel état la chose vendue doit-elle être livrée ?

La chose vendue doit être livrée dans l'état où elle se trouvait au moment de la vente. — En conséquence, le vendeur est responsable de toutes les détériorations qui proviennent de sa faute.

Si le vendeur a fait des dépenses qui ont amélioré la chose, il pourra en exiger le remboursement, mais seulement jusqu'à concurrence de la plus-value qui en est résultée. — S'il a fait des dépenses pour la conservation de la chose, il pourra en réclamer le remboursement intégral.

Les fruits qui ont été produits par la chose depuis la vente appartiennent à l'acheteur, et le vendeur doit lui en faire la délivrance en même temps qu'il fait celle de la chose elle-même. — Mais les parties peuvent convenir que le vendeur gardera les fruits qu'il a perçus avant la délivrance. (Art. 1614, 1615.)

Que faut-il décider lorsque, dans une vente d'immeubles, il y a erreur sur la contenance déclarée dans l'acte ?

Il faut distinguer plusieurs hypothèses :

Lorsqu'un immeuble a été vendu avec indication de la contenance *et à raison de tant la mesure*, et que la contenance réelle est inférieure à celle indiquée dans l'acte; par exemple lorsqu'on a vendu une terre de 10 hectares à raison de 500 francs l'hectare, et qu'on trouve moins de 10 hectares, on diminue le prix proportionnellement au déficit, quelque peu important qu'il soit. Et, à l'inverse, si, au lieu d'un déficit, il y avait une contenance plus considérable que celle indiquée dans l'acte, il faudrait augmenter le prix proportionnellement. — Seulement, si le prix devait être augmenté d'un vingtième au moins, l'acheteur aurait la faculté de renoncer au contrat.

Lorsqu'un immeuble a été vendu avec indication de la contenance, *mais non point à raison de tant la mesure;* par exemple, lorsqu'on a vendu une terre de 10 hectares pour le prix total de 5,000 francs, sans indiquer que c'est à raison de tant par hectare, la différence entre la contenance déclarée et la contenance réelle ne donne lieu à une modification du prix que si elle produit, eu égard au prix total, une différence d'un vingtième au moins. — Dans cette hypothèse, ce n'est plus sur l'étendue de l'objet, mais sur sa valeur, que se calcule le vingtième en plus ou en moins.

— En cas d'augmentation du prix, l'acheteur peut, comme précédemment, renoncer au contrat.

Enfin, lorsque plusieurs immeubles ont été vendus par un seul et même contrat et pour un prix unique, avec indication de leur contenance, et que la contenance réelle est inférieure pour les uns, et supérieure pour les autres, à celle qui a été déclarée dans l'acte, on compensera la valeur en plus d'un immeuble par la valeur en moins d'un autre immeuble, et on ne modifiera le prix que si, la compensation faite, il reste une différence d'un vingtième au moins. Ici encore, ce n'est pas sur l'étendue de l'objet, mais sur sa valeur que se calcule le vingtième en plus ou en moins. — Ainsi, lorsqu'on a vendu un domaine composé d'une vigne de 10 hectares et d'une terre labourable de 20 hectares, et qu'on trouve en réalité 11 hectares de vignes et 18 hectares de terres labourables, on compensera les deux hectares de terres labourables qui manquent, par l'hectare de vignes qu'il y a en excédant. Et si l'hectare de vignes vaut deux fois la valeur d'un hectare en terres labourables, la compensation sera parfaite et l'acheteur n'aura à réclamer aucune diminution de prix.

L'action en supplément ou en diminution de prix ne dure qu'un an, à compter de la vente. — L'acheteur qui a fait résoudre le contrat peut réclamer des dommages-intérêts, outre la restitution du prix et des frais du contrat. (Art. 1616, 1617, 1618, 1619, 1620, 1621, 1622, 1623.)

SECTION III

DE LA GARANTIE.

Le vendeur n'est pas libéré de toute obligation par la délivrance. L'objet livré, il doit encore en garantir à l'acheteur la possession paisible et utile. — La possession n'est pas paisible, si l'acheteur se trouve évincé, ou même s'il est simplement troublé dans sa jouissance : il naît de là pour le vendeur une obligation de garantie en cas d'éviction. — Elle n'est pas utile, si l'objet se trouve infecté de certains vices qui empêchent ou diminuent son usage : il naît de là pour le vendeur une autre obligation, celle de garantir l'acheteur des vices cachés. (Art. 1625.)

§ I. — *De la garantie en cas d'éviction.*

En quoi consiste la garantie en cas d'éviction ?

Dans un sens restreint, on appelle *éviction*, la dépossession de l'objet vendu subie par l'acheteur en vertu d'un jugement. Mais on comprend, d'une façon plus générale, sous cette expression, tous les cas où l'acheteur subit une privation de tout ou partie de ce que devait lui transmettre la vente. — Il peut, dans ce cas, exercer un recours en garantie contre son vendeur.

Au reste, le vendeur n'est garant de l'éviction qu'autant que la cause qui l'a fait naître est antérieure à la vente, à moins qu'elle ne provienne de son fait personnel.

Ainsi donc, la garantie en cas d'éviction est un élément naturel de la vente, et elle s'y trouve contenue sans qu'il y ait besoin d'aucune stipulation, parce que le vendeur n'a entendu payer le prix qu'à la condition de recevoir et de conserver l'objet vendu. — Mais les parties peuvent en modifier l'étendue. (Art. 1626, 1627, 1628.)

De quelle manière les parties peuvent-elles modifier l'obligation légale de garantie ?

Les parties peuvent modifier l'obligation légale de garantie de trois manières : en la rendant plus étendue, en la diminuant, en la faisant complètement cesser.

1° *Elles peuvent étendre la garantie,* par exemple, en stipulant qu'elle existera même pour le cas de force majeure ; seulement, on conçoit qu'un résultat si exorbitant ne soit admissible qu'autant que la volonté des contractants est bien manifeste. — Cette garantie plus large et résultant de la convention se nomme quelquefois *garantie de fait,* par opposition à celle qui résulte des dispositions mêmes de la loi, et qu'on appelle garantie *de droit.*

2° *A l'inverse, elles peuvent diminuer l'étendue de la garantie légale,* en stipulant une simple clause de non-garantie. — Seulement, la clause de non-garantie, stipulée purement et simplement, n'affranchit le vendeur que de l'obligation de payer des dommages-intérêts à l'acheteur évincé : il reste toujours tenu du remboursement du prix, parce qu'il lui a été payé sans cause.

3° *Enfin elles peuvent faire cesser complètement l'obligation de la garantie légale,* en stipulant que la vente est faite aux risques et périls de l'acheteur, ou bien encore en stipulant une simple clause de non-garantie, pourvu que l'acheteur ait eu connaissance du danger de l'éviction au moment de la vente. — Dans ces deux cas, le vendeur est non seulement affranchi de l'obligation de payer des dommages-intérêts à l'acheteur évincé, mais il peut même retenir le prix ; car le prix n'est pas alors l'équivalent de la chose vendue, mais l'équivalent des chances que l'acheteur pouvait avoir de conserver la chose.

Au reste, la clause de non-garantie sera considérée comme non-avenue, lorsque l'éviction provient du fait du vendeur lui-même (1). (Art. 1628, 1629.)

Que peut exiger l'acheteur en cas d'éviction ?

Lorsque l'obligation légale de garantie n'a pas été modifiée par les parties, l'acheteur qui a subi une éviction peut exiger :

1° *La restitution du prix.* — La raison de cette restitution est que l'acheteur évincé, étant privé de la chose qu'il croyait avoir acquise, se trouve avoir payé sans cause. Il réclame son prix par une sorte de *condictio indebiti*, car il a payé indûment. — Aussi la restitution du prix devra-t-elle avoir lieu intégralement, lors même que la chose a péri pour partie par la faute de l'acheteur ; car on ne saurait lui faire un reproche d'avoir manqué de vigilance pour la conservation d'une chose qu'il croyait lui appartenir. Toutefois, s'il avait tiré un profit des dégradations qu'il a faites, le vendeur pourra retenir sur le prix une somme égale à ce profit, parce nul ne doit s'enrichir aux dépens d'autrui.

° *Une indemnité pour les fruits qu'il a dû restituer à celui qui l'a évincé.* — En effet, l'acheteur, même de bonne foi, a dû restituer au véritable propriétaire les fruits qu'il avait perçus depuis la demande formée contre lui.

3° *Le remboursement des frais du procès qui a abouti à son éviction.*

4° *Le payement de dommages-intérêts, ainsi que le remboursement des frais et loyaux coûts du contrat.* — Au reste, l'acheteur ne peut exiger des dommages-intérêts qu'autant que la restitution du prix ne suffit pas à l'indemniser de la perte que lui a fait subir l'éviction ; ce qui a lieu lorsque l'objet dont il a été évincé avait augmenté de valeur au moment de l'éviction, soit par suite des dépenses de réparations ou d'améliorations qu'il avait faites, soit

---

(1) Duvergier, I, 341. — Bugnet ; — Marcadé, VI, art. 1629.

même indépendamment de son fait. — De plus, l'acheteur peut exiger le remboursement des dépenses voluptuaires et d'agrément qu'il avait faites au fonds dont il a été évincé, lorsque le vendeur a été de mauvaise foi.

Comme on le voit, l'acheteur évincé est traité d'une manière extrêmement favorable : la chose vendue a-t-elle diminué de valeur depuis la vente jusqu'au moment de l'éviction, on lui restitue néanmoins la totalité du prix, comme ayant été payé sans cause. — La chose vendue a-t-elle, au contraire, augmenté de valeur, on ne se borne pas à la restitution du prix, et on y ajoute des dommages-intérêts, en sorte qu'il court la chance de gagner, sans courir celle de perdre. (Art. 1630, 1631, 1632, 1633, 1634, 1635.)

Quelle est la responsabilité du vendeur quand l'acheteur ne subit qu'une éviction partielle ?

Nous n'avons parlé jusqu'ici que de l'éviction totale ; mais il y a lieu aussi à l'action en garantie, lorsque l'acheteur a été évincé d'une partie de la chose seulement.

On distinguait en droit romain si l'éviction avait eu lieu *pro indiviso* ou *pro diviso : pro indiviso*, quant l'acheteur était évincé d'une portion indivise de la chose vendue, par exemple de la moitié, du quart ; *pro diviso*, quand il était dépossédé d'une portion distincte et déterminée, par exemple d'une vigne qui faisait partie du domaine vendu. Mais cette distinction n'a pas été reproduite par le Code, et on doit la rejeter (1).

En conséquence, lorsque l'acheteur a subi une éviction partielle, il n'y aura pas à distinguer si l'éviction a eu lieu *pro diviso* ou *pro indiviso ;* mais on examinera quelle est l'importance de la partie de la chose vendue dont l'acheteur a été évincé. — Si elle a une importance telle que sans cette partie l'acheteur n'eût pas conclu le contrat, la vente pourra être résolue, et alors les choses se passeront comme au cas d'éviction totale. L'acheteur aura droit à la restitution du prix et des frais ; il pourra même exiger, s'il y a lieu, des dommages-intérêts. — Si, au contraire, la partie de la chose vendue dont l'acheteur a été évincé est de peu d'importance, en sorte que la privation de cette partie ne l'eût pas détourné de l'acquisition, la vente sera maintenue. En conséquence, l'acheteur ne pourra pas répéter son prix car il l'a payé avec juste cause, et il devra se borner à demander une indemnité

(1) Valotto.

proportionnée au préjudice que lui a causé l'éviction. Si la partie qui lui a été enlevée avait augmenté de valeur dans l'intervalle du contrat au moment de l'éviction, il profitera de la plus-value ; mais aussi il supportera la diminution de valeur qui serait survenue dans cet intervalle.

Comme on le voit, la situation de l'acheteur n'est pas aussi favorable dans cette hypothèse que dans celle d'une éviction totale, puisqu'on lui fait supporter ici les détériorations ; tandis qu'en cas d'éviction totale et de résolution de la vente, il peut, nonobstant ces détériorations, réclamer la restitution intégrale du prix. — La raison en est que si l'acheteur peut répéter son prix, comme indûment payé, lorsque la vente est résolue, il n'en est pas de même lorsqu'elle est maintenue : il est évident qu'il ne peut réclamer alors qu'une indemnité égale au dommage qu'il a réellement éprouvé. (Art. 1636, 1637.)

Quelle est la responsabilité du vendeur lorsque le fonds vendu est grevé de servitudes passives non apparentes ?

Il existe une espèce particulière d'éviction partielle : c'est quand le fonds vendu est grevé de servitudes passives non apparentes, ni déclarées à l'acheteur. — Si ces servitudes ont une importance telle qu'on doive présumer que l'acheteur n'aurait pas contracté s'il en avait eu connaissance, celui-ci peut demander la résolution du contrat, et agir ensuite contre son vendeur comme s'il avait subi une éviction totale. — Si, au contraire, elles sont d'une moindre importance, la vente sera maintenue, et le vendeur pourra seulement exiger une indemnité égale au dommage que lui a fait éprouver l'éviction.

Il faut encore ranger parmi les cas d'éviction partielle celui où des servitudes actives ayant été promises à l'acheteur, celui-ci ne les aurait pas obtenues. On suit alors les mêmes règles que dans l'hypothèse précédente, c'est-à-dire qu'on examine quelle a été l'importance de l'éviction subie, et qu'on décide en conséquence. (Art. 1638.)

Comment s'exerce l'action en garantie ?

L'action en garantie peut être exercée de deux manières : par voie principale ou par voie incidente.

Elle est exercée par voie principale, lorsque l'acheteur, menacé d'une éviction judiciaire, soutient seul le procès, sauf, s'il le perd, à recourir ensuite contre son vendeur. — Elle est exercée par voie incidente, lorsqu'il met en cause son vendeur dès le début, pour que celui-ci défende aux prétentions du tiers revendiquant, et qu'il soit condamné à l'indemniser dans le cas où l'éviction aurait lieu. Ainsi, lorsque la garantie est exercée par voie incidente, le tribunal aura à statuer en même temps sur deux points : sur la prétention du tiers-revendiquant, et sur les dommages-intérêts à allouer à l'acheteur dans le cas où il serait évincé.

La garantie formée par voie incidente est évidemment préférable. En effet, si l'acheteur qui est menacé d'une éviction ne met pas en cause son vendeur dès le début, celui-ci pourra lui opposer qu'il a perdu le procès par sa faute, en ne faisant pas valoir tous les moyens de défense. En outre, la garantie incidente est plus expéditive et moins coûteuse que la garantie principale, puisqu'il n'y aura qu'un seul procès, tandis que cette dernière suppose nécessairement deux instances. (Art. 1640.)

Quelles sont les diverses personnes qui peuvent exercer l'action en garantie ?

L'action en garantie peut être exercée par l'acheteur, et, croyons-nous, par tous ses ayants cause, quels qu'ils soient, universels ou particuliers.

En conséquence, lorsque l'acheteur a donné l'objet vendu, le donataire évincé peut l'exercer contre le vendeur de son donateur ; car ce dernier a entendu lui céder tous les droits qu'il avait lui-même.

Pour la même raison, un second acheteur peut agir directement, *omisso medio*, contre le vendeur primitif ; car il a dû recevoir la chose vendue avec tous les droits qui y étaient attachés.

Enfin l'adjudicataire d'un immeuble vendu en justice à la requête des créanciers, a également droit à la garantie. Seulement, il ne pourra l'exercer contre le débiteur que pour réclamer des dommages-intérêts, et il devra agir contre les créanciers pour obtenir la restitution du prix qui a servi à les désintéresser. (Art. 1639.)

§ II. — *De la garantie des défauts de la chose vendue.*

Quels sont les vices dont le vendeur est garant ?

Le vendeur n'est garant que des vices cachés ; car, s'ils sont apparents, l'acheteur est réputé les avoir connus, et par conséquent les avoir acceptés, s'il n'a fait aucune réclamation. L'article 1641 nous indique ceux dont le vendeur doit répondre : ce sont les vices qui rendent la chose impropre à l'usage auquel on la destinait, ou qui diminuent tellement cet usage que l'acheteur ne l'eût pas acquise s'il les avait connus, ou qu'il ne l'eût acquise que pour un prix inférieur.

Le mot *chose* est ici employé dans un sens général, et il s'applique également aux meubles et aux immeubles, aux biens corporels et incorporels (1). Mais il faut reconnaître que les cas de garantie des vices cachés sont rares quant aux immeubles. (Art. 1641.)

Dans quels cas la garantie cesse-t-elle d'être due ?

La garantie dont il s'agit cesse d'être due :

1° Lorsque les vices étaient apparents, ou même simplement lorsqu'ils ont été connus de l'acheteur au moment du contrat.

2° Lorsqu'on a inséré dans le contrat de vente une clause de non-garantie. — Toutefois, la clause de non-garantie serait réputée frauduleuse et non-avenue, s'il y avait des vices cachés que le vendeur connaissait et qui étaient ignorés de l'acheteur. Dans ce cas, le vendeur pourrait être tenu de dommages-intérêts, outre la restitution du prix. S'il avait ignoré ces vices, il ne serait tenu que de la restitution du prix.

3° Lorsqu'il s'agit d'une vente faite en justice. — Les raisons de cette décision sont que le prix est ordinairement inférieur à la valeur de la chose, et que la résolution de la vente entraînerait la perte des frais qui auraient été faits. (Art. 1642, 1643, 1649.)

Quelles sont les actions accordées à l'acheteur à raison des vices cachés ?

Aux termes de l'article 1644, lorsqu'il existe un vice rhédibitoire dans la chose vendue, l'acheteur peut exercer, à son choix, deux actions : l'action *rédhibitoire* pour demander la résolution du contrat, et l'action *quanti minoris* pour obtenir une diminution du prix.

L'action *rédhibitoire* replace les parties dans l'état où elles étaient avant la vente. L'acheteur rend la chose et se fait rembourser le prix, ainsi que les intérêts et les frais du contrat. — En outre, il peut exiger des dommages-intérêts si le vendeur était

---

(1) Pothier, n° 207 ; Duvergier, I, 396 ; Marcadé, VI, art. 1641, et *Revue tique*, t. II, p. 455. — Cass., 23 août 1865.

de mauvaise foi, c'est-à-dire s'il avait eu connaissance des vices cachés au moment de la vente.

L'action *quanti minoris* ne résout pas la vente, comme le fait l'action rédhibitoire. Son effet est de forcer le vendeur à restituer une partie du prix, arbitrée par experts proportionnellement au préjudice éprouvé par l'acheteur.

Ces deux actions doivent être intentées dans le délai fixé par l'usage des lieux, et, à défaut d'usage, dans un bref délai qui sera déterminé par les juges suivant la nature des vices.

Toutefois, les dispositions qu'on vient de voir ont été modifiées par la loi du 20 mai 1838, en ce qui concerne les ventes d'animaux des espèces ovine bovine, et chevaline. (Art. 1641, 1645, 1646, 1648.)

Quelles sont les innovations de cette loi ?

Les innovations de cette loi en ce qui concerne les ventes d'animaux des espèces ovine, bovine et chevaline, sont les suivantes:

1° Elle détermine limitativement les vices rédhibitoires, que le Code avait laissés à l'appréciation du juge.

2° Elle supprime l'option entre l'action *quanti minoris* et l'action rédhibitoire, en ne laissant subsister que cette dernière. — L'acheteur n'a donc plus que le droit de rendre l'animal en s'en faisant restituer le prix, et il ne peut pas, comme autrefois, se borner à demander une diminution du prix.

3° Elle fixe d'une manière uniforme pour toute la France le délai dans lequel on doit intenter l'action rédhibitoire. — Avant la loi, le délai était laissé à l'appréciation du juge ; maintenant, il est uniformément de neuf jours, sauf deux cas énoncés par les articles 3 et 4 de la loi, la fluxion périodique des yeux et l'épilepsie.

La loi du 20 mai 1838 a aussi modifié, en la simplifiant, la procédure en garantie. — Les parties sont dispensées du préliminaire de conciliation et l'affaire est instruite et jugée sommairement. (Loi du 20 mai 1838.)

Que faut-il décider si la chose vicieuse vient à périr ?

Lorsque la chose qui était infectée de vices vient à périr après la vente et avant l'exercice de l'action rédhibitoire, il faut distinguer si la perte provient du vice caché, ou d'une autre cause. — Dans le premier cas, la perte est pour le vendeur, qui doit alors restituer à l'acheteur le prix et les frais du contrat, et même lui payer, s'il y a lieu, des dommages-intérêts. Dans le second cas, elle est pour l'acheteur, conformément à la règle du droit commun, que la perte survenue par cas fortuit est à la charge du créancier.

Avant de terminer, nous ferons remarquer qu'il ne faut pas confondre l'action rédhibitoire, créée spécialement en vue de garantir l'acheteur contre les vices cachés de la chose, avec l'action en nullité pour cause d'erreur sur la substance de la chose vendue. — Cette dernière action a lieu quand il y a eu erreur sur les qualités substantielles de l'objet du contrat, et elle se prescrit par dix ans. L'action rédhibitoire a lieu, au contraire, quand la chose, étant pourvue de toutes ses qualités constitutives, a un défaut accidentel qui la rend vicieuse, et elle doit être intentée dans un bref délai. — L'action en nullité pour cause d'erreur sur la substance de l'objet du contrat, est établie par l'article 1110 comme une règle générale, applicable, à tous les contrats. L'action rédhibitoire, au contraire, n'est accordée qu'exceptionnellement, en matière de vente. (Art. 1647.)

CHAPITRE CINQUIÈME

DES OBLIGATIONS DE L'ACHETEUR.

Articles 1650 à 1657.

Quelles sont les obligations de l'acheteur ?

De même que le vendeur doit livrer la chose vendue et la garantir, l'acheteur est tenu de deux obligations principales : celle de payer le prix, et celle de prendre livraison de la chose.

Outre ces deux obligations principales, il doit encore supporter les frais d'actes, indemniser le vendeur des dépenses qu'il a faites pour la conservation de la chose depuis le moment de la vente, enfin payer, dans certains cas, les intérêts du prix.

1° *L'acheteur doit payer le prix.* — Le prix doit être payé au jour et au lieu convenus entre les parties. A défaut de convention à cet égard, il sera payé au lieu et dans le temps où doit se faire la délivrance. — La loi a soumis le payement aux mêmes circonstances de temps et de lieu que la délivrance, parce que, en thèse générale, il l'accompagne et marche de concert avec elle.

Aussi, tant que la délivrance ne lui pas été faite, l'acheteur n'est pas obligé de payer le prix. Et même lorsque la délivrance lui a été faite, s'il a un juste sujet de craindre d'être troublé par une action, soit hypothécaire, soit en revendication, il a le droit de suspendre son payement jusqu'à ce que le vendeur ait fait cesser le trouble, ou qu'il lui ait fourni une caution. — Toutefois, le payement ne pourrait être suspendu, si l'acheteur s'était engagé expressément à payer nonobstant le trouble, car la convention fait la loi des parties (1).

2° *Il doit prendre livraison de la chose.* — L'acheteur est obligé de prendre livraison à l'époque fixée par la convention, ou, à défaut d'époque fixée, immédiatement après la vente.

Lorsque l'acheteur a été vainement mis en demeure de prendre livraison, le vendeur peut demander, à son choix, le payement du prix ou la résolution de la vente. Il peut aussi, s'il s'agit de choses mobilières, se faire autoriser à les déposer dans un lieu déterminé. (Art. 1650, 1651, 1653, 1654.)

Dans quels cas l'acheteur doit-il payer les intérêts du prix ?

L'acheteur doit payer les intérêts du prix dans les trois cas suivants :

1° Lorsqu'il s'est engagé expressément à les fournir. — Dans ce cas, les intérêts courent, sauf convention contraire, à partir du jour de la vente.

2° Lorsqu'il a été sommé de payer le prix. — Dans ce cas, les intérêts courent à partir de la sommation.

3° Lorsque la chose vendue est productive de fruits. — Dans ce cas, les intérêts courent à partir du jour de la délivrance.

Les deux derniers cas constituent des dérogations au droit commun : car la règle générale est que les intérêts ne courent pas de plein droit, ni même en vertu d'une simple sommation, mais qu'il faut un commandement ou une demande en justice. (Art. 1652).

Quels sont les droits du vendeur qui n'est pas payé ?

La loi assure au vendeur plusieurs garanties contre le défaut de payement du prix. — Ainsi, il peut exercer :

(1) Tribunal de la Seine, 22 février 1879.

1° Si la vente est au comptant, un droit de rétention, qui lui permet de ne pas se dessaisir de l'objet vendu avant d'avoir reçu le prix.

2° Dans le même cas de vente au comptant, si l'objet vendu est une chose mobilière, un droit de revendication, en vertu duquel il peut reprendre la détention de l'objet vendu, s'il s'en était dessaisi avant d'avoir reçu le prix.

3° Un privilège sur l'objet vendu, en vertu duquel il peut poursuivre la vente de cet objet, et se faire payer sur le prix par préférence aux autres créanciers de son acheteur.

4° Enfin un droit de résolution, en vertu duquel il peut, à défaut de payement du prix, faire annuler la vente.

Nous avons déjà parlé du droit de rétention, et nous avons observé que l'obligation du vendeur de faire la délivrance, était concomitante à celle de payer le prix qui incombe à l'acheteur, en sorte que l'une de ces obligations ne doit point s'exécuter sans l'autre.

Nous ne mentionnerons également que pour mémoire le droit de revendication, ainsi que le privilège du vendeur; car nous aurons à revenir plus loin sur ces deux droits, au titre des *Privilèges*. — Nous observerons seulement que cette expression de *revendication* n'a pas ici le sens qu'on lui donne habituellement. En général, *revendiquer* signifie réclamer la propriété d'une chose : or le droit de revendication dont il est question ici ne consiste pas pour le vendeur à réclamer la propriété de l'objet vendu, mais seulement à en reprendre la détention. Ainsi entendu, le droit de revendication est donc en quelque sorte un corollaire du droit de rétention.

Ces préliminaires exposés, nous pouvons passer au droit de résolution dont le Code s'occupe ici, et auquel nous nous arrêterons davantage. (Art. 1654, 2102.)

En quoi consiste le droit de résolution ?

Le droit de résolution consiste dans la faculté que la loi accorde au vendeur de faire prononcer la résolution de la vente quand il n'a pas reçu le payement du prix. — Ainsi, le vendeur qui n'est pas payé a le choix entre deux partis. Il peut, à son gré, maintenir la vente et en poursuivre l'exécution, ou faire prononcer en justice la résolution du contrat et recouvrer la propriété de l'objet vendu.

Le droit qu'a une partie de demander la résolution du contrat lorsque l'autre partie n'a pas exécuté son obligation, appartient à tous les contrats synallagmatiques en général : mais il est, en outre, consacré spécialement pour le vendeur par l'article 1654. Voyons maintenant comment s'opère la résolution ; si elle a lieu de plein droit, ou s'il est nécessaire de la faire prononcer en justice. — A cet égard, il faut établir une distinction :

En matière de vente de denrées et d'effets mobiliers, la résolution de la vente s'opère de plein droit et sans sommation, à défaut de payement et après l'expiration du terme convenu pour le retirement des choses vendues (1). — La raison en est que les denrées et les effets mobiliers peuvent être facilement détériorés par le temps, et que le moindre retard serait souvent préjudiciable au vendeur.

En matière de ventes d'immeubles, au contraire, la règle est que la résolution n'a pas lieu de plein droit et qu'elle doit être demandée aux tribunaux, qui pourront accorder des délais à l'acheteur. Mais il est loisible aux parties d'y déroger en stipulant des clauses contraires.

Ainsi, elles peuvent stipuler :

1° Que la vente sera résolue de plein droit, à défaut de payement du prix à l'époque convenue. — Dans ce cas, le vendeur n'aura pas besoin de recourir à la justice pour faire prononcer la résolution de la vente ; mais il devra mettre l'acheteur en demeure de payer, au moyen d'une sommation.

2° Que la vente sera résolue de plein droit à défaut de payement du prix, par la seule échéance du terme et sans qu'il y ait besoin de sommation. (Art. 1654, 1655, 1656, 1657.)

Quels sont les effets de la résolution de la vente ?

La résolution de la vente produit un effet rétroactif, et place les deux parties dans le même état que s'il n'y avait pas eu de contrat. — Ainsi, l'acheteur doit restituer la chose vendue avec les fruits qu'il aurait perçus, et il doit indemniser le vendeur des dégradations qui proviennent de son fait.

En outre, tous les droits réels qu'il aurait consentis au profit des tiers sont anéantis par l'effet de la résolution. — Le vendeur

---

(1) Mais, s'il n'y a pas de terme convenu pour le retirement, la simple sommation de prendre livraison, faite par le vendeur, ne saurait suffire pour opérer la résolution du contrat. Cass., 17 décembre 1879.

reprend sa chose libre de toutes charges et hypothèques, et, si elle a été aliénée, il peut agir en revendication contre les tiers acquéreurs. S'il s'agit de meubles, ceux-ci pourront, il est vrai, se défendre en invoquant la maxime *en fait de meubles la possession vaut titre ;* mais les acquéreurs d'immeubles seront inévitablement victimes de ce droit de résolution que rien ne leur avait révélé.

Telle était du moins la législation du Code. — Mais la loi du 23 mars 1855 est venu remédier à cet inconvénient, en décidant que le vendeur ne pourra exercer l'action résolutoire qu'autant qu'il aurait conservé le privilège qui lui appartient sur l'immeuble vendu. Comme il ne peut conserver ce privilège par rapport aux tiers qu'en le faisant inscrire au bureau du conservateur des hypothèques, il en résulte que les tiers sont également avertis par cette inscription de l'existence de l'action résolutoire.

Une autre disposition de cette même loi décide que dans le cas où la résolution de la vente aurait été prononcée par le tribunal, le jugement devra être mentionné en marge de l'acte de vente, afin d'avertir les tiers que le vendeur a recouvré la propriété de la chose vendue. (Loi du 23 mars 1855.)

Quelle est la nature de l'action en résolution ?

L'action accordée au vendeur pour obtenir la résolution de la vente est une action mixte, c'est-à-dire tout à la fois personnelle et réelle, lorsqu'elle est dirigée contre l'acheteur qui possède encore le bien ; elle est une action personnelle, lorsqu'elle est dirigée contre l'acheteur qui ne possède plus ; enfin elle est une action réelle, lorsqu'elle a lieu contre les sous-acquéreurs (1).

L'action en résolution dure trente ans, lorsqu'elle est exercée contre l'acheteur ; mais les sous-acquéreurs de bonne foi peuvent se prévaloir de la prescription de dix ou vingt ans.

---

(1) Troplong, II, 624 ; Marcadé, VI, art. 1654-1656.

CHAPITRE SIXIÈME

DE LA NULLITÉ ET DE LA RÉSOLUTION DE LA VENTE.

Articles 1658 à 1685.

Il ne faut pas confondre l'action en nullité ou en rescision avec l'action en résolution. La vente est *annulable* ou *rescindable*, quand elle a été, dès l'origine, infectée d'un vice ; elle est *résoluble*, lorsque, ayant été régulièrement formée, elle se trouve sous le coup d'une condition résolutoire tacite ou expresse.

Outre les causes de résolution et de nullité qui se rencontrent dans tous les contrats, on trouve dans la vente une cause particulière de résolution, la clause de rachat, et une cause particulière de nullité, la lésion. (Art. 1658.)

SECTION I

DE LA FACULTÉ DE RACHAT.

Qu'est-ce que la faculté de rachat ?

On entend par *faculté de rachat*, le droit que s'est réservé le vendeur d'une chose de la reprendre après un certain délai comme s'il ne l'avait pas vendue, moyennant la restitution du prix et de ses accessoires.

Il ne faut pas prendre au pied de la lettre l'expression de faculté de rachat. Le mot de *rachat* implique l'idée d'une seconde vente : or, nous voyons que l'article 1673 écarte cette idée d'une façon précise. — Il dit, en effet, que le vendeur, en rentrant dans son héritage, le reprend exempt de toutes les charges et hypothèques dont l'acheteur l'aurait grevé. L'exercice de la faculté de rachat est donc la résolution de la première vente, et nullement un nouveau contrat.

A Rome, au contraire, *le rachat* ou *pacte de réméré* avait pour effet, non pas de résoudre la vente, mais de donner lieu à une nouvelle vente dans laquelle le vendeur jouait le rôle d'acheteur. — De là cette conséquence qu'en droit romain le vendeur reprenait sa chose avec les servitudes et les hypothèques dont elle avait été grevée par l'acheteur, tandis qu'en droit français il la reprend dans l'état où elle se trouvait quand il l'a aliénée.

Mais pour que le pacte de rachat soit opposable aux tiers, il faut qu'il ait été stipulé au moment même de la vente. Autrement il n'aurait pas l'effet d'une condition résolutoire accomplie, et il ne vaudrait que comme simple promesse de revente (1). (Art. 1659.)

Quel est le délai de la faculté de rachat ?

La faculté de rachat ne peut être stipulée pour un terme excédant cinq années. — Toutefois, la convention d'un délai plus long ne serait pas nulle ; elle serait seulement réduite à ce terme.

Toute prolongation, faite après coup, du délai fixé n'a d'effet qu'à l'égard des parties. Il s'en suit que le vendeur pourra bien forcer l'acheteur à lui rendre la chose, s'il agit en vertu de la prolongation du délai ; mais qu'il sera forcé de respecter toutes les charges qui ont été consenties sur l'immeuble par ce dernier au profit des tiers, après l'expiration du premier délai.

Le délai de réméré court contre toute personne, même contre les incapables. — Du reste, il n'y a guère qu'un cas dans lequel le mineur puisse avoir la faculté de rachat : c'est quand il succède à un majeur qui se l'était réservée. Effectivement, les biens d'un mineur ne peuvent être vendus qu'aux enchères et en justice, et dans les ventes de cette nature le vendeur ne peut pas se réserver la faculté de rachat. (Art. 1660, 1661, 1663.)

Quelle est la situation respective des parties avant l'exercice de l'action en réméré ?

La situation de l'acheteur avant l'exercice de l'action en réméré est celle d'un propriétaire sous condition résolutoire. — Ainsi, il peut continuer la prescription commencée par le vendeur, soit qu'elle concerne la propriété de la chose si elle avait été transmise à celui-ci *a non domino*, soit qu'elle concerne l'affranchissement de tout droit réel pouvant la grever. — En outre, il

---

(1) Aux termes de la loi du 23 mars 1855, la vente à réméré doit être transcrite, de même que la vente pure et simple, afin d'avertir les tiers que le vendeur a cessé d'être propriétaire et que l'acheteur l'est devenu. Mais la loi aurait dû exiger en outre que dans le cas où la vente serait résolue par l'exercice du réméré, il en fût fait mention en marge de la transcription, afin d'avertir les tiers que la propriété est retournée au vendeur. Elle ne prescrit cette mention que pour le cas où le réméré a été exercé en justice.

peut exercer toutes les actions possessoires et pétitoires relatives à la chose vendue.

Quant à la situation du vendeur à réméré, elle est celle d'un propriétaire sous condition suspensive. — Il pourra donc consentir valablement l'aliénation totale ou partielle de la chose ; mais cette aliénation n'aura d'effet que si le réméré est exercé. (Art. 1665.)

Comment s'exerce l'action en réméré ?

L'action en réméré doit être intentée avant l'expiration du terme fixé, sans quoi l'acheteur aurait acquis définitivement la propriété de la chose vendue.

Une demande en justice est-elle nécessaire pour l'exercice de l'action en réméré? — Rien dans les textes ne semble indiquer l'affirmative. Il suffira donc que le vendeur mette le prix et les accessoires à la disposition de l'acheteur, et qu'il offre de l'indemniser de toutes les dépenses nécessaires et utiles qu'il a faites.

Le remboursement du prix et des accessoires une fois opéré dans le délai prescrit, le vendeur recouvrera l'immeuble vendu franc et quitte de toutes les charges qui auraient été consenties par l'acheteur. Il devra cependant respecter les baux qui ont été faits sans fraude par ce dernier; autrement la propriété de l'acheteur eût été rendue complètement illusoire. — Quant aux fruits perçus *pendente conditione*, ils appartiennent à l'acheteur et se compensent avec les intérêts du prix.

Si l'immeuble, au moment où l'on veut exercer l'action de réméré, est entre les mains d'un sous-acquéreur, le vendeur pourra agir directement contre lui. Mais ce dernier pourra, si la vente était mobilière, invoquer la maxime qu'*en fait de meubles la possession vaut titre.* — Au reste, le vendeur à réméré qui agit contre un sous-acquéreur n'est tenu de lui restituer que le prix qui lui avait été payé lors de la vente à réméré.

Lorsque l'acheteur à réméré est poursuivi par les créanciers du vendeur comme ayant contracté avec leur débiteur en fraude de leurs droits, il peut leur opposer le bénéfice de discussion; c'est-à-dire qu'il peut les obliger à poursuivre préalablement leur débiteur sur les autres biens qui sont restés en la possession de celui-ci, à la condition de se conformer aux prescriptions contenues dans les articles 2022 et suivants. (Art. 1662, 1664, 1666, 1673.)

Comment s'exerce le réméré, lorsqu'on a vendu la part indivise qu'on possédait sur un immeuble ?

Lorsque le copropriétaire d'un immeuble possédé par indivis a vendu la part qui lui appartenait sur cet immeuble en se réservant la faculté de rachat, il faut, pour déterminer comment il exercera le rachat, établir plusieurs distinctions :

1° Si l'indivision existe encore au moment du rachat, le vendeur reprend sa part indivise telle qu'il l'avait aliénée, en remboursant à l'acquéreur le prix et les accessoires de la vente.

2° Si l'indivision a cessé et si l'immeuble a été acquis en totalité par l'acheteur à réméré, le vendeur ne pourra exercer le rachat que pour le tout, si la licitation a été provoquée par le tiers copropriétaire. — Il aura, au contraire, la faculté d'exercer le rachat, soit pour la portion qu'il a vendue, soit pour le tout, à son choix, si elle a été provoquée par l'acheteur à réméré.

3° Enfin, si l'indivision a cessé, mais si l'immeuble a été acquis par un tiers, le vendeur pourra réclamer à l'acheteur l'excédant du prix d'adjudication qu'il a reçu pour sa part de copropriété, si ce prix dépasse celui moyennant lequel il avait fait l'acquisition. — Il n'y a pas à distinguer ici si l'indivision a cessé sur la demande de l'acheteur à réméré, ou sur celle du tiers copropriétaire. (Art. 1667.)

Comment s'exerce le réméré, lorsqu'un immeuble a été vendu conjointement par des copropriétaires ?

Lorsqu'un immeuble a été vendu conjointement et par un seul contrat par des copropriétaires qui se sont réservé la faculté de rachat, les vendeurs ne peuvent pas exercer le réméré chacun pour leur part et portion, parce que l'acheteur, ayant acquis l'immeuble pour le tout, ne peut pas être contraint de le rendre pour partie ; ils devront donc s'entendre à l'effet d'exercer conjointement le rachat pour le tout. Toutefois, il est généralement admis que s'ils ne s'entendent pas, l'un d'eux pourra l'exercer séparément, pourvu qu'il l'exerce pour le tout. — Il en sera de même si, l'immeuble ayant été vendu en totalité par la même personne, le vendeur était mort avant l'époque fixée pour le rachat, en laissant plusieurs héritiers.

Au contraire, si la vente n'a pas été faite conjointement et pour le tout, mais seulement pour la part qui appartenait à chacun des vendeurs, l'acheteur n'aura pas le droit d'exiger le retrait total; car il a dû prévoir qu'il pourrait être dépossédé par le réméré d'une ou de plusieurs des fractions de l'immeuble acheté. (Art. 1668, 1669, 1670, 1671.)

Comment s'exerce le réméré, lorsque l'acheteur est mort en laissant plusieurs héritiers ?

Lorsque l'acheteur est mort en laissant plusieurs héritiers, on ne peut exercer le rachat contre chacun d'eux que pour sa part, soit que l'objet vendu appartienne encore par indivis aux derniers héritiers, soit qu'il ait été partagé entre eux. — Mais si, après le partage de l'hérédité, la chose est tombée entière dans le lot d'un des héritiers, on peut exercer le réméré contre lui pour le tout. (Art. 1672.)

SECTION II

DE LA RESCISION DE LA VENTE POUR CAUSE DE LÉSION.

La lésion est-elle en général une cause de nullité des conventions ?

Non; en principe, la lésion n'est pas une cause de nullité des conventions. L'article 1118 prend soin de le dire expressément. En effet, ce serait porter atteinte à la sécurité des contrats à titre onéreux, que d'autoriser les parties à en demander la rescision, sous prétexte qu'elles n'ont pas reçu un équivalent exact de ce qu'elles ont donné. — Toutefois, le Code a cru devoir admettre cette cause de rescision dans certains contrats : dans le partage, parce qu'il a l'égalité pour fondement; et dans la vente, parce que c'est la convention la plus usuelle, et qu'il importe surtout d'y protéger les parties.

Quelle est l'origine de la rescision de la vente pour cause de lésion ?

La rescision de la vente pour cause de lésion a son origine dans une Constitution des empereurs Dioclétien et Maximien, qui forme la loi 2 au Code, *De rescindenda venditione*. — Du droit romain, elle passa dans notre ancienne législation où, de même qu'en droit romain, elle produisait la rescision de la vente lorsqu'elle était énorme, c'est-à-dire lorsqu'elle excédait la moitié du juste prix. Mais l'ancien droit n'avait pas des règles bien précises sur la matière : il y avait controverse sur le point de savoir si les meubles seraient sujets à cette cause de rescision, et si on devait l'appliquer en faveur de l'acheteur aussi bien qu'en faveur du vendeur.

Quand on fit le Code, la lésion trouva sa place dans le projet. Mais elle ne fut définitivement admise pour la vente qu'après une vive discussion. On finit par décider qu'elle pourrait être une cause de rescision, mais que la rescision n'aurait lieu qu'à certaines conditions assez rigoureuses.

A quelles conditions la vente est-elle rescindable pour cause de lésion ?

Pour que la vente soit rescindable à raison de la lésion éprouvée par l'une des parties, la loi exige trois conditions. — Il faut :

1° Qu'il s'agisse d'une vente d'immeubles ;

2° Que la lésion soit éprouvée par le vendeur ;

3° Qu'elle soit de plus des sept douzièmes.

Pour apprécier la lésion, on se réfère au moment de la vente. Par exception, la rescision n'a pas lieu, alors même que ces trois conditions se trouvent réunies, dans deux sortes de ventes : 1° dans celles qui sont faites par autorité de justice ; 2° dans les ventes aléatoires.

En ce qui concerne les premières, la loi présume que l'intervention de la justice et les garanties de publicité dont elle est entourée, écartent toute fraude et rendent la lésion impossible.

Pour les ventes aléatoires, la rescision est également rejetée, parce qu'il n'est guère possible de déterminer la lésion. — Effectivement, la lésion résulte de la différence entre la valeur de l'immeuble et le prix payé. Or, l'appréciation de cette différence ne peut pas avoir lieu, lorsqu'il y a de part et d'autre des chances de gain ou de perte (1). (Art. 1674, 1675, 1683, 1684.)

Comment s'exerce l'action en rescision ?

L'action en rescision pour cause de lésion est exercée par le vendeur. Si celui-ci est décédé, l'action est divisible et elle passe à ses héritiers. L'article 1685 nous renvoie aux règles données pour le réméré sur la division de l'action. En conséquence, si les héritiers du vendeur veulent faire rescinder la vente, ils devront se concerter pour reprendre l'immeuble vendu en totalité,

(1) Duranton, XVI, 441 à 444 ; Troplong, II, 791 à 793 ; Marcadé, VI, art. 1674.

et, s'ils ne s'entendent pas, l'un d'eux ne pourra agir séparément qu'en le reprenant en entier. — Il en serait différemment si la vente avait été faite par plusieurs personnes séparément et avec désignation de parts. Dans ce cas, il y aurait autant de ventes distinctes que de copropriétaires, et chacun d'eux pourrait exercer la rescision pour sa part seulement.

La rescision doit être prononcée judiciairement, et après une expertise. (Art. 1677, 1678, 1679, 1680, 1685.)

Quel est le tribunal compétent pour prononcer la rescision ?

Pour déterminer quel est le tribunal qui doit connaître de l'action en rescision, il faut savoir quelle est la nature de cette action. Or, l'action peut être, suivant les cas, personnelle, mixte ou réelle. — *Elle est personnelle*, lorsqu'elle est dirigée contre l'acheteur, et que celui-ci n'est plus en possession de l'immeuble vendu ; *elle est mixte*, lorsqu'il continue de posséder ; enfin *elle est réelle*, lorsqu'elle est dirigée contre un sous-acquéreur.

Dans le premier cas, on ira devant le tribunal du domicile de l'acheteur ; dans le second cas, on ira, soit devant le tribunal du domicile de l'acheteur, soit devant celui de la situation de l'immeuble, selon le caractère que le vendeur aura donné à son action ; dans le troisième cas enfin, on ira devant le tribunal de la situation de l'immeuble. Mais il faut observer que le vendeur devra d'abord faire prononcer la nullité de la vente contre son acheteur, avant d'agir en revendication contre les sous-acquéreurs.

Quelle est la durée de l'action en rescision ?

L'action en rescision pour cause de lésion dure deux ans, à compter du jour de la vente. — Ce délai court même contre les incapables et les absents.

En parlant des mineurs, la loi fait remarquer qu'il s'agit des mineurs venant du chef d'un majeur qui a vendu ; car, en effet, si le mineur avait vendu lui-même, de deux choses l'une : ou la vente a été faite par autorité de justice, et alors point de rescision pour lésion ; ou elle a été faite sans les formes exigées, et alors le mineur a dix ans, à compter de sa majorité, pour demander la nullité à raison de son incapacité.

La loi ajoute que le délai de deux ans n'est pas suspendu pendant le temps fixé pour le pacte de réméré. — Quel est donc l'intérêt du vendeur à réméré de pouvoir intenter l'action en rescision pendant deux années, quand il a cinq ans pour le rachat? Cette action peut être utile, car il est possible que le vendeur ne puisse pas, faute d'argent, demander le réméré. (Art. 1676.)

Le vendeur peut-il renoncer au droit de demander la rescision ?

Non ; le vendeur ne peut pas renoncer dans le contrat de vente au droit de demander la rescision.

La raison de cette prohibition est facile à comprendre : le vendeur subit ordinairement la loi de l'acheteur ; pressé d'avoir de l'argent, il accepte toutes les conditions que celui-ci lui impose. C'est pourquoi on tient pour non avenue la renonciation qu'il aurait consentie en contractant, et même celle qu'il aurait souscrite après le contrat, mais avant le payement du prix.

En définitive, le vendeur ne peut renoncer à son action qu'après le contrat, et seulement lorsqu'il a été payé. Dès ce moment, en effet, la contrainte morale qu'il subissait a cessé d'exister. (Art. 1674.)

Quels sont les effets de la rescision prononcée ?

Le jugement qui prononce la rescision produit l'effet d'une condition résolutoire accomplie. Le vendeur restitue le prix, et reprend l'immeuble vendu franc et quitte de toutes les charges imposées par l'acheteur, comme s'il n'avait jamais cessé d'en être propriétaire. — Néanmoins, les parties ne se doivent pas compte des intérêts du prix et des fruits de la chose vendue à partir de la vente, mais seulement à partir de la demande en rescision.

Afin d'éviter autant que possible que les tiers auxquels l'acheteur aurait concédé des droits réels sur l'immeuble vendu n'aient à supporter les effets désastreux de la rescision, la loi permet à celui-ci de garder l'immeuble, en payant le supplément du juste prix, diminué d'un dixième. La diminution d'un dixième s'explique par cette considération, qu'il ne serait pas juste de priver entièrement l'acheteur des bénéfices que le contrat lui a procurés.

Aux termes de la loi du 23 mars 1855, le jugement qui prononce la rescision doit être mentionné en marge de la transcription de l'acte de vente. — Cette disposition a pour but d'avertir les tiers que l'acheteur a cessé de posséder l'immeuble qu'il avait acquis. (Art. 1681, 1682.)

CHAPITRE SEPTIEME

DE LA LICITATION.

Art. 1686 à 1688.

Qu'est-ce que la licitation ?

La licitation est la vente aux enchères d'une chose appartenant par indivis à plusieurs personnes.

On y a recours lorsqu'une chose indivise ne peut pas être commodément partagée, ou lorsque, dans un partage amiable, il se trouve une chose que personne ne veut prendre. (Art. 1686.)

Comment a lieu la licitation ?

La licitation peut avoir lieu de deux manières : amiablement ou judiciairement.

Elle a lieu amiablement, lorsque les copropriétaires, étant tous présents, majeurs et maîtres de leurs droits, se sont entendus et ont choisi un notaire pour y procéder. — Dans ce cas, les étrangers ne sont admis aux enchères que si l'un des héritiers en forme la demande.

Elle a lieu judiciairement, lorsque parmi les copartageants il se trouve des mineurs, des interdits ou des absents, ou lorsque les cohéritiers ne s'entendent pas. — Dans ce cas, les étrangers y sont toujours admis.

Le tribunal ordonne le partage et commet ordinairement un juge pour surveiller les opérations. En outre, il nomme un notaire pour faire la liquidation des droits des parties. — La licitation a lieu en présence du juge commis à cet effet ; ou, si le tribunal n'en a pas commis, en présence du notaire. (Art. 1687, 1688.)

Quels sont les effets de la licitation ?

Il faut distinguer selon que l'adjudicataire est l'un des copartageants ou un étranger.

Lorsque l'adjudicataire est l'un des copartageants, la licitation a le caractère et les effets d'un véritable partage. — Il en résulte : 1° que les droits réels consentis pendant l'indivision par l'un des copartageants sont anéantis, à moins qu'ils ne proviennent de l'adjudicataire lui-même ; 2° que le payement du prix est garanti par le privilège que la loi attribue aux copartageants ; 3° que l'adjudicataire peut demander la rescision de la licitation pour lésion de plus du quart.

A l'inverse, lorsque l'adjudicataire est un étranger, la licitation a le caractère d'une vente, et les règles ordinaires de la vente sont alors applicables. — Ainsi le payement du prix est garanti par le privilège du vendeur, la rescision de la licitation pour cause de lésion ne peut être invoquée que par les vendeurs, l'adjudication doit être transcrite au bureau du conservateur des hypothèques.

CHAPITRE HUITIEME

DU TRANSPORT DES CRÉANCES ET AUTRES DROITS' INCORPORELS.

Articles 1689 à 1701.

Qu'est-ce que la cession de créances ?

La cession de créances est le transport qu'un créancier fait de ses droits au profit d'un tiers.

Le transport des créances et autres droits incorporels est ici considéré comme une vente, puisque le chapitre où il en est question se trouve placé dans le titre de la *Vente ;* cependant il peut avoir lieu également à titre gratuit.

Celui qui cède la créance prend le nom de *cédant ;* celui qui l'acquiert le nom de *cessionnaire ;* et enfin le débiteur dont l'obligation se trouve transportée d'une personne à une autre le nom de *cédé.*

La vente d'une créance comprend naturellement tous les accessoires de cette créance, tels que privilèges, hypothèques, cautionnements.

Nous examinerons successivement ici le transport des créances, des hérédités et des droits litigieux. (Art. 1692.)

Peut-on céder directement les créances et autres droits incorporels ?

A Rome, le créancier ne pouvait pas céder directement une

créance : l'obligation étant un rapport établi entre deux personnes
déterminées, changer une de ces personnes, c'était, en stricte doctrine, détruire le rapport, c'est-à-dire l'obligation, c'était faire
novation. Aussi, la cession des créances, telle que nous la prati-
quons aujourd'hui, était-elle inconnue. — Néanmoins, on parve-
nait à obtenir un résultat à peu près analogue au moyen d'un
détour. Le créancier qui voulait céder sa créance donnait mandat
au cessionnaire de poursuivre en son propre nom le débiteur et
de s'en faire payer, en le dispensant de rendre compte. C'est ce
qu'on appelait une *procuratio in rem suam.*

Mais, dans notre législation, la cession de créances se fait directement, comme la vente des choses corporelles. Elle confère au
cessionnaire tous les droits du cédant; elle le substitue en son
lieu et place, de telle sorte que le débiteur change de créancier
sans changer d'obligation. Toutefois, sa condition peut subir certaines modifications, à raison du changement des personnes.
Ainsi, si le nouveau créancier était mineur ou interdit, la prescription qui courait contre le cédant serait suspendue.

En principe, tous les droits peuvent être cédés, à l'exclusion
de ceux qui sont attachés à la personne, tels que les droits d'u-
sage, les actions en désaveu ou en séparation de corps.

**Quelles différences y a-t-il entre la cession de créances et la
subrogation?**

La cession de créances et la subrogation présentent une certaine analogie, en ce que l'on rencontre également dans l'une et
dans l'autre la substitution d'un nouveau créancier à l'ancien, la
créance restant la même, avec tous ses accessoires. — Mais ces
deux opérations juridiques présentent néanmoins de graves différences, que nous avons déjà signalées en parlant de la subrogation, et que nous nous bornerons seulement à rappeler ici.

D'abord, l'intention des parties n'est pas la même dans l'un et
l'autre cas. Dans la subrogation, le nouveau créancier se présente
avec la pensée de libérer le débiteur et d'éteindre sa dette par
rapport à l'ancien créancier. — D'où il suit: 1° qu'il ne peut
exercer son recours contre le débiteur que jusqu'à concurrence de
la somme qu'il a payée à sa décharge; 2° qu'il ne peut pas venir
en concurrence avec le créancier originaire pour l'exercice des
privilèges et hypothèques qui étaient attachés à la créance, lorsque celui-ci n'a été désintéressé qu'en partie. — Au contraire,

dans la cession de créances, le nouveau créancier se présente avec la pensée, non pas de libérer le débiteur, mais d'acquérir pour son propre compte les droits du créancier originaire, en les payant au plus bas prix, afin de réaliser un bénéfice. La somme donnée par lui n'est donc pas un payement destiné à éteindre la créance par rapport au créancier originaire, mais un véritable prix d'achat, en retour duquel la créance passe des mains du vendeur dans les siennes. — Il en résulte : 1° qu'il peut réclamer au débiteur le payement intégral de la créance, lors même qu'il l'a acquise pour un prix inférieur à sa valeur nominale ; 2° qu'il peut, s'il ne s'est fait céder qu'une portion de la créance, par exemple, la moitié, venir en concurrence avec son vendeur pour l'exercice des privilèges et hypothèques qui y étaient attachés.

C'est à l'intention des parties qu'il faut se référer pour assigner à l'opération son véritable caractère. Mais à quels signes pourra-t-on la reconnaître ? Comment saura-t-on si le tiers qui se présente l'argent à la main vient pour libérer le débiteur, pour l'arracher des griffes d'un créancier impitoyable ; ou s'il vient pour spéculer, pour acheter la créance avec la pensée de réaliser un bénéfice ? — La réponse est bien simple : la subrogation n'a lieu que dans deux hypothèses ; dans les cas exprimés limitativement par la loi, ou, en dehors de ces cas, lorsqu'elle a été expressément stipulée par les parties. En conséquence, l'opération sera une cession de créances, et non point une subrogation, toutes les fois que la subrogation ne résultera pas d'une disposition de la loi ou d'une clause expresse.

Comment a lieu la vente de créances ?

Il faut distinguer :

Entre le vendeur et l'acheteur, la vente d'une créance est, comme toute autre vente, parfaite par le seul consentement des parties. Dès qu'il y a eu accord sur la créance vendue et sur le prix, l'acheteur est propriétaire de la créance, et le vendeur doit lui faire la remise du titre qui la constate, afin de le mettre en mesure d'user du droit qu'il vient d'acquérir. — Le consentement du débiteur n'est pas nécessaire, parce qu'il lui est indifférent d'avoir à payer au cédant ou au cessionnaire.

Mais, *par rapport aux tiers*, la vente d'une créance n'est parfaite et elle ne produit la transmission de propriété que par l'accomplissement de certaines formalités, qui varient suivant la nature du titre. — Ces formalités consistent : 1° dans la remise du titre au cessionnaire, quand il s'agit de créances au porteur ; 2° dans le transfert sur les registres tenus à cet effet, quand il s'agit de rentes sur l'État ou de titres nominatifs dans une société financière ou industrielle ; 3° dans un endossement régulier, quand il s'agit de lettres de change, billets à ordre, chèques, etc. ; 4° enfin, dans la signification de la cession faite au débiteur ou dans l'acceptation authentique donnée par celui-ci, quand il s'agit de créances ordinaires.

L'acceptation authentique du débiteur est d'ailleurs préférable, en ce qu'elle implique sa renonciation à opposer au cessionnaire tous payements qu'il aurait antérieurement faits au cédant, et toutes compensations qu'il pourrait opposer du chef de ce dernier. (Art. 1689, 1690.)

Quels sont les tiers dont il est question ici ?

Les tiers dont il est question ici sont tous ceux auxquels la cession est opposable, bien qu'ils n'aient pas d'ailleurs figuré dans le contrat, c'est-à-dire le débiteur cédé, un second cessionnaire, les créanciers du cédant et leurs ayants cause.

La signification de la cession au débiteur ou son acceptation par acte authentique ont été exigées dans un but de publicité : elles ont pour objet de lui faire connaître quel est le propriétaire actuel de la créance, et de permettre aux tiers qui voudraient traiter avec le cédant de se renseigner à leur tour auprès de lui. — Et comme en l'absence de ces formalités la transmission d'une créance n'a pas lieu par rapport aux tiers, il en résulte : 1° que tant qu'elles n'ont pas été accomplies, le cédant peut seul exiger un payement de la part du débiteur, et que réciproquement celui-ci ne peut se libérer qu'en payant entre ses mains ; 2° que de deux acheteurs successifs d'une même créance, le second en serait propriétaire, s'il avait fait signifier ou accepter la cession qui lui a été faite avant le premier acheteur ; 3° que les saisies-arrêts ou oppositions faites par les créanciers du vendeur avant la signification ou l'acceptation de la cession sont opposables au cessionnaire.

Si le débiteur a eu connaissance de la cession, sans qu'il y ait eu cependant signification faite ou acceptation consentie, peut-il valablement payer entre les mains du cédant? — Il faut admettre 'affirmative, car l'article 1690 dit formellement que tant que les formalités voulues n'ont pas été accomplies, le cédant conserve la qualité de créancier par rapport aux tiers. (Art. 1690.)

Quelle est la garantie due par le vendeur de créances ?

Les ventes de créances donnent lieu, comme toutes les autres, à la garantie du vendeur. Il doit garantir l'existence de la créance, sa validité, et son droit de propriété sur elle. — Si la créance cédée n'existait pas, si elle était annulable, ou si elle appartenait à un tiers, le cédant devra restituer le prix de la cession avec ses intérêts, les frais de l'acte et les dépens du procès. Mais il ne sera pas tenu d'indemniser le cessionnaire du gain sur lequel il pouvait compter, et que l'éviction lui a fait manquer. — Sous ce rapport, la garantie due pour les ventes de créances est donc moins étendue que celle qui existe pour les ventes ordinaires, puisque, dans ces dernières, l'acheteur est indemnisé non seulement de la perte éprouvée, mais encore de tous les avantages qu'il aurait recueillis s'il n'avait pas été évincé.

On remarquera aussi que la garantie du vendeur de créances ne s'étend point à la solvabilité actuelle ou future du débiteur cédé. — Le cédant vend sa créance telle quelle ; il garantit qu'elle existe, qu'elle n'est pas infectée de vices capables de porter atteinte à sa validité, qu'elle lui appartient ; il ne garantit pas que le débiteur est actuellement solvable, ni qu'il le sera au moment de la vente. (Art. 1693, 1694.)

Les parties peuvent-elles modifier l'étendue de la garantie ?

Oui ; les parties peuvent ici, comme dans la vente ordinaire, restreindre ou augmenter l'étendue de la garantie légale. — Ainsi, elles peuvent convenir que le cédant ne répondra pas de l'existence de la créance, ou, au contraire, qu'il garantira la solvabilité du débiteur.

Cette dernière clause ainsi exprimée ne s'entend d'ailleurs que de la solvabilité *actuelle*. Si les parties veulent que le cédant garantisse en outre la solvabilité *future* du débiteur, c'est-à-dire sa solvabilité au moment de l'échéance, il faut qu'elles expriment que le cédant répond de la solvabilité *actuelle* et *future* du débiteur.

Au reste, quelle que soit l'étendue donnée à la garantie, elle ne doit jamais comprendre que les déboursés du cessionnaire évincé, et elles ne peuvent s'appliquer au gain qu'il aurait réalisé s'il n'avait pas été évincé (1). (Art. 1694, 1695.)

(1) La garantie de la solvabilité actuelle ou future du débiteur cesserait

Quelle est la garantie due par l'héritier qui a vendu sa part héréditaire ?

La vente d'une hérédité est un contrat par lequel un héritier transmet à un tiers tous les droits pécuniaires, actifs et passifs, attachés à son titre d'héritier. — L'acheteur, bien qu'il n'acquière pas d'ailleurs le titre d'héritier, recueille tout l'émolument de la succession et en supporte toutes les dettes et charges, à moins d'une stipulation contraire.

Quant à l'étendue de la garantie due par l'héritier qui a vendu sa part héréditaire, il faut établir plusieurs distinctions :

1° Celui qui vend, sans aucune addition ni restriction, ses droits héréditaires actifs et passifs, ne garantit que l'existence de sa qualité d'héritier. Cette garantie suppose que la succession est ouverte ; que le vendeur y est appelé, soit pour le tout, soit pour la quotité qu'il déclare ; mais elle n'implique rien de plus. Il n'y aura donc lieu à éviction que si le vendeur n'avait pas la qualité d'héritier : dans ce cas, il devra restituer le prix, ainsi que les frais d'acte et les dépens, s'il y a eu procès. De plus, il pourra être tenu à des dommages-intérêts.

2° Celui qui vend ses droits héréditaires actifs et passifs, avec indication des objets compris dans la succession, est tenu de la garantie ordinaire, de celle que doit fournir le vendeur d'un objet mobilier. — Si l'acheteur est évincé d'un objet compris dans la succession, le vendeur devra lui restituer le prix, ainsi que les frais d'acte et les dépens du procès. De plus, il pourra être tenu à lui fournir des dommages-intérêts.

3° Enfin, celui qui se borne à vendre la simple prétention qu'il croit avoir sur l'hérédité n'est tenu à aucune garantie, à moins qu'il n'ait su, au moment de la cession, n'avoir aucun droit à cette hérédité. (Art. 1696.)

Quelles sont les obligations respectives du vendeur et de l'acheteur d'une hérédité ?

Lorsque la vente d'une hérédité a été faite simplement, sans addition ni restriction, le vendeur est tenu de délivrer à l'acheteur non seulement les objets qui se trouvent dans la succession au moment de la vente, mais encore les créances héréditaires

d'ailleurs d'être due, si les créances ou les sûretés qui les accompagnent avaient péri par le fait du cessionnaire ou même par sa négligence. Tioplong, II, 941. — Marcadé, VI, art. 1693, 1695.

qu'il a touchées, ainsi que les fruits qu'il a perçus et le prix des objets qu'il a aliénés.

De son côté, l'acheteur doit rembourser au vendeur toutes les dettes que celui-ci a payées pour le compte de la succession.

Une question débattue est celle de savoir si l'acheteur doit profiter des parts vacantes qui viendraient à échoir au vendeur par accroissement. — Quelques auteurs admettent la négative, car, disent-ils, le vendeur a entendu transmettre ses droits héréditaires, tels qu'ils étaient au moment de la vente. — Mais l'opinion contraire est plus généralement adoptée, et c'est avec raison. En effet, l'accroissement n'est qu'un développement et une partie du droit successif, et, comme tel, il doit appartenir à l'acheteur par cela seul que l'héritier ne se l'est pas expressément réservé. (Art. 1697, 1698.)

Quels sont les droits de l'acheteur vis-à-vis des débiteurs héréditaires ?

L'acheteur d'une hérédité peut poursuivre directement les débiteurs héréditaires ; car en lui transmettant la succession l'héritier lui a fait une cession de toutes ses créances héréditaires, et cette cession générale équivaut à autant de cessions particulières. — Au reste, la loi n'oblige pas ici l'acheteur à faire signifier la cession aux débiteurs héréditaires, afin d'éviter les frais qu'auraient occasionnés des significations répétées.

Mais si l'acheteur d'une hérédité peut poursuivre directement les débiteurs héréditaires, il paraît douteux qu'il puisse, à l'inverse, être poursuivi directement par les créanciers. Effectivement, un créancier peut bien transmettre sa créance ; mais un débiteur ne peut pas de même faire passer sa dette sur la tête d'autrui. — En conséquence, les créanciers de la succession conservent le droit de poursuivre directement l'héritier, nonobstant la cession qu'il a faite de ses droits héréditaires, et ils ne peuvent agir contre l'acheteur qu'au moyen de l'action indirecte que leur confère l'article 1166. — L'héritier poursuivi appellera son acheteur en cause, afin de le faire condamner au remboursement des sommes qui sont réclamées contre lui.

Qu'est-ce que la vente de droits litigieux ?

La vente de droits litigieux est une convention par laquelle les parties stipulent que le vendeur cède à l'acheteur un droit qu'il prétend lui appartenir, mais à l'égard duquel il y a un procès engagé. —Au surplus, la vente d'un droit litigieux n'a pas pour objet le droit lui-même puisqu'il est contesté, mais une simple prétention du cédant. Par conséquent, celui-ci n'est pas tenu de garantir l'existence du droit vendu. (Art. 1700.)

La loi ne fournit-elle pas au cédé un moyen d'écarter l'acheteur d'un droit litigieux ?

Oui ; le Code, peu favorable aux acheteurs de créances, permet au débiteur prétendu de se faire tenir quitte du droit litigieux, en remboursant au cessionnaire le prix de la cession, ainsi que les intérêts échus, le coût du contrat et les dépens faits dans l'instance. C'est ce qu'on appelle le *retrait litigieux* (1).

Toutefois, le retrait ne peut pas être exercé dans les trois cas suivants : 1° lorsque le droit litigieux a été cédé par un héritier à son cohéritier ; 2° lorsqu'il a été cédé par un débiteur à son créancier en payement de sa dette ; 3° lorsqu'il a été cédé au possesseur de l'héritage sujet au droit litigieux. (Art. 1699, 1701.)

La cession de droits litigieux n'est-elle pas interdite à certaines personnes ?

Oui ; aux termes de l'article 1597, dont nous avons déjà expliqué la disposition, la cession de droits litigieux ne peut pas avoir lieu au profit des magistrats, des officiers ministériels et des avocats exerçant dans le ressort de la Cour d'appel ou du tribunal qui doivent connaître du droit en litige.

Au surplus, la nullité de la cession dans ce cas est une nullité relative : elle ne peut être invoquée que par le cédant et par le cédé, et non point par le magistrat qui s'est rendu cessionnaire, car c'est précisément contre lui qu'elle est établie.

(1) Le retrait litigieux doit être invoqué avant tout moyen sur le fond : il n'est pas recevable quand il n'est proposé que subsidiairement, de manière à n'être admis par les juges que lorsqu'ils ont tranché le débat au fond et qu'il n'y a plus litige. Cass., **20 février 1872 ; 10 décembre 1872 ; 11 décembre 1866. Paris, 12 juin 1879.**

LIVRE III, TITRE VII

De l'échange.

DÉCRÉTÉ LE 7 MARS 1804. — PROMULGUÉ LE 17 DU MÊME MOIS.

Les rédacteurs du Code civil ne s'occupent de l'échange qu'après avoir traité du contrat de vente. On pourrait leur reprocher à ce point de vue un certain défaut de méthode; car l'échange a certainement précédé la vente. Cependant, comme la vente est beaucoup usitée, on conçoit à la rigueur qu'on l'ait placée au premier rang. — Au surplus, l'échange présente beaucoup d'analogie avec la vente et il en suit presque toutes les règles.

Le titre de l'*Échange* ne présente pas de divisions : il ne comprend que les articles 1702 à 1707.

§ I. — *De l'échange.*

Qu'est-ce que l'échange ?

L'échange, aux termes de l'article 1702, et en modifiant un peu la définition de ce texte, est un contrat par lequel les parties se donnent ou s'obligent à se donner respectivement une chose pour une autre. Le mot *donner* est pris ici dans le sens de *transférer la propriété* (1).

Le contrat d'échange est généralement translatif de propriété; mais il peut arriver aussi, dans certains cas, qu'il soit simplement productif d'obligations, par exemple s'il porte sur des choses qui ne sont déterminées que quant à leur genre.

A Rome, l'échange était un contrat innomé *do ut des*, qui se formait par la tradition. — Sous l'empire du Code civil, sa nature est modifiée; l'article 1703 nous apprend que l'échange est un contrat nommé et consensuel, comme la vente : c'est également un contrat à titre onéreux et commutatif. (Art. 1702, 1703.)

---

(1) Mourlon, III, 713. — Marcadé (VI, art. 1702) et Troplong (*échange*), définissent l'échange comme le Code : « un contrat par lequel les parties se donnent une chose pour une autre. »

Quelle est la forme de l'échange ?

De même que la vente, l'échange n'est soumis à aucune condition de forme. Il peut être constaté, soit par un acte authentique, soit par un acte sous seing privé ; mais l'écrit n'est nécessaire que pour la preuve du contrat, et seulement dans le cas où l'un des objets échangés aurait une valeur supérieure à 150 francs.

Les modalités du droit commun sont applicables au contrat d'échange. Ainsi, il peut être pur et simple, à terme ou sous condition.

Pareillement, comme tous les contrats en général, l'échange suppose les quatre conditions suivantes : 1° le consentement des parties ; 2° leur capacité ; 3° un objet certain ; 4° une cause licite. (Art. 1702, 1706.)

Quels sont les effets de l'échange ?

De même que la vente, l'échange ne peut porter que sur les choses qui sont dans le commerce.

Quant à ses effets, ils sont également les mêmes que dans la vente. Ainsi, ils consistent à transférer la propriété des choses données en échange entre les contractants, toutes les fois qu'il s'agit de corps certains. Et de là il résulte que chacun d'eux est tenu vis-à-vis de l'autre : 1° de délivrer la chose ; 2° d'en garantir la possession paisible.

La propriété des choses données en échange est également transférée, par rapport aux tiers, par le seul effet du contrat, quand il s'agit de meubles corporels et de titres au porteur. — Quant aux meubles incorporels autres que les titres au porteur, il faut, comme on l'a vu dans la cession de créances, soit une signification au débiteur cédé ou son acceptation authentique, soit d'autres formalités. — Enfin pour les immeubles, la transcription est nécessaire ; car la loi du 23 mars 1855, la rend obligatoire pour tout acte translatif de propriété immobilière. (Art. 1707.)

Quel est le recours que les coéchangistes peuvent exercer l'un contre l'autre ?

Lorsque l'un des copermutants n'exécute pas son obligation, l'autre peut, à son choix, demander la résolution du contrat ou en poursuivre l'exécution ; dans les deux cas, il peut, en outre, exiger, s'il y a lieu, des dommages-intérêts.

L'article 1704 nous présente une première application de cette règle : « Si l'un des copermutants a déjà reçu la chose à lui donnée en échange, y est-il dit, et qu'il prouve ensuite que l'autre contractant n'est pas propriétaire de cette chose, il ne peut pas être forcé à livrer celle qu'il a promise en contre-échange, mais seulement à rendre celle qu'il a reçue. »

L'article 1705 complète l'application de cette règle. Suivant cet article, « le copermutant qui est évincé de la chose qu'il a reçue en échange a le choix de conclure à des dommages-intérêts, ou de répéter sa chose. » (Art. 1704, 1705.)

Qu'est-ce que l'échange avec soulte ?

Il arrive rarement dans la pratique que les deux choses échangées aient absolument la même valeur : presque toujours, l'un des coéchangistes doit à l'autre une soulte. — La soulte n'est point dès lors autre chose que le retour en argent dû par l'un des coéchangistes, à l'autre qui donne plus qu'il ne reçoit. Exemple : *Primus* remet à *Secundus* un immeuble de cent mille francs, en échange d'un autre immeuble valant cent cinquante mille francs. Pour rétablir l'égalité, les deux coéchangistes conviennent que *Secundus* recevra, en outre, de *Primus* une soulte de 50,000 francs. — Il s'agit de savoir quelle est la valeur d'un pareil échange, et quelles sont ses conséquences pratiques.

Deux systèmes sont en présence :

D'après le premier, le contrat est une vente ou un échange, suivant que le montant de la soulte est supérieur ou inférieur à la valeur de l'objet auquel elle s'ajoute. — Ce système repose sur la maxime *major pars trahit ad se minorem*. Il a, d'ailleurs, le grave défaut de ne pas faire une part assez large à l'interprétation discrétionnaire des tribunaux et aux circonstances de chaque affaire (1).

D'après le second système, il faut rechercher, et par la teneur de l'acte et par l'ensemble des diverses circonstances, la pensée des contractants ; en sorte que l'importance relative de la somme payée et de la chose qu'elle accompagne ne sera que l'une de ces circonstances à consulter, et non pas l'unique ou le principal moyen de solution (2).

(1) Pothier, *Retr.*, n° 92. — Duranton, XVI, 547. — Troplong, n°s 5 et 6.
(2) Marcadé, VI, art. 1702, 1703.

III. 12

Quelles différences y a-t-il entre la vente et l'échange ?

On sait que l'échange présente beaucoup d'analogie avec la vente. Il existe cependant entre ces deux contrats les différences suivantes :

1° Dans la vente, il y a une chose et un prix. — Dans l'échange, ce sont deux objets en nature, autres nécessairement que de l'argent monnayé, qui sont réciproquement stipulés et promis.

2° La rescision pour cause de lésion, admise en matière de vente, n'a pas lieu dans le contrat d'échange.

3° Le vendeur est tenu d'expliquer clairement ce à quoi il s'oblige, et tout pacte obscur ou ambigu s'interprète contre lui. — Dans l'échange, au contraire, on revient au droit commun, car il n'y a pas ici de vendeur contre qui on puisse interpréter le pacte ambigu : il y a deux copermutants placés en face l'un de l'autre, dans une situation absolument identique. Si donc les clauses du contrat relatives à l'obligation de l'une des parties sont obscures ou ambiguës, les juges, dans le doute, devront se prononcer en faveur du débiteur.

4° Les frais d'actes et autres accessoires de la vente sont à la charge de l'acheteur. — Dans l'échange, les deux parties, jouant à la fois le rôle du vendeur et celui de l'acheteur, devront mettre les frais en commun.

5° Enfin, dans la vente, l'obligation de garantie ne pèse que sur le vendeur. — Dans l'échange, au contraire, l'obligation de garantie est nécessairement réciproque. (Art. 1706.)

LIVRE III, TITRE VIII

Du contrat de louage.

DÉCRÉTÉ LE 7 MARS 1804. — PROMULGUÉ LE 17 DU MÊME MOIS.

Le contrat de louage présente certains caractères de ressemblance avec la vente ; mais l'analogie n'est pas aussi complète que dans l'échange. Les mêmes éléments s'y retrouvent : l'objet, le prix, le consentement. Les deux contrats sont également synallagmatiques, commutatifs et consensuels. Mais le louage ne confère que la jouissance de la chose, tandis que l'effet de la vente est de produire une translation de propriété.

Le titre du louage est ainsi divisé par le Code :

CHAP. I. — Dispositions générales.
CHAP. II. — Du louage des choses.
CHAP. III. — Du louage d'ouvrages.
CHAP. IV. — Du bail à cheptel.

CHAPITRE PREMIER

DISPOSITIONS GÉNÉRALES.

Articles 1708 à 1712.

Qu'est-ce que le louage ?

Le louage, entendu dans un sens général, est un contrat par lequel une partie s'oblige envers une autre à la faire jouir, soit d'une chose, soit de son travail ou de son industrie, moyennant un prix convenu.

On distingue, en effet, deux classes principales de louage, qui se subdivisent elles-mêmes en plusieurs espèces particulières : le louage des choses et le louage d'ouvrages. (Art. 1708.)

Qu'est-ce que le louage des choses ?

Le louage des choses est un contrat par lequel une partie s'oblige à procurer à l'autre la jouissance temporaire d'une chose, moyennant un prix convenu. — Dans ce contrat, celui qui promet la jouissance de la chose s'appelle *bailleur*, et celui qui s'engage à payer le prix porte le nom de *preneur*.

Il y a trois espèces de louage des choses, savoir : — 1° Le bail à loyer qui concerne le louage des maisons ou des meubles, et dans lequel le preneur est spécialement désigné sous le nom de *locataire ;* — 2° le bail à ferme qui concerne le louage des héritages ruraux, et dans lequel le preneur est spécialement désigné sous le nom de *fermier* ou de *colon partiaire ;* — 3° le bail à cheptel qui concerne le louage des animaux, dont le produit se partage entre le propriétaire et celui à qui il les confie et qu'on nomme *cheptelier* (1). (Art. 1709, 1711.)

Qu'est-ce que le louage d'ouvrages ?

Le louage d'ouvrages est un contrat par lequel une partie s'engage à faire pour l'autre un ouvrage quelconque, ou à lui consacrer pendant un certain temps ses services ou son industrie, moyennant un prix convenu.

Il y a trois espèces de louages d'ouvrages, savoir : — 1° le louage des domestiques et ouvriers ; — 2° le louage des voituriers ; — 3° le louage des architectes et entrepreneurs. — Dans le louage d'ouvrages, *le domestique, le voiturier, l'architecte*, procurent la jouissance de leur travail; celui qui en a le profit, moyennant une redevance, s'appelle *propriétaire* ou *maître*. (Art. 1710, 1711.)

Quel est le caractère commun du louage des choses et du louage d'ouvrages ?

Le louage des choses et le louage d'ouvrages ont un caractère commun, en ce sens que dans l'un et l'autre on trouve deux parties bien distinctes, un locateur et un locataire, et que dans tous les deux également le *locateur* est celui qui procure la jouissance, et le *locataire* celui qui la paye. — Ainsi le propriétaire qui procure la jouissance de son fonds, le maître du troupeau qui procure la jouissance de ses animaux, l'architecte qui procure la jouissance de son industrie, le domestique qui procure la jouissance de son travail, jouent également le rôle de loca-

(1) Il faut prononcer *chetel* et *chetelier*.

teurs, car ils font jouir. Et, à l'inverse, le fermier qui paye la jouissance d'un fonds, le propriétaire qui paye la construction d'une maison, le maître qui paye les services de ses domestiques, jouent le rôle de locataires, car ils fournissent une redevance à raison de la jouissance qui leur est procurée.

Cette doctrine, que le Code paraît avoir consacrée, n'était pas celle du droit romain et de notre ancien droit. — Aujourd'hui encore, des jurisconsultes éminents enseignent que l'architecte, le domestique, le voiturier sont des locataires, et celui avec qui ils traitent un locateur, parce que, disent-ils, c'est ce dernier qui leur donne et eux qui reçoivent la maison à construire, les services à fournir, les objets à transporter. — Mais cette théorie est évidemment fausse : en effet, le locateur est celui qui donne à loyer, c'est-à-dire qui s'engage à faire jouir d'une chose. Or, l'architecte, le domestique et le voiturier ne reçoivent pas la jouissance des ouvrages qui font l'objet du contrat ; mais ils la procurent au contraire, et par suite ils sont bien des locateurs (1).

Quelle différence y a-t-il entre le louage des choses et l'usufruit ?

Il y a entre le louage des choses et l'usufruit les différences suivantes :

1° Le louage naît toujours d'un contrat ; l'usufruit, au contraire, peut être établi, soit par convention, soit par la loi, soit par testament.

2° Le louage ne peut être établi qu'à titre onéreux ; l'usufruit, au contraire, peut être établi, soit à titre onéreux, soit à titre gratuit.

3° Le louage est transmissible aux héritiers du fermier ou du locataire ; l'usufruit, au contraire, s'éteint par la mort de l'usufruitier.

4° Le louage peut être consenti par un simple administrateur ; l'usufruit, au contraire, ne peut être constitué que par une personne capable d'aliéner.

5° Enfin, et c'est là qu'est la principale différence, le louage confère un droit de créance, en vertu duquel le locataire et le fermier peuvent exiger que le propriétaire *les fasse jouir* pendant toute la durée du bail ; tandis que l'usufruit confère un droit réel, en vertu duquel l'usufruitier peut seulement exiger que le nu-

(1) Marcadé, **VI**, art. 1708, 1711.

propriétaire *le laisse jouir*, qu'il ne mette aucun obstacle à l'exercice de son droit sur la chose.

Cette différence entre la nature du droit du locataire et du droit de l'usufruitier produit des conséquences remarquables. — Ainsi : 1° Lorsque la chose périt par cas fortuit, le locataire est libéré de toute redevance à fournir ; tandis que l'usufruitier la reçoit dans l'état où elle se trouve. 2° Le locataire ne peut pas hypothéquer son droit au bail ; l'usufruitier peut constituer des hypothèques sur son droit d'usufruit.

Quelle est la durée du louage ?

Dans l'ancien droit, il existait des baux perpétuels. La loi du 29 décembre 1790 les a supprimés, et a fixé à quatre-vingt-dix-neuf ans la plus longue durée des baux. — D'après la même loi, ils peuvent être faits à vie, même sur plusieurs têtes, à la charge qu'elles n'excéderont pas le nombre de trois.

La loi du 23 mars 1855 a assujetti à la transcription les baux de plus de dix-huit ans.

Aux termes de l'article 1712, les baux des biens nationaux, des iens des communes et des établissements publics sont soumis à es règlements particuliers, qui rentrent dans les matières du droit administratif et dont nous n'avons pas à nous occuper ici.

CHAPITRE DEUXIÈME

DU LOUAGE DES CHOSES.

Articles 1713 à 1778.

Le louage des choses comprend, comme on le sait, les baux de maisons et les baux de fermes.

Ces deux espèces de louage ont des règles communes et des règles particulières. En conséquence, nous traiterons ici : 1° Des règles communes aux baux de maisons et de fermes ; — 2° des règles particulières aux baux de maisons ; — 3° des règles particulières aux baux de fermes.

SECTION I

Quels sont les éléments constitutifs du louage ?

Le contrat de louage présente, comme la vente, trois éléments indispensables, savoir : un objet, un prix et le consentement des parties.

I. *Un objet.* — En principe, on peut louer toutes sortes de biens meubles et immeubles ; mais il y a toutefois quelques exceptions. — Ainsi, on ne peut pas louer une servitude réelle autrement qu'avec le fonds auquel elle est attachée, puisqu'elle ne peut exister séparée de lui. On ne peut pas louer les droits d'usage et d'habitation. On ne peut pas louer des choses qui se consomment par le premier usage, à moins qu'il n'ait été convenu qu'elles ne seront pas consommées.

II. *Un prix.* — Le prix peut consister non seulement en argent, mais aussi en denrées, si les parties ont l'intention de les assimiler à l'argent. — De même que dans la vente, le prix peut être remis à l'arbitrage d'un tiers.

III. *Le consentement des parties.* — Le consentement doit, comme dans tous les contrats en général, être exempt d'erreur, de dol ou de violence, et, en outre, il doit émaner d'une personne capable de contracter ; mais il n'est pas nécessaire que les parties aient la capacité d'aliéner. Ainsi, les mineurs non émancipés et les interdits ne peuvent ni donner ni recevoir à bail, parce qu'ils sont incapables de s'obliger ; mais les maris et tuteurs peuvent consentir des baux relativement aux biens dont ils ont l'administration, pourvu que ces baux ne dépassent pas neuf années. (Art. 1713, 1718.)

Comment se prouve le contrat de louage ?

Le louage est un contrat consensuel, et par suite il est parfait par le seul consentement des parties : l'écrit, qui en est ordinairement dressé, n'intervient que pour faire preuve.

Dans les baux de choses mobilières, la preuve du contrat se fait conformément au droit commun, c'est-à-dire que la preuve testimoniale est admissible jusqu'à 150 fr., et au-dessus de cette somme, s'il y a un commencement de preuve par écrit. — Et, bien entendu, ce n'est pas, en matière de bail, par le loyer d'une année que se calcule cette limite de 150 fr., mais par la masse des loyers de toute la durée du bail prétendu.

Dans les baux d'immeubles, au contraire, lorsque le bail n'a encore reçu aucune exécution, la preuve par témoins n'est jamais admise, lors même que le prix est inférieur à 150 fr. Cette dérogation aux principes généraux vient de ce qu'on a voulu éviter la multiplicité des procès. Le juge devra donc donner raison à celui qui nie le bail, sauf à lui déférer d'office le serment, s'il le croit à propos. Les parties pourront également demander la délation du serment ou l'interrogatoire sur faits et articles, puisque cet interrogatoire est autorisé par la loi en toute matière.

L'exécution du bail est une preuve de son existence, et il n'y a plus alors matière à procès entre les parties que par rapport aux clauses et conditions. — Si le fait de l'exécution était lui même contesté, la preuve s'en ferait conformément au droit commun. (Art. 1714, 1715.)

Que faut-il décider lorsque les parties ne sont pas d'accord sur le prix ?

Lorsque le bail est avoué ou qu'il a reçu un commencement d'exécution, la contestation peut encore s'élever sur le *quantum* du prix. — Dans ce cas, s'il y a des quittances de loyer ou de fermages auxquelles on puisse se référer, ces quittances font preuve. S'il n'en existe pas, le législateur, dérogeant encore ici au droit commun, rejette la preuve testimoniale, et veut que le propriétaire soit cru sur son serment. La raison de cette préférence vient de ce que le propriétaire, ayant une position plus stable que le locataire, a plus d'intérêt à conserver une bonne réputation et par suite à dire la vérité.

Au reste, la loi a apporté un tempérament à cette disposition, en autorisant le locataire à s'opposer à la délation du serment, à la condition de former une demande d'expertise. Seulement, elle ajoute que les frais de cette expertise resteront à sa charge, si l'estimation dépasse le prix qu'il avait offert. (Art. 1716.)

Le preneur peut-il sous-louer ou céder son bail ?

Oui ; aux termes de l'article 1717, le preneur a le droit de sous-louer et même de céder son bail à un autre, si cette faculté ne lui a pas été interdite par une clause formelle du contrat.

Dans la sous-location, le tiers devient locataire du locataire principal, et non point du propriétaire. — Dans la cession de bail, au contraire, le tiers est mis au lieu et place du cédant ; il reçoit les charges et les bénéfices de son bail, il est en un mot substitué en qualité de preneur. Toutefois la cession de bail ne porte pas atteinte aux droits du propriétaire contre le cédant, qui reste toujours personnellement obligé envers lui.

Aux termes de l'article 1717, la défense de sous-louer entraîne celle de céder son bail. — On admet aussi que la défense de céder son bail entraîne celle de sous-louer. (Art. 1717.)

Quelles sont les obligations du bailleur ?

Le bailleur est tenu :

1° De délivrer au preneur la chose louée en bon état, et exempte de vices cachés qui en empêchent ou qui en diminuent l'usage.

2° De faire les grosses réparations, ainsi que les réparations d'entretien, de manière à entretenir la chose en état de servir à l'usage pour lequel elle a été louée, pendant toute la durée du bail.

3° De ne pas changer, pendant toute la durée du bail, la forme de la chose louée.

4° De garantir le preneur de tout trouble de droit, c'est-à-dire de tout trouble causé par la revendication d'un droit que les tiers feraient valoir sur la propriété de la chose louée. — Mais il n'est pas tenu de le garantir des voies de fait par lesquelles des tiers porteraient atteinte à sa jouissance, si ces tiers n'alléguaient pas un droit sur la chose louée (1). (Art. 1719, 1720, 1721, 1723, 1725, 1726, 1727.)

Quelles sont les obligations du preneur ?

Le preneur est tenu :

1° De payer le prix convenu, et, pour sûreté du prix, de garnir les lieux loués des meubles ou des ustensiles nécessaires ;

2° D'user de la chose louée en bon père de famille, et suivant la destination qui lui a été donnée par le bail ou qui est présumée d'après les circonstances ;

---

(1) Le locataire d'une boutique a une action directe contre son bailleur à l'effet de faire cesser la concurrence qui lui est faite par un autre locataire, lorsqu'il a loué sous la condition expresse que le propriétaire ne pourrait louer dans sa maison à une personne exerçant la même industrie. Tribunal Seine, 1er juillet 1879.

La démolition d'une maison ordonnée d'urgence et pour cause de péril imminent par l'autorité, n'autorise pas les locataires à demander une indemnité au propriétaire. Cass., 31 décembre 1878.

3° De faire les réparations locatives, et de souffrir les réparations d'entretien qui seraient nécessaires, pourvu qu'elles ne durent pas plus de quarante jours ;

4° Enfin de restituer la chose louée, à l'expiration du bail, dans l'état où il l'avait reçue.

On constate ordinairement l'état de la chose louée au moyen *d'un état des lieux.* Le preneur doit la rendre suivant cet état, à moins que les dégradations qui sont survenues n'aient eu lieu par vétusté ou par force majeure. — S'il n'a pas été dressé d'état des lieux, le preneur est présumé avoir reçu la chose en bon état de réparations locatives, et il doit la rendre telle à moins qu'il ne puisse établir le contraire.

A l'obligation imposée au preneur de rendre la chose dans l'état où il l'a reçue, se rattache celle de dénoncer au bailleur les attentats contre sa propriété ou les troubles de droit. — L'avertissement du locataire permettra au bailleur d'empêcher toute prescription de courir contre lui. (Art. 1728, 1729, 1730, 1731, 1732, 1735.)

Le preneur est-il obligé de souffrir les réparations que ferait le bailleur ?

Le bailleur étant tenu de faire jouir le preneur, doit par cela même faire exécuter toutes les réparations d'entretien qui deviendraient nécessaires pendant la durée du bail. Mais, d'un autre côté, ces réparations pourront diminuer ou même rendre impossible la jouissance du locataire. En conséquence, afin de concilier autant que possible l'intérêt des parties, la loi établit les distinctions suivantes : -

1° Si les réparations ne sont pas urgentes et si elles peuvent se retarder sans danger jusqu'à la fin du bail, le preneur peut s'opposer à ce qu'elles soient faites.

2° Si, au contraire, les réparations sont urgentes et ne peuvent être différées jusqu'à la fin du bail, le preneur doit les souffrir, quelque incommodité qu'elles lui causent, et quoiqu'il soit privé pendant qu'elles se font d'une partie de la chose louée. — Toutefois, si ces réparations durent plus de quarante jours, le prix du bail sera diminué à proportion du temps et de la partie de la chose louée dont il aura été privé.

3° Si les réparations ne privent pas seulement le preneur d'une partie de sa jouissance, mais si elles la détruisent absolument, en rendant inhabitable son logement, il pourra, quelle que soit la durée de ces réparations, demander la résiliation du bail(1). (Art. 1724.)

Quelle est la responsabilité des locataires en cas d'incendie ?

Il faut distinguer, suivant qu'il s'agit d'une maison habitée par un seul locataire ou par plusieurs.

Lorsqu'il s'agit d'une maison habitée par un seul locataire, la loi déroge au droit commun en décidant que celui-ci sera responsable de l'incendie, lors même qu'il établirait qu'il a eu lieu sans sa faute, à moins qu'il ne prouve un de ces trois faits : 1° que l'incendie est arrivé par cas fortuit ou par force majeure ; 2° qu'il a eu lieu par suite d'un vice de construction ; 3° ou qu'il a été communiqué par une maison voisine. — Tout locataire qui ne serait pas en mesure d'établir un de ces faits, pourra être condamné à indemniser le propriétaire de la perte de sa maison, lors même qu'elle aurait eu lieu sans sa faute.

Lorsqu'il s'agit d'une maison habitée par plusieurs locataires, la loi déclare en outre qu'ils seront tous solidairement responsables des dommages causés par l'incendie, à moins qu'il ne soit prouvé : 1° que l'incendie est arrivé par cas fortuit ; 2° qu'il a commencé dans l'habitation de l'un d'eux, auquel cas celui-là seul en sera tenu ; 3° ou que quelques-uns ne prouvent que l'incendie n'a pas pu commencer chez eux, auquel cas ceux-là n'en seront pas tenus. — La solidarité qui existe entre les locataires est d'ailleurs une solidarité imparfaite, car les locataires ne se sont point constitués mandataires les uns des autres : l'assignation lancée contre l'un d'eux n'interromprait donc pas la prescription à l'égard des autres.

Suivant la plupart des auteurs, l'indemnité à payer au propriétaire est répartie entre les locataires par portions égales, et non pas proportionnellement à la valeur des loyers ; car la présomption de faute est, dit-on, la même pour tous. — Cependant, l'opinion contraire peut être soutenue : en effet, la présomption d'incendie est certainement plus forte contre celui qui occupe huit à dix pièces, qui a cinq ou six feux, qu'à l'égard de celui qui n'occupe qu'une seule chambre et qui n'a qu'un feu.

(1) Les règles du contrat de louage sont applicables au bail de chasse ; ainsi le locataire d'une chasse qui se trouve, par le fait du propriétaire, atteint dans la jouissance de son droit, peut demander ou la résiliation de son bail ou une diminution de loyers. Amiens, 24 décembre 1879.

Il va sans dire que le propriétaire peut céder son recours en indemnité contre les locataires : ainsi, la clause qui, dans une police d'assurance, transmet ce droit de l'assuré à l'assureur est parfaitement valable. (Art. 1733, 1734.)

Comment finit le bail ?

Le bail finit : 1° par la perte de la chose louée ; 2° par la résolution du contrat ; 3° par la vente de la chose louée, mais seulement lorsqu'il n'y a pas de bail ayant date certaine ; 4° enfin par l'expiration du temps convenu, ou par la signification d'un congé.

I. *Le bail finit par la perte de la chose louée.* — Si la chose louée a péri en totalité, le bail est nécessairement résilié puisque le preneur ne doit payer le prix qu'autant que sa jouissance peut s'exercer. — Si la perte n'est que partielle, il peut, à son choix, demander une diminution du prix ou la résiliation du bail.

II. *Le bail finit par la résolution du contrat prononcée en justice.* — Le contrat de louage n'est point résolu par la mort du bailleur, ni par celle du preneur. Mais il se résout par le manquement de l'une des parties à ses obligations, ou par la résolution du droit du bailleur (1).

III. *Le bail finit par la vente de la chose louée, lorsqu'il n'a pas date certaine.* — A Rome et dans notre ancien droit, l'acquéreur d'un immeuble pouvait toujours, à moins d'une clause contraire insérée dans l'acte d'acquisition, expulser le preneur, par la raison que n'ayant contracté aucune obligation envers lui, il ne devait pas être tenu de lui procurer la jouissance de la chose. — Le Code en a disposé autrement : il déclare que l'acquéreur ne peut expulser le preneur, si le bail a date certaine, à moins d'une clause expresse ; et que, dans le cas où il existerait une pareille clause, l'expulsion ne pourra avoir lieu qu'après que le preneur aura été préalablement indemnisé par le bailleur, ou, à son défaut, par le nouvel acquéreur.

L'acquéreur à pacte de rachat ne peut jamais expulser le preneur.

IV. *Le bail finit par l'expiration du temps ou par la signification*

---

(1) Le locataire qui a encouru la résiliation de son bail pour avoir joui d'une manière abusive des lieux loués, ne saurait échapper à cette résiliation par l'offre qu'il ferait de se conformer à l'avenir aux clauses et conditions du bail. Paris, 16 juin 1879.

d'un congé. — Aux termes des articles 1736 et 1737, le bail finit par l'expiration du temps, lorsqu'il est fait par écrit; et par la signification d'un congé, lorsqu'il est fait sans écrit. — Mais ces mots *baux écrits* et *baux non écrits* ont ici un sens particulier qui ne répond pas à leur sens grammatical. Le bail écrit est celui qui a été fait pour un temps déterminé, à l'expiration duquel il doit cesser de plein droit; peu importe qu'il soit ou non constaté par un écrit. Le bail non écrit est celui qui a été fait sans qu'on lui ait assigné une durée déterminée, qu'il soit ou non constaté par l'écriture. — Si la loi s'est servi des mots *baux écrits et baux non écrits* pour exprimer cette distinction, c'est parce qu'elle s'est préoccupée de ce qui a lieu le plus souvent, que les premiers sont le plus généralement faits pour un temps fixe, et les seconds pour une durée indéterminée. (Art. 1722, 1736, 1737, 1741, 1742, 1743, 1744, 1749, 1750, 1751.)

Quel est le montant de l'indemnité due au preneur en cas d'expulsion ?

Le montant de cette indemnité est ordinairement déterminé par la convention. A défaut de convention, il est fixé par la loi de la manière suivante : — S'il s'agit d'un bail de maisons, le preneur recevra une somme égale au prix du loyer pendant le temps qui, suivant l'usage des lieux, est accordé entre le congé et la sortie; — s'il s'agit de biens ruraux, il recevra une somme égale au tiers du prix fixé pour tout le temps qui restait à courir; — s'il s'agit de manufactures, usines ou autres établissements qui exigent de grandes avances, l'indemnité sera réglée par des experts.

Au reste, nonobstant l'indemnité qu'il reçoit, le preneur ne peut être expulsé qu'après avoir été averti à l'avance par le nouvel acquéreur, conformément à l'usage des lieux s'il s'agit de maisons, et un an à l'avance s'il s'agit de biens ruraux. (Art. 1744, 1745, 1746, 1747, 1748.)

La disposition qui oblige le bailleur à fournir cette indemnité n'a-t-elle pas été critiquée ?

Oui; la disposition de la loi qui oblige le bailleur à fournir une indemnité au preneur qui a un bail ayant date certaine, lorsque celui-ci est expulsé, a donné lieu à des critiques qui paraissent assez fondées. — Effectivement, les dommages-intérêts sont ordinairement la réparation d'un préjudice causé injustement : or, dans l'espèce, le préjudice n'est pas causé injustement, puisque le fait qui l'occasionne, l'expulsion du preneur, a été expressément prévu et permis par une clause du bail.

En résumé, le preneur peut opposer son bail au nouvel acquéreur à la seule condition que le bail ait date certaine, et pourvu qu'il ne se soit pas soumis volontairement à l'expulsion. — Cependant on a fait une objection contre cette théorie : le Code, a-t-on dit, en déclarant que l'acquéreur ne peut pas *expulser* le preneur dont le bail a date certaine, semble supposer que ce dernier est déjà en possession des biens loués ; d'où il résulterait qu'il ne peut pas en être expulsé non seulement lorsqu'il a un bail ayant date certaine, mais encore lorsqu'il a pris possession des biens loués. Mais cette objection ne paraît pas fondée, car il résulte de la discussion de la loi qu'il n'y a pas à distinguer si le preneur était, ou non, en possession des lieux loués au moment de la vente.

Le droit du preneur dont le bail a date certaine est il un droit réel ?

Comme on l'a vu, le preneur dont le bail a date certaine peut opposer son droit au nouvel acquéreur, et celui-ci ne peut l'expulser qu'en vertu d'une clause expresse insérée dans le bail. Faut-il en conclure que le droit du preneur, de droit personnel qu'il était à l'origine, se transforme, dans cette hypothèse, en un droit réel sur l'immeuble ? — Quelques auteurs admettent l'affirmative. Le preneur, disent-ils, peut exercer deux droits : un droit personnel par lequel il agit contre le bailleur et ses héritiers pour les contraindre à le faire jouir, et un droit réel par lequel il oblige les successeurs à titre particulier du bailleur à souffrir sa jouissance (1).

Mais cette doctrine est généralement repoussée, et c'est avec raison. — En effet, si l'acquéreur ne peut pas expulser le preneur, ce n'est pas que ce dernier ait un droit réel ; c'est parce que la loi a voulu, dans un intérêt général et par un motif d'équité, que l'acquéreur fût subrogé passivement aux obligations du bailleur, comme il est subrogé activement à ses droits ; c'est parce qu'elle a voulu, en un mot, que l'acquéreur prît la suite du bail. — Si le preneur avait un droit réel, il pourrait figurer en son propre nom dans les procès relatifs à la propriété du fonds : or les articles

(1) Troplong, *Louage*, I, n°° 5 et 7 ; II, n°° 473, et suiv. — Rozy, professeur à la Faculté de Toulouse, *Revue pratique*, t. XX, p. 568 et suiv.

1726 et 1727 lui refusent ce droit. D'ailleurs, s'il avait, par impossible, un droit réel, un *jus in re*, il forcerait bien l'acquéreur à *le laisser jouir*, mais il ne saurait l'astreindre *à le faire jouir* (1).

Au reste, la loi du 23 mars 1855 est venue restreindre le droit du preneur, en le subordonnant, pour les baux de longue durée, à l'accomplissement de certaines formalités.

Quelles sont les restrictions apportées au droit du preneur par la loi du 23 mars 1855 ?

Aux termes de la loi du 23 mars 1855, l'acquéreur n'est plus obligé de subir les baux excédant dix-huit ans, lorsqu'ils n'ont pas été rendus publics au moyen de la transcription. — En outre, cette loi dispose que le payement des loyers ou fermages qui aurait été fait par anticipation par le preneur ne sera opposable au nouvel acquéreur, s'il n'a pas été transcrit, que pour une somme inférieure à trois années des revenus de l'immeuble.

Ces dispositions ont pour but d'avertir les tiers qui voudraient se porter acquéreurs des biens loués, et d'empêcher qu'ils ne soient trompés sur l'état de ces biens. (Loi du 23 mars 1855.)

Les baux non écrits ne peuvent-ils cesser que par la signification d'un congé ?

Lorsque le bail a été fait sans convention sur sa durée, ou, pour parler le langage du Code, lorsqu'il a été fait sans écrit, il cesse, avons-nous dit, par la signification d'un congé. — Mais cette règle, qui est vraie lorsqu'il s'agit de maisons, ou lorsqu'il s'agit de locations de meubles ou de logements meublés, n'est point exacte lorsqu'il s'agit de biens ruraux. — Effectivement, les baux de biens ruraux, faits sans indication de la durée, cessent de plein droit, sans qu'il y ait besoin d'une signification de congé, à l'expiration du temps nécessaire à la récolte de tous les produits du fonds. (Art. 1774.)

Dans quelle forme le congé doit-il être donné ?

La loi n'a pas réglé la forme du congé : il peut donc être écrit ou verbal ; mais, dans ce dernier cas, la preuve n'en peut être faite par témoins, même au-dessous de 150 francs.

(1) Demante, *Progr.*, III, 432. — Demolombe, *Distinction des biens*, I, 492 et 493. — Marcadé, VI, art. 1743. — Mourlon, III, 769 *bis.* Valette, *Priv. et hypoth.*, I, p. 195. — Pont, *Priv. et hypoth.*, n° 385. — Cass., 14 nov. 1832; **6 mars 1861** ; 21 février 1865.

On ne peut donner congé qu'en observant les délais fixés par l'usage des lieux. — Mais il n'est pas nécessaire que le congé soit accepté par la partie à laquelle il est donné. Effectivement, le congé n'est point une convention, un concours de deux volontés, mais l'expression d'une volonté unique.

L'effet du congé est de faire cesser les obligations et les droits respectifs du bailleur et du preneur. — Si ce dernier, soit dans ce cas de congé, soit dans le cas d'expiration d'un bail fait pour un temps déterminé, refusait de quitter les lieux, le bailleur pourrait obtenir à bref délai un jugement ordonnant l'expulsion immédiate.

A la fin du bail, le preneur peut exiger le remboursement des dépenses nécessaires qu'il a faites pour la conservation de l'immeuble. Si les dépenses qu'il a faites sont simplement utiles, il a seulement le droit d'enlever la chose, en remettant les lieux dans leur premier état. (Art. 1736).

L'expiration du temps convenu fait-elle toujours cesser le bail ?

En principe, lorsque le bail est fait pour une durée déterminée, ou, pour parler le langage du Code, lorsqu'il est écrit, il cesse par le seul fait de l'échéance du terme. — Toutefois, si, après l'expiration du temps convenu, le preneur reste et est laissé en possession pendant un temps suffisant pour faire présumer que les parties ont l'intention de prolonger les effets du contrat, il s'opère par cet accord tacite un nouveau bail qu'on appelle *tacite réconduction.*

Les conditions de ce nouveau bail sont les mêmes que celles du bail précédent, sauf sur deux points : 1° il est fait comme les baux non écrits pour une durée indéterminée, tandis que le bail précédent avait été fait pour un temps fixe ; 2° les cautionnements et les hypothèques qui garantissaient l'exécution du premier bail ne garantissent pas celle du nouveau bail.

De ce que la tacite réconduction a lieu, comme les baux non écrits, pour une durée indéterminée, il en résulte qu'elle cesse : s'il s'agit de maisons, par la signification d'un congé ; et, s'il s'agit de biens ruraux, à l'expiration du temps nécessaire pour la récolte des produits du fonds.

Il va sans dire que le bailleur pourrait empêcher la tacite réconduction, soit en signifiant un congé au preneur à l'expiration du temps convenu ; soit en faisant insérer dans le contrat ou en stipulant après coup une clause prohibitive de réconduction tacite. (Art. 1738, 1739, 1740.

SECTION II

DES RÈGLES PARTICULIÈRES AUX BAUX A LOYER.

Qu'entend-on par baux à loyer ?

On entend par baux à loyer, les baux qui concernent les maisons, usines, chantiers, etc., et les baux de meubles et d'appartements meublés.

Outre les règles qu'on a vues précédemment et qui sont communes à tous les baux, soit à loyer, soit à ferme, il existe quelques règles particulières qui concernent spécialement les baux à loyer. — Ce sont ces règles que nous allons étudier ici.

Quelles sont les obligations respectives du propriétaire et du locataire dans les baux à loyer ?

Il faut distinguer :

En ce qui concerne les obligations du propriétaire, elles sont les mêmes dans les baux à loyer que dans les baux à ferme, et par conséquent nous n'avons qu'à nous référer aux règles générales qu'on a vues précédemment. — Le propriétaire de maisons doit, comme tout bailleur : 1° faire la délivrance de la chose louée ; 2° en procurer la jouissance au locataire et le garantir de tous troubles de droit ; 3° entretenir la chose louée en bon état, et y faire les grosses réparations et les réparations d'entretien.

Quant au locataire, il est également assujetti aux obligations qui incombent en général à tout preneur, qu'il s'agisse d'un bail de maison ou d'un bail de ferme. — Cependant, la loi mentionne expressément les suivantes. Il doit :

1° Garnir la maison de meubles suffisants pour garantir le payement des loyers, ou donner un supplément d'autres sûretés, comme un gage, une hypothèque.

2° Faire les réparations locatives ou de menu entretien, à moins qu'il ne prouve que les pertes et détériorations existaient déjà lors de son entrée en jouissance, ou qu'elles sont arrivées pendant le bail par vétusté ou par force majeure. (Art. 1752, 1754, 1755.)

Que comprennent les réparations locatives ?

Les réparations locatives ne sont pas toutes indiquées par le

III.   13

Code. Il s'est borné à en citer quelques-unes à titre d'exemple, en s'en référant pour les autres à l'usage des lieux.

Celles qui sont indiquées par le Code comprennent les réparations à faire : — aux âtres, contre-cœurs, chambranles et tablettes de cheminées ; — au récrépiment du bas des murailles des appartements et autres lieux d'habitation, à la hauteur d'un mètre ; — aux pavés et carreaux des chambres, lorsqu'il y en a seulement quelques-uns de cassés ; — aux vitres, à moins qu'elles ne soient cassées par la grêle ou autres accidents extraordinaires et de force majeure dont le locataire ne peut être tenu ; — aux portes, croisées, planches de cloisons ou de fermetures de boutiques, gonds, targettes et serrures.

Les autres réparations plus importantes sont à la charge du propriétaire, à moins qu'elles n'aient été rendues nécessaires par la faute du locataire. — Le Code cite notamment, parmi les réparations plus importantes, le curement des puits et celui des fosses d'aisances (1). (Art. 1754, 1756).

Quels sont les moyens que la loi accorde au propriétaire pour assurer l'exécution du bail ?

La loi accorde plusieurs moyens au propriétaire pour assurer l'exécution du bail, qu'il s'agisse d'un bail de maison ou d'un bail de ferme. Ainsi, elle lui confère :

1° Un droit de saisie, sans titre exécutoire. — En principe, un créancier ne peut saisir les meubles de son débiteur qu'en vertu d'un titre exécutoire, c'est-à-dire en vertu d'un acte notarié ou d'un jugement. Par exception, le propriétaire peut saisir les meubles de son locataire en vertu de son contrat de louage, même lorsqu'il a eu lieu verbalement.

2° Un privilège sur les meubles qui garnissent les lieux loués — En vertu de ce privilège, le propriétaire, après avoir saisi les meubles de son locataire, peut les faire vendre et se faire payer sur le prix par préférence aux autres créanciers.

3° Un droit de revendication pour le cas où les meubles qui

(1) En cas de contestation entre le propriétaire et le locataire sur les réparations locatives, la loi du 25 mai 1838 attribue la compétence au juge de paix. Mais cette attribution de compétence n'ayant été établie que dans le but d'offrir aux justiciables une voie plus courte et moins dispendieuse pour se faire rendre justice, ceux-ci peuvent y renoncer et soumettre leur différend au tribunal de première instance. — Trib. Seine, 27 mars 1879.

garnissaient les lieux loués auraient été frauduleusement détournés.

4° Le droit de résilier le bail, lorsque le locataire n'exécute pas ses engagements ; par exemple lorsqu'il ne garnit pas la maison de meubles suffisants, ou lorsqu'il en change la destination.
— Dans le cas où le bail a été ainsi résilié par la faute du locataire, celui-ci est tenu de payer le prix du bail pendant le temps nécessaire à la relocation, sans préjudice des dommages-intérêts auxquels il pourrait être condamné à raison de l'abus de sa jouissance.

5° Enfin, lorsque le locataire a lui-même sous-loué les lieux, le propriétaire a le droit de se faire payer ce qui lui est dû par les sous-locataires, mais seulement jusqu'à concurrence de ce qu'ils doivent eux-mêmes au locataire principal. (Art. 1752, 1753, 1760, 2102.)

L'action du propriétaire contre les sous-locataires est-elle une action directe ?

L'intérêt de cette question est facile à saisir. En effet, si le propriétaire n'avait qu'une action indirecte contre les sous-locataires, s'il ne pouvait agir contre eux qu'au nom et du chef du locataire principal, il devrait concourir avec les autres créanciers de celui-ci ; tandis qu'en agissant directement et en son nom contre les sous-locataires, il peut conserver exclusivement tout ce qu'il en obtient.

On admet généralement que l'action du propriétaire contre les sous-locataires est une action directe, qui lui permet d'agir contre eux en son propre nom et de son chef. — Effectivement, s'il en était autrement, l'article 1753 qui mentionne cette action, serait inutile, puisqu'elle résulterait déjà du principe contenu dans l'article 1166 d'après lequel tout créancier peut agir au nom et du chef de son débiteur (1).

Le propriétaire peut-il expulser le locataire pour venir habiter lui-même ?

Non ; le propriétaire ne peut plus aujourd'hui résoudre la location pour venir habiter lui-même la maison louée, s'il n'y a eu convention contraire. Dans le cas où cette convention existe, il doit avertir d'avance son locataire, dans les délais d'usage.

Il en était différemment autrefois. A Rome, d'après la loi

(1) Paris, 11 février 1870.

Æde, et dans notre ancien droit, le propriétaire pouvait expulser le locataire, en prouvant que la maison louée était nécessaire à son usage personnel. Mais cette disposition était contraire aux principes et le Code l'a formellement abrogée. (Art. 1761, 1762.)

Quelle est la durée des baux de meubles et d'appartements meublés ?

Lorsque les meubles ont été loués pour garnir une maison, une boutique ou un appartement, le bail est censé fait pour le même temps que celui des lieux garnis de meubles, si le bailleur en a eu connaissance ; sinon pour la durée ordinaire des baux de maisons, suivant l'usage des lieux.

Le bail d'un appartement meublé, dit le Code, est censé fait à l'année, quand il a été fait à tant par an ; au mois ou au jour, s'il a été fait à tant par mois ou par jour. Si rien ne constate que le bail soit fait à tant par an, par mois ou par jour, la location est censée faite suivant l'usage des lieux.

Aux termes de l'article 1759, lorsque le locataire d'une maison ou d'un appartement continue sa jouissance après l'expiration du bail par écrit, sans opposition de la part du bailleur, il s'opère, ainsi qu'on l'a déjà vu, un nouveau bail par tacite réconduction. Ce nouveau bail sera censé fait aux mêmes conditions que le précédent, mais pour une durée indéterminée, et il ne cessera, dans le cas de bail d'une maison, que par un congé donné suivant l'usage des lieux. (Art. 1757, 1758, 1759.)

SECTION III
DES RÈGLES PARTICULIÈRES AUX BAUX A FERME.

Qu'entend-on par baux à ferme ?

On entend par baux à ferme, les baux qui concernent les biens ruraux.

Il y a deux espèces de baux à ferme : 1° le *colonat*, qui consiste dans une sorte de société établie entre le bailleur et le colon, qui se partagent entre eux les fruits qui proviennent du fonds ; 2° le *bail à ferme proprement dit*, dans lequel le fermier acquiert exclusivement tous les fruits qui proviennent du fonds, moyennant un prix en argent qu'il doit payer au bailleur.

Le colon ne peut ni céder son bail ni sous-louer, à moins qu'il ne s'en soit expressément réservé le droit ; car le bailleur a traité avec lui en raison de son industrie et de ses qualités personnelles. — Mais, sauf cette différence, il a les mêmes droits et il est tenu des mêmes obligations que le fermier ordinaire. (Art. 1763, 1764.)

Quelles sont les obligations respectives dn bailleur et du fermier?

Il faut distinguer :

En ce qui concerne les obligations du bailleur, elles sont les mêmes ici que dans les baux à loyer. — Il doit faire la délivrance de la chose louée, en procurer la jouissance au fermier et le garantir de tous troubles de droit, entretenir la chose louée en bon état et y faire les grosses réparations d'entretien.

Quant au fermier, il est également assujetti aux obligations qui incombent en général à tout preneur, qu'il s'agisse de maisons ou de biens ruraux. — Cependant la loi mentionne expressément les suivantes. Il doit :

1° Garnir le fonds loué des bestiaux et des ustensiles nécessaires à son exploitation ;

2° Cultiver en bon père de famille ;

3° Employer la chose à l'usage auquel elle est destinée ;

4° Engranger les récoltes dans les lieux destinés à cet effet ;

5° Avertir le bailleur des usurpations qui seraient commises sur son fonds ;

6° Laisser, à la fin du bail, à celui qui lui succède dans la culture, les facilités et logements convenables pour les travaux de l'année suivante, ainsi que les pailles et engrais, s'il les a reçus lors de son entrée en jouissance.

Si le fermier ne remplit pas ses obligations, le bailleur peut demander une indemnité, et, suivant les circonstances, la résiliation du bail. En cas de résiliation provenant du fait du fermier, celui-ci pourra être condamné à des dommages-intérêts. (Art. 1766, 1767, 1768, 1777, 1778.)

Lorsqu'une récolte vient à manquer, le fermier est-il tenu néanmoins de payer tout le prix du bail?

En principe, le bailleur n'a droit au prix du bail qu'autant que le fermier a retiré une jouissance effective de la chose louée.

En conséquence, le Code a fait les distinctions suivantes :

1° *Si le bail n'est que d'une année* et que la récolte manque en totalité, le fermier n'a à payer aucune portion du prix. — Si la perte est au moins de la moitié des fruits que le fonds produit année commune, il a droit à une remise proportionnelle du prix de la location. Si la perte est de moins de la moitié, il ne peut prétendre à aucune remise.

2° *Si le bail est fait pour plusieurs années* on compense les mauvaises récoltes par les bonnes, et on ne diminue le prix du bail qu'autant que la moitié au moins d'une récolte moyenne a été enlevée par cas fortuit. — On doit considérer dans le calcul non seulement la quantité des fruits, mais aussi la valeur vénale des récoltes. Ainsi il faut compter comme année moyenne celle qui n'a donné qu'une demi-récolte, si, durant cette année, les récoltes avaient doublé de prix (1).

Dans tous les cas, le fermier ne peut pas obtenir de remise lorsqu'il connaissait la cause du dommage au moment du bail, ou lorsque la perte de la récolte a eu lieu après qu'elle avait été séparée du sol. — Toutefois, il faudrait admettre une exception, dans ce dernier cas, si le bail était un colonat : car alors la perte survenue par cas fortuit devrait être également supportée par les deux parties, puisqu'elles sont associées entre elles.

Au reste, les parties peuvent convenir que les cas fortuits seront supportés par le preneur. — Mais une pareille clause ne mettrait à la charge du preneur que les cas fortuits ordinaires, tels que grêle, gelée, coulure. Il ne supporterait les cas fortuits extraordinaires qui n'ont pas été prévus au moment du contrat, tels que les ravages de la guerre, une inondation à laquelle le pays n'est pas ordinairement soumis, que s'il s'était expressément chargé des cas fortuits prévus et imprévus. (Art. 1769, 1770, 1771, 1772, 1773.)

Que faut-il décider lorsque la contenance livrée n'est pas la même que celle déclarée dans l'acte ?

Quand la contenance du fonds loué est inférieure ou supérieure à celle déclarée dans le bail, on suit les mêmes règles qu'en matière de vente. Ainsi, si le fonds a été loué à raison de tant la mesure, toute différence, quelque minime qu'elle soit, entre la mesure livrée et la mesure déclarée dans l'acte donne lieu à augmentation ou à diminution du prix du bail. — Si, au contraire, il n'a pas été loué à raison de tant la mesure, il n'y a lieu à aug-

_____

(1) Pothier, n° 156; Troplong, II, 717. — D'autres auteurs décident qu'il ne faut tenir compte que des quantités. Marcadé, VI, art. 1767, 1771.

mentation ou à diminution du prix qu'autant que la différence est au moins d'un vingtième.

Lorsqu'il y a un excédant quelconque dans le premier cas, et un excédant de plus d'un vingtième dans le second, le preneur peut, à son choix, maintenir le contrat en fournissant le supplément, ou demander la résiliation du bail. (Art. 1765.)

Comment finit le bail à ferme ?

Si l'on n'a pas fixé de terme, le bail à ferme est censé fait pour le temps nécessaire à la récolte des fruits, et il cesse à l'expiration de ce temps. — Ainsi, le bail à ferme d'un pré, d'une vigne ou de tout autre fonds, dont les fruits se recueillent en entier dans le cours de l'année, est censé fait pour un an, et il cesse à l'expiration de ce temps. Le bail des terres labourables, lorsqu'elles se divisent par soles ou saisons, est censé fait pour autant d'années qu'il y a de soles, et il cesse à l'expiration de ce temps.

Si le bail n'a été fait que pour une durée déterminée, il cesse par l'arrivée du terme. — Mais si, après l'expiration du temps convenu, le preneur reste et est laissé en possession des lieux loués, il se forme, comme nous l'avons vu, un nouveau bail par tacite réconduction. — Comme les baux non écrits, ce nouveau bail est censé fait pour le temps nécessaire à la récolte des fruits.

Lors de la cessation du bail, le fermier sortant doit laisser à celui qui entre les logements convenables, et autres facilités pour les travaux de l'année suivante ; et, réciproquement, le fermier entrant doit procurer à celui qui sort les facilités pour la consommation des fourrages et pour les récoltes restant à faire : le tout d'après l'usage des lieux. — Le fermier sortant doit aussi, comme on l'a déjà vu, laisser les pailles et engrais de l'année, s'il les a reçus lors de son entrée en jouissance ; dans le cas contraire, le propriétaire pourra les retenir en en payant l'estimation. (Art. 1774, 1775, 1776, 1777, 1778.)

CHAPITRE TROISIÈME

DU LOUAGE D'OUVRAGE ET D'INDUSTRIE.

Articles 1779 à 1799.

L'article 1779 distingue trois espèces principales de louage d'ouvrage et d'industrie, savoir : — 1° le louage des gens de service ; — 2° le louage des voituriers ; — 3° le louage des entrepreneurs d'ouvrage par suite de devis ou marchés.

SECTION I

DU LOUAGE DES DOMESTIQUES ET OUVRIERS.

Qu'est-ce que le louage des domestiques et ouvriers ?

Le louage des domestiques et ouvriers est un contrat par lequel les domestiques et ouvriers louent leur service pour un certain temps, moyennant un prix convenu.

Le *domestique* est le serviteur à gages qui loge et vit chez son maître, et qui donne ses soins au ménage ou à la culture.

L'ouvrier conserve son domicile particulier, et il exerce ordinairement un art mécanique. — Le Code ne s'occupe ici que des ouvriers qui louent leurs services à tant par jour, comme les journaliers, hommes de peine et certains ouvriers de fabrique. — Quant à ceux qui s'engagent à faire un ouvrage déterminé moyennant un prix convenu, ils ne contractent pas un louage de services, mais un autre louage, appelé *louage d'industrie*, dont nous nous occuperons en expliquant le contrat qui se forme *par devis et marchés*.

Comment se prouve le louage des domestiques et ouvriers ?

Le louage des domestiques et ouvriers se prouve, conformément au droit commun, par un écrit, ou par la preuve testimoniale lorsque le prix stipulé pour toute la durée du louage ne dépasse pas 150 francs.

Avant la loi du 2 août 1868, le maître était cru sur son affirmation pour la quotité des gages, pour le payement du salaire de l'année échue, et pour les à-comptes donnés sur l'année courante. Mais cette loi, ayant abrogé l'article 1781 du Code, a soumis toutes les contestations de cette nature au droit commun.

Les actions relatives au salaire des gens de travail et ouvriers doivent être portées devant le juge de paix, qui décide sans appel jusqu'à la valeur de 100 francs, et à charge d'appel à quelque valeur que la demande puisse s'élever. (Loi du 2 août 1868.)

Un domestique peut-il engager ses services pour toute sa vie ?

Non ; on ne peut engager ses services qu'à temps ou pour une entreprise déterminée, et la convention par laquelle un domestique se serait engagé pour toute sa vie à servir un maître serait absolument nulle, comme portant atteinte à la liberté individuelle. Le contrat serait pareillement nul, si les parties, cherchant à éluder la loi, avaient stipulé une période tellement longue qu'on devrait raisonnablement supposer qu'elle excède la vie du domestique. — La nullité dont il s'agit ici, étant une nullité absolue, pourra être invoquée non seulement par le domestique, mais encore par le maître.

Le maître, au contraire, peut valablement s'engager à garder un domestique, soit pour toute sa vie, soit pour toute la vie du domestique ; cette convention ne porte aucune atteinte à la liberté individuelle. (Art. 1780.)

Comment finit le louage des domestiques ?

Le louage des domestiques finit :

1° S'il n'a pas été fait pour une durée déterminée, par le congé donné par l'une des parties dans le délai fixé par l'usage (1).

2° S'il a été fait pour une durée déterminée, par l'arrivée du terme. — Mais si, à l'expiration du temps convenu, le domestique continue ses services et si le maître ne s'y oppose pas, il s'opère une tacite réconduction qui durera jusqu'à ce que l'une des parties ait donné congé à l'autre.

3° Par le manquement de l'une des parties à ses obligations. Ainsi, le maître peut renvoyer son domestique, lorsque celui-ci manque gravement à ses devoirs ; de son côté, le domestique a un motif légitime de quitter son maître, lorsque celui-ci le maltraite par des voies de fait ou des propos outrageants, ou lorsqu'il ne le nourrit pas convenablement, ou enfin en cas de force majeure, par exemple lorsqu'il devient soldat.

(1) Trib. Seine, 17 avril 1879.

4° Par la mort du domestique, ou par l'incapacité physique ou morale qui l'empêche de s'acquitter de ses services. Ainsi, le maître peut renvoyer son domestique lorsqu'il tombe malade, ou s'il devient trop âgé pour continuer ses services.

SECTION II

DES VOITURIERS PAR TERRE ET PAR EAU.

Qu'est-ce que le louage des voituriers ?

Le louage des voituriers est un contrat par lequel une personne s'engage à transporter d'un lieu dans un autre des personnes ou des marchandises, moyennant un prix convenu.

Celui qui envoie les marchandises s'appelle *expéditeur*, celui à qui les marchandises sont envoyées *destinataire*, et celui qui se charge du transport *voiturier*.

On peut diviser les voituriers en deux classes : 1° ceux qui effectuent des transports périodiques à jours et heures fixes, et qui sont ainsi de véritables commerçants; 2° ceux qui n'ont pas de service régulier, et qui, en se chargeant d'un transport, font alors un contrat purement civil.

Comment se prouve le louage des voituriers ?

Il faut distinguer :

S'il s'agit d'un voiturier commerçant qui fait profession d'effectuer des transports, le louage de transport et la remise des choses qui en font l'objet pourront être établis par tous les moyens de preuve admis en matière commerciale, soit par l'inscription sur les registres du voiturier, soit par la preuve testimoniale, même au-dessus de 150 francs.

S'il s'agit, au contraire, d'un voiturier non commerçant, la preuve testimoniale ne sera admise en principe que si l'objet du contrat ne dépasse pas 150 francs. — Quelques auteurs soutiennent, il est vrai, qu'on peut assimiler le voiturier à celui qui reçoit un dépôt nécessaire, et par suite qu'on peut recourir contre lui aux mêmes moyens de preuve; mais cette opinion doit être rejetée en présence du silence de la loi, car on ne saurait étendre des dispositions exceptionnelles par voie d'analogie.

Quelles sont les obligations des voituriers ?

Les voituriers sont assujettis par la loi aux obligations suivantes. — Ils doivent :

1° Tenir des registres pour l'argent, les effets et les paquets dont ils se chargent ;

2° Se conformer à certains règlements qui leur sont imposés ;

3° Effectuer le transport dans le délai convenu, sous peine de dommages-intérêts, à moins qu'il n'y ait eu force majeure ;

4° Ils sont responsables du retard, des avaries et de la perte. — Leur responsabilité commence dès que les objets à transporter leur ont été confiés, et elle ne cesse qu'à compter du moment où ils ont été acceptés par le destinataire ;

5° Enfin, ils sont soumis à toutes les obligations des aubergistes en ce qui concerne la garde et la conservation des objets qui leur sont confiés. — D'où il résulte qu'ils sont responsables du vol de ces objets, soit qu'il ait été commis par leurs domestiques ou employés, soit même qu'il ait été commis par les étrangers allant et venant sur le port, dans l'entrepôt ou bureau (1). (Art. 1782, 1783, 1784, 1785, 1786.)

Quelle est la valeur due par le voiturier en cas de perte de l'objet qui lui a été confié ?

En cas de perte de l'objet confié au voiturier, il faut établir les distinctions suivantes :

Si la valeur de l'objet a été déclarée, le voiturier doit la valeur déclarée.

S'il n'y a pas eu de déclaration, il doit la valeur justifiée. — Cependant s'il s'agissait d'argent ou d'objets précieux renfermés dans un coffre, le voiturier ne serait tenu que dans la proportion d'objets ordinaires, car les dommages-intérêts ne doivent pas dépasser la perte qui a pu être prévue au moment du contrat.

L'acceptation d'un bulletin délivré par une administration de chemin de fer, et sur lequel il est déclaré qu'elle ne répond de la perte des objets qui lui sont confiés que jusqu'à concurrence, par exemple, de la somme de 150 francs, n'enlève pas au voyageur

---

(1) Le destinataire qui a reçu son colis et payé les frais de transport est déchu de toute action contre la compagnie de chemin de fer, même lorsque cette action est basée sur la faute d'un des agents de la compagnie. Cass., 12 mai 1879 ; 16 juin 1879 ; 17 juin 1879 ; 12 août 1879.

Les compagnies de chemins de fer ne sont pas responsables à raison d'un retard accidentel survenu dans le transport des marchandises, pourvu qu'elles en effectuent la livraison dans les délais du tarif et des arrêtés ministériels, encore que dans l'usage elles n'usent pas rigoureusement de ces détails. Cass., 31 déc. 1879.

le droit de prouver que les objets égarés étaient d'une valeur supérieure à l'indemnité qui lui est offerte; seulement, on ne lui permettra pas d'établir qu'ils renfermaient des effets précieux, comme de l'argent ou des bijoux, parce que, dans ce cas, il serait en faute de ne pas les avoir déclarés (1).

De même que le domestique pour le payement de ses gages, le voiturier a un privilège pour le prix du transport.

SECTION III

DES DEVIS ET DES MARCHÉS.

Qu'est-ce que le louage des entrepreneurs?

Le louage des entrepreneurs est une convention par laquelle un architecte, un entrepreneur ou un ouvrier se charge, moyennant un prix, de la confection d'un ouvrage ou de la construction d'un bâtiment.

L'ouvrier ici n'est pas payé à tant par jour ou par mois, comme dans le louage des domestiques. Il traite directement et à prix fait pour un ouvrage déterminé, et il est alors assimilé à un entrepreneur pour les ouvrages qu'il exécute.

On peut traiter, pour la confection d'un ouvrage, de deux manières : par devis et marchés, ou à forfait.

I. *Des devis et marchés.* — On entend par *devis*, une énonciation des ouvrages à exécuter, avec l'indication détaillée du prix de chaque ouvrage à raison de tant la mesure. Le devis indiquera quels sont les divers ouvrages qui doivent entrer dans la construction, tels que maçonnerie, charpente, menuiserie, peinture, et quel est le prix de chacun de ces ouvrages à la mesure ou à la pièce. — Le devis sert de base au *marché*, par lequel le propriétaire et l'entrepreneur fixent les conditions de la construction.

II. *Du forfait.* — Le forfait est une convention par laquelle l'entrepreneur s'oblige à exécuter un ouvrage déterminé, moyennant un prix fixé pour toute la construction prise en bloc.

Dans ces deux cas, l'ouvrier peut fournir tout à la fois son travail avec la matière, ou fournir seulement son travail.

Art. 1787, 1799.

(1) Paris, 24 avril 1879.

Les compagnies de chemins de fer sont responsables des vols commis dans

Qui doit supporter la perte fortuite de la construction?

Lorsque la chose travaillée vient à périr par cas fortuit, il faut, pour déterminer qui doit supporter la perte, distinguer deux hypothèses, savoir : 1° celle où l'ouvrier a fourni tout à la fois son travail et la matière ; — 2° celle où il n'a fourni que son travail seulement.

1° *Lorsque l'ouvrier a fourni tout à la fois son travail et la matière*, la perte arrivée de quelque manière que ce soit avant que la chose n'ait été livrée, est pour l'ouvrier, à moins que le maître n'ait accepté l'ouvrage, ou qu'il n'ait été mis en demeure de l'accepter.

2° *Lorsque l'ouvrier n'a fourni que son travail*, la perte est supportée par le maître, à moins qu'elle ne provienne de la faute de l'ouvrier. Seulement ce dernier perd le prix de son travail, parce qu'il ne lui est dû qu'autant que le maître retire une jouissance réelle et effective de l'objet travaillé. — Toutefois, il pourra réclamer son salaire, si la perte a eu lieu depuis que le maître a été mis en demeure de vérifier l'ouvrage, ou si elle est imputable à un vice de la matière qu'il ne connaissait pas.

Lorsqu'il s'agit d'un ouvrage à plusieurs pièces ou à la mesure, la vérification peut s'en faire par parties ; elle est censée faite pour toutes les parties payées, si le maître paye l'ouvrier en proportion de l'ouvrage fait. — Ainsi, lorsque le maître a promis 1,000 francs pour le travail d'un mur de 50 mètres, il ne doit le prix convenu que lorsque le mur est fait et vérifié dans son entier. Mais s'il a promis 20 francs par mètre, l'ouvrier peut exiger que le maître vérifie et paye les parties achevées, qui seront alors aux risques de celui-ci. (Art. 1788, 1789, 1790, 1791.)

Quelle est la responsabilité des architectes et entrepreneurs relativement aux constructions exécutées par eux ?

Aux termes de l'article 1792, les architectes et entrepreneurs sont responsables pendant dix ans de la destruction totale ou partielle de l'édifice *construit par eux à prix fait*, lorsqu'elle provient soit du vice de la construction, soit même du vice du sol. — Mais la responsabilité de l'article 1792 doit être

leurs gares par tous leurs employés dans l'exercice, ou à l'occasion de l'exercice de leurs fonctions. Amiens, 21 janvier 1878.

complétée par l'article 2270 qui applique la responsabilité dont
il s'agit sans distinguer si le prix est ou non à forfait, si
l'architecte a fait ou s'il a seulement dirigé les travaux.

Maintenant, sera-ce au maître à prouver que la destruction
provient du vice de la construction ou du vice du sol, ou bien
sera-ce au constructeur à prouver qu'elle résulte d'une autre
cause ? — On admet généralement que c'est au constructeur à
prouver que la destruction vient d'un cas fortuit. En effet, un
édifice qui s'écroule dans les dix ans de sa construction ne
s'écroule pas par vétusté, mais par le vice de sa construction ou
par un cas fortuit, tel qu'un incendie, une inondation, qui sera
toujours facile à établir.

Une autre question débattue est celle de savoir si les dix
ans pendant lesquels les architectes et ouvriers demeurent responsables de la construction commencent à courir à partir du
jour de la réception des travaux, ou à compter de la destruction de l'édifice. — A notre avis, ce sera à compter du jour
de la réception des travaux. En conséquence, si la maison s'é-
croule la neuvième année, le maître aura encore un an pour
exercer son action. Si elle s'écroule passé la dixième année, il
n'aura aucune action contre le constructeur. Tel était le système
suivi dans notre ancienne jurisprudence et rien ne prouve que
le Code ait voulu s'en écarter (1). (Art. 1792.)

**La loi ne protége-t-elle pas encore les propriétaires par
d'autres moyens ?**

Oui ; la loi ne s'est pas bornée à accorder un recours aux
propriétaires en cas de destruction de l'édifice qu'ils ont fait
construire ; elle leur assure aussi, sous d'autres rapports, une
protection efficace contre les dangers où les entraînerait leur
propre inexpérience aux prises avec l'habileté, souvent trop
rusée, des constructeurs.

D'abord, elle décide que, lorsqu'un architecte ou entrepreneur
s'est chargé de la construction à forfait d'un bâtiment, d'après
un plan arrêté et convenu avec le propriétaire du sol, il ne peut
demander aucune augmentation de prix, ni sous le prétexte de
l'augmentation de la main-d'œuvre ou des matériaux, ni sous
celui de changements ou d'augmentations faits sur ce plan, si

---

(1) Mourlon, III, 826. Massé et Vergé, IV, § 510. — *Contrà*, Duranton,
XVII, 255 ; Marcadé, VI, art. 1792, 1793.

ces changements ou augmentations n'ont pas été autorisés par écrit, et le prix convenu avec le propriétaire. — A défaut d'une preuve écrite, l'entrepreneur ne pourra, ni déférer le serment au propriétaire, ni le faire interroger sur faits et articles, pour établir que les modifications sont le résultat d'une convention intervenue entre eux.

En second lieu, la loi donne au maître la faculté de résilier le marché par sa seule volonté, bien que l'ouvrage soit déjà commencé. Toutefois c'est à la condition de dédommager l'entrepreneur non seulement de toutes ses dépenses et de tous ses travaux, mais encore de ce qu'il aurait pu gagner dans l'entreprise, s'il l'avait complètement exécutée. — Dans ces conditions, il est évident que l'entrepreneur n'a pas à se plaindre que la convention soit laissée à la discrétion du propriétaire, et celui-ci y trouvera l'avantage de pouvoir arrêter à temps des entreprises ruineuses.

Enfin, elle rend l'entrepreneur responsable du fait des personnes qu'il emploie. (Art. 1793, 1794, 1796, 1797.)

Comment se dissout le louage des architectes, entrepreneurs et ouvriers ?

Le louage des architectes, entrepreneurs et ouvriers se dissout :

1° Par la résiliation du contrat, opérée, comme on l'a vu précédemment, par la volonté du propriétaire.

2° Par la mort de l'architecte, entrepreneur ou ouvrier. — Dans ce cas, le maître doit payer à la succession du défunt la valeur des ouvrages faits et ceux des matériaux préparés qui peuvent lui être utiles.

Aux termes de l'article 1798, les ouvriers qui, sans avoir traité directement avec le maître, ont été employés par l'architecte ou par l'entrepreneur à la construction du bâtiment, peuvent exercer un recours contre le propriétaire pour obtenir le payement de leur salaire. Mais celui-ci n'est jamais tenu de leur payer plus qu'il ne doit lui-même à l'architecte ou à l'entrepreneur. — C'est là une action directe qu'ils exercent en leur nom et de leur propre chef, et non pas une action indirecte intentée au nom et du chef de leur débiteur. Ce qui le prouve, c'est que l'action indirecte leur appartient déjà suivant la règle de droit commun établie par l'article 1166, et que dans

ce sens l'article 1798 ne serait qu'une répétition inutile.
(Art. 1795, 1898.)

CHAPITRE QUATRIÈME

DU BAIL A CHEPTEL.

Articles 1800 à 1831.

Le bail à cheptel se subdivise en plusieurs espèces particulières. Ainsi, d'après l'article 1801, on distingue : 1° le cheptel simple ; 2° le cheptel à moitié ; 3° le cheptel de métairie ; 4° le cheptel improprement dit. — Après avoir étudié les dispositions générales qui s'appliquent à toute la matière, nous passerons successivement en revue ces diverses espèces de cheptel.

SECTION I

DISPOSITIONS GÉNÉRALES.

Qu'est-ce que le bail à cheptel ?

Le bail à cheptel, entendu d'un façon générale, est une convention par laquelle une personne livre à une autre tout ou partie d'un fonds de bétail pour le garder et le nourrir, moyennant partage des profits ou des pertes.

Le Code définit le bail à cheptel en disant que l'une des parties *donne* à l'autre un fonds de bétail. Mais cette expression est inexacte, car elle semble indiquer que la propriété du fonds de bétail est transmise par une partie à l'autre ; tandis que la remise du bétail n'est faite par le propriétaire au fermier qu'à charge de restitution. (Art. 1800.)

Quels sont les animaux qui peuvent faire l'objet d'un bail à cheptel ?

On peut donner à cheptel toute espèce d'animaux susceptibles de croît ou de profit pour l'agriculture ou le commerce.

Ainsi que nous l'avons déjà observé, il y a plusieurs sortes de cheptels. A défaut de conventions particulières, ces diverses sortes de cheptels sont réglées par les principes qui suivent. (Art. 1801, 1802, 1803.)

SECTION II

DU CHEPTEL SIMPLE.

Qu'est-ce que le cheptel simple ?

Le cheptel simple ou cheptel ordinaire est celui par lequel le bailleur fournit le fonds de bétail tout entier au preneur, qui s'oblige à le garder et à le nourrir, à la condition de partager par moitié les profits et les pertes partielles.

Il s'agit ici, bien entendu, de la perte arrivée par cas fortuit. Si elle provenait de la faute du preneur, celui-ci en répondrait seul. — Et comme il est dans l'obligation de faire la restitution du troupeau, c'est à lui à prouver le cas fortuit qu'il allègue pour se libérer de cette obligation. (Art. 1804, 1807, 1808.)

Comment constate-t-on l'état du troupeau ?

Avant de faire la remise du troupeau, on en constate l'état au moyen d'une estimation. — Mais cette estimation n'en transfère pas la propriété au preneur; elle sert seulement à fixer la perte ou le profit qui pourront se trouver à la fin du bail.

A ce moment-là, on fait une seconde estimation qui, rapprochée de celle qu'on a faite au commencement, indique s'il y a augmentation ou diminution du troupeau. — Dans le cas d'augmentation, les bénéfices sont partagés entre les deux parties; dans le cas de diminution, le preneur est obligé de fournir une indemnité au bailleur pour la part qu'il doit supporter dans la diminution.

Il va de soi que si, au lieu d'une perte partielle, il s'agissait de la perte totale arrivée par cas fortuit, elle serait supportée exclusivement par le bailleur, puisqu'il est resté propriétaire du troupeau. (Art. 1805, 1810.)

Les parties peuvent-elles insérer dans le cheptel simple toutes sortes de clauses ?

Non; les parties ne peuvent pas insérer dans le cheptel simple toutes sortes de clauses. — Ainsi, elles ne peuvent pas stipuler :

1° Que le preneur supportera la perte totale du cheptel survenue par cas fortuit;

III.   14

2° Qu'il supportera dans la perte partielle une part plus grande que dans le profit ;

3° Que le bailleur prélèvera à la fin du bail, avant le partage des profits, quelque chose de plus que la valeur du cheptel qu'il a fourni.

Du reste, la présence d'une clause prohibée n'entraîne pas la nullité du contrat entier, mais seulement celle de la clause, qui est alors considérée comme non avenue.

A défaut de conventions contraires, les contractants ont des parts égales dans les bénéfices et dans les pertes, sauf ce qui concerne les laitages, le fumier et le travail des animaux, dont le preneur profite exclusivement. (Art. 1811.)

Quelles sont les obligations respectives des parties dans le cheptel simple ?

D'abord, il est évident que l'une des parties ne peut pas disposer, à quelque titre que ce soit, au préjudice de l'autre d'aucune des bêtes du troupeau, ni du croît non encore partagé. Il est vrai que l'acquéreur qui aurait été mis en possession et qui serait de bonne foi pourrait être protégé par la règle *en fait de meubles la possession vaut titre ;* mais alors l'aliénateur serait passible de dommages-intérêts envers l'autre partie.

Outre cette obligation commune de ne pas disposer du troupeau, chacune des parties est assujettie à des obligations particulières, qui sont :

I. *Pour le preneur.* — 1° De donner les soins d'un bon père de famille à la conservation du cheptel ; 2° de prévenir le bailleur toutes les fois qu'il veut tondre le troupeau ; 3° de restituer le troupeau à la fin du bail, et, dans le cas où il aurait péri par cas fortuit, de restituer les peaux des bêtes.

II. *Pour le bailleur.* — 1° De faire la délivrance du troupeau ; 2° de notifier cette délivrance au maître du preneur, si ce dernier est le fermier ou le métayer d'un autre propriétaire, afin de l'avertir que le troupeau n'appartient pas à son fermier ; autrement le propriétaire de la métairie aurait le droit, le cas échéant, de faire vendre le troupeau comme le reste du mobilier garnissant sa ferme.

Lorsque le preneur ne remplit pas ses obligations, le bailleur peut demander la résolution du bail. (Art. 1806, 1809, 1812, 1813, 1814, 1816.)

Quelle est la durée du cheptel simple ?

La durée du bail à cheptel est celle dont les parties sont convenues ; à défaut de convention, la loi la fixe à trois ans.

A la fin du bail ou lors de sa résolution, le bailleur prélève des bêtes de chaque espèce jusqu'à concurrence de l'estimation qui a été faite lors de la délivrance ; ensuite, l'excédant se partage. S'il n'existe pas assez de bêtes pour remplir cette estimation, le bailleur prend tout ce qui reste, et le déficit est supporté par les deux parties. (Art. 1815, 1817.)

SECTION III

DU CHEPTEL A MOITIÉ.

Qu'est-ce que le cheptel à moitié ?

Le cheptel à moitié est une sorte de société dans laquelle chacun des contractants fournit la moitié des bestiaux, qui demeurent communs pour le profit ou pour la perte. (Art. 1818.)

En quoi le cheptel à moitié diffère-t-il du cheptel simple ?

Le cheptel à moitié diffère du cheptel simple sous trois rapports :

1° Dans le cheptel simple, le troupeau est fourni exclusivement par le bailleur ; dans le cheptel à moitié, il est fourni par chacun des contractants ;

2° Dans le cheptel simple, la perte totale survenue par cas fortuit est supportée exclusivement par le bailleur ; dans le cheptel à moitié, elle est supportée en commun ;

3° Dans le cheptel simple, on peut stipuler que le preneur n'aura pas la moitié du croît, ou qu'il n'aura pas tout le laitage, le fumier et le travail des animaux ; car ces conditions sont de la nature, mais non pas de l'essence du contrat. — Dans le cheptel à moitié, une pareille convention ne serait pas admise, à moins que le preneur n'ait reçu à ferme une métairie en même temps que le troupeau, car alors il est présumé avoir trouvé une compensation dans les conditions du bail à ferme.

Toutes les autres règles du cheptel simple s'appliquent au cheptel à moitié. (Art. 1818, 1819, 1820.)

SECTION IV

DU CHEPTEL DONNÉ PAR LE PROPRIÉTAIRE A SON FERMIER
OU COLON PARTIAIRE.

Qu'est-ce que le cheptel donné au fermier ou au colon partiaire ?

Le cheptel donné au fermier ou au colon partiaire est un contrat par lequel le propriétaire d'une métairie garnie de bestiaux la donne à ferme, en stipulant qu'à la fin du bail le preneur laissera des bestiaux d'une valeur égale à l'estimation de ceux qu'il reçoit.

Ici, comme dans le cheptel simple, l'estimation qui est faite lors de la délivrance du troupeau n'en transfère pas la propriété au preneur, mais elle produit cependant des effets qui n'ont pas lieu dans le cheptel simple. — Ainsi elle met la perte totale survenue par cas fortuit à la charge du preneur, et elle lui donne la faculté de disposer de quelques têtes du troupeau, à charge de les remplacer par d'autres.

Le cheptel donné au fermier ou au colon partiaire est aussi appelé *cheptel de fer*, parce qu'il est comme attaché à la métairie qui fait l'objet du bail principal. (Art. 1821, 1822.)

Quelles sont les règles ordinaires du cheptel donné au fermier ?

Avant tout, il convient d'observer que le cheptel donné au fermier n'étant qu'un accessoire du bail relatif à la métairie où se trouve placé le troupeau, les parties peuvent y insérer toutes espèces de conventions particulières. — A défaut de conventions, on applique les règles suivantes :

1° Tous les profits appartiennent au fermier pendant la durée de son bail (1). — Toutefois, le fumier n'entre point dans ses profits personnels; mais il appartient à la métairie, à l'exploitation de laquelle il doit être uniquement employé;

2° La perte, même totale, arrivée par cas fortuit, est supportée entièrement par le fermier;

3° A la fin du bail, le fermier doit laisser un troupeau d'une valeur pareille à celui qu'il a reçu. — S'il y a du déficit, il doit

_____

(1) Alors même que la plus-value du cheptel serait le résultat de faits plus ou moins accidentels. Lyon, 31 juillet 1870.

le payer, et c'est seulement l'excédant qui lui appartient;

4° Le cheptel finit avec le bail de métairie.

Sous tous les autres rapports, le cheptel donné au fermier ne diffère pas du cheptel ordinaire.

Toutefois, les règles que nous venons d'indiquer reçoivent quelques modifications, lorsque le cheptel est donné, non point à un fermier, mais à un colon partiaire. — Dans ce cas, les profits sont communs, au lieu d'appartenir exclusivement au preneur; en outre, la perte totale, survenue par cas fortuit, est supportée par le bailleur, au lieu d'être supportée par le preneur, et les parties ne peuvent pas, même par une stipulation expresse, la mettre entièrement à la charge de ce dernier. (Art. 1823, 1824, 1825, 1826, 1827, 1828, 1829, 1830.)

En quoi le cheptel donné au fermier diffère-t-il du cheptel simple ?

Le cheptel donné au fermier diffère du cheptel simple sous les rapports suivants :

1° Dans le cheptel simple, les profits se partagent également entre les contractants. — Dans le cheptel donné au fermier, ils appartiennent exclusivement à ce dernier ;

2° Dans le cheptel simple, la perte totale, arrivée par cas fortuit, est pour le bailleur, et la perte partielle, arrivée également par cas fortuit, est à la charge des deux parties. — Dans le cheptel donné au fermier, la perte, soit totale soit partielle, est à la charge du preneur ;

3° Dans le cheptel simple, le fumier appartient au preneur, qui peut en disposer comme bon lui semble. — Dans le cheptel donné au fermier, le fumier reste à la métairie ;

4° Enfin, dans le cheptel simple, certaines conventions sont prohibées. — Au contraire, dans le cheptel donné au fermier, les parties peuvent faire toutes espèces de conventions.

SECTION V

DU CONTRAT IMPROPREMENT APPELÉ CHEPTEL.

Qu'est-ce que le contrat improprement appelé cheptel ?

Le contrat improprement appelé cheptel est celui par lequel le bailleur livre une ou plusieurs vaches au preneur, qui s'engage à les loger et à les nourrir.

Le cheptel improprement dit diffère du cheptel ordinaire en ce qu'il ne porte pas sur un troupeau, sur une universalité de bêtes, mais seulement sur des animaux considérés individuellement.

Dans ce contrat, le preneur a les laitages et le fumier des vaches, et le bailleur la totalité des veaux qui en naissent. — Le traitement des animaux en cas de maladie, ainsi que la perte survenue par cas fortuit, sont à la charge du bailleur.

A défaut de convention sur la durée du bail, chaque partie peut rendre ou reprendre les vaches quand bon lui semble, pourvu que ce ne soit pas en temps inopportun. (Art. 1831.)

LIVRE III, TITRE IX

Du contrat de société.

DÉCRÉTÉ LE 8 MARS 1804. — PROMULGUÉ LE 18 DU MÊME MOIS.

La société est un contrat consensuel, synallagmatique et à titre onéreux. — Admises chez les Romains et dans notre ancien droit, les sociétés civiles sont devenues assez rares aujourd'hui. Il importe cependant d'en connaître les règles; car, aux termes de l'article 1873, elles sont applicables aussi aux sociétés commerciales, qui sont bien plus usitées dans la pratique, dans tous les cas où il n'y a pas été dérogé par le Code de commerce ou par les usages.

Notre titre comprend les divisions suivantes :

CHAP. I. — Dispositions générales.
CHAP. II. — Des diverses espèces de sociétés.
CHAP. III. — Des engagements des associés.
CHAP. IV. — De la dissolution de la société.

CHAPITRE PREMIER

DISPOSITIONS GÉNÉRALES.

Articles 1832 à 1834.

Qu'est-ce que la société ?

Aux termes de l'article 1832, la société est un contrat par lequel deux ou plusieurs personnes conviennent de mettre quelque chose en commun, dans la vue de partager le bénéfice qui pourra en résulter.

Cette définition nous montre clairement la différence qui existe entre la société et l'état d'indivision. — La société n'est jamais formée que par un contrat; la communauté, au contraire, peut résulter d'un quasi-contrat, sans aucune convention des parties. — La société est formée *intuitu personæ*, et finit par conséquent par la mort de l'un des associés ; l'indivision, au contraire, existe indépendamment de toute considération de personnes, et par suite elle ne cesse pas par la mort de l'un des copropriétaires. — Enfin, la société est formée dans la vue de réaliser des bénéfices ; l'indivision, au contraire, n'implique aucune idée de bénéfices à réaliser. (Art. 1832.)

Quelles sont les conditions essentielles au contrat de société ?

Outre les trois conditions essentielles à la validité de tout contrat, savoir, l'objet, la cause et le consentement des parties, la loi exige pour la validité du contrat de société les conditions suivantes : 1° un apport commun ; 2° un intérêt commun ; 3° des bénéfices à réaliser.

Examinons séparément chacune de ces trois conditions :

I. *Un apport réciproque.* — Les parties doivent fournir chacune un apport réciproque : sans cela, le contrat serait une donation déguisée, soumise à toutes les règles des donations. — L'apport peut consister en biens, en argent ou en industrie.

Peut-on considérer l'influence d'une personne puissante comme un apport légitime ? Cette question est résolue par une distinction. On peut considérer comme un apport suffisant le crédit fondé sur l'habileté et la fidélité dans l'exécution des engagements (1). Mais il en est autrement du crédit fondé sur l'investiture d'une fonction publique : un pareil apport serait contraire aux bonnes mœurs.

II. *Un intérêt commun.* — Les associés doivent avoir un intérêt commun, c'est-à-dire qu'ils doivent participer aux bénéfices de toutes les opérations faites en commun. — La part de chaque associé dans les bénéfices est déterminée, ainsi qu'on le verra plus loin, soit par la loi, soit par la convention des parties.

III. *Des bénéfices à réaliser.* — Il ne suffit pas que les associés se proposent de retirer un avantage quelconque de leur association ; il faut, de plus, que cet avantage consiste dans un gain. — Ainsi, lorsque des personnes se garantissent réciproquement contre les dangers de l'incendie, la convention ne

---

(1) Bravard, *annoté et complété par M. Demangeat*, I, p. 157.

constitue pas une société proprement dite, parce que les contractants ont pour but, non pas de réaliser des bénéfices, mais d'éviter une perte.

Telles sont les trois conditions essentielles à la validité du contrat de société. — L'article 1833 ajoute que toute société doit avoir un objet licite. Mais il était inutile d'énoncer cette condition, puisque tous les contrats en général y sont assujettis. (Art. 1833.)

Comment se prouve le contrat de société ?

Le contrat de société se prouve conformément au droit commun en matière de preuve, soit par la preuve testimoniale, soit par un écrit, suivant les cas.

La preuve testimoniale est admise pour établir l'existence du contrat de société, lorsque l'objet de la société, c'est-à-dire le montant réuni des apports, est inférieur à 150 francs, lors même que le fonds social s'élèverait au-dessus de cette somme au moment de la demande.

Dans le cas contraire, il faut un écrit; et cet écrit doit être fait en autant d'originaux qu'il y a de parties. — Mais si l'écrit est nécessaire, ce n'est que pour les associés : les tiers peuvent évidemment prouver l'existence de la société par tous les moyens possibles, car l'absence d'un écrit ne leur est pas imputable.

L'application du droit commun en matière de preuve est précisément ce qui distingue les sociétés civiles des sociétés commerciales. — Dans ces dernières, un écrit est toujours nécessaire, quelle que soit la valeur de l'objet de la société; et on exige en outre certaines formes de publicité, qui ne sont point exigées dans les sociétés civiles, et qui sont destinées à faire connaître aux tiers l'existence de la société. (Art. 1834.)

Les sociétés civiles sont-elles des personnes morales ?

La question est controversée, mais on admet généralement la négative, et c'est avec raison. — Effectivement, telle était la doctrine suivie dans notre ancienne législation, et le Code semble bien l'avoir admise, puisqu'en indiquant, dans l'article 529, quelles sont les personnes morales, il ne mentionne, en fait de sociétés, que les sociétés commerciales.

Toutefois, la Cour de cassation distingue si la société civile a été organisée avec les formes de publicité prescrites pour les sociétés commerciales, et, dans ce cas, elle décide qu'elle constitue une personne morale. — Il en résulte que, dans cette hypothèse, les droits des associés sont des droits purement mobiliers, lors même que la société possède des immeubles, et que les créanciers personnels des associés ne doivent être payés sur l'actif social qu'après les créanciers de la société (1).

CHAPITRE DEUXIEME

DES DIVERSES ESPÈCES DE SOCIÉTÉS.

Articles 1835 à 1842.

Quelles sont les diverses espèces de sociétés ?

Les sociétés sont universelles ou particulières.

Les sociétés universelles se subdivisent elles-mêmes en sociétés universelles de biens présents, et en sociétés universelles de gains.

La société universelle de biens présents est celle qui comprend tous les biens meubles et immeubles que les associés possèdent au moment du contrat, ainsi que tous ceux qu'ils acquerront par la suite, à l'exception de ceux qui leur adviendraient par succession, donation ou legs, lesquels ne tombent dans la société que pour la jouissance.

La société universelle de gains est celle qui comprend tous les meubles présents des associés, la jouissance de leurs immeubles, et les gains et bénéfices résultant de leur travail et de leur industrie.

La simple convention de société universelle, faite sans autre explication, n'emporte que la société universelle de gains. (Art. 1835, 1836, 1837, 1838, 1839.)

Quelle est la composition du passif dans ces deux sociétés ?

Le Code ne s'est pas expliqué à cet égard, mais on décide généralement que la composition du passif doit être analogue à celle de l'actif.

En conséquence, la société universelle de tous les biens pré-

(1) Cass. 3 février 1868.

sents supportera toutes les dettes, à l'exception de celles qui seraient afférentes à des successions, donations ou legs échus à l'un des associés, dont elle ne payera que les intérêts parce qu'elle n'a que la jouissance de ces biens. — S'il s'agit d'une société universelle de gains, la société ne supportera que les dettes afférentes à l'actif qui est tombé dans le fonds social.

Les sociétés universelles peuvent-elles avoir lieu entre toutes personnes ?

Non ; aux termes de l'article 1840, aucune société universelle ne peut avoir lieu qu'entre personnes respectivement capables de se donner ou de recevoir l'une de l'autre, et auxquelles il n'est point défendu de s'avantager au préjudice d'autres personnes.

Ainsi, nulle société universelle ne peut avoir lieu entre un père et son enfant adultérin, par exemple. Mais on admet généralement que les sociétés qui seraient formées entre des personnes ayant des héritiers à réserve sont valables. Seulement, les avantages qui résulteraient dans ce cas de la société au profit de l'un des associés peuvent donner lieu à une réduction, lorsqu'ils excèdent la quotité disponible. (Art. 1840.)

Qu'est-ce que la société particulière ?

La société particulière est celle qui ne s'applique qu'à certaines choses déterminées, ou à leur usage, ou aux fruits à en percevoir. — C'est aussi celle dans laquelle plusieurs personnes s'associent, soit pour une entreprise désignée, soit pour l'exercice de quelque métier ou profession.

A la différence des sociétés universelles qui sont fort rares, les sociétés particulières sont assez nombreuses. (Art. 1841, 1842.)

CHAPITRE TROISIÈME

DES ENGAGEMENTS DES ASSOCIÉS ENTRE EUX ET A L'ÉGARD DES TIERS.

Articles 1843 à 1864.

Le Code traite ici séparément : — 1° des engagements des associés entre eux ; — 2° des engagements des associés à l'égard des tiers.

SECTION 1

DES ENGAGEMENTS DES ASSOCIÉS ENTRE EUX.

Quelle est la durée de la société ?

Sauf convention contraire, la société commence à l'instant même du contrat. — Elle est en général censée contractée pour toute la vie des associés, ou, s'il s'agit d'une affaire dont la durée soit limitée, pour tout le temps que doit durer cette affaire. (Art. 1843, 1844.)

Quelles sont les obligations de chaque associé envers la société ?

Chaque associé est tenu envers la société de trois obligations principales. — Il doit :

1° Faire l'apport de sa mise au temps convenu;

2° Veiller aux intérêts de la société comme aux siens propres;

3° Indemniser la société des dommages qu'il lui a causés par sa faute.

Examinons successivement chacune de ces obligations.

I. *L'associé doit faire l'apport de sa mise.* — On verra plus loin quelles sont les diverses manières d'effectuer l'apport, selon qu'il consiste en un corps certain ou en une somme d'argent, ou qu'il doit résulter de l'industrie d'un des associés ou d'une jouissance qu'il s'est engagé à procurer (1).

II. *Il doit veiller aux intérêts de la société comme aux siens propres.* — Les articles 1848 et 1849 établissent implicitement ce principe dans les deux cas suivants : — 1° Lorsqu'un tiers est débiteur de deux dettes de même nature et également exigibles, l'une envers un associé et l'autre envers la société, l'associé doit imputer ce qu'il reçoit sur la créance de la société et sur la sienne dans la proportion des deux créances ; — 2° Lorsqu'un associé a reçu sa part entière dans une créance commune, il doit rapporter à la masse ce qu'il a reçu, si le débiteur devient par la suite insolvable.

III. *Il doit indemniser la société des dommages qu'il lui a causés par sa faute.* — L'associé ne peut pas invoquer comme compensa-

_____

(1) Est nulle la société formée pour l'exploitation d'un office ministériel. **Cass. 9 février 1852; 15 janvier 1855.**

tion les bénéfices qu'il aurait procurés à la société dans d'autres affaires. — Il n'y a, en effet, de compensation possible qu'entre des personnes qui sont respectivement créancières et débitrices l'une de l'autre. Or, la société n'est pas débitrice des bénéfices que lui procure l'associé, puisque celui-ci n'a fait que son devoir en les lui procurant. (Art. 1845, 1848, 1849, 1850.)

Comment s'effectue l'apport de chaque associé ?

Il faut distinguer :

1° *Lorsque l'associé a promis la propriété ou l'usufruit d'un corps certain*, la société en devient propriétaire par le seul effet de la convention. L'apport est ainsi réalisé dès le moment du contrat. — Il en résulte que si la chose promise vient à périr avant la délivrance, la société ne sera pas dissoute par défaut d'apport de l'associé.

2° *Lorsque l'associé a promis une somme d'argent*, la société en devient créancière par le seul effet de la convention, mais l'apport n'est réalisé que lorsque la somme promise a été fournie. En conséquence, si elle n'est pas fournie, la société sera dissoute faute d'apport. — Par dérogation au droit commun, l'associé doit les intérêts de plein droit, à compter du jour où le payement devait être effectué, sans préjudice de plus amples dommages-intérêts, s'il y a lieu.

3° *Lorsque l'associé a promis son industrie*, la société a droit, dès le moment de la convention, à tous les bénéfices qui en proviennent ; mais cet apport étant destiné à être renouvelé à chaque instant de l'existence de la société, il n'est complètement réalisé qu'au moment de son expiration. — D'où la conséquence que la société sera dissoute par le défaut d'apport d'un associé, si celui qui avait promis son industrie cesse de la fournir.

4° *Enfin, lorsque l'associé n'a promis que la jouissance d'une chose*, la société a encore le droit d'exiger qu'il la fasse jouir de cette chose dès le moment de la convention. — Mais comme cette jouissance est également destinée à être renouvelée tous les jours, l'apport ne peut être complètement réalisé qu'à la fin de la société. D'où la conséquence que si la chose vient à périr, la société sera dissoute par le défaut d'apport.

Toutefois, la perte serait pour la société dans quatre cas indiqués par le Code : 1° lorsque les choses dont l'associé doit faire jouir la société ont été estimées lors de l'apport ; 2° lorsqu'elles se consomment par le premier usage ; 3° lorsqu'elles se détruisent en les gardant; 4° lorsqu'elles sont destinées à être vendues.

L'apport qui consiste dans l'obligation de faire jouir d'une chose ne doit pas se confondre avec celui qui consiste dans un droit d'usufruit. — Dans le premier cas, la société a un droit de créance qui consiste à exiger qu'on la fasse jouir de la chose pendant tout le temps qu'elle durera, et par conséquent elle se dissout par le défaut d'apport dès que sa jouissance vient à cesser. — Dans le second cas, au contraire, la société a un droit réel et immédiat sur le bien constitué en usufruit, et elle acquiert définitivement ce droit dès le moment de la convention et par le seul effet de la volonté des parties. En conséquence, l'apport qui consiste en un droit d'usufruit est définitivement réalisé dès le moment du contrat de société ; et, si l'usufruit vient à périr, la perte est aux risques de la société et elle n'entraîne pas sa dissolution. (Art. 1845, 1846, 1847, 1851.)

Quelles sont les obligations de la société envers les associés ?

La société a aussi certains devoirs à remplir envers les associés. — Ainsi, elle est tenue d'indemniser chaque associé des avances qu'il a contractées en vue de la société. — L'intérêt des indemnités qui sont dues à l'un des associés court de plein droit à partir du jour où l'associé a déboursé.

Le recours s'exerce contre chaque associé, non par portions égales, mais en raison de la part de chacun dans les charges. Celui qui l'exerce supporte, comme les autres, l'insolvabilité d'un de ses co-associés. (Art. 1852.)

Quelles sont les parts de chaque associé dans les bénéfices et dans les pertes ?

La part de chaque associé dans les bénéfices et dans les pertes est réglée par la convention des parties, et, à défaut de convention, par la loi.

I. *Par la convention des parties.* — A cet égard, les parties peuvent faire telles conventions qu'il leur plaît. — Toutefois, il ne leur est pas permis de stipuler : 1° que l'un d'eux aura tous les bénéfices ; 2° que l'un d'eux sera affranchi de toute perte, à moins qu'il n'ait apporté que son industrie, auquel cas il peut être dispensé de contribuer aux pertes.

La convention par laquelle les associés ont réglé leurs parts respectives ne peut être attaquée que si elle est évidemment contraire à l'équité et à la bonne foi, et seulement dans le délai de trois mois. — L'associé qui a tacitement ratifié cet acte par un commencement d'exécution ne peut plus l'attaquer.

II. *Par la loi.* — A défaut de convention, la loi décide que la part de chaque associé dans les bénéfices et dans les pertes est proportionnelle à sa mise. — L'apport consistant en industrie est assimilé à l'apport en nature le plus faible. (Art. 1853, 1854, 1855.)

Comment la société est-elle administrée ?

L'administration de la société est également réglée par la convention des parties, et à défaut de convention, par la loi.

I. *Par la convention des parties.* — Lorsque les parties ont nommé un administrateur, il faut distinguer tout d'abord si l'administrateur a été nommé par le contrat lui-même, ou par un acte postérieur. — Dans le premier cas, la délégation est irrévocable : l'administrateur peut agir malgré l'opposition des autres associés ; il ne peut être destitué que pour fraude; et il ne peut renoncer à son mandat qu'en vertu d'une cause légitime. — Dans le second cas, au contraire, c'est un simple mandataire révocable au gré des parties.

Lorsqu'il a été nommé plusieurs administrateurs et que leurs pouvoirs ont été divisés, chacun d'eux doit se renfermer dans les limites qui lui sont assignées. — Lorsque leurs pouvoirs n'ont pas été divisés, ils doivent agir en commun.

Pareillement, lorsque la convention a déterminé les actes que les administrateurs ont mandat de faire, ceux-ci doivent se tenir dans les limites qui leur sont assignées. — Si l'acte de nomination est muet sur leurs pouvoirs, ils ne peuvent faire que des actes d'administration.

L'associé qui n'est point administrateur ne peut aliéner, ni engager les choses, même mobilières, qui dépendent de la société.

II. *Par la loi.* — Lorsque l'administration de la société n'a pas été réglée par la convention des parties, elle est déterminée par la loi de la manière suivante :

1° Tous les associés sont censés s'être donné réciproquement le pouvoir d'administrer l'un pour l'autre, et par conséquent les actes d'administration faits par chacun d'eux sont valables, à moins que les autres associés ne s'y soient opposés avant leur exécution. — En cas d'opposition, on décide à la majorité des voix de tous les associés réunis. S'il y a partage des voix, on suit la règle *In pari causâ, melior est causa prohibentis.*

2° Chaque associé peut se servir des choses appartenant à la société, pourvu qu'il les emploie suivant leur destination habituelle, et qu'il ne s'en serve pas contre l'intérêt de la société, ou de manière à empêcher ses co-associés d'en user suivant leur droit.

3° Chaque associé a le droit d'obliger ses co-associés à faire avec lui les dépenses qui sont nécessaires pour la conservation des choses de la société.

, 4° Aucun associé ne peut faire d'innovations sur les immeubles dépendants de la société, si les autres associés n'y ont pas donné leur consentement. (Art. 1856, 1857, 1858, 1859, 1860.)

Un associé peut-il introduire un tiers dans la société sans le consentement de ses co-associés ?

Non ; aucun associé, même administrateur, ne peut, sans le consentement de ses co-associés, faire entrer un nouveau membre dans la société. — La loi lui permet seulement de s'associer pour sa part avec un tiers, qu'on nomme *croupier*, et qui reste complètement étranger à la société.

L'associé est responsable de tous les actes de son croupier, et envers ce dernier de tous les actes de ses co-associés. — Les actes du croupier profitent à la société ; mais celui-ci ne peut agir contre les associés qu'en exerçant l'action indirecte de l'article 1166. (Art. 1861.)

SECTION II

DES ENGAGEMENTS DES ASSOCIÉS A L'ÉGARD DES TIERS.

Quelles sont les obligations des associés envers les tiers ?

Avant tout, il convient d'observer que la solidarité entre associés, qui a lieu de plein droit dans les sociétés commerciales, n'existe dans les sociétés civiles que dans les cas où elle a été expressément stipulée par les parties.

Cela posé, examinons comment les créanciers de la société peuvent agir contre les associés. — A cet égard, trois hypothèses peuvent se présenter.

1° Un des associés a contracté en son nom personnel ;

2° Un des associés a contracté au nom de la société, sans en avoir reçu le pouvoir ;

3° Tous les associés ont contracté conjointement au nom de la société, ou un des associés a contracté au nom et comme mandataire de la société.

I. *Lorsque l'obligation a été contractée par un associé en son nom personnel*, cet associé seul peut être poursuivi directement. Quant aux autres associés, ils ne peuvent être actionnés qu'au moyen de l'action indirecte de l'art. 1166.

II. *Lorsque l'obligation a été contractée au nom de la société par un associé qui n'en avait pas reçu le pouvoir*, cet associé seul peut encore être poursuivi pour toute la dette. Mais les autres associés peuvent alors être actionnés par l'action *de in rem verso*, jusqu'à concurrence du profit qu'ils ont retiré de l'opération.

III. Enfin, *lorsque l'obligation a été contractée conjointement par tous les associés, ou lorsqu'elle a été contractée par un mandataire dans la limite de ses pouvoirs et au nom de la société*, chacun des associés peut être poursuivi, mais seulement pour une part virile, c'est-à-dire pour une part égale. — Si l'un des associés devait supporter une part plus petite dans les dettes que ses co-associés, il pourra se faire indemniser par eux de ce qu'il a payé au delà de sa part. (Art. 1862, 1863, 1864.)

CHAPITRE QUATRIÈME

DES DIFFÉRENTES MANIÈRES DONT FINIT LA SOCIÉTÉ.

Articles 1865 à 1873.

Comment finit la société ?

La société finit :

1° *Par l'expiration du temps pour lequel elle a été contractée.* — Les parties peuvent, avant l'expiration de ce temps, la proroger ; mais, aux termes de l'art. 1866, cette prorogation ne peut être prouvée que par un écrit, revêtu des mêmes formes que le contrat de société. — Du reste, ce texte ne doit pas être pris à la lettre, car il donnerait à entendre que la société ne peut so prouver que par un écrit, ce qui est inexact. Il veut dire que la prorogation de la société doit être prouvée de la même manière que sa formation elle-même.

2° *Par l'extinction de la chose ou la consommation de la négociation.* — Il est bien évident que la perte de quelques-uns seulement des objets qui composent le fonds social n'entraînerait pas la dissolution de la société. Il faut que la perte soit totale, qu'elle comprenne tous les objets qui sont entrés dans le fonds commun. — Quant aux objets qui devaient être fournis par l'un des associés mais qui ne sont pas encore entrés dans le patrimoine de la société, s'ils viennent à périr, la société sera dissoute; mais alors la dissolution aura lieu à raison du défaut d'apport, et non pas par suite de l'extinction des choses mises en commun.

3° *Par la mort d'un associé.* — Toutefois, les associés peuvent convenir que la société se continuera après leur mort entre leurs héritiers ; et, dans ce cas, les héritiers de l'associé décédé auront le profit des bénéfices qui devaient revenir à leur auteur et supporteront les pertes qui étaient à sa charge.

4° *Par l'interdiction ou la déconfiture de l'un des associés.* — Il est naturel, en effet, de ne pas forcer les autres associés à rester en société avec une personne qui ne présente plus aucune garantie de capacité ou de solvabilité.

5° *Enfin, par la volonté d'un ou de plusieurs associés de ne plus être en société.* — Du reste, pour que la volonté d'un des associés amène la dissolution de la société, trois conditions sont nécessaires. — Il faut : 1° que l'associé notifie sa renonciation à ses coassociés; 2° que la renonciation soit faite de bonne foi, c'est-à-dire qu'elle n'ait pas lieu en vue de retirer tout le profit d'un avantage qui devait appartenir à la société ; 3° qu'elle ne soit pas faite à contre-temps, c'est-à-dire qu'elle n'ait pas lieu de manière à nuire aux autres associés.

Au surplus, il n'y a que les sociétés dont la durée est illimitée qui puissent se dissoudre par la volonté d'un associé. — L'associé qui voudrait se retirer avant le temps convenu de la société faite pour un temps limité, ne peut le faire que s'il a de justes motifs et avec l'autorisation du tribunal; sinon sa retraite aurait pour effet de le priver de sa part dans les bénéfices, sans le dégager de ses obligations envers ses coassociés. (Art. 1865, 1866, 1867, 1868, 1869, 1870, 1871.)

Comment se liquide la société, après sa dissolution ?

Après la dissolution de la société, le fonds social est partagé entre les divers associés. En ce qui concerne les formes du partage et les obligations qui en résultent, on suit les règles usitées dans le partage des successions.

La liquidation sera faite par les associés en commun, ou par un liquidateur, associé ou non, choisi par tous les associés ou, au besoin, par le tribunal. — Chaque associé reprend les choses dont il a apporté la jouissance à la société ou leur estimation, et l'on procède alors au partage (1). (Art. 1872.)

---

(1) *Cercles.* — Le président d'un cercle peut réclamer en justice aux membres du cercle le montant des cotisations dues. Cass., 24 nov. 1875 ; 6 mars 1877 ; 19 nov. 1879.

LIVRE III, TITRE X

Du prêt.

Décrété le 9 mars 1804. — Promulgué le 19 du même mois.

A la différence des contrats précédents qui se forment par le seul consentement des parties, le prêt est un contrat réel et il n'est parfait que par la remise de la chose (1).

L'article 1874 distingue plusieurs sortes de prêts. En conséquence, nous traiterons successivement ici :

Chap. I. — Du prêt à usage ou commodat.

Chap. II. — Du prêt de consommation.

Chap. III. — Du prêt à intérêt.

Quant au prêt avec constitution de rentes perpétuelles dont il est encore question dans ce titre, nous nous en occuperons plus loin, au titre *des Contrats aléatoires* où l'article 1914 nous renvoie pour les rentes viagères.

CHAPITRE PREMIER

DU PRÊT A USAGE OU COMMODAT.

Articles 1874 à 1891.

Qu'est-ce que le prêt à usage ou commodat ?

Le prêt à usage ou commodat est un contrat par lequel une partie livre une chose à l'autre pour s'en servir gratuitement, à la condition de la restituer après s'en être servi.

Le prêt à usage diffère sous les rapports suivants du prêt de consommation, dont il sera question dans le chapitre suivant :

(1) En effet, comme le dit Domat (*Lois civiles*, liv. I, tit. V, sect. I, n° 3), le prêt est une de ces sortes de conventions où l'on s'oblige à rendre une chose, et où, par conséquent, l'obligation ne se contracte que par la délivrance de la chose prêtée.

1° Dans le prêt à usage, l'emprunteur est tenu de rendre la chose même qui lui a été prêtée ; tandis que dans le prêt de consommation il doit rendre, non pas la chose même qui lui a été prêtée, mais une chose semblable.

2° Dans le prêt à usage, le prêteur conserve la propriété de la chose prêtée et les risques sont à sa charge ; dans le prêt de consommation, au contraire, le prêteur aliène la chose prêtée à l'emprunteur, qui en devient propriétaire et prend les risques à sa charge.

3° Enfin, dans le prêt à usage, les choses qui font l'objet du contrat sont des choses non fongibles ; au contraire, celles qui font l'objet du prêt de consommation sont des choses fongibles. (Art. 1775, 1876, 1877.)

Quelles sont les choses qui peuvent faire l'objet du prêt à usage ?

Aux termes de l'article 1878, toutes les choses qui sont dans le commerce et qui ne se consomment pas par l'usage peuvent faire l'objet du prêt à usage. — Mais ces expressions « *et qui ne se consomment pas par l'usage* » ne doivent pas être prises rigoureusement à la lettre. Effectivement, les choses qui se consomment habituellement par le premier usage peuvent très bien faire l'objet d'un prêt à usage, si les parties ont convenu que les choses prêtées ne seront pas consommées et que l'emprunteur les restituera en nature. Ainsi, des pièces de monnaie sont des choses de consommation, et cependant elles peuvent faire l'objet d'un prêt à usage, si les parties ont stipulé qu'elles serviront *ad pompam et ostentationem* et qu'elles seront restituées identiquement par l'emprunteur. Il serait plus exact de dire que les choses qui font l'objet du prêt à usage doivent être non fongibles.

On voit par là qu'il ne faut pas confondre les choses de consommation avec les choses fongibles. — Quand on parle *de choses de consommation*, on entend parler des choses considérées d'après leur nature, et indépendamment de la destination qui leur est donnée par les contractants. — Au contraire, *les choses fongibles* sont des choses qu'on envisage uniquement au point de vue de la destination qui leur a été donnée par les parties, abstraction faite de leur nature ; en d'autres termes, ce sont toutes les choses qui, dans l'intention des parties, doivent être restituées, non pas en nature, mais par des équivalents, par d'autres choses de même qualité. Ainsi, l'argent, le vin, les denrées sont évidemment des choses de consommation, mais ils ne deviennent des choses fongibles que si les parties ont entendu que l'emprunteur les consommera et restituera des choses semblables. A l'inverse, un livre n'est pas une chose de consommation, mais il devient cependant une chose fongible, si les parties ont décidé que l'emprunteur restituera, non pas le livre qu'il a reçu, mais un autre livre semblable. (Art. 1878.)

Quelles sont les conditions essentielles à l'existence du prêt à usage ?

Outre les conditions essentielles à tout contrat, il faut pour l'existence du prêt à usage :

1° *Qu'une chose soit livrée par l'une des parties à l'autre, afin de lui en procurer l'usage.* — Sans doute, la simple promesse de prêter engendre bien une obligation, qui pourrait servir de base à une demande de dommages-intérêts en cas d'inexécution de la promesse ; mais cette convention serait un contrat innomé, et non point un prêt à usage, car le prêt à usage suppose évidemment que l'emprunteur est en possession de la chose dont il doit se servir.

2° *Qu'elle soit livrée gratuitement à l'emprunteur.* — Le prêt à usage ou commodat est essentiellement gratuit. S'il était convenu entre les parties que l'emprunteur payera un prix en argent ou en toute autre chose, le contrat serait, soit un louage, soit un contrat innomé.

3° *Que l'emprunteur soit obligé de la rendre en nature.* — L'emprunteur est obligé de rendre la chose même qui lui a été livrée, et non une chose semblable de même qualité. S'il n'était pas obligé d'en faire la restitution au prêteur, le contrat devrait être considéré comme une donation, et ne serait point un prêt ; et s'il n'était pas obligé de rendre la chose même qui lui a été prêtée, ce serait un prêt de consommation et non point un prêt à usage. (Art. 1875, 1876, 1877.)

Le prêt à usage est-il un contrat unilatéral ou synallagmatique imparfait ?

Ainsi qu'on vient de le voir, le prêt à usage ou commodat est un contrat réel et à titre gratuit. — Est-il un contrat unilatéral ou un contrat synallagmatique ? Le Code semble bien le considérer comme un contrat synallagmatique, puisqu'il parle successivement des obligations du prêteur et de celles de l'emprunteur. Mais il convient de décider que c'est seulement un contrat synallagmatique imparfait : car il ne fait naître à l'origine d'obligations que pour l'emprunteur. Quant au prêteur, il pourra être également obligé, par exemple à fournir une indemnité à l'emprunteur à raison des dépenses faites par celui-ci pour la conservation de la chose ; mais son obligation n'existant pas dès la formation du contrat, on ne peut pas dire que celui-ci soit un contrat synallagmatique proprement dit.

A moins de stipulation contraire, les engagements qui résultent du prêt à usage passent aux héritiers du prêteur et à ceux de l'emprunteur. (Art. 1879.)

Quelle capacité faut-il avoir pour le prêt à usage ?

Le prêt à usage ne peut être fait régulièrement qu'entre des personnes capables de s'obliger. Mais la nullité qui résulte de l'incapacité des parties est seulement une nullité relative ; elle n'existe qu'au profit des incapables et elle ne peut pas leur être opposée.

En conséquence, le mineur qui a reçu un prêt ne peut pas être forcé de restituer la chose prêtée avant le terme convenu; il n'est pas tenu de payer des dommages-intérêts, si elle vient à périr par sa faute. — Au contraire, si c'est lui qui a fait le prêt, il peut exiger, soit des dommages-intérêts, s'il y a lieu, soit la restitution de la chose prêtée avant le terme convenu.

Quant aux personnes, telles que le mineur émancipé, la femme mariée qui, sans avoir la libre disposition de leurs biens, en ont cependant l'administration, on fait une distinction : ces personnes peuvent s'obliger comme emprunteurs, si le prêt qui leur est fait est nécessaire à l'administration de leurs biens ; mais elles ne peuvent pas s'obliger en qualité de prêteurs, car prêter gratuitement sa chose, ce n'est pas faire un acte d'administration (1).

Quelles sont les obligations du commodataire ?

Les obligations du commodataire sont :

1° De donner à la chose les soins d'un bon père de famille.

(1) *En ce sens:* Duvergier, n°ˢ 46 et 48; Mourlon, III, 937. — D'autres auteurs pensent au contraire que les personnes dont il s'agit ont la faculté de prêter à usage, puisqu'elles peuvent consentir des contrats bien plus importants, tels que le louage, par exemple. *En ce sens :* Troplong, n°ˢ 55 et suiv. ; Paul Pont, *Petits contrats*, I, 56.

Comme le contrat a eu lieu dans son intérêt, il répond même de sa faute légère ;

2° De n'employer la chose qu'à l'usage auquel elle est destinée par la convention ;

3° De faire toutes les réparations d'entretien ;

4° De restituer la chose prêtée avec ses accessoires, en tenant compte des fruits qu'elle a produits pendant qu'elle était entre ses mains.

La restitution doit être faite au lieu et à l'époque fixés par la convention : la seule échéance du terme fixé pour la restitution constitue l'emprunteur en demeure et met les risques à sa charge à partir de cette époque. (Art. 1880.)

Quelles sont les obligations du commodant ?

Les obligations du commodant ou prêteur à usage sont :

1° De rembourser à l'emprunteur les dépenses extraordinaires, nécessaires et urgentes qu'il a faites pour la conservation de la chose. — Mais il n'est pas tenu de lui rembourser les dépenses ordinaires, c'est-à-dire celles qui sont une charge naturelle de l'usage.

2° D'indemniser l'emprunteur du préjudice qu'il aurait éprouvé par suite des vices cachés de la chose, si, en ayant eu connaissance, il n'en a pas averti ce dernier.

3° De laisser la chose prêtée entre les mains de l'emprunteur jusqu'à l'époque convenue pour la restitution. Toutefois, le Code admet une grave exception à cette règle, en autorisant le prêteur à reprendre la chose dans le cas où il en aurait un besoin pressant et imprévu. — Cette dérogation s'explique par la faveur que mérite le prêteur, et surtout par l'intention qu'on doit lui supposer de n'avoir consenti au prêt que sous la réserve tacite de reprendre sa chose, si, par suite d'un événement imprévu, elle lui devient indispensable.

L'emprunteur a trente ans pour exiger le remboursement de ce qui lui est dû. — Mais il ne peut pas retenir la chose prêtée par compensation de ce que le prêteur lui doit. (Art. 1885, 1886, 1888, 1889, 1890, 1891.)

Qui doit supporter la perte de la chose arrivée par cas fortuit ?

En principe, la perte de la chose prêtée causée par force majeure ou arrivée par accident, est supportée par le commodant ou prêteur à usage. — Mais, par exception, l'emprunteur est responsable de la perte dans les cas suivants :

1° Lorsqu'il a consenti à prendre à sa charge les cas fortuits, ou que le cas fortuit est survenu après l'époque fixée pour la restitution ;

2° Lorsque la chose ne lui a été livrée qu'après avoir été estimée ;

3° Lorsqu'il a employé la chose à un autre usage ou pour un temps plus long qu'il ne le devait (1) ;

4° Enfin, lorsqu'étant dans la nécessité de laisser périr ou une chose qui lui appartenait ou celle qui lui a été prêtée, il a préféré laisser périr cette dernière.

Observons, en terminant, que si plusieurs personnes ont conjointement emprunté la même chose, elles en sont solidairement responsables envers le prêteur. C'est là un cas de solidarité légale que l'article 1887 établit expressément. (Art. 1881, 1882, 1883 1884, 1887.)

CHAPITRE DEUXIEME

DU PRÊT DE CONSOMMATION OU SIMPLE PRÊT.

Articles 1892 à 1904.

Qu'est-ce que le prêt de consommation ?

Le prêt de consommation est un contrat par lequel une partie livre à l'autre une certaine quantité de choses qui doivent être consommées par l'emprunteur, à la charge par celui-ci de restituer des choses semblables.

A la différence du prêt à usage, le prêt de consommation rend l'emprunteur propriétaire des choses qui lui sont livrées et met les risques à sa charge. — En outre, le prêt à usage est essentiellement gratuit ; tandis que le prêt de consommation n'est gratuit que par sa nature, ce qui permet au prêteur de stipuler

---

(1) Le droit romain voyait dans l'abus un vol d'usage ; chez nous, il met, seulement les risques à la charge de l'emprunteur, et il peut donner lieu à des dommages-intérêts.

une redevance ou des intérêts. Dans ce dernier cas, le prêt de consommation est spécialement qualifié de *prêt à intérêt*. (Art. 1892, 1893.)

Quelles sont les conditions essentielles à l'existence du prêt de consommation ?

Outre les conditions essentielles à tout contrat, il faut pour l'existence du prêt de consommation :

1° *Qu'une certaine quantité de choses soit livrée à l'emprunteur et que la propriété lui en soit transférée.* — Cette translation de propriété forme le caractère distinctif du prêt de consommation ; c'est de là que lui vient le nom de *mutuum* que lui donnaient les Romains : *Appellata est mutui datio, ab eo quod de me tuum fit.*

2° *Que les choses prêtées soient fongibles.* — Aux termes de l'article 1892, il n'y a que les choses qui se consomment par le premier usage qui puissent faire l'objet d'un prêt de consommation. Mais, ainsi que nous l'avons déjà dit, ces mots *choses de consommation* sont pris ici par le Code pour ceux de *choses fongibles*. En effet, les choses mêmes qui ne se consomment pas habituellement par le premier usage mais qui, dans l'intention des parties, doivent être remplacées par des choses semblables, peuvent faire l'objet d'un prêt de consommation. C'est ainsi qu'un libraire fait un prêt de consommation, quand il prête à son confrère un certain nombre d'exemplaires destinés à être vendus, à la charge par ce dernier de lui rendre un même nombre d'exemplaires semblables. — Pareillement, et quoiqu'en dise l'article 1794, on peut aussi prêter des animaux, pourvu qu'on les considère, non comme individus mais comme quantités.

3° *Que l'emprunteur s'oblige à rendre une égale quantité de choses de mêmes espèce et qualité.* — Il faut que l'emprunteur rende une égale quantité ; car s'il devait rendre plus, ce serait un prêt à intérêt ; et s'il devait rendre moins, il y aurait donation. — Il faut aussi que les choses soient de mêmes espèce et qualité ; autrement ce serait ou un échange ou une vente, suivant que l'on s'obligerait à rendre une autre chose ou une somme d'argent. (Art. 1892, 1893, 1894.)

Quelle capacité faut-il avoir pour faire un prêt de consommation ?

Il faut distinguer la capacité requise pour prêter et la capacité requise pour emprunter.

I. *Capacité requise pour prêter*. — Le prêt de consommation, ayant pour objet de transférer la propriété, ne peut être fait que par une personne capable d'aliéner des meubles. Le prêt qui émane d'un mineur ou d'un interdit est donc frappé de nullité ; mais la nullité est seulement relative et elle ne peut être invoquée que par l'incapable. — En conséquence, le mineur qui a prêté sa chose peut la revendiquer si elle existe, ou exiger que l'emprunteur lui restitue des choses semblables.

II. *Capacité requise pour emprunter*. — Si les mineurs et interdits ne peuvent pas faire un prêt de consommation à cause de leur incapacité d'aliéner, ils ne peuvent pas non plus faire un emprunt et s'obliger valablement à restituer des choses semblables à celles qu'ils ont reçues, parce qu'ils sont également incapables de contracter des engagements. — Quant aux emprunts émanés d'un mineur émancipé ou d'une femme mariée, ils peuvent être valables, mais seulement s'ils sont contractés en vue de l'administration de leurs biens.

Quelles sont les obligations du prêteur ?

Les obligations du prêteur sont :

1° D'indemniser l'emprunteur du préjudice qu'il aurait éprouvé par suite des vices cachés de la chose livrée, si, en ayant eu connaissance, il n'en a pas averti ce dernier.

2° De laisser la chose entre ses mains jusqu'au terme convenu pour la restitution. S'il n'a pas été fixé de terme, le juge peut accorder à l'emprunteur un délai suivant les circonstances.

— S'il a été seulement convenu que l'emprunteur payerait quand il le pourrait, ou quand il en aurait les moyens, le juge lui fixera un terme de payement, suivant les circonstances.

La règle que nous venons d'indiquer ne souffre pas de tempéraments : le prêteur, eût-il le plus pressant besoin des choses prêtées, ne peut pas les redemander avant le terme convenu. — Il en est différemment, il est vrai, dans le prêt à usage ; mais c'est qu'alors les conditions ne sont pas les mêmes. Dans ce contrat, l'emprunteur étant obligé de rendre la chose même qui a été prêtée, a dû la conserver et l'avoir en sa possession au moment où on la lui redemande. Il peut donc facilement satisfaire le prêteur. Au contraire, dans le prêt de consommation, la restitution immédiate pourrait être très onéreuse pour l'emprun-

teur, parce que celui-ci a dû consommer les choses prêtées.
(Art. 1898, 1899, 1900, 1901.)

Quelles sont les obligations de l'emprunteur ?

L'obligation de l'emprunteur consiste à rendre des choses
semblables à celles qu'il a reçues. — Quant à la manière dont il
doit accomplir son obligation, elle varie selon qu'il s'agit d'un
prêt d'argent en monnaie, ou de choses fongibles autres que de
l'argent monnayé.

I. *Le prêt a pour objet de l'argent monnayé.* — Dans ce cas,
l'emprunteur n'est pas tenu de rendre la même quantité de pièces
de monnaie qu'il a reçue, mais seulement une somme égale à
celle qui lui a été fournie. — En conséquence, s'il fait le payement avec les mêmes espèces, il devra en fournir une quantité
plus considérable si elles ont diminué de valeur dans l'intervalle
du prêt à la restitution ; et au contraire il pourra se libérer en en
fournissant moins, si elles ont augmenté de valeur (1). Dans tous
les cas, il ne peut acquitter sa dette qu'avec des espèces ayant
cours au moment du payement.

II. *Le prêt a pour objet des choses fongibles autres que de l'argent,
comme des denrées ou des lingots d'or ou d'argent.* — Dans ce cas,
l'emprunteur doit restituer exactement la même quantité des
choses qu'il a reçues, quels que soient les changements survenus
dans leur valeur estimative. — Ainsi, s'il a reçu 10 pièces de vin
d'une certaine qualité, il devra toujours restituer 10 pièces de
vin de la même qualité, lors même que la valeur du vin aurait
augmenté ou diminué dans l'intervalle du prêt à la restitution.
Ici, en effet, les parties ont eu en vue une certaine quantité de
choses, et non point une valeur appréciable en argent.

La restitution doit se faire au lieu fixé par les parties, et, à défaut de convention, au domicile du débiteur.

Si l'emprunteur est dans l'impossibilité de restituer des choses
semblables à celles qu'il a reçues, il doit en payer la valeur suivant le temps et le lieu convenus pour la restitution. — A défaut

---

(1) Voy. sur cette question, Paul Pont, *Petits contrats*, I, 203 à 214. La disposition du Code est contraire à l'équité, puisqu'elle oblige le créancier à recevoir une monnaie dépréciée. On peut admettre, d'ailleurs, qu'une convention particulière pourrait déroger aux règles générales, et obliger le débiteur
qui aurait reçu une certaine quantité d'or à rendre pareille quantité en
poids.

de convention à cet égard, on se reportera au temps et au lieu
où l'emprunt a été fait.

Si l'emprunteur ne rend pas les choses prêtées ou leur valeur
au terme convenu, il en doit l'intérêt à partir du jour de la demande en justice. (Art. 1895, 1896, 1897, 1902, 1903, 1904.)

**Quelles différences y a-t-il entre le prêt de consommation et
le quasi-usufruit ?**

Le prêt de consommation se rapproche du quasi-usufruit en
ce que l'emprunteur et le quasi-usufruitier deviennent propriétaires de la chose prêtée, et que tous deux sont tenus de restituer; mais il en diffère sous les rapports suivants :

1° Le droit de l'emprunteur est transmissible à ses héritiers;
celui de l'usufruitier s'éteint toujours par sa mort;

2° L'emprunteur ne doit pas donner caution; l'usufruitier y
est tenu;

3° L'emprunteur restitue des choses semblables en quantité et
qualité. — L'usufruitier doit aussi restituer des choses de mêmes
qualité et quantité, mais seulement si les choses qu'il a reçues
n'ont pas été estimées. Dans le cas contraire, il paye le prix d'estimation.

4° Enfin, le prêt de consommation ne peut résulter que d'un
contrat; le quasi-usufruit peut être établi aussi par testament.

CHAPITRE TROISIÈME

DU PRÊT A INTÉRÊT.

Articles 1905 à 1908.

Qu'est-ce que le prêt à intérêt ?

Le prêt à intérêt est un prêt de consommation dans lequel le
prêteur stipule qu'on lui payera une certaine redevance, pour le
dédommager de la privation momentanée de sa chose.

Les conditions essentielles à l'existence du prêt à intérêt sont
les mêmes que celles qui sont exigées pour le prêt de consommation.

Les obligations des parties sont également les mêmes : seulement il faut que l'emprunteur, outre la restitution qu'il doit faire, fournisse au prêteur une somme additionnelle.

On appelle *intérêt* la somme additionnelle que l'emprunteur doit fournir au créancier, et *usure* l'intérêt exagéré, celui qui excède le taux légal. (Art. 1905.)

Quelle est l'origine du prêt à intérêt ?

Le prêt à intérêt a son origine dans le droit romain. — A Rome, le taux de l'intérêt était de 12 pour cent, sous la loi des douze Tables ; au temps de Justinien, il était de 4 pour cent pour les personnes illustres, de 8 pour cent pour les commerçants, et de 6 pour cent pour les autres personnes.

Dans notre ancien droit, le prêt à intérêt avait été proscrit. — Le prêt, disait-on, est essentiellement gratuit ; c'est un office d'ami, un acte de bienfaisance. Par suite de cette idée, le droit canonique avait admis la fameuse maxime *Mutum date, nihil indè sperantes* à laquelle les ordonnances royales avaient donné force de loi (1).

Dans le droit intermédiaire, on permit aux capitalistes non seulement de prêter à intérêt, mais encore de stipuler le taux d'intérêt le plus élevé que le débiteur consentirait à subir.

Tel était l'état de la législation lors de la rédaction du Code civil. Mais de graves abus étaient nés de cette liberté illimitée ; aussi, lors de la discussion du titre du prêt, fût-on généralement d'accord qu'il était utile de fixer un taux maximum d'intérêt. Toutefois, on en renvoya la fixation à une loi postérieure, et l'on se borna à obliger les parties à constater par écrit l'intérêt dont elles seraient convenues.

Enfin, la loi du 3 septembre 1807 vint réglementer la fixation de l'intérêt, annoncée par le Code. Elle décida que le taux légal de l'intérêt serait fixé à 5 pour cent en matière civile, et à 6 pour cent en matière commerciale.

Plusieurs lois spéciales ont autorisé des dérogations à la loi fondamentale du 3 septembre 1807. Ainsi, notamment, la loi du 9 juin 1857 a permis à la Banque de France d'élever l'escompte à plus de 6 pour cent, et l'a autorisée à élever aussi l'intérêt de ses avances au-dessus de ce taux. Nous voyons également des

(1) Voy. sur cette question le cardinal Gousset, *Théologie morale*, t. I, p. 393 ; 12° édit.

compagnies de chemins de fer, des villes, le Crédit foncier et autres grands établissements financiers, et enfin l'État contracter des emprunts à des taux supérieurs à ceux fixés par la loi de 1807. (Art. 1905, 1907.)

Quelle capacité faut-il avoir pour le prêt à intérêt ?

Il faut distinguer la capacité requise pour prêter et la capacité requise pour emprunter.

I. *Capacité requise pour prêter.* — Le prêt à intérêt est un acte d'aliénation, puisque le prêteur doit rendre l'emprunteur propriétaire; mais c'est en même temps un acte d'administration, puisque le prêteur retire un intérêt de son argent. De là, les conséquences suivantes :

1° Les mineurs non émancipés, les interdits et les femmes mariées non séparées de biens ne peuvent pas consentir un prêt à intérêt, puisqu'ils n'ont ni la capacité d'aliéner ni celle d'administrer;

2° Les mineurs émancipés et les femmes mariées séparées de biens peuvent valablement prêter des sommes provenant de leurs revenus; ces dernières peuvent même prêter celles qui proviendraient du remboursement d'un capital mobilier.

II. *Capacité requise pour emprunter.* — Ici, comme l'emprunteur s'oblige, non seulement à restituer des choses semblables à celles qu'il a reçues, mais encore à payer des intérêts, il faut une capacité plus grande que celle d'un simple administrateur.

Ainsi, non seulement les mineurs non émancipés et les interdits ne peuvent pas emprunter, mais les femmes mariées, même séparées de biens, ne peuvent le faire qu'avec l'autorisation de leur mari ou de justice, et les mineurs émancipés qu'avec l'autorisation de leur conseil de famille.

L'emprunteur qui a des intérêts non stipulés peut-il les répéter ?

En général, les intérêts ne sont exigibles qu'autant qu'ils ont été stipulés, et même il faut qu'ils soient stipulés par écrit. — Cependant, si l'emprunteur les avait payés sans y être obligé par la convention, il ne pourrait pas les répéter. Le payement qu'il en a fait serait considéré comme l'acquittement d'une obligation naturelle.

Aux termes de l'article 1908, la quittance du capital donnée sans réserve des intérêts, en fait présumer le payement et en opère la libération. — La raison de cette présomption se trouve dans l'article 1254, d'après lequel le débiteur ne peut pas imputer ce qu'il paye sur le capital, par préférence aux intérêts. D'où la conséquence que si le créancier a reconnu avoir été payé du capital, il est réputé avoir reçu également les intérêts. (Art. 1906, 1908.)

Quelles sont les diverses sortes d'intérêts ?

Les intérêts sont légaux ou conventionnels. — Les premiers sont ceux qui courent en vertu d'une disposition de la loi ; les seconds sont ceux qui courent en vertu de la convention des parties.

Les intérêts légaux se divisent eux-mêmes en intérêts légaux proprement dits, et en intérêts moratoires. *Les intérêts légaux proprement dits* sont ceux qui courent de plein droit, sans mise en demeure préalable : tels sont les intérêts que le tuteur doit au pupille parvenu à sa majorité, lorsqu'il y a un reliquat de recettes dans le compte de tutelle. — Les *intérêts moratoires* sont ceux que la loi fait courir lorsque le débiteur a été mis en demeure de payer.

Quant aux intérêts conventionnels, on leur donne aussi le nom *d'intérêts compensatoires*, parce qu'ils sont stipulés dans le but de fournir au créancier un dédommagement de la privation de son capital. (Art. 1907.)

LIVRE III, TITRE XI

Du dépôt et du séquestre.

DÉCRÉTÉ LE 14 MARS 1804. — PROMULGUÉ LE 24 DU MÊME MOIS.

De même que le prêt à usage, le dépôt est un contrat réel, synallagmatique imparfait et essentiellement gratuit. Ainsi, il ne se forme que par la remise de la chose entre les mains du dépositaire ; il ne fait naître au moment de sa formation qu'une seule obligation, celle de restituer l'objet confié ; enfin, le dépositaire ne reçoit pas de salaire, ou, s'il en reçoit, c'est seulement à titre d'indemnité pour les frais de garde.

Le dépôt se divise en dépôt proprement dit et en séquestre. En conséquence, notre titre est divisé en deux chapitres qui traitent :

Chap. I. — Du dépôt proprement dit.

Chap. II. — Du séquestre.

CHAPITRE PREMIER

DU DÉPOT PROPREMENT DIT.

Articles 1915 à 1954.

Qu'est-ce que le dépôt ?

Entendu dans un sens général, le dépôt est un acte par lequel on reçoit la chose d'autrui pour la garder et la restituer en nature (1).

Le législateur s'est servi avec intention du mot *acte*, afin d'embrasser toutes les espèces de dépôts dans la définition : le dépôt proprement dit, qui est l'œuvre des parties ; et le séquestre, qui est tantôt l'œuvre des parties, tantôt celle de la justice.

(1) Le mot *dépôt* est employé quelquefois dans un autre sens, pour exprimer la chose déposée.

Le dépôt proprement dit dont il est question dans ce chapitre,
est un contrat par lequel une partie remet une chose mobilière à
l'autre, qui s'oblige à la garder gratuitement et à la rendre en
nature à la première réquisition. (Art. 1915, 1916, 1917.)

**Quelles sont les conditions essentielles à l'existence du
dépôt?**

Outre les conditions nécessaires à tout contrat, telles que le
consentement, l'objet et la cause, il faut, pour l'existence du contrat de dépôt :

1° *Qu'une chose mobilière soit remise par le déposant au dépositaire.* — Les immeubles ne peuvent donc pas faire l'objet d'un
dépôt. En effet, déposer une chose, c'est la mettre chez quelqu'un afin de la retrouver quand on en a besoin; or, on est toujours sûr de retrouver un immeuble.

2° *Que le dépôt soit gratuit.* — Il est vrai que l'article 1928 suppose le cas d'un dépôt salarié; mais c'est afin d'établir une différence entre la responsabilité du dépositaire qui reçoit une indemnité, et celle du dépositaire qui n'en reçoit pas. Du reste, il
s'agit dans cet article d'une indemnité allouée au dépositaire, et
non pas d'un bénéfice que lui procurera le contrat. Autrement ce
serait un louage de service, et non pas un dépôt.

3° *Que la chose soit livrée au dépositaire pour qu'il la garde.* —
Celui-ci n'a donc pas le droit de s'en servir. S'il y a été autorisé
par le déposant, le contrat se transforme alors en un contrat innomé, qui tient tout à la fois du dépôt et du prêt et qu'on appelle dépôt irrégulier (1). (Art. 1917, 1918, 1919.)

Quelles sont les différentes sortes de dépôts ?

Entendu dans un sens général, le dépôt, avons-nous dit, se divise en dépôt proprement dit et en séquestre.

Le dépôt proprement dit, se subdivise lui-même en dépôt volontaire et en dépôt nécessaire. Ces deux sortes de dépôts ne diffèrent d'ailleurs que par la manière dont ils se forment et dont on
en prouve l'existence.

Le dépôt volontaire est celui qui se forme en vertu du consentement libre et spontané des deux parties. — Le dépôt nécessaire
se forme également par la volonté des parties, mais avec cette
différence que leur volonté n'est plus spontanée et entièrement
libre, mais déterminée par quelques circonstances impérieuses et

_____

(1) *Solam custodiam, sine ullâ accipientis utilitate, continet.*

exceptionnelles, telles qu'un incendie, un naufrage, etc. (Art. 1920, 1021, 1940, 1051.)

Quelle est la capacité nécessaire pour faire ou pour recevoir un dépôt ?

Il faut distinguer entre la capacité requise pour faire le dépôt et la capacité requise pour le recevoir.

I. *Capacité requise pour faire le dépôt.* — En principe, pour faire un dépôt, il faut être capable de contracter, parce que le déposant peut se trouver obligé par la suite envers le dépositaire à l'indemniser de toutes les dépenses qu'il aurait faites pour la conservation de la chose. Mais si le dépôt fait par un incapable est nul, la nullité est purement relative et elle ne peut être invoquée que par l'incapable lui-même. — En conséquence, la personne qui a accepté le dépôt fait par un mineur ou par un interdit est tenue envers celui-ci de toutes les obligations d'un dépositaire ; mais elle ne peut répéter contre lui les dépenses qu'elle a faites pour la conservation de la chose que jusqu'à concurrence du profit qu'il en a retiré.

II. *Capacité requise pour recevoir le dépôt.* — Pour recevoir le dépôt, il faut également être capable de contracter, parce que le dépositaire est dans l'obligation de restituer. Mais si le dépôt reçu par un incapable est nul, la nullité est, comme précédemment, purement relative et elle ne peut être invoquée que par l'incapable lui-même. — En conséquence, celui qui a fait le dépôt entre les mains d'un incapable est tenu de l'indemniser de toutes les dépenses qu'il a faites pour la conservation de la chose ; mais il ne peut lui réclamer la restitution de cette chose qu'autant qu'elle est encore entre ses mains, et, dans le cas contraire, il ne peut exiger du mineur que ce dont il s'est enrichi. (Art. 1925, 1926.)

Le contrat pourrait-il se former si le déposant n'était pas propriétaire de l'objet remis en dépôt ?

Aux termes de l'article 1922, le dépôt volontaire ne peut être régulièrement fait que par le propriétaire de la chose déposée, ou de son consentement exprès ou tacite. — Mais ce texte ne doit pas être pris trop à la lettre. Il signifie seulement que le dépôt qui a été fait par un autre que par le propriétaire de la chose déposée n'est pas opposable à celui-ci ; que le dépositaire ne peut pas l'actionner à raison du dommage causé par les vices cachés de la chose, ou des dépenses qu'il a faites pour sa conservation, à moins qu'elles ne lui aient profité.

Du reste, le dépositaire ne peut pas exiger du déposant que celui-ci fasse la preuve qu'il est propriétaire de la chose déposée. — Toutefois, s'il vient à découvrir que la chose a été volée et quel en est le véritable propriétaire, il doit dénoncer à celui-ci le dépôt qui lui a été fait, avec sommation de le réclamer dans un délai déterminé et suffisant. Si, au bout de ce temps, le propriétaire, auquel a été faite la dénonciation, néglige de réclamer le dépôt, le dépositaire est valablement déchargé par la tradition qu'il en fait à celui qui le lui a remis. (Art. 1922, 1938.)

Comment se prouve le dépôt ?

Il faut distinguer entre le dépôt volontaire et le dépôt nécessaire.

Le dépôt volontaire est, en général, soumis au droit commun en matière de preuve. Ainsi, il ne peut être prouvé par témoins que lorsque sa valeur est inférieure à 150 francs. — Toutefois, par exception aux règles habituelles, le dépositaire est cru, à défaut d'écrit, sur son affirmation relativement au fait même du dépôt, à sa restitution et à la valeur de l'objet déposé, lors même qu'elle dépasse 150 francs.

Dans notre ancien droit, la preuve testimoniale était toujours admise en matière de dépôt, par suite de cette considération que le déposant, qui demande un service au dépositaire, peut difficilement exiger une preuve écrite.

Le dépôt nécessaire est absolument dispensé des règles du droit commun, et le déposant est autorisé à faire la preuve du dépôt par tous les moyens en son pouvoir, quelle que soit la valeur de l'objet remis en dépôt. (Art. 1923, 1924, 1950.)

Quelles sont les obligations du dépositaire ?

Les obligations du dépositaire sont :

1° De veiller à la garde et à la conservation de la chose ;

2° De ne pas se servir de la chose déposée sans la permission expresse ou présumée du déposant;

3° De la restituer à première réquisition.

1. *Obligation de veiller à la garde et à la conservation de la chose déposée.* — Le Code décide que le dépositaire doit apporter dans la garde de la chose déposée les mêmes soins qu'il apporte dans la garde des choses qui lui appartiennent, et qu'il ne doit pas

chercher à connaître quelles sont les choses qui ont été déposées, si elles lui ont été confiées dans un coffre fermé ou dans une en‑veloppe cachetée.

II. *Obligation de ne pas se servir de la chose déposée.* — Cette obligation vient de ce que la livraison de la chose déposée ne transfère aucun droit au dépositaire.

III. *Obligation de rendre la chose à première réquisition.* — Plu‑sieurs obligations accessoires se rattachent à celle-ci.

D'abord, le dépositaire doit rendre, non seulement la chose, mais aussi les fruits qu'elle a produits et qu'il a perçus. — En matière de dépôt d'argent, comme l'argent ne devient productif qu'autant qu'on l'emploie, ce qui est défendu au dépositaire, il ne doit des intérêts que s'il a été mis en demeure de restituer et seulement à partir de la mise en demeure.

En second lieu, le dépositaire doit rendre la chose même qu'il a reçue, et non pas des choses semblables. — Enfin, il doit faire la restitution au lieu et au temps convenus, et même à la première réquisition du déposant, à moins qu'il n'ait été fait une saisie-arrêt entre ses mains par un créancier de celui-ci.

Au surplus, toutes les obligations du dépositaire cessent s'il vient à découvrir et s'il prouve qu'il est lui-même propriétaire de l'objet déposé. (Art. 1927, 1930, 1931, 1932, 1936, 1937, 1942, 1943, 1944, 1946.)

Qu'est-ce que le dépôt irrégulier ?

Le dépôt *irrégulier* est une sorte de dépôt dans lequel le dépo‑sitaire est autorisé à restituer des choses semblables à celles qu'il a reçues, et non pas la chose elle-même. — Au reste, le dépôt irrégulier offre moins d'avantages au déposant que le dépôt ordi‑naire ; car il lui fait perdre la propriété des sommes qu'il a re‑mises au dépositaire, et par suite il ne lui laisse qu'un simple droit de créance.

Le dépôt irrégulier se rapproche, comme on le voit, du prêt de consommation ; mais il en diffère cependant en ce que le déposant peut exiger la restitution des choses livrées à sa vo‑lonté, le terme, s'il en existe, étant présumé stipulé en sa fa‑veur (1).

(1) Lorsque des valeurs remises en dépôt n'existent plus en nature entre les mains du dépositaire, le droit du déposant se transforme en un simple droit de créance qui donne naissance à une action en paiement de la valeur de la chose. Paris, 25 juillet 1870. — Voy. aussi la loi 31, *Locati conducti*, D. qui

A qui la restitution du dépôt doit-elle être faite ?

Il faut distinguer plusieurs hypothèses :

1° Si le dépôt a été fait par une personne capable, le dépositaire doit faire la restitution à cette personne elle-même, si elle existe et si elle est restée capable ; à ses héritiers, si elle est décédée ; à ses représentants, si elle est devenue incapable par suite de mariage ou d'interdiction.

2° Si le dépôt a été fait par une personne qui a désigné un tiers pour en recevoir la restitution, le dépositaire devra restituer à ce tiers ; à moins que le déposant ne soit décédé dans l'intervalle, auquel cas il fera la restitution à ses héritiers.

3° Si le dépôt a été fait par un tuteur, par un mari ou par un administrateur judiciaire, le dépositaire fera la restitution à la personne qu'ils représentaient, si leur gestion est finie.

4° Enfin si le dépôt a été fait par un mandataire, il faut distinguer : ou le mandataire avait déposé la chose en son propre nom, et alors c'est à lui que le dépositaire doit en faire la remise ; ou bien il avait fait le dépôt au nom de la personne qu'il représentait, et alors le dépositaire doit faire la restitution à cette personne. (Art. 1937, 1939, 1940, 1941.)

Qui doit supporter la perte de la chose déposée ?

En principe, la perte de la chose déposée, survenue par cas fortuit ou par un accident de force majeure, est à la charge du déposant ; car il est tout à la fois créancier et propriétaire de cette chose, et d'ailleurs le contrat a eu lieu exclusivement dans son intérêt. — Le dépositaire est seulement tenu de rendre la chose dans l'état où elle se trouve au moment de la restitution ; et il n'a à rendre compte des pertes et des détériorations survenues qu'autant qu'elles proviennent d'une faute grave de sa part.

Toutefois sa responsabilité est appréciée avec plus de rigueur, et il est tenu même de sa faute légère dans les cas suivants : — 1° lorsqu'il s'est offert lui-même pour recevoir le dépôt ; 2° lorsqu'il a stipulé un salaire pour la garde du dépôt ; 3° lorsque le dépôt a été fait uniquement dans son intérêt ; 4° lorsqu'il a été convenu qu'il répondrait de toute espèce de fautes ; 5° lorsqu'il a été mis en demeure de restituer la chose.

Le dépositaire auquel la chose a été enlevée par une force ma-

établit que la propriété des objets et par conséquent les risques passent au dépositaire du jour où il a fait emploi de la somme déposée.

jeure et qui a reçu un prix ou quelque chose à la place, doit restituer l'équivalent qu'il a reçu. (Art. 1928, 1929, 1933, 1934.)

Quelle est la peine encourue par le dépositaire infidèle qui vend la chose déposée ?

Le dépositaire infidèle qui vend la chose déposée commet un abus de confiance et se rend passible de la peine d'emprisonnement. — De plus, l'article 1945 décide qu'il perd le bénéfice de la cession de biens, au moyen duquel le débiteur malheureux et de bonne foi peut échapper à la contrainte par corps, en abandonnant ses biens aux créanciers. Mais ce bénéfice n'offre plus aucun avantage, depuis que la contrainte par corps a été abolie, en matière de dépôt, par la loi du 22 juillet 1867.

L'héritier du dépositaire qui a vendu de bonne foi la chose dont il ignorait le dépôt n'est tenu de rendre que le prix qu'il a reçu. — S'il ne l'a pas encore reçu, il doit, suivant l'article 1935, céder son action contre l'acheteur. Mais c'est là une inexactitude; car le déposant peut agir de lui-même contre l'acheteur, et sans avoir besoin qu'on lui cède l'action, qui lui appartient de plein droit puisqu'il est propriétaire de la chose. (Art. 1935, 1945.)

Quelles sont les obligations du déposant ?

Les obligations du déposant sont :

1° De rembourser au dépositaire les dépenses qu'il a faites pour la conservation de la chose. — Quant aux dépenses qui ont été simplement utiles, c'est-à-dire qui ont eu en vue, non la conservation, mais l'amélioration de la chose, il n'est tenu de les rembourser que jusqu'à concurrence du profit qu'elles lui ont procuré.

2° D'indemniser le dépositaire du préjudice qu'il aurait éprouvé par suite des vices cachés de la chose ; et ceci quand même le déposant aurait ignoré ces vices.

Pour la garantie de ces deux créances, la loi accorde au dépositaire le droit de retenir le dépôt jusqu'à entier payement. (Art. 1047, 1048.)

Le dépôt d'effets apportés par un voyageur dans un hôtel n'est-il pas assimilé au dépôt nécessaire ?

Oui ; le dépôt d'effets apportés par un voyageur dans un hôtel est assimilé par la loi au dépôt nécessaire, en ce sens qu'elle dispense les voyageurs de le faire constater par écrit et qu'elle leur permet d'en établir la consistance par toute espèce de preuves.

De plus, elle rend les aubergistes responsables du vol et du dommage causé dans leur hôtel non seulement lorsqu'il provient du fait de leurs domestiques, mais encore lorsqu'il a été occasionné par des voyageurs. — Toutefois, la responsabilité de l'hôtelier cesse s'il prouve que le vol a été fait avec force armée ou autre force majeure (1). (Art. 1948, 1952, 1953, 1954.)

CHAPITRE DEUXIÈME

DU SÉQUESTRE.

Articles 1955 à 1963.

Qu'est-ce que le séquestre ?

Le séquestre est la remise d'une chose litigieuse entre les mains d'un tiers chargé de la garder jusqu'à ce que la contestation soit terminée, et de la rendre à celle des parties qui obtiendra gain de cause.

Le séquestre est conventionnel ou judiciaire. Il est *conventionnel*, lorsque la remise de la chose a été faite par les parties elles-mêmes. — Il est *judiciaire*, lorsqu'elle a été ordonnée par la justice. (Art. 1955, 1956.)

Quelles différences y a-t-il entre le dépôt et le séquestre conventionnel ?

Entre le dépôt et le séquestre conventionnel, il y a les différences suivantes :

1° Le dépôt ordinaire ne peut avoir que des meubles pour objet. — Le séquestre peut avoir pour objet non seulement des meubles, mais même des immeubles.

2° Le gardien des objets placés sous séquestre ne peut être déchargé avant la fin de la contestation, que du consentement de toutes les parties intéressées. — Au contraire, dans le dépôt ordinaire, lorsqu'il y a plusieurs déposants, chacun d'eux peut exiger la restitution de ce qui lui appartient.

---

(1) La responsabilité des aubergistes frappe tous ceux qui exercent la profession de loger, tels que les hôteliers, logeurs en garni ; mais elle ne s'applique pas aux restaurateurs et cafetiers. Cass., 26 janvier 1875.

De même que le dépôt, le séquestre conventionnel peut être salarié : dans ce cas, la personne chargée du séquestre est soumise à une responsabilité plus rigoureuse, conformément à l'article 1928. (Art. 1957, 1958, 1959, 1960.)

Dans quels cas la justice peut-elle ordonner le séquestre ?

La justice peut ordonner le séquestre dans les trois cas suivants :

1º Lorsqu'un créancier pratique une saisie sur les biens de son débiteur;

2º Lorsque la propriété ou la possession d'un objet est contestée;

3º Lorsqu'un créancier refuse de recevoir des choses qui lui sont offertes en payement par le débiteur.

Dans les deux cas qui précèdent, le gardien ou dépositaire est désigné par la justice, sur la présentation des parties si elles sont tombées d'accord pour le choix de la personne, ou d'office par le tribunal. — Le séquestre judiciaire est toujours salarié.

Le gardien judiciaire doit : 1º apporter à la conservation des effets saisis les soins d'un bon père de famille; 2º les représenter au saisissant lorsqu'il veut les faire vendre; ou les représenter au débiteur saisi lorsqu'il a obtenu mainlevée. (Art. 1961, 1962, 1963.)

LIVRE III, TITRE XII

Des contrats aléatoires.

DÉCRÉTÉ LE 10 MARS 1804. — PROMULGUÉ LE 20 DU MÊME MOIS.

Le contrat aléatoire est une convention à titre onéreux dans laquelle chaque partie court des chances de gain ou de perte, d'après un évènement incertain.

L'article 1964 ne cite que quatre sortes de contrats aléatoires : 1° Le contrat d'assurance ; 2° le prêt à la grosse aventure, qui sont régis tous deux par les lois maritimes; 3° le jeu et le pari ; 4° le contrat de rente viagère. — Cette énumération n'est pas limitative et l'on pourrait en ajouter beaucoup d'autres, tels que la vente d'une récolte à venir, de droits litigieux, d'un droit d'usufruit, d'une succession ouverte, etc.

Notre titre est divisé en deux chapitres qui traitent :

CHAP. I. — Du jeu et du pari.

CHAP. II. — Des rentes viagères.

Dans le chapitre II, nous traiterons également des *Rentes perpétuelles* dont il est question dans le Code au titre du *Prêt*, et que nous avons cru devoir placer en regard des *Rentes viagères*.

CHAPITRE PREMIER

DU JEU ET DU PARI.

Articles 1965 à 1967.

Qu'est-ce que le jeu et le pari ?

Le jeu est une convention par laquelle les parties assurent à l'une d'elles un gain déterminé, dépendant de l'adresse ou du hasard.

Le pari est une convention par laquelle deux personnes, qui diffèrent d'opinion, conviennent que celle dont l'allégation sera reconnue inexacte payera à l'autre une somme d'argent ou un objet déterminé.

Tant que le jeu, même intéressé, ne sort pas des bornes d'un simple délassement, il n'a rien d'immoral et rien de blâmable en lui-même. Mais quand il devient un moyen de s'enrichir sans fournir aucun équivalent; quand il vient donner le spectacle de fortunes acquises sans travail, par le hasard d'un coup de dé ou par les moyens faciles d'une spéculation éhontée, il devient essentiellement démoralisateur, et la société est directement intéressée à le réprimer.

Les dettes résultant du jeu ou du pari font-elles naître une action ?

Non ; à l'exemple des lois romaines et de notre ancienne jurisprudence, le Code n'accorde aucune action pour les dettes de jeu, à moins qu'il ne s'agisse de dettes modiques résultant de jeux propres à exercer aux armes, aux courses à pied ou à cheval, et autres jeux de même nature, qui tiennent à l'adresse et à l'exercice du corps (1).

Les mêmes règles ont été admises pour les paris.

Toutefois, si les dettes résultant du jeu ou des paris n engendrent pas d'action, elles sont cependant susceptibles de produire un certain effet, en ce que le joueur qui a volontairement payé sa dette ne peut pas répéter le payement qu'il a fait, comme indu. (Art. 1965, 1966, 1967.)

Les dettes résultant du jeu ou du pari sont-elles des obligations naturelles ?

Comme on l'a vu, les dettes résultant du jeu ou du pari ont cela de commun avec les obligations naturelles, que le payement qui en a été fait volontairement ne peut pas être répété comme indu. — Faut-il en conclure que ces dettes doivent être assimilées sur tous les autres points à des obligations naturelles; qu'elles peuvent, comme ces dernières, être ratifiées, être novées, être garanties par des cautionnements ou autres accessoires? — La question est vivement controversée.

Les uns admettent l'affirmative; car, disent-ils, il est certain que des joueurs qui commencent une partie contractent moralement l'obligation de payer le gagnant. — D'ailleurs, la loi, en

(1) Paul, loi 2, § 1. De alcat. D. — Lois 1, 2, 3, De aleatoribus et alearum lusu, Code. — Tacite, De mor. german., § XXIV.

attachant au payement de ces dettes un effet commun au payement de toute obligation naturelle, celui d'empêcher la répétition, a montré par là qu'elle entendait les assimiler complètement à ces dernières (1).

Un grand nombre d'auteurs sont pourtant d'un avis opposé et
ne voient pas dans la dette de jeu une obligation naturelle. —
Suivant eux, si le perdant ne peut pas répéter, c'est seulement
par application du principe romain *In pari turpitudinis causa,
melior est causa possidentis.* Le législateur n'a pas voulu que la
justice eût à s'occuper d'une question de jeu, et à intervenir en
faveur d'une personne qui, en jouant, a méconnu la loi qu'elle
invoque ensuite en sa faveur.

Cette opinion nous paraît préférable. En conséquence, nous
déciderons que la dette résultant du jeu ou du pari ne peut pas
être valablement cautionnée ou garantie par une hypothèque, ni
être novée par une obligation civile, et qu'elle ne peut pas servir
à compenser une autre dette exigible. — Un billet souscrit en
payement d'une dette de jeu sera donc entaché de nullité; et, si
ce billet énonçait une cause civilement obligatoire, le souscrip-
teur sera admis à prouver par témoins l'origine et la cause véritable du billet (2).

CHAPITRE DEUXIÈME

DU CONTRAT DE RENTES VIAGÈRES.

Articles 1968 à 1983.

Avant de traiter du contrat de rentes viagères, nous nous occu-

---

(1) Delvincourt, t. II, p. 117 et 442. — Toullier, t. VI, n° 381 et 382.
(2) Mourlon, III, 1079.
Lorsque des opérations de bourse n'ont donné lieu qu'à des comptes de liquidation portant sur des différences, l'agent de change qui demande le paiement de ces différences doit être repoussé par l'exception du jeu. Aix,
16 juin 1879. — Doivent être annulées les opérations fictives sur farines, alors
qu'elles portent seulement sur des différences, qu'elles excèdent notablement
les facultés des parties et que celles-ci ne peuvent invoquer leur bonne foi.
Paris, 4 avril 1879.

perons des rentes perpétuelles dont il est question au titre du *Prêt*, articles 1909 à 1914.

SECTION I

DES RENTES PERPÉTUELLES.

Qu'est-ce que le contrat de constitution de rente ?

Le contrat de constitution de rente est une sorte de prêt à intérêt, dans lequel le prêteur s'interdit la faculté d'exiger le remboursement du capital aliéné.

La rente est, en général, le droit d'exiger des prestations périodiques, appelées *arrérages*.

Les rentes sont perpétuelles ou viagères. — Elles sont *perpétuelles*, lorsque le créancier a le droit d'exiger des arrérages périodiques pendant un temps illimité. — Elles sont *viagères*, lorsqu'il ne peut exiger des arrérages que pendant la vie d'une ou de plusieurs personnes désignées.

Dans notre ancien droit, on faisait encore une distinction qui a perdu maintenant une grande partie de son importance : on divisait les rentes en rentes constituées et en rentes foncières. (Art. 1909, 1910.)

Quelles différences y avait-il autrefois entre les rentes constituées et les rentes foncières ?

Les rentes constituées sont celles qui sont établies par l'aliénation d'un capital mobilier, d'une somme d'argent ; et les rentes foncières sont celles qui sont établies par l'aliénation d'un immeuble.

Dans notre ancienne législation, la rente constituée avait trois caractères : elle était un droit personnel, mobilier et essentiellement rachetable. — Elle était un droit *purement personnel*, car le créancier ne pouvait exiger des arrérages que de la part du débiteur qui s'était engagé à les fournir ou de ses héritiers. — Elle était en même temps un droit *mobilier*, car il ne pouvait exiger que des choses mobilières, des arrérages en argent ou en denrées, et, à défaut de payement des arrérages, le remboursement d'un capital mobilier représentant celui qu'il avait aliéné. — Enfin, la rente constituée était *essentiellement rachetable*, c'est-à-dire que toujours, et nonobstant toute stipulation contraire, le débiteur pouvait se libérer en remboursant le capital reçu.

Au contraire, la rente foncière était un droit réel, immobilier et non rachetable. — Elle était un droit *réel*, car l'aliénateur avait le droit d'exiger des arrérages de tout détenteur quelconque de l'immeuble, non que ce dernier fût obligé personnellement, mais parce qu'il avait la détention de l'immeuble grevé. — Elle était un droit *immobilier*, car il avait le droit de reprendre la propriété de l'immeuble si les arrérages ne lui étaient pas payés. — Enfin, elle était *non rachetable* en principe, et le rachat ne pouvait s'opérer que dans deux cas : 1° lorsqu'il avait été stipulé ; 2° lorsque l'immeuble aliéné était une maison sise en ville.

Le contrat par lequel on établissait la rente foncière s'appelait *bail à rente*. — On appelait *rente foncière* le droit d'exiger la redevance.

La distinction entre les rentes constituées et les rentes foncières existe-t-elle encore ?

Oui ; la distinction entre les rentes constituées et les rentes foncières existe encore sous plusieurs rapports qu'on verra plus loin ; mais elle a perdu une grande partie de son importance, parce que, depuis le Code, la rente foncière présente les mêmes caractères que la rente constituée ; qu'elle est, comme cette dernière, un droit personnel, mobilier et rachetable.

Elle est devenue un droit *personnel*, car l'aliénateur a un véritable droit de créance contre celui à qui il a fait l'abandon de l'immeuble ; il peut le poursuivre comme personnellement obligé au payement des arrérages, et il ne peut poursuivre en cette qualité que lui ou ses héritiers.

Elle est devenue aussi un droit *mobilier*, car, à défaut de payement des arrérages, le créancier de la rente ne peut plus reprendre la propriété de l'immeuble aliéné, et il a seulement le droit d'en exiger la valeur en argent. — A la vérité, comme il existe un privilège en faveur de quiconque a fait une aliénation d'immeuble, le créancier de la rente foncière a bien encore un droit réel sur l'immeuble aliéné ; mais ce droit consiste uniquement dans la faculté de le faire vendre entre quelques mains qu'il se trouve, afin d'être payé, par préférence aux autres créanciers, du capital représentant la valeur de l'immeuble aliéné. Ce droit réel ne sert donc qu'à lui assurer le remboursement d'une somme d'argent, et il n'est ainsi que l'accessoire d'un droit mobilier ; tandis que, dans notre ancienne législation, c'était un droit de revendication, qui lui permettait de reprendre la propriété elle-même de l'immeuble aliéné.

Enfin, la rente foncière est devenue *essentiellement rachetable*, pourvu, bien entendu, qu'elle soit établie à perpétuité. — La loi a pensé qu'il y aurait une atteinte trop grave portée à la liberté des personnes, si un débiteur pouvait être perpétuellement obligé, lui ou ses héritiers, à fournir des redevances ; et elle a décidé que le débiteur de la rente aurait la faculté de se libérer, en restituant le capital qu'il a reçu. Seulement, afin que le créancier puisse compter sur l'exécution du contrat pendant un certain temps, elle l'autorise à stipuler que la rente ne sera rachetable qu'après dix ans ou trente ans, selon qu'il s'agit d'une rente constituée ou d'une rente foncière. (Art. 1911.)

Quelles différences y a-t-il entre le contrat de rente et le prêt à intérêt ?

L'article 1909 qualifie du nom de prêt le contrat de constitution de rente, lorsque la constitution a eu lieu par l'abandon d'un capital mobilier. — Effectivement, le débiteur de la rente acquiert la propriété du capital qui lui est livré, comme l'emprunteur acquiert, dans le prêt de consommation, les sommes qui lui sont fournies.

Mais une différence capitale sépare la constitution de rente du prêt à intérêt : c'est que, dans la rente, le créancier ne peut jamais exiger le remboursement du capital aliéné, tandis qu'il peut l'exiger dans le prêt. Sous ce rapport, la constitution de rente se rapproche davantage de la vente : le vendeur est celui qui s'oblige à payer des arrérages, moyennant l'abandon d'un capital. (Art. 1909.)

Le capital de la rente perpétuelle n'est-il jamais exigible ?

Ainsi que nous l'avons dit, le capital de la rente perpétuelle n'est pas exigible en principe. Mais, par exception, il devient exigible dans les trois cas suivants :

1° Lorsque le débiteur de la rente ne paye pas les arrérages échus ;

2° Lorsqu'il ne fournit pas au créancier les sûretés promises, ou lorsqu'il détruit ou diminue celles qu'il avait données ;

3° Lorsqu'il tombe en faillite ou en déconfiture.

Relativement au premier cas, deux observations sont nécessaires. — Et d'abord, l'article 1912 décide que le capital de la rente ne devient exigible, lorsqu'il s'agit de rentes constituées, que si le débiteur a cessé pendant deux ans de payer les arrérages, à partir du jour de l'échéance d'un terme d'arrérages non payé. Pour les rentes foncières, il suffit, conformément au principe contenu dans l'article 1184, que le débiteur n'ait pas payé une année échue ; le contrat est alors résolu par suite de l'inexécution de l'engagement de la part d'une des parties.

En second lieu, le débiteur de la rente n'est censé, aux yeux de la loi, avoir cessé de remplir ses obligations qu'à partir du moment où il a été constitué en demeure ; et il faut distinguer, à cet égard, si la rente est quérable, ou si elle est portable. — La rente est *quérable*, si le créancier doit aller toucher chez son débiteur les termes d'arrérages échus ; et, dans ce cas, le débiteur n'est constitué en demeure de payer que par une sommation. — La rente est *portable*, au contraire, si le débiteur est tenu, en vertu d'une clause du contrat, de porter les arrérages échus chez son créancier, et, dans ce cas, il est constitué en demeure par sa simple négligence. (Art. 1912, 1913.)

Comment le débiteur exerce-t-il la faculté de rachat ?

Les rentes perpétuelles, avons-nous dit, sont essentiellement rachetables, sauf le droit que la loi accorde au créancier de stipuler que le débiteur n'exercera pas le rachat pendant un délai de dix ans s'il s'agit de rente constituée, et de trente ans s'il s'agit de rente foncière.

Mais de quelle manière s'exercera le rachat ? Quel sera le montant de la restitution à faire par le débiteur ? — A cet égard, il faut encore distinguer s'il s'agit de rentes constituées ou de rentes foncières.

I. *Rentes constituées.* — Lorsqu'il s'agit de rentes constituées, la question est bien simple : le débiteur devra restituer le capital qu'il a reçu lors de la constitution de rente. — Si le capital n'a pas été énoncé, on le déterminera en prenant pour base le taux légal de l'intérêt. Ainsi, lorsque le créancier reçoit une somme annuelle de 1,000 francs à titre d'arrérages, le débiteur se rachètera moyennant le remboursement d'un capital de 20,000 francs. — Dans tous les cas, le montant du capital devra être assez élevé comparativement aux arrérages, pour que ceux-ci ne dépassent pas l'intérêt légal.

II. *Rentes foncières.* — Pour les rentes foncières, il n'est pas nécessaire que le montant du capital à rembourser soit en rapport avec les arrérages dans la limite de l'intérêt légal ; car le capital est alors le prix de la vente d'un immeuble, et non pas une somme prêtée. — Si les parties ont déterminé par avance, dans le contrat, le montant du capital qui doit être restitué, on s'en référera à leur convention. — A défaut de convention, on procédera d'après la distinction suivante :

1° Si les arrérages consistent en argent, on évaluera le montant du capital qui doit être restitué en prenant pour base les arrérages sur le pied de 5 pour cent. — A cet effet, on multipliera par 20 la somme payable annuellement à titre d'arrérages, et le résultat donnera le capital à restituer.

2° Si les arrérages consistent en denrées, grains ou animaux, on évaluera leur valeur en argent d'après l'année moyenne et l'on procédera comme précédemment, mais en prenant pour base les arrérages sur le pied de 4 pour cent, et en multipliant par 25, au lieu de 20, le revenu de l'année moyenne.

Pour faire une évaluation d'après l'année moyenne, on examine quel a été, pendant quatorze années, le prix des denrées, grains ou animaux ; on retranche les deux années où le prix a été le plus élevé et les deux années où il a été le plus bas. Puis, on additionne les prix des dix années, et on divise ensuite le total par 10 : le résultat donne l'année moyenne.

Quelles différences y a-t-il entre les rentes constituées et les rentes foncières ?

Bien que ces deux espèces de rentes fassent naître également aujourd'hui un droit personnel et mobilier, elles présentent cependant plusieurs différences.

1° Le délai pendant lequel le débiteur s'interdit la faculté de rachat peut être porté à trente ans, s'il s'agit de rentes foncières ; il ne peut pas dépasser dix ans, s'il s'agit de rentes constituées.

2° Dans la rente foncière, le créancier peut régler les clauses et conditions du rachat, car il y a une sorte de vente. Dans la rente constituée, le créancier ne le peut pas, car il y a prêt : le rachat n'est admis que sur le pied du taux légal, sinon il y aurait usure.

3° Dans la rente foncière, le créancier peut exiger la restitution du capital aliéné, s'il n'a pas reçu les arrérages pendant une seule année ; dans la rente constituée, il ne peut exiger le remboursement du capital que si le débiteur a cessé de payer les arrérages pendant deux années consécutives.

4° Dans la rente foncière, le créancier a un privilège ; dans la rente constituée, il n'en a pas.

Ajoutons, en terminant, que les rentes, soit constituées, soit foncières, peuvent s'établir non seulement à titre onéreux, mais encore à titre gratuit.

Les constitutions de rentes perpétuelles ont-elles lieu fréquemment ?

Non ; depuis que la légitimité du prêt à intérêt a été reconnue par le Code civil, le contrat de constitution de rentes perpétuelles, qui était d'un usage très fréquent dans l'ancien droit, est devenu de plus en plus rare, pour céder la place au prêt à intérêt qui a pris d'énormes développements. On ne voit plus guère le contrat de rentes employé que dans les emprunts contractées par l'État.

Lorsque l'État veut faire un emprunt, il offre au public une certaine quotité d'arrérages qu'il s'oblige à servir annuellement, et il reçoit en retour un capital qu'il ne sera jamais contraint de restituer, mais qu'il a la faculté de rembourser en totalité ou en partie. — Chaque année, ordinairement, l'État effectue un remboursement partiel de sa dette, au moyen de fonds qui sont affectés à cette destination, et qui forment la dotation d'une caisse spéciale, appelée *caisse d'amortissement*.

SECTION II

DU CONTRAT DE RENTE VIAGÈRE.

Qu'est-ce que la rente viagère ?

La rente viagère est une rente destinée à durer et à produire des arrérages pendant un certain temps, ordinairement la vie du créancier.

La rente viagère a été l'objet d'amères critiques; on lui a reproché de favoriser l'égoïsme aux dépens de la famille. — Sans doute, elle peut donner lieu à de grands abus : quelles sont les lois, les institutions humaines qui n'en présentent pas? On a vu, cela est malheureusement vrai, des pères de famille, indignes de ce nom, sacrifier l'avenir de leurs enfants au désir d'augmenter leurs jouissances personnelles, et aliéner tous leurs biens moyennant une rente, au risque de laisser une femme et des enfants pans la misère. Ces considérations prouvent qu'on peut faire un mauvais usage de la rente viagère. Mais on peut en dire autant de la vente, qui a ruiné bien des dissipateurs ; du testament, qui est souvent dicté par la haine, ou rédigé sous des influences pernicieuses, etc. D'ailleurs, la rente viagère offre de précieux avantages : grâce à elle, les personnes sans famille peuvent se préparer des ressources pour leur vieillesse. Il ne faut donc pas la proscrire, sous prétexte qu'on peut en faire un usage abusif.

De même que la rente perpétuelle, la rente viagère peut être constituée moyennant l'abandon d'un meuble ou d'un immeuble ; et elle est, dans tous les cas, essentiellement mobilière. — Mais elle diffère de la rente perpétuelle, en ce qu'elle n'est pas rachetable, ni constituée pour un temps illimité. (Art. 1971, 1979.)

Comment s'établit la rente viagère ?

La rente viagère peut être établie, soit à titre onéreux, soit à titre gratuit.

I. *Constitution de rente viagère à titre onéreux.* — Lorsque la constitution de la rente viagère est faite à titre onéreux, le contrat se forme par le seul consentement des parties si le créancier a fait l'abandon d'un corps certain, meuble ou immeuble, et par la tradition de la chose promise s'il s'est engagé à fournir une somme d'argent ou une chose *in genere*. — Et c'est alors seulement que la rente viagère rentre véritablement dans les contrats aléatoires, puisque l'obligation que contracte le débiteur de fournir des arrérages périodiques est plus ou moins onéreuse suivant la durée de la vie de la personne.

II. *Constitution de rente viagère à titre gratuit.* —Lorsque la constitution de rente viagère est faite à titre gratuit, le contrat ne peut se former que par l'accomplissement des formes prescrites en matière de donations ou de testaments. — Dans ce cas, la rente viagère n'appartient nullement à la classe des contrats aléatoires : c'est une véritable libéralité, et, comme telle, elle est soumise au rapport et à la réduction, ainsi qu'à la révocation pour cause de survenance d'enfants, ou pour cause d'ingratitude ou d'inexécution des conditions.

Relativement à la réduction, comme il serait difficile d'apprécier si la libéralité en rente viagère, pendant une période incertaine, dépasse ou non la quotité disponible, la loi laisse aux héritiers réservataires le droit d'opter, soit pour l'exécution de l'obligation, soit pour l'abandon de la pleine propriété de la quotité disponible.

Du reste, la constitution de rente viagère est dispensée des formes ordinaires des donations, bien qu'elle soit à titre gratuit, lorsqu'il est convenu que les arrérages seront payés à un tiers. Sans doute, une pareille convention constitue bien une libéralité pour le tiers au profit duquel elle a été stipulée ; mais, pour les parties contractantes, elle n'est que l'accessoire et la condition d'un contrat principal à titre onéreux. (Art. 1968, 1969, 1970, 1973.

La rente viagère à titre gratuit peut-elle être déclarée insaisissable ?

Oui ; la rente viagère établie à titre gratuit peut être déclarée insaisissable, parce que le donateur, en insérant cette clause, ne fait tort à personne, les créanciers du donataire n'ayant pas dû compter sur la rente. — Lorsqu'elle est donnée ou léguée à titre d'aliments, elle est de droit insaisissable, à défaut de toute convention.

Toutefois, aux termes de l'article 582 du Code de procédure, les juges peuvent autoriser les créanciers postérieurs à la donation à saisir une certaine portion de la rente déclarée insaisissable, pourvu qu'elle n'ait pas été constituée à titre d'aliments. Art. 1981.)

Sur la tête de quelle personne la rente viagère est-elle constituée ?

La rente viagère est ordinairement constituée sur la tête du créancier ; mais elle peut aussi être constituée sur la tête du débiteur ou sur celle d'une tierce personne, et même sur la tête de plusieurs personnes. — En l'absence de toute autre stipulation, on présumera qu'elle est constituée sur la tête du créancier.

Lorsque la rente viagère a été constituée sur la tête d'une tierce personne, celle-ci n'a aucun droit aux arrérages ; sa vie doit seulement servir de terme à la rente. — En conséquence, si elle meurt avant le rentier, la rente s'éteindra aussitôt ; si au contraire elle lui survit, la rente devra être continuée aux héritiers du rentier jusqu'à ce qu'elle vienne à mourir. C'est là une différence importante entre la rente viagère et l'usufruit, qui s'éteint toujours à la mort de l'usufruitier.

Lorsque la rente viagère a été constituée sur la tête de plusieurs personnes, il faut examiner si la constitution a été faite *successivement* ou *conjointement*. — Dans le premier cas, la rente passera au décès de l'une des personnes sur la tête de l'autre, et elle ne s'éteindra qu'à la mort du dernier survivant. — Dans le second cas, il y a doute : les uns décident que le débiteur devra, comme dans l'hypothèse précédente, continuer de servir la rente entière jusqu'à la mort du dernier survivant. Les autres pensent qu'il sera déchargé partiellement de son obligation, au décès de chaque personne désignée. Cette opinion nous paraît préférable ; car elle est conforme au principe, que le doute doit toujours être interprété en faveur du débiteur. (Art. 1971, 1972.)

La rente est-elle valable lorsqu'elle a été constituée sur la tête d'une personne décédée ?

Non ; la rente n'est pas valable lorsqu'elle a été constituée sur la tête d'une personne qui était déjà décédée au moment du contrat. — Effectivement, en stipulant une rente viagère, le créancier a compté sur la chance de toucher des arrérages pendant un certain temps. Or, cette chance n'aurait pas existé, et par suite le contrat aurait été fait sans cause ou sur une fausse cause, si la personne dont la vie sert de terme à la rente avait déjà cessé d'exister au moment de la convention.

Par analogie, le Code décide que la constitution de rente est également nulle, lorsque la personne sur la tête de laquelle la rente a été placée était malade au moment du contrat, et lorsqu'elle est morte de cette maladie dans les vingt jours suivants (1). — Ici, la chance de recevoir des arrérages existait bien, mais elle était insuffisante. (Art. 1974, 1975.)

Quelles sont les obligations du débiteur de la rente viagère ?
Les obligations du débiteur de la rente viagère sont :
1° De payer les arrérages convenus ;
2° De fournir les sûretés promises.

I. *Obligation de payer les arrérages convenus.* — Dans le cas de non-payement des arrérages de la rente, le créancier ne peut pas demander immédiatement la résolution du contrat ; il a seulement le droit de faire vendre les biens du débiteur, jusqu'à

---

(1) Suivant Pothier, il fallait que la maladie eût été inconnue du constituant. Il y avait alors une erreur substantielle qui viciait le contrat. Mais le Code n'a pas maintenu cette condition, et il déclare que le contrat est nul lors même que la maladie a été connue.

concurrence du capital nécessaire pour assurer le service de ces arrérages. — Si la vente ne produit pas une somme suffisante, le créancier est alors autorisé à demander aux tribunaux de prononcer la résolution du contrat et le remboursement du capital de la rente.

II. *Obligation de fournir les sûretés promises.* — Lorsque le débiteur ne fournit pas les sûretés promises, ou lorsqu'il les diminue par son fait, le créancier peut demander la résolution du contrat.

Au reste, comme la rente viagère est un contrat aléatoire, il s'ensuit qu'elle peut être constituée au taux qu'il plaît aux parties contractantes de fixer. (Art. 1976, 1977, 1978.)

Comment s'acquièrent les arrérages de la rente viagère ?

Les arrérages de la rente viagère sont classés par le Code parmi les fruits civils ets'acquièrent jour par jour. — Toutefois, lorsque les parties ont convenu que les arrérages seraient payés par termes et d'avance, ils demeurent acquis au créancier dès qu'ils lui ont été payés.

Lorsque la résolution du contrat a été prononcée par la justice, les arrérages sont dus au créancier jusqu'au jour du jugement. (Art. 1980.)

Comment s'éteint la rente viagère ?

Ainsi que nous l'avons dit, la rente viagère n'est pas rachetable, parce qu'elle n'est établie que pour un certain temps. — Mais elle peut s'éteindre de diverses manières :

1° Par la résolution du contrat prononcée en justice, lorsque le débiteur n'a pas fourni les sûretés promises ;

2° Par la mort de la personne ou des personnes sur la tête desquelles elle était constituée ;

3° Par la remise faite par le créancier au débiteur, par la novation et la confusion, ou par le rachat de la rente consenti par le créancier ;

4° Par la prescription, lorsque le créancier a négligé de réclamer les arrérages depuis plus de trente ans. — Pour prévenir l'effet de cette prescription, le créancier a le droit d'exiger de son débiteur un titre nouveau, au bout de vingt-huit ans de la date du dernier titre. Autrement, il serait dans l'impossibilité de prouver que les arrérages lui ont été régulièrement servis pendant ce temps, puisque les quittances qui en constatent le payement sont entre les mains du débiteur.

Pour pouvoir réclamer les arrérages qui lui sont dus, le créancier doit prouver l'existence de la personne sur la tête de laquelle la rente est constituée. — Cette preuve se fait généralement au moyen d'un certificat de vie délivré, soit par le président du tribunal, soit par le maire de la commune, soit même simplement par un notaire. (Art. 1982, 1983.)

LIVRE III, TITRE XIII
Du mandat.

DÉCRÉTÉ LE 10 MARS 1804. — PROMULGUÉ LE 20 DU MÊME MOIS.

Le mot *mandat* a plusieurs significations distinctes ; il peut désigner :

1° Le pouvoir donné par une personne à une autre de faire quelque chose pour elle et en son nom ; ce pouvoir s'appelle plus spécialement *procuration*.

2° Le contrat qui se forme entre le mandant qui donne la procuration et le mandataire qui l'accepte.

3° L'écrit qui sert à constater ce contrat.

Le mandat est un contrat consensuel, car il se forme par le seul consentement des parties. — C'est en outre un contrat synallagmatique imparfait, car il n'engendre d'obligation au moment où il se forme que de la part du mandataire, sauf à faire naître dans la suite une obligation pour le mandant, celle d'indemniser le mandataire des dépenses qu'il a faites à l'occasion du mandat.

Le titre du mandat est divisé par le Code en quatre chapitres, qui traitent :

CHAP. I. — De la nature et de la forme du mandat.
CHAP. II. — Des obligations du mandataire.
CHAP. III. — Des obligations du mandant.
CHAP. IV. — De l'extinction du mandat.

CHAPITRE PREMIER
DE LA NATURE ET DE LA FORME DU MANDAT.

Articles 1984 à 1990.

Qu'est-ce que le mandat ?

Le mandat est un contrat par lequel une partie donne à l'autre, qui accepte, le pouvoir de faire quelque chose pour elle et en son nom.

Il ne faut pas s'attacher textuellement à ces derniers mots de l'article 1984, que le mandataire agit pour le mandant et au nom de celui-ci. Il peut, s'il y est autorisé, parler en son propre nom, et alors tous les effets du contrat qu'il passe avec un tiers se réalisent activement et passivement en sa personne. Dans ce cas, le contrat de mandat n'existe qu'entre lui et le mandant et il est complètement inconnu des tiers.

Sous ce rapport, notre mandat se rapproche du mandat des Romains. A Rome, en effet, le mandataire agissait en son propre nom, sauf à rendre compte ensuite au mandant.

Le mandat est naturellement gratuit ; mais les parties peuvent convenir qu'il sera salarié (1). (Art. 1984, 1986.)

Combien distingue-t-on de sortes de mandats ?

On distingue deux sortes de mandats : le mandat spécial, qui ne comprend que les actes indiqués dans la procuration, et le mandat général, qui comprend tous les actes d'administration.

Lorsque le mandat est spécial, le mandataire ne peut pas sortir des limites qui lui ont été tracées. C'est pourquoi l'article 1989 nous dit que, s'il a reçu le pouvoir de transiger, il ne peut pas passer un compromis. — Lorsque le mandat est général, il en résulte que le mandataire peut faire tous les actes d'administration. Au point de vue de son origine, le mandat peut être conventionnel, légal ou judiciaire. (Art. 1987, 1988, 1989.)

Comment se forme le mandat ?

Conformément au droit commun, le mandat se forme par le seul consentement des parties, soit exprès, soit tacite. — Il est vrai que, dans ce dernier cas, l'article 1372 semble dire qu'il y a gestion d'affaires, et non pas mandat ; mais on admet généralement que cet article vise le cas où il n'y a pas eu accord entre le maître et celui qui fait ses affaires : par exemple lorsque le maître, s'il a eu connaissance de la gestion, s'est trouvé dans l'impossibilité de s'y opposer.

En ce qui concerne l'acceptation du mandat, le Code déclare expressément qu'elle peut avoir lieu tacitement, et qu'elle résultera du seul fait de l'exécution du mandat par le mandataire.

Quant à la preuve du mandat, elle a lieu également d'après les règles du droit commun, par rapport aux parties : soit par

(1) S'il n'y a convention expresse relative aux honoraires, le mandat, même donné à son avoué est gratuit. Chambéry, 31 mars 1879.

un écrit authentique ou sous seing privé, même par simple
lettre, soit par témoins, lorsque l'objet du contrat ne dépasse
pas 150 francs. — Mais il est nécessaire qu'il y ait un acte notarié, lorsque le mandataire est chargé de traiter avec des tiers
qui ne connaissent pas la signature du mandant. (Art. 1985.)

**Quelle différence y a-t-il entre le mandat tacite et la ges-
tion d'affaires ?**

Le mandat tacite et la gestion d'affaires présentent les différences suivantes :

1° Le mandat tacite est un contrat et il suppose un consentement exprès ou tacite de la part des deux parties. — La gestion
d'affaires est un quasi-contrat et elle suppose seulement la volonté du gérant d'affaires.

2° Le mandataire peut réclamer le remboursement de tous
ses déboursés alors même que l'affaire n'aurait pas réussi, pourvu
qu'il n'y ait aucune faute à lui reprocher. — Le gérant d'affaires, au contraire, ne peut se faire rembourser que les dépenses
nécessaires ou utiles.

3° Lorsque le mandant vient à mourir, le mandat cesse aussitôt, et le mandataire n'est tenu d'achever l'affaire commencée
que dans le cas où il y a péril en la demeure. — Au contraire,
le gérant d'affaires doit continuer la gestion dans tous les cas,
jusqu'à ce que les héritiers du maître qui est décédé aient pu
prendre l'affaire en main.

**Quelles différences y a-t-il entre le mandat salarié et le
louage de services ?**

A Rome, et dans notre ancien droit français, on distinguait
deux sortes de louages de service : 1° le louage des travaux manuels et subalternes, comme celui de l'ouvrier qui donne son
travail moyennant un prix ; 2° le louage des services intellec-
tuels, par lequel un homme instruit et expérimenté met son intelligence et son aptitude au service d'un autre, comme celui des
avocats, médecins, professeurs. Mais le Code n'a pas reproduit
cette distinction. Il ne s'occupe que du louage des services manuels et subalternes, et par conséquent il faut en conclure que
le contrat par lequel un homme instruit met son intelligence au
service d'un autre n'est pas un louage de service. — Maintenant,
il s'agit de savoir si ce contrat peut être assimilé à un mandat
salarié. A cet égard, il existe deux systèmes.

Suivant les uns, le contrat est un mandat, lorsqu'il existe, entre le service et le salaire une telle disproportion que celui-ci devra plutôt être considéré comme une indemnité que comme un véritable salaire.

Suivant les autres, le contrat dont il s'agit est un contrat innomé. — Effectivement, ce n'est pas un louage proprement dit, puisque le contrat de louage ne se réfère, suivant le Code, qu'aux services manuels et subalternes. Et ce n'est pas non plus un mandat, parce que, d'après le Code, il ne peut y avoir mandat que lorsqu'il y a représentation effective d'une personne par une autre. En d'autres termes, pour être le mandataire d'une personne, il faut représenter cette personne, traiter pour elle et pouvoir l'obliger envers les tiers. Par conséquent, ni le médecin qui donne ses soins à un malade, ni le professeur qui forme l'esprit de son élève, ni le notaire qui rédige les conventions arrêtées entre les parties ne sont des mandataires, parce que leurs fonctions n'impliquent nullement l'idée d'une représentation.

En résumé, le mandat diffère du louage de services en ce qu'il suppose la représentation du mandant par le mandataire. Et alors même qu'il s'agirait d'un service salarié, le contrat n'en constituerait pas moins un mandat, s'il impliquait la représentation de l'une des parties par l'autre (1).

Quelle est la capacité requise pour le mandat ?

Il faut distinguer, suivant qu'il s'agit de la capacité requise pour donner un mandat, ou de la capacité requise pour le recevoir.

I. *Capacité requise pour donner mandat.* — Pour pouvoir donner mandat de faire une affaire, il faut être soi-même capable de faire l'affaire.

II. *Capacité requise pour recevoir mandat.* — Pour recevoir un mandat, il faut également être capable de s'obliger, en ce sens que le mandataire incapable ne peut être actionné par le mandant que jusqu'à concurrence du profit qu'il aura retiré de

(1) Paul Pont, *Petits contrats*, I, 826 et suiv. Boileux, VI, p. 147 et suiv. — Au reste, comme le fait observer M. Paul Pont, une représentation juridique quelconque du mandant par le mandataire ne suffirait pas pour caractériser le mandat : il faut que le représentant agisse *au nom* du représenté. Si le représentant agissait *en son propre nom* pour le compte d'un autre, il y aurait non plus le contrat de mandat, mais le contrat de *commission*,

l'exécution du mandat. — Toutefois, le mandat qui aurait été reçu par un incapable produira son effet par rapport aux tiers, pourvu que l'incapable agisse au nom du mandant. En effet, comme dans ce cas l'incapable n'oblige que le mandant, il n'y a pas à tenir compte de son incapacité. — En conséquence, on peut confier un mandat à un mineur ou à une femme mariée non autorisée de son mari, mais alors c'est aux risques et périls du mandant. (Art. 1990.)

Dans l'intérêt de quelles personnes le mandat peut-il être donné ?

Le mandat peut être donné, soit dans l'intérêt du mandant, soit dans l'intérêt du mandant et du mandataire, soit dans l'intérêt d'un tiers, soit dans l'intérêt du mandataire et d'un tiers.

Lorsque le mandat a été donné dans l'intérêt d'un tiers, ou dans l'intérêt du mandataire et d'un tiers, le mandataire n'est pas obligé envers le mandant dès le moment du contrat et par le seul effet du consentement donné, mais seulement lorsqu'il a commencé l'opération dont il a été chargé. — Effectivement, comme le mandant n'est pas intéressé personnellement à l'opération, il n'a pas d'action pour contraindre le mandataire à l'exécuter. Mais il en est différemment lorsque l'affaire a déjà reçu un commencement d'exécution : il peut, dans ce cas, le contraindre à l'achever, parce qu'il est alors intéressé à ce qu'elle se poursuive jusqu'à la fin, à cause de la responsabilité qui lui incombe vis-à-vis du tiers dans les affaires duquel il s'est immiscé.

Le mandat qui a été donné dans l'intérêt du mandataire seul n'oblige pas ce dernier : il n'a que la valeur d'un simple conseil.

CHAPITRE DEUXIÈME

DES OBLIGATIONS DU MANDATAIRE.

Articles 1991 à 1997.

Quelles sont les obligations du mandataire ?

Les obligations du mandataire sont :

1° De se tenir dans les limites de son mandat ;

2° De le remplir tant qu'il en demeure chargé ;

3° De l'accomplir en bon père de famille ;

4° De rendre compte de sa gestion.

I. *Il doit se tenir dans les limites de son mandat.* — Ainsi, si le mandat est spécial, il ne doit s'occuper que de l'affaire dont il a été chargé ; s'il est général, il doit se renfermer dans les actes de pure administration. Toutefois, il ne faut pas traiter le mandataire trop rigoureusement, surtout s'il rend un service gratuit, et on doit apprécier toutes les circonstances qui peuvent l'avoir forcé à outrepasser son mandat.

II. *Il doit remplir le mandat tant qu'il en demeure chargé.* — Ainsi, il doit continuer sa gestion tant que le mandat n'a pas pris fin d'une manière quelconque. Que s'il prend fin par la mort du mandant, il sera encore tenu d'achever la chose commencée, mais au cas seulement où il y aurait péril en la demeure.

III. *Il doit accomplir son mandat en bon père de famille.* — Il faut observer à cet égard que le mandataire salarié est tenu plus rigoureusement de ses fautes que le mandataire gratuit, et cela se comprend : celui qui reçoit le prix du service qu'il rend est tenu à plus de zèle et à plus de diligence que celui qui agit par esprit de bienfaisance.

IV. *Il doit rendre compte de sa gestion.* — Ce compte comprend les sommes d'argent ou les corps certains qui lui ont été remis comme étant dus au mandant, quand même ils ne lui auraient pas été réellement dus. (Art. 1991, 1992, 1993.)

Le mandataire est-il responsable des fautes de la personne qu'il s'est substitué dans sa gestion ?

A cet égard, il faut établir plusieurs distinctions :

1° Si la procuration ne contenait pas le pouvoir de se substituer quelqu'un dans l'exécution du mandat, le mandataire est évidemment responsable des fautes commises par la personne qu'il s'est substitué. — Il en serait de même si la procuration contenait le pouvoir de se substituer une personne désignée, et si le mandataire s'était substitué une autre personne.

2° Si, au contraire, la procuration contenait le pouvoir de se substituer quelqu'un sans désignation de personnes, le mandataire n'est pas responsable de la gestion du substitué, à moins qu'il n'ait fait choix d'une personne notoirement incapable.

Au surplus, de quelque manière que la substitution ait eu lieu, le mandant a une action directe contre le substitué. (Art. 1994.)

S'il y a plusieurs mandataires, sont-ils solidairement responsables de l'exécution du mandat ?

Non ; quand il y a plusieurs mandataires établis par le même acte, ils ne sont pas solidairement responsables de l'exécution du mandat, à moins que la solidarité n'ait été formellement exprimée dans l'acte.

C'est là, d'ailleurs, une application du principe de droit commun, que la solidarité ne se présume pas. En conséquence, si le mandat est resté inexécuté, l'action en dommages-intérêts ne peut être exercée par le mandant que séparément contre chacun des mandataires. — Il en était différemment en droit romain, où les mandataires qui avaient été constitués pour la même opération étaient de droit solidairement responsables de l'exécution du mandat. C'est pourquoi le Code a jugé à propos de s'expliquer formellement afin de ne laisser subsister aucun doute. (Art. 1995.

Le mandataire doit-il les intérêts des sommes qu'il a touchées?

Non ; le mandataire ne doit pas, en général, les intérêts des sommes qu'il a touchées pour le compte du mandant, si ce n'est dans les deux cas suivants : 1° lorsqu'il les a employées à son profit ; 2° lorsqu'il a été mis en demeure de les restituer.

Dans le premier cas, il doit les intérêts à compter du jour de l'emploi fait à son profit, et cela de plein droit et sans mise en demeure. — Dans le second cas, il les doit seulement à compter du jour de la mise en demeure.

L'article 1997, qui termine ce chapitre, prévoit le cas où le mandataire a dépassé la limite de ses pouvoirs au su de la personne avec laquelle il a traité. — Mais cette hypothèse rentre dans la matière du chapitre suivant, où nous l'examinerons. (Art. 1996, 1997.)

CHAPITRE TROISIÈME

DES OBLIGATIONS DU MANDANT.

Articles 1997 à 2002.

Quelles sont les obligations du mandant ?

Les obligations du mandant sont :

1° D'exécuter les engagements qui ont été pris par le mandataire dans la limite de ses pouvoirs;

2° De rembourser au mandataire les avances et frais que celui-ci a faits pour l'exécution du mandat;

3° De l'indemniser des pertes qu'il a essuyées à l'occasion de sa gestion, sans imprudence qui lui soit imputable;

4° De lui payer les salaires et honoraires convenus. (Art. 1998, 1999, 2000.)

Quel recours les tiers peuvent-ils exercer lorsque le mandataire a dépassé ses pouvoirs ?

Lorsque le mandataire a dépassé ses pouvoirs, il est évident que les tiers qui ont traité avec lui n'ont aucun recours contre le mandant pour ce qui a été fait au delà, à moins que celui-ci ne l'ait ratifié expressément ou tacitement (1).

Quant au mandataire lui-même, il peut être actionné par les tiers qui ont traité avec lui; mais il faut faire une distinction : 1° a-t-il traité avec des tiers sans leur faire connaître l'étendue de ses pouvoirs, il peut être actionné par eux pour le tout; 2° leur en a-t-il donné connaissance, il ne peut être actionné que pour ce qui a été fait dans la limite de ses pouvoirs, à moins qu'il n'ait personnellement garanti ce qui a été fait au delà. (Art. 1997.)

Le mandant peut-il ratifier, malgré le mandataire, un acte fait par celui-ci en dehors de ses pouvoirs ?

Nous avons vu précédemment que le mandant pouvait, en général, ratifier les actes que le mandataire aurait faits au delà de la limite de ses pouvoirs, et que cette ratification le rendait res-

(1) Toutefois si le mandant a profité de l'exécution, le tiers de bonne foi a une action directe contre lui, sans être tenu de justifier des termes du mandat. Cass., 5 mai 1879.

ponsable envers les tiers des engagements du mandataire qui s'y
réfèrent. — Mais que faudrait-il décider si le mandataire s'opposait à la ratification, dans le but de s'approprier le profit de l'opération? Le mandant pourrait-il, dans ce cas, ratifier l'opération,
pour en recueillir les avantages malgré l'opposition du mandataire? — Pour résoudre cette question, il faut établir les distinctions suivantes :

1° Si le mandataire a agi, comme il le fait ordinairement, au
nom du mandant, nul doute que celui-ci ne puisse ratifier l'opération, malgré l'opposition du mandataire et bien que cette opération excède les pouvoirs qu'il avait donnés. Et il ne faudrait
pas croire qu'il n'ait aucun intérêt à donner cette ratification ;
car si l'opération est avantageuse, il pourra par ce moyen en acquérir tout le profit.

2° Si, au contraire, le mandataire avait agi en son nom personnel, le mandant ne pourra pas ratifier l'opération malgré son
opposition. Seulement, il aura alors le droit de lui réclamer des
dommages-intérêts, à raison de l'inexécution du mandat.

**Le mandant doit-il restituer au mandataire tous ses débour-
sés ?**

Oui ; le mandant doit restituer intégralement au mandataire
tous les déboursés qu'il a faits pour l'exécution du mandat, sans
pouvoir faire aucune déduction sous prétexte qu'un autre aurait
fait l'opération à moins de frais. Il devra faire ce remboursement
quand bien même l'affaire n'aurait pas eu le succès qu'il en at-
tendait, à moins qu'il ne soit démontré que c'est par la faute du
mandataire qu'elle a échoué. — Le mandant doit en outre les
intérêts de ces déboursés, à partir du jour où ils ont été faits par
le mandataire.

S'il a été promis un salaire, il doit être payé en même temps
que les déboursés dont nous venons de parler ; mais, à leur différence, il ne porte intérêts qu'à partir de la demande en justice.
(Art. 1999, 2001.)

**S'il y a plusieurs mandants, sont-ils solidairement respon-
sables envers le mandataire ?**

On a vu précédemment que les mandataires, s'il y en a plusieurs, ne sont pas solidairement responsables envers le mandant,
par la raison que la solidarité entre coobligés n'a lieu qu'exceptionnellement. — Mais il en est différemment lorsqu'il s'agit de

plusieurs mandants. Dans ce cas, l'article 2002 déclare expressément que si l'affaire est commune, les mandants sont solidairement responsables envers le mandataire. La raison en est que l'acceptation du mandat est ordinairement un acte à titre gratuit de la part du mandataire. (Art. 2002.)

CHAPITRE QUATRIÈME

DES DIFFÉRENTES MANIÈRES DONT LE MANDAT FINIT.

Articles 2003 à 2010.

Comment finit le mandat ?
Aux termes de l'article 2003, le mandat finit :
1° Par la révocation du mandataire ;
2° Par sa renonciation ;
3° Par la mort, l'interdiction, la faillite ou la déconfiture du mandant ou du mandataire.

A ces différentes causes, on peut ajouter la force majeure qui empêche l'affaire de se poursuivre, et la consommation de l'affaire, ainsi que l'arrivée du terme ou de la condition.

I. *Révocation du mandat.* — Le mandat étant ordinairement contracté dans l'intérêt du mandant, il en résulte que celui-ci peut le faire cesser quand il lui plaît, sans avoir besoin de faire valoir de motifs. — La révocation peut même avoir lieu tacitement, et il suffit pour cela que le mandant constitue un *nouveau* mandataire pour la même affaire ; mais alors elle n'est valable qu'à compter de la notification faite à l'ancien mandataire.

II. *Renonciation du mandataire.* — Comme le mandat est ordinairement gratuit et que le salaire, lorsqu'il a été stipulé, a plutôt le caractère d'une indemnité que d'un gain, la loi autorise le mandataire à renoncer au mandat. — Mais il faut que cette renonciation soit faite en temps opportun, lorsque les choses sont encore entières, ou dans un moment où il sera facile au mandant de suivre l'affaire abandonnée.

III. *Mort du mandant ou du mandataire.* — Le mandat finit par

III.   18

la mort du mandant, par la raison que le mandataire est censé
ne l'avoir accepté qu'en vue de la personne, à cause des senti-
ments d'amitié qui l'unissaient à lui.

Le mandat finit également par la mort du mandataire, parce
que le mandant ne lui avait confié la direction de ses affaires
qu'en raison de ses qualités personnelles. — Ses héritiers doivent
avertir le mandant et prendre la direction de l'affaire jusqu'à ce
qu'il puisse y veiller lui-même.

IV. *Interdiction, faillite ou déconfiture du mandant ou du mandataire.* — Comme l'interdiction, la faillite ou la déconfiture du
mandant lui enlèvent le droit de diriger ses affaires, il en résulte
que le mandataire ne peut pas continuer de s'en occuper en son
nom. — Pareillement, l'interdiction, la faillite ou la déconfiture
du mandataire le rendent impropre à continuer la gestion qu'il
tenait de la confiance du mandant. (Art. 2003, 2004, 2006, 2007, 2010.)

**Les actes faits par le mandataire, dans l'ignorance de la ces-
sation du mandat, obligent-ils le mandant ?**

Oui ; les actes qui ont été faits par le mandataire, dans l'ignorance de la cessation du mandat, obligent le mandant et ses héritiers, et ils l'obligent non seulement envers le mandataire, mais
encore envers les tiers qui ont traité avec celui-ci, s'ils ont ignoré
également la cessation de son mandat.

Dans le cas contraire, c'est-à-dire lorsque la cessation du mandat était connue du mandataire et des tiers qui ont traité avec lui,
les actes faits par celui-ci ne sont pas opposables au mandant. —
Toutefois, si le mandataire seul avait eu connaissance de la cessation du mandat, les tiers qui ont agi de bonne foi auraient un
recours contre le mandant. (Art. 2005, 2008, 2009.)

LIVRE III, TITRE XIV

Du cautionnement.

DÉCRÉTÉ LE 14 FÉVRIER 1804. — PROMULGUÉ LE 24 DU MÊME MOIS.

Le cautionnement est un contrat accessoire destiné, comme l'obligation solidaire, à fournir au créancier une sûreté personnelle pour le payement de sa créance. — On appelle *caution* ou *fidé-jusseur*, la personne qui répond de l'obligation du débiteur (1).

Le cautionnement est un contrat consensuel, et qui est ordinairement gratuit par rapport au débiteur. C'est aussi ordinairement un contrat unilatéral, qui a lieu sans un engagement du créancier envers la caution.

Le titre du cautionnement contient quatre chapitres qui traitent :

Chap. I. — De la nature et de l'étendue du cautionnement.
Chap. II. — De l'effet du cautionnement.
Chap. III. — De l'extinction du cautionnement.
Chap. IV. — De la caution légale et de la caution judiciaire.

CHAPITRE PREMIER

DE LA NATURE ET DE L'ÉTENDUE DU CAUTIONNEMENT.

Articles 2011 à 2020.

Qu'est-ce que le cautionnement ?

Le cautionnement est un contrat par lequel une ou plusieurs personnes promettent d'accomplir l'obligation d'un tiers, dans le cas où ce tiers ne l'accomplirait pas lui-même.

(1) Outre la caution personnelle dont il est question dans ce titre, il existe encore une forme de cautionnement, appelée caution réelle. — La caution *réelle*, est celle qui a lieu lorsque le propriétaire d'un immeuble consent une hypothèque sur son immeuble pour garantir la dette d'autrui.

Le cautionnement suppose donc l'existence préalable d'une obligation principale à laquelle il s'adjoint. Sous ce rapport, il présente une différence remarquable avec l'engagement de celui qui se porte fort pour autrui. Effectivement, ce dernier contracte une obligation principale, qui précède celle du débiteur ; il se trouve obligé avant que celui-ci ne le soit lui-même. — Le cautionnement diffère également du gage et de l'hypothèque en ce que la garantie qui résulte de ces deux conventions consiste dans une chose, tandis que celle qui résulte du cautionnement consiste dans l'engagement d'une personne. (Art. 2011.)

Comment peut-on se porter caution ?

On peut se porter caution de trois manières :

1° *Par ordre du débiteur, ou tout au moins avec son consentement.* — Dans ce cas, la caution agit en qualité de mandataire du débiteur, et elle peut recourir contre lui par l'action de mandat pour se faire indemniser de toutes les pertes qu'elle a éprouvées à l'occasion de l'affaire.

2° *A l'insu du débiteur.* — Dans ce cas, la caution agit en qualité de gérant d'affaires, et elle peut recourir contre le débiteur par l'action de gestion d'affaires, mais seulement jusqu'à concurrence du profit qu'elle lui a procuré.

3° *Malgré le débiteur.* — Dans ce cas, il n'y a entre la caution et le débiteur ni mandat ni gestion d'affaires : la caution est alors présumée agir dans une pensée de bienfaisance, pour venir au secours du débiteur.

Il peut arriver que le créancier, ne trouvant pas la caution qui lui est présentée suffisamment solvable, exige qu'un tiers réponde de la solvabilité de cette caution elle-même : on donne à ce tiers le nom de *certificateur de caution.* — Il y a cette différence entre la caution et le certificateur que la caution répond directement de la dette, tandis que le certificateur ne fait que garantir la solvabilité du répondant. (Art. 2014.)

Comment se prouve le cautionnement ?

Le Code ne s'est pas expliqué à cet égard. On doit en conclure qu'il se prouve, conformément au droit commun, soit par un écrit authentique ou sous seing privé, soit par la preuve testimoniale si la valeur de l'obligation principale n'excède pas 150 francs (1).

(1) Cass., 26 mai 1829 ; 1er février 1830.

Dans tous les cas, le cautionnement ne se présume pas, et il faut que la volonté de cautionner soit clairement manifestée. — Ainsi, comme le faisait observer l'orateur du Tribunat : « Une invitation de prêter de l'argent ou de fournir des marchandises à un tiers que l'on recommande et dont on certifie même la solvabilité, n'est pas un cautionnement. »

Si le cautionnement doit être exprès, il ne faut pas en conclure cependant que son existence soit subordonnée à des termes sacramentels ; l'expression peut être remplacée par des équivalents. (Art. 2015.)

Quelles obligations peut-on cautionner ?

En principe, le cautionnement ne peut exister que sur une obligation valable. — En conséquence, il serait frappé de nullité si l'obligation principale était sans cause, si elle était contraire à l'ordre public ou aux bonnes mœurs, si elle était éteinte au moment où la caution s'est engagée, ou enfin si le consentement de l'obligé principal avait été vicié par l'erreur, la violence ou le dol.

Toutefois, le cautionnement devrait être maintenu si la nullité de l'engagement tenait à une cause purement personnelle à l'obligé principal, par exemple si l'obligation avait été souscrite par un mineur ou par une femme mariée non autorisée. — Effectivement, les engagements contractés par des incapables constituent des obligations naturelles, et il peut être utile aux incapables de leur donner plus de force, en s'adjoignant un fidéjusseur (1). (Art. 2012.)

Quelle est l'étendue du cautionnement ?

Le cautionnement ne peut pas excéder ce qui est dû par le débiteur principal, ni être contracté sous des conditions plus onéreuses. Toutefois, le cautionnement qui excède la dette ou qui est contracté sous des conditions plus onéreuses n'est point nul : il est seulement réductible à la mesure de l'obligation principale.

A l'inverse, l'engagement de la caution peut être moins étendu que l'obligation principale, ou être contracté sous des conditions moins onéreuses.

Si les parties n'ont pas déterminé par la convention l'étendue du cautionnement, il est censé comprendre non seulement l'exécution de l'obligation principale, mais encore tous les accessoires

---

(1) On peut valablement cautionner la vente consentie par un mineur sans les formalités prescrites. Cass., 30 novembre 1812.

qui s'y rattachent, tels que les intérêts et même les frais des
poursuites faites contre le débiteur, pourvu que la caution en
ait été avertie et qu'elle ait été mise en mesure de les arrêter
en désintéressant le créancier.

Les engagements des cautions passent à leurs héritiers et ayants
cause, comme ceux des fidéjusseurs en droit romain. (Art. 2013,
2116, 2017.)

Quelles sont les diverses sortes de cautions ?

Il y a trois sortes de cautions, savoir : les cautions conventionnelles, les cautions judiciaires et les cautions légales.

Les *cautions conventionnelles*, dont il est principalement question ici, sont celles qui interviennent par suite de la convention
passée entre le créancier et le débiteur, lorsque celui-ci s'est
obligé à fournir des répondants.

Les *cautions judiciaires* sont celles que le juge prescrit de donner : par exemple, lorsqu'il ordonne que l'une des parties touchera une somme par provision, en donnant caution.

Les *cautions légales* sont celles que la loi ordonne de donner :
par exemple, dans le cas d'usufruit, ou encore dans celui d'une
succession appréhendée par des successeurs irréguliers.

Quelles sont les conditions requises de la part des cautions ?

Le cautionnement ayant pour objet d'assurer l'exécution de
l'obligation principale, il en résulte que la personne présentée
par le débiteur en qualité de caution doit réunir les conditions
ou qualités suivantes, sans lesquelles son engagement n'offrirait
pas une garantie suffisante. — Elle doit :

1° Être capable de s'obliger;

2° Être domiciliée dans le ressort de la Cour d'appel du lieu
où le contrat s'est formé;

3° Être solvable. — Pour que la solvabilité soit certaine, il
faut qu'elle possède des immeubles suffisants pour répondre du
payement de la dette. On n'a point égard aux immeubles litigieux, ni à ceux qui sont trop éloignés pour que le créancier
puisse les saisir facilement.

Lorsque la caution est devenue insolvable, le débiteur doit en
fournir une autre, à moins que le créancier n'ait lui-même exigé
pour caution la personne devenue insolvable. (Art. 2018, 2019,
2020.)

CHAPITRE DEUXIÈME

DE L'EFFET DU CAUTIONNEMENT.

Articles 2021 à 2033.

Quelles différences y a-t-il entre la caution et un débiteur solidaire ?

En principe, la caution peut être poursuivie, comme un débiteur solidaire, pour la totalité de la dette et pour tous ses accessoires. Mais comme elle s'est engagée dans l'intérêt d'autrui, et non pas comme le débiteur solidaire dans son propre intérêt, la loi lui accorde trois exceptions ou bénéfices qui n'appartiennent pas à ce dernier.

Les trois bénéfices accordés à la caution sont : 1° le bénéfice de discussion ; 2° le bénéfice de division ; 3° le bénéfice de subrogation.— Les conséquences qui résultent de ces trois bénéfices sont : 1° que la caution ne peut être contrainte de payer la dette qu'à défaut de payement de la part du débiteur principal ; 2° que lorsqu'il y a plusieurs cautions solvables, chacune d'elles ne peut être poursuivie que pour sa part et portion ; 3° que la caution qui a payé la dette peut exercer son recours contre le débiteur principal, au moyen de l'action qu'avait le créancier qu'elle a désintéressé.

On appelle *caution solidaire*, la caution qui a renoncé à opposer au créancier les bénéfices de discussion et de division, parce qu'alors elle joue par rapport à lui le rôle d'un débiteur solidaire. (Art. 2021, 2026, 2029.)

Comment s'exerce le bénéfice de discussion ?

Le bénéfice de discussion consiste, avons-nous dit, en ce que la caution ne peut être contrainte de payer la dette qu'à défaut de payement de la part du débiteur principal, qui doit être préalablement poursuivi et discuté sur ses biens. Mais la caution ne peut opposer ce bénéfice qu'aux conditions suivantes. — Elle doit : 1° l'invoquer dès les premières poursuites dirigées contre elle, avant tout moyen de défense au fond ; 2° indiquer au créancier les biens du débiteur principal, et lui avancer les fonds nécessaires pour les saisir et les faire vendre; 3° enfin, il faut que les biens du débiteur qu'elle indique soient situés dans le ressort de la Cour d'appel du lieu où le payement devait être effectué, qu'ils ne soient pas litigieux, et qu'ils se trouvent encore, s'ils ont été hypothéqués pour la sûreté de la dette, en la possession du débiteur.

Si la caution n'avait pas indiqué des biens suffisants ou si le débiteur était insolvable, le créancier pourrait reprendre les poursuites qu'il avait d'abord dirigées contre elle. — Toutefois, si l'insolvabilité du débiteur était survenue par suite de sa négligence à le poursuivre en temps opportun, il perdrait son recours contre la caution jusqu'à concurrence des biens indiqués par elle.

La caution judiciaire ne peut pas invoquer le bénéfice de discussion. Il en est de même de la caution conventionnelle, lorsqu'elle a renoncé expressément à opposer ce bénéfice au créancier. (Ar. 2021, 2022, 2023, 2024, 2042.)

Comment s'exerce le bénéfice de division ?

Le bénéfice de division consiste, avons-nous dit, dans la faculté que la loi accorde aux cautions, lorsqu'il y en a plusieurs, d'exiger que le créancier n'agisse contre chacune d'elles que pour sa part et portion.

En principe, lorsque plusieurs personnes se sont rendues cautions d'un même débiteur pour une même dette, chacune d'elles est obligée pour toute la dette. Le bénéfice de division est donc une exception au droit commun en matière de solidarité.

A la différence du bénéfice de discussion qui doit être invoqué dès le début de l'instance, le bénéfice de division peut être invoqué à toute époque, même en appel. — En outre, la caution, qui l'invoque, n'est pas tenue d'indiquer les biens des autres cautions, ni de faire des avances au créancier. (Art. 2025, 2026.)

Que faut-il décider si l'une des cautions était insolvable ?
Il faut distinguer :

Lorsque dans le temps où une des cautions a fait prononcer la division, il se trouvait d'autres cautions insolvables, la caution qui a opposé la division supportera proportionnellement l'insolvabilité de ces cautions en même temps que le créancier. Mais il en est différemment lorsque les autres cautions étaient toutes solvables au moment où elle a invoqué la division, et elle ne devra pas supporter les insolvabilités qui seraient survenues postérieurement. En effet, le créancier ne doit s'en prendre qu'à lui-même, à son défaut de vigilance, au retard qu'il a apporté à poursuivre, si une caution, qui était solvable au moment où le bénéfice de division lui a été opposé, s'est plus tard trouvée insolvable.

Si le créancier avait divisé lui-même et volontairement son action, il ne pourrait pas revenir contre cette division, alors même qu'il y aurait eu des cautions insolvables au moment où il l'a opérée.

Au surplus, la caution peut renoncer au bénéfice de division, aussi bien qu'au bénéfice de discussion. Elle peut renoncer en même temps à ces deux bénéfices, ou à l'un d'eux seulement. (Art. 2026, 2027.)

Comment s'exerce le bénéfice de subrogation ?

D'après les règles de droit commun, la caution qui a payé la dette a contre le débiteur principal une action de mandat ou de gestion d'affaires, selon que le cautionnement a eu lieu sur l'ordre du débiteur ou à son insu, et elle peut, au moyen de ces actions, se faire indemniser tant pour le principal de la dette que pour les intérêts et les frais. — Mais afin de lui donner une garantie plus efficace de remboursement, la loi lui accorde en outre une action en subrogation à tous les droits qu'avait le créancier contre le débiteur principal ou contre les autres cautions. — Toutefois, lorsqu'elle veut agir contre ces dernières, elle doit diviser son recours, de manière à ne poursuivre chacune d'elles que pour sa part dans la dette. S'il s'en trouve une qui soit insolvable, son insolvabilité est supportée également par toutes les autres cautions.

Au surplus, la caution qui a payé la dette ne peut agir par l'action en subrogation contre les autres cautions qu'autant qu'elle s'est trouvée dans l'impossibilité d'opposer utilement au créancier le bénéfice de discussion. En effet, si elle avait invoqué ce bénéfice, le payement de la dette aurait été mis à la charge du débiteur principal.

Il va de soi que la caution ne peut invoquer le bénéfice de subrogation qu'après avoir payé la dette. Cela ne veut pas dire cependant qu'elle ne puisse pas agir dans certains cas contre le débiteur avant tout payement fait ; mais alors ce n'est pas par l'action en subrogation qu'elle agira, c'est par les actions de mandat ou de gestion d'affaires. (Art. 2028, 2029, 2030, 2033.)

Dans quels cas la caution peut-elle agir contre le débiteur principal, même avant d'avoir payé la dette ?

La caution peut agir contre le débiteur principal par l'action de mandat ou de gestion d'affaires, même avant d'avoir payé la dette :

1° Lorsqu'elle est poursuivie en justice pour le payement ;

2° Lorsque la dette est devenue exigible par l'échéance du terme sous lequel elle avait été contractée ;

3° Au bout de dix années, lorsque l'obligation principale n'a pas de terme fixe d'échéance ; ce qui a lieu, par exemple, dans le cas d'une rente viagère ;

4° Lorsque le débiteur s'était obligé à la décharger au bout d'un certain délai, et qu'il a laissé écouler ce délai sans la décharger ;

5° Lorsque le débiteur est tombé en faillite ou en déconfiture.

Dans tous ces cas, la caution agira par l'action de mandat si elle a garanti la dette sur l'invitation du débiteur, et par l'action de gestion d'affaires si elle l'a garantie à son insu. — En agissant par l'action de mandat, elle pourra obtenir le remboursement non seulement de ses dépenses utiles, de celles qui ont profité au débiteur, mais encore de toutes les pertes qu'elle a éprouvées à l'occasion du cautionnement. Mais si elle agit par l'action de gestion d'affaires, elle ne pourra répéter que ses dépenses utiles.

A l'inverse des cas ci-dessus énoncés, il peut arriver que la caution ne puisse exercer aucun recours contre le débiteur principal, même après avoir payé la dette. (Art. 2032.)

Dans quels cas la caution est-elle privée de tout recours contre le débiteur ?

La caution est privée de tout recours contre le débiteur principal, même après avoir payé la dette, dans les trois cas suivants :

1° Lorsqu'elle l'a payée dans la pensée de faire une libéralité au débiteur ;

2° Lorsqu'elle l'a payée sans avertir le débiteur, et que celui-ci a fait un second payement dans l'ignorance de celui qui avait été effectué ;

3° Lorsqu'elle l'a payée sans être poursuivie et sans avertir le débiteur, si celui-ci avait eu, au moment du payement, les moyens de la faire déclarer éteinte.

Toutefois, dans ces deux derniers cas, la caution n'est pas dépourvue de tout recours. Si elle ne peut pas agir contre le débiteur, elle a du moins une action en répétition contre le créancier. (Art. 2031.)

CHAPITRE TROISIÈME

DE L'EXTINCTION DU CAUTIONNEMENT.

Articles 2034 à 2039.

Comment s'éteint le cautionnement ?

Le cautionnement s'éteint :

1° Par l'extinction de l'engagement principal ;

2° Par tous les modes d'extinction qui s'appliquent aux obligations en général ;

3° Par la faute du créancier.

I. *Par l'extinction de l'engagement principal.* — Le cautionnement étant un contrat accessoire, doit nécessairement finir avec l'engagement principal. Il en résulte que lorsque celui-ci n'a été éteint que conditionnellement, l'extinction du cautionnement est elle-même subordonnée à la condition. — Mais cette règle reçoit une exception lorsque la dette ayant été éteinte par la dation en payement d'un corps certain, elle renaît ensuite par l'effet de l'éviction subie par le créancier. Dans ce cas, la caution n'en reste pas moins définitivement libérée.

La caution peut opposer au créancier toutes les exceptions qui sont inhérentes à la dette. — Mais elle ne peut pas opposer les exceptions qui sont purement personnelles au débiteur.

II. *Par les modes d'extinction qui s'appliquent aux obligations en général.* — Ainsi, la caution peut invoquer : le payement qu'elle a fait, la novation de son engagement, la confusion qui s'est opérée entre sa personne et celle du débiteur principal, etc. — A ce sujet, il faut observer l'hypothèse suivante que l'art. 2035 a spécialement prévue : lorsqu'un tiers s'est rendu caution de la caution, ce tiers n'est pas libéré par la confusion qui s'est opérée dans la personne du débiteur principal et de la caution, lorsqu'ils sont devenus héritiers l'un de l'autre.

III. *Par la faute du créancier*. — Aux termes de l'article 2037, la caution est déchargée lorsqu'elle ne peut plus être subrogée utilement aux droits, hypothèques et privilèges du créancier, par le fait de celui-ci ; par exemple lorsqu'il a laissé s'éteindre les hypothèques et privilèges qu'il avait contre le débiteur en négligeant de renouveler les inscriptions (1). (Art. 2034, 2035, 2036, 2037, 2038.)

La caution est-elle déchargée lorsque le créancier a accordé une prorogation de délai au débiteur principal ?

Non ; la caution n'est pas déchargée lorsque le créancier a accordé une prorogation de délai au débiteur principal. — Effectivement, le créancier qui proroge le terme de l'obligation principale n'est pas réputé en faute aux yeux de la loi, et il ne doit pas être victime de sa bienveillance.

Le législateur a d'ailleurs obvié aux inconvénients d'une trop grande condescendance du créancier, en permettant à la caution de forcer le débiteur à remplir son obligation dès qu'elle est échue. (Art. 2039.)

CHAPITRE QUATRIÈME

DE LA CAUTION LÉGALE ET DE LA CAUTION JUDICIAIRE.

Articles 2040 à 2043.

Quelles différences y a-t-il entre la caution légale et la caution judiciaire ?

La caution légale et la caution judiciaire diffèrent entre elles en ce que la première naît directement de la loi, tandis que la caution judiciaire naît directement d'une décision judiciaire, sans avoir d'autre cause que le pouvoir du juge qui l'a établie. Sans

---

(1) Dans notre ancien droit, la caution restait tenue lorsqu'il n'y avait à reprocher au créancier qu'une simple négligence, par exemple lorsqu'il avait simplement omis de faire les actes nécessaires pour conserver ses sûretés. Mais on admet généralement que l'article 2037 n'établit aucune distinction entre la faute résultant du fait du créancier et celle qui résulte de sa négligence. Mourlon, III, 1161.

doute, lorsqu'un débiteur, obligé de fournir une caution en vertu d'une disposition spéciale de la loi, s'y refuse injustement, il peut y être contraint par un jugement ; mais alors la caution n'en est pas moins due par l'effet de la loi, elle n'en reste pas moins une caution légale. Pour qu'elle soit une caution judiciaire, il faudrait qu'elle émanât directement du pouvoir du juge, sans avoir été établie par une autre cause.

Le bénéfice de discussion n'est pas accordé à la caution judiciaire, ni à la caution de cette caution, parce qu'il pourrait retarder l'exécution du jugement rendu. (Art. 2042, 2043.)

Quelles sont les qualités que doivent avoir les cautions légales ou judiciaires ?

Les cautions légales ou judiciaires doivent avoir toutes les qualités ou conditions que nous avons indiquées précédemment. — Ainsi elles doivent : être capables de s'obliger ; être domiciliées dans le ressort de la Cour d'appel du lieu où elles sont fournies ; posséder des immeubles suffisants pour répondre du payement de l'obligation principale.

L'article 2040 ajoute que la caution judiciaire doit être susceptible de la contrainte par corps; mais cette disposition est devenue inutile depuis la loi du 22 juillet 1867, qui a aboli cette voie d'exécution.

Lorsque le débiteur ne peut pas trouver une caution légale ou judiciaire, la loi lui accorde une ressource dont ne jouit pas celui qui s'est volontairement obligé par convention à fournir une caution. — Elle l'autorise à donner, à la place de la caution, un gage qui garantisse suffisamment le créancier. (Art. 2040, 2041.)

LIVRE III, TITRE XV
Des transactions.

DÉCRÉTÉ LE 20 MARS 1804. — PROMULGUÉ LE 30 DU MÊME MOIS.

Dans un sens très large, le mot *transaction* signifie la conclusion d'une affaire quelconque; il est employé comme synonyme de convention. Dans un sens plus juridique, il désigne exclusivement le contrat par lequel on termine à l'amiable un procès déjà né ou sur le point de naître. Dans cette dernière acception, *transiger*, c'est, comme l'indique l'origine du mot *trans agere*, trancher une difficulté par le milieu, ou se jeter au travers d'un procès.

Le titre des transactions ne reçoit aucune division : il comprend les articles 2044 à 2058.

I

Qu'est-ce que la transaction ?

Aux termes de l'article 2044, la transaction est un contrat par lequel les parties terminent une contestation née ou préviennent une contestation à naître (1). — Cette définition est évidemment incomplète, et il faut y ajouter ces mots : *au moyen de concessions réciproques*. Le mot *transaction*, en effet, éveille nécessairement dans l'esprit l'idée d'un sacrifice, et d'un sacrifice fait par les deux parties dans le but d'arriver à un arrangement. Sans doute, il n'est pas nécessaire que les sacrifices soient égaux; mais il est indispensable qu'il y en ait de la part des deux parties. Autrement on aurait suivant les cas un acquiescement ou un désistement, et nous verrons tout à l'heure qu'aucun de ces contrats ne doit être confondu avec la transaction.

La transaction est un contrat consensuel, synallagmatique et à titre onéreux. — Elle est aussi un contrat commutatif, et non point un contrat aléatoire, comme l'ont soutenu quelques auteurs. Effectivement, un contrat aléatoire est celui dont les effets, quant aux avantages et aux pertes, dépendent d'un événement

(1) Cass., 31 décembre 1835.

incertain. Or ici rien ne dépend d'un événement incertain. (Art. 2044.)

Quelles sont les différences de la transaction avec l'acquies-cement et le désistement ?

La transaction, avons-nous dit, diffère de l'acquiescement et du désistement. Il suffit d'examiner chacun de ces contrats pour montrer en quoi elle en diffère.

I. *De l'acquiescement.* — L'acquiescement est un acte unilatéral par lequel le défendeur renonce à la défense et reconnaît fondée la prétention du demandeur. Il n'y a pas là, comme dans la transaction, ni contrat ni sacrifices réciproques de la part des deux parties. En outre, il faut une capacité moins grande pour acquiescer que pour transiger ; car le tuteur peut acquiescer avec la seule autorisation du conseil de famille, tandis que pour tran-siger il lui faut de plus l'homologation du tribunal et l'avis de trois jurisconsultes.

II. *Du désistement.* — Le désistement est un acte par lequel le demandeur renonce de lui-même, soit à ses prétentions, soit à la procédure commencée. La renonciation du demandeur à ses prétentions n'a pas besoin d'être acceptée ; c'est donc un acte unilatéral. Pour la renonciation à la procédure commencée, elle doit être acceptée ; mais son acceptation n'entraîne de la part du défendeur aucun des sacrifices réciproques qui sont de l'essence de la transaction.

Comment se forme la transaction ?

La transaction se forme par le seul consentement des parties ; mais son existence ne peut être prouvée que par un écrit, même au-dessous de 150 francs. Ainsi, dès qu'une contestation viendra à surgir au sujet de la transaction qui a été faite, dès qu'une des parties, par exemple, voudra faire revivre le procès, la produc-tion d'un écrit sera indispensable pour repousser sa prétention, et les juges ne pourront sous aucun prétexte admettre un autre genre de preuve. — Comment concevoir, en effet, que les trans-actions destinées à prévenir les procès puissent elles-mêmes en devenir la source ? C'est cependant ce qui arriverait si on faisait la moindre concession à la règle rigoureuse qui exige la preuve la plus claire et la moins discutable, la preuve écrite (1).

Une seule exception doit être admise, dans le cas de l'article

(1) Toutefois la preuve testimoniale pourra être admise, s'il y a un com-mencement de preuve par écrit. Cass., 29 décembre 1877 ; 8 janvier 1879.

1348 : c'est lorsque les parties ont perdu par cas fortuit l'acte dressé par elles, ou se sont trouvées dans l'impossibilité de rédiger un écrit. Aucun reproche ne peut alors leur être adressé; elles ont satisfait à l'obligation qui leur était imposée par la loi autant qu'il était en elles de le faire.

Au reste, il importe peu que l'acte dressé soit authentique ou sous seing privé; seulement, dans ce dernier cas, il faut faire autant d'originaux qu'il y a de parties intéressées. (Art. 2044.)

Quelle est la capacité requise pour pouvoir transiger ?

La transaction étant un contrat, chaque partie doit avoir la capacité nécessaire pour s'obliger. De plus, pour transiger valablement, il faut pouvoir disposer des objets compris dans la transaction.

Mais le pouvoir d'aliéner à titre onéreux suffira-t-il, ou bien faut-il avoir, comme le prétendent certains auteurs, le pouvoir d'aliéner à titre gratuit? A notre avis, il suffit d'avoir la capacité d'aliéner à titre onéreux; car la transaction est un contrat à titre onéreux, et non point une libéralité.

Cependant, dit-on, le tuteur qui peut aliéner à titre onéreux les droits mobiliers de son pupille, ne peut transiger sur ces mêmes droits sans l'homologation du tribunal et l'avis de trois jurisconsultes; c'est donc qu'il faut, pour transiger sur ces droits, une capacité plus grande que pour les aliéner. — Nous pensons que c'est forcer la conséquence. Si le Code a entouré de précautions plus grandes la transaction sur les droits des mineurs que l'aliénation de ces mêmes droits, c'est que les connaissances juridiques nécessaires pour transiger manqueront souvent au tuteur et au conseil de famille. Mais inférer de là que celui qui transige doit pouvoir aliéner à titre gratuit; vouloir assimiler les deux capacités l'une à l'autre, c'est se mettre en désaccord avec la nature du contrat de transaction, sans se conformer d'ailleurs aux principes du titre de la tutelle, puisque la donation est formellement interdite au tuteur, tandis qu'il peut toujours transiger en remplissant les formalités prescrites par la loi. (Art. 2045.)

Quel doit être l'objet d'une transaction ?

La transaction doit avoir pour objet un droit litigieux, c'est-à-dire un droit sujet à contestation ou déjà contesté. Ainsi, il faut qu'elle porte sur un droit non encore réglé par une décision judiciaire et au sujet duquel une difficulté s'est déjà élevée, ou peut, dans l'esprit des parties, s'élever d'un jour à l'autre. — Peu importe, du reste, que cette crainte soit ou non fondée. Pourvu que les parties regardent sincèrement le droit comme pouvant devenir la source d'un procès, on admet, quant à elles, son caractère litigieux et la transaction peut valablement intervenir. C'est donc une question de bonne foi dont l'appréciation, en cas de contestation, doit être laissée aux tribunaux.

L'art. 2046 nous indique spécialement un droit qui peut faire l'objet d'une transaction. C'est l'intérêt civil qui résulte d'un délit, autrement dit les dommages-intérêts que l'on pourrait obtenir comme réparation d'un préjudice éprouvé. — Quant à l'action publique, il était presque inutile de dire, ainsi que l'a fait le Code, qu'elle subsiste toujours en dépit de toutes les transactions. En effet, la répression des délits importe autant à la société qu'à la partie lésée, et il serait contraire à l'ordre public de permettre au coupable d'éviter la peine, au moyen d'un sacrifice pécuniaire. Cependant, des lois particulières ont permis exceptionnellement d'arrêter l'action publique pour certains délits spéciaux, par une transaction affranchissant le prévenu des peines corporelles en même temps que des réparations pécuniaires. C'est ce qui a lieu, notamment, en matière de contributions indirectes et de douanes, et pour les délits forestiers.

Bien qu'en principe on puisse transiger sur un droit quelconque pourvu qu'il soit douteux, il existe cependant certains droits à l'égard desquels la transaction n'est point permise. Tels sont ceux qui ne sont pas dans le commerce, comme les immeubles dotaux, ou ceux qui sont relatifs à l'état des personnes ou aux pensions alimentaires. (Art. 2046.)

Quel est l'effet de la transaction entre les parties ?

Aux termes de l'article 2052, les transactions ont entre les parties l'autorité de la chose jugée. En effet, dans la transaction les parties se jugeant elles-mêmes, rien n'est plus équitable que de consacrer la décision amiable qu'elles ont prise.

Il est certain cependant que notre article est trop général, et qu'il existe des différences assez notables entre la transaction et le jugement rendu en dernier ressort. — Nous citerons notamment les suivantes : 1° le jugement termine un procès, et la transaction peut prévenir une contestation à naître ; 2° le jugement confère une hypothèque, et la transaction n'en confère point ; 3° un jugement peut être cassé pour une erreur de droit, la transaction ne peut être cassée que pour une erreur de fait. — Il faut en conclure que si la transaction a l'autorité de la chose jugée, c'est seulement en ce sens qu'elle fait naître une fin de non-recevoir analogue à celle qui résulterait d'un jugement (1).

Lorsque l'objet de la transaction n'a pas été clairement indiqué par les parties, il faut rechercher quelle a été leur intention. Mais l'interprétation devra être faite dans un sens restrictif plutôt qu'extensif, parce qu'il importe de ne pas exagérer des concessions peut-être déjà très pénibles. Aussi le Code nous dit-il que cette clause habituelle des transactions: « les parties déclarent renoncer à tous droits, prétentions et actions », ne s'entend que du différend qui y a donné lieu. — Par suite du même principe, si celui qui avait transigé sur un droit qu'il tenait de son chef acquiert un droit semblable du chef d'une autre personne, il n'est point, quant au droit nouvellement acquis, lié par la transaction antérieure.

Les parties peuvent ajouter à la transaction une clause pénale contre celui qui manquera de l'exécuter. (Art. 2047, 2048, 2049, 2050.)

Quel est l'effet de la transaction à l'égard des tiers ?

En principe, la transaction n'a d'effet qu'entre les parties : *Res inter alios acta, aliis neque nocet neque prodest.* Aussi le Code nous dit-il que la transaction faite par l'un des intéressés ne lie pas les autres, et ne peut être opposée par eux. — Mais cette règle n'est vraie que d'une façon générale, et l'on ne saurait l'appliquer rigoureusement dans les cas de solidarité et de cautionnement, où l'on se trouve en présence de personnes représentées par les transigeants à certains égards, et véritables tiers sous d'autres rapports.

Ainsi, les créanciers solidaires pourront opposer la transaction faite par l'un d'eux, parce qu'ils se sont donnés tacitement mandat d'assurer la conservation et le payement de la dette : mais elle ne leur sera pas opposable, parce qu'ils n'ont pas mandat d'aggraver leur position, si ce n'est pour la part de celui d'entre eux qui a transigé. — Pareillement, les débiteurs solidaires pourront opposer la transaction faite par l'un d'eux ; mais

(1) Paul Pont, *Petits Cont.*, II, 479.

elle ne leur sera pas opposable, si ce n'est pour la part du transigeant.

Quant à la caution, tout ce qui améliore la position du débiteur principal lui profite ; elle pourra donc se prévaloir de la transaction intervenue entre le débiteur et le créancier, à moins que ce dernier n'ait réservé ses droits contre elle. — Au contraire, le débiteur principal ne peut jamais se prévaloir de la transaction intervenue entre le créancier et la caution. (Art. 2031.)

La transaction est-elle translative ou simplement déclarative de propriété ?

La transaction ayant les effets d'un jugement, il faut en conclure qu'elle est simplement déclarative et non pas translative de propriété, qu'elle n'est que la reconnaissance d'un titre préexistant, et non pas un titre nouveau d'acquisition. — Mais cette proposition n'est exacte qu'autant qu'il s'agit des objets litigieux ; s'il s'agit d'autres objets, il est évident que la transaction est au contraire translative de propriété. Ainsi, nous sommes en procès, Primus et moi, au sujet de l'immeuble A, que chacun de nous revendique comme étant sa propriété exclusive : nous transigeons, et Primus consent à reconnaître mes droits sur l'immeuble A, moyennant l'abandon que je lui ferai de l'immeuble B, qui m'appartient. La transaction formera très certainement un titre nouveau d'acquisition et sera translative de propriété quant à l'immeuble non litigieux B.

Mais la transaction aura, comme nous l'avons dit, un tout autre effet quant aux objets litigieux : à leur égard, elle ne transmet pas un droit de propriété d'une personne à une autre ; elle déclare, elle confirme une propriété déjà acquise, en faisant cesser la contestation qui s'était élevée sur ce point. — Ainsi, deux prétendants sont en présence, qui se disent également et exclusivement propriétaires de la chose litigieuse. Une transaction intervient, et l'une des parties abandonnant ses prétentions, l'autre reste propriétaire. Comment pourrait-on dire que cette dernière a reçu la chose par transmission ? Qui la lui aurait transmise ? Celui qui se désiste ? Mais, en se désistant, il reconnaît que ses droits n'étaient pas fondés.

Aussi tous nos anciens auteurs et la plupart des jurisconsultes modernes, sont-ils d'accord pour reconnaître que la transaction doit être rangée, quant aux objets litigieux, parmi les contrats

simplement déclaratifs de propriété. — Il en résulte : 1° que la
partie qui conserve l'objet litigieux n'a aucun recours en garantie si elle vient à en être évincée ; 2° que la transaction n'est pas
soumise à la formalité de la transcription (1).

Quelles sont les causes de nullité de la transaction ?

Parmi les causes de nullité de la transaction, il faut distinguer
celles qui lui sont communes avec tous les contrats, et celles qui
lui sont spéciales.

I. *Causes de nullité communes à tous les contrats.* — Comme tous
les contrats en général, la transaction est absolument nulle lorsque le consentement fait totalement défaut, et elle est annulable
lorsque le consentement des parties est vicié par suite de dol,
de violence ou d'erreur. — Par exception, l'erreur de droit
n'est pas une cause de nullité, car, le plus souvent, c'est l'incertitude où sont les parties au sujet de leur droit qui les amène à
transiger.

Quant à l'erreur de fait, il faut distinguer si elle porte sur la
personne avec laquelle on transige, ou si elle porte sur l'objet
de la transaction. — Dans le premier cas, la transaction ne sera
rescindée que si elle a été conclue en vue de la personne. —
Dans le second cas, la transaction est évidemment attaquable ;
mais on n'est pas d'accord sur le point de savoir si elle est seulement sujette à rescision, comme le dit le Code, ou si la nullité est absolue.

Si l'on s'en référait au droit commun, il faudrait décider que la
nullité dont il s'agit est une nullité radicale, et que les rédacteurs
du Code ont commis une inadvertance, une faute de langage, en
parlant de rescision. Effectivement, il est de règle que l'erreur
sur l'objet du contrat rend le contrat lui-même absolument
inexistant.

Mais il paraît très probable que le Code a voulu s'écarter ici du
droit commun ; et ce que certains auteurs appellent une inadvertance, une faute de langage, est, à nos yeux, le résultat d'un projet bien arrêté, fortement motivé. Le législateur a pensé que la
volonté des parties d'échapper au procès était une cause suffisante pour donner une existence quelconque à la transaction la

_____

(1) Merlin, *Répertoire*, v° *Partage*. — Valette, *Revue étrangère et française*, t. X. — Duverger, *à son cours*. — Gabriel Demante, *Exposé raisonné des
principes de l'enreg.*, n°° 316 et suiv.

plus chimérique. C'est là que se trouve le nœud de la question, comme le fait très judicieusement observer M. Valette (1). — Les parties, en transigeant, ont eu en quelque sorte en vue deux causes liées l'une à l'autre : la première, c'était de s'entendre sur le droit litigieux; la seconde, et souvent la principale, c'était d'acheter le repos. L'une de ces causes fait défaut, aussi la transaction est-elle imparfaite et pourra-t-elle être attaquée; mais l'autre n'a pas cessé d'exister, et cela suffit pour que le contrat ait pris une existence, précaire sans doute, mais susceptible de ratification.

II. *Causes de nullité spéciales à la transaction*. — Outre les causes générales de nullité qu'on vient de voir, la transaction est encore attaquable :

1° Lorsqu'elle a été faite en exécution d'un titre nul, à moins que les parties n'aient expressément traité sur la nullité de ce titre. — Ce cas se présentera, par exemple, quand un héritier légitime ayant transigé avec un légataire relativement à l'exécution du testament, on découvre plus tard que l'un des témoins qui a signé était incapable, et que par conséquent le testament était nul. La transaction est alors rescindable pour cause d'erreur de fait, l'héritier n'y ayant consenti qu'en tenant le testament pour valable. — Bien entendu, le testament devrait être maintenu, si les parties, au lieu de le tenir pour valable et de traiter sur son exécution, l'avaient tenu pour douteux et avaient transigé sur la nullité même de l'acte.

2° Lorsqu'elle a été faite sur des pièces qui depuis ont été reconnues fausses. — Ce cas présente beaucoup d'analogie avec le précédent; mais il en diffère néanmoins en ce qu'on suppose ici que la transaction a eu lieu sur un titre matériellement inexact; tandis qu'il s'agissait tout à l'heure d'un titre vrai en lui-même, mais dépourvu d'une condition nécessaire à sa validité.

3° Lorsqu'elle a été faite sur un procès terminé par un jugement ayant acquis force de chose jugée, dont les parties ou l'une d'elles n'avaient point connaissance. — Dans ce cas, la transaction est intervenue sur un droit que les parties croyaient douteux et sujet à contestation, mais qui ne l'était pas. Il y a donc eu erreur de fait sur l'objet de la transaction.

(1) *Adde :* Paul Pont, *Petits contrats*, II, 570. — Duranton, XVIII, 395 et 398.

Si le jugement ignoré des parties était susceptible d'appel, la transaction sera valable, car alors les parties se trouveraient encore dans l'incertitude sur l'issue du procès.

Dans le premier cas, la transaction est seulement rescindable; dans les deux derniers, elle est absolument nulle. (Art. 2052, 2053, 2054, 2055, 2056.)

Que faut-il décider si, après la transaction, on découvre des pièces qui démontrent que l'une des parties n'avait aucun droit ?

Il faut distinguer :

1° Si les parties, en transigeant, ont traité sur toutes leurs affaires, la transaction reste valable malgré la découverte du nouveau titre, à moins que l'une d'elles n'ait caché la pièce découverte, ce qui constituerait un cas de fraude susceptible de vicier la convention.

2° Si, au contraire, la transaction n'a qu'un objet déterminé, sur lequel le nouveau titre établit que l'une des parties n'avait aucun droit, elle peut être rescindée.

Quant à l'erreur de calcul dont parle l'article 2058, elle ne vicie pas la transaction, seulement elle doit être réparée.

Aux termes de l'article 2052, les transactions ne peuvent être attaquées pour cause de lésion. C'était inutile à dire, puisque la lésion n'est pas, en général, une cause de nullité des contrats. (Art, 2057, 2058.)

LIVRE III, TITRE XVI

De la contrainte par corps.

DÉCRÉTÉ LE 13 FÉVRIER 1804. — PROMULGUÉ LE 23 DU MÊME MOIS.

La contrainte par corps a été abolie définitivement par la loi du 22 juillet 1867 en matière civile et commerciale et contre les étrangers, et elle n'est restée applicable qu'en matière pénale, pour le recouvrement des amendes et des dépens, ainsi que pour le payement des restitutions et dommages-intérêts prononcés au profit des particuliers. — Nous nous bornerons donc à rappeler très sommairement les dispositions du Code civil qui se réfèrent à cette voie d'exécution, et qui sont contenues dans les articles 2059 à 2070.

I

Qu'est-ce que la contrainte par corps ?

La contrainte par corps est une voie d'exécution, par laquelle un créancier peut faire mettre son débiteur en prison, pour le forcer à remplir ses engagements (1).

Le principe de la contrainte par corps se retrouve chez tous les peuples et dès la plus haute antiquité, mais avec des caractères bien différents de ceux qu'elle avait dans ces derniers temps. — L'idée première était de donner au créancier le corps de son débiteur pour gage de la dette, et ce droit du créancier avait souvent un caractère de cruauté qui allait jusqu'au sacrifice de la vie.

Le Code maintint la contrainte par corps qu'il avait trouvée établie dans notre ancienne législation ; mais il en restreignit l'exercice à des cas exceptionnels. Néanmoins, elle eut à

_____

(1) Il ne faut pas confondre la contrainte par corps avec d'autres coercitions exercées sur la personne. Ainsi il n'y a point de contrainte par corps dans le sens propre et légal du mot, parce qu'il n'y a point d'emprisonnement, dans le fait du mari qui recourt à l'emploi de la force publique pour faire rentrer l'épouse au domicile conjugal, ni dans l'exécution des jugements *manu militari*.

subir des attaques qui amenèrent sa suppression le 9 mars 1848. Mais alors, des réclamations s'élevèrent, et une loi du 16 décembre 1848 la rétablit, en y apportant de nouveaux adoucissements.

Avant d'être abolie de nouveau par la loi de 1867, la contrainte par corps était de droit commun en matière commerciale, ainsi qu'en matière pénale et pour les étrangers. — Mais elle n'avait lieu en matière civile qu'exceptionnellement et dans des cas très rares. (Art. 2067 à 2070.)

Dans quels cas la contrainte par corps était-elle employée en matière civile ?

La contrainte par corps était employée en matière civile :

1° En cas de stellionat. — Il y a stellionat de la part de celui qui vend la chose d'autrui par fraude, ou qui présente des immeubles hypothéqués comme libres d'hypothèques.

2° En cas de dépôt nécessaire. — On comprend ici sous le nom de dépôts nécessaires, non seulement les dépôts effectués dans un accident, tels que naufrage, incendie, ou ceux effectués par un voyageur dans une auberge, mais encore les dépôts de deniers ou autres objets faits entre les mains des séquestres ou gardiens préposés pour les recevoir, ou confiés aux officiers publics, tels que notaires, avoués, etc.

3° Dans le cas de réintégrande. — La réintégrande est une action possessoire, au moyen de laquelle le possesseur d'un fonds en recouvre la possession lorsqu'il en a été dépouillé par violence. Il peut recourir à la contrainte par corps pour se faire remettre en possession du fonds, et pour obtenir la restitution des fruits et le payement des dommages-intérêts auxquels il aurait droit.

4° Contre les fermiers ou colons partiaires qui, à la fin du bail, ne représentent pas le cheptel, les semences et les instruments aratoires qui leur ont été confiés.

5° Contre ceux qui ont été condamnés par un jugement rendu au pétitoire et passé en force de chose jugée, à désemparer d'un fonds et qui refusent d'obéir.

Tels sont les principaux cas dans lesquels la contrainte par corps pouvait être employée en matière civile. Ajoutons que, dans les trois premiers cas, elle était impérative de la part des juges, lorsque les parties la demandaient. (Art. 2059 à 2063.)

Dans ces divers cas le débiteur était-il toujours contraignable par corps ?

Non; la contrainte par corps n'était pas seulement limitée à certains cas déterminés : dans les cas mêmes où elle pouvait être employée en principe, on admettait des exceptions de diverses natures.

Ainsi, on ne l'appliquait jamais lorsque le capital de la dette était inférieur à 300 francs; ou lorsque le débiteur était une fille, une femme, un mineur, un septuagénaire ; ou enfin lorsqu'il était parent ou allié du créancier en ligne directe, ou en ligne collatérale jusqu'au second degré inclusivement. (Art. 2064, 2065, 2066.)

Quelle est la durée de la contrainte par corps ?

Sous l'empire du Code, la durée de la contrainte par corps n'avait pas été limitée ; mais la loi de 1848 l'avait fixée à une limite de six mois au moins et de cinq ans au plus, toutes les fois qu'il s'agissait de matière civile.

En outre, elle pouvait cesser, soit par le consèntement du créancier, soit par le payement intégral de la delte, soit par la cession de biens que faisait le débiteur, soit par le défaut de consignation des frais de nourriture.

Quoi qu'il en soit, la loi du 22 juillet 1857 a maintenu la contrainte par corps en matière pénale, pour le payement des amendes, restitutions et dommages-intérêts par le prévenu ou l'accusé condamné. Elle n'a pas lieu contre le prévenu ou l'accusé acquitté, à raison des dommages-intérêts auxquels il peut être condamné envers la partie civile ni contre les personnes civilement responsables (1). (C. de pr., art. 800. — Lois de 1832 et de 1848.)

---

(1) Cass., 27 mars 1879. — Paul Pont, *Petits contrats*, II, 971 et suiv.

LIVRE III, TITRE XVII
Du nantissement.

DÉCRÉTÉ LE 16 MARS 1804. — PROMULGUÉ LE 26 DU MÊME MOIS.

Un débiteur peut offrir à son créancier deux sortes de sûretés destinées à garantir le payement de sa dette : des sûretés personnelles et des sûretés réelles. Les sûretés *personnelles* sont ainsi appelées parce qu'elles consistent dans l'engagement d'une personne ; telles sont celles qui résultent de la contrainte par corps, de la solidarité et du cautionnement. — Les sûretés *réelles* sont celles qui affectent une chose à la garantie du créancier ; telles sont celles qui résultent des privilèges et hypothèques, ainsi que du nantissement.

Nous nous occuperons d'abord du nantissement en général, auquel se réfèrent les articles 2071 et 2072 ; et nous traiterons en second lieu :

CHAP. I. — Du gage.

CHAP. II. — De l'antichrèse.

§ I. — *Du nantissement.*

Qu'est-ce que le nantissement ?

Le nantissement est un contrat par lequel un débiteur, ou un autre pour lui, remet au créancier une chose pour sûreté de la dette.

C'est un contrat *réel*, qui ne peut se former que par la livraison de la chose ; et en cela il diffère de l'hypothèque qui se constitue, indépendamment de toute tradition, par la seule convention des parties.

C'est un contrat *accessoire*, car il ne se forme jamais que pour garantir une obligation principale dont il suppose l'existence.

C'est un contrat *synallagmatique imparfait*, car il ne produit à l'origine qu'une seule obligation, celle de restituer l'objet remis en nantissement ; sauf à faire naître par la suite l'obligation pour le débiteur de rembourser au créancier gagiste les dépenses qu'il a faites pour la conservation de cet objet, ou de l'indemniser des pertes qu'il a subies à son occasion.

Enfin c'est un contrat à *titre onéreux*, parce qu'il procure un avantage à chacune des parties, en faisant trouver au débiteur le crédit nécessaire pour contracter un emprunt, et en donnant au créancier une sûreté pour sa créance. (Art. 2071.)

Comment a lieu le nantissement ?

Le nantissement peut avoir lieu de deux manières : sous la forme du gage et sous la forme de l'antichrèse.

Il prend le nom de *gage*, quand il a pour objet la remise d'un meuble faite par le débiteur à son créancier. — Il prend le nom *d'antichrèse*, quand il a pour objet la remise d'un immeuble.

Le gage et l'antichrèse étant soumis à des règles particulières, nous allons étudier séparément chacun de ces contrats. (Art. 2072.)

CHAPITRE PREMIER

DU GAGE.

Articles 2073 à 2084.

Qu'est-ce que le gage ?

Le gage est un contrat par lequel un débiteur, ou un autre pour lui, affecte un objet mobilier à la sûreté de sa dette, et le remet au créancier ou à un tiers désigné par les parties (1).

Le gage confère au créancier un droit réel et indivisible. C'est un droit *réel*, car il est opposable aux tiers. C'est en outre un droit *indivisible*, car le gage tout entier et chaque fraction du gage garantit toute la dette et chaque fraction de la dette, en sorte que tant qu'il reste dû quelque chose, l'objet remis en gage continue d'être affecté en totalité à la garantie du créancier.

Ainsi, lorsqu'un débiteur tenu d'une dette de 1,000 francs a donné en gage deux objets d'égale valeur, il ne pourra pas, s'il vient à payer un à-compte de 500 francs, exiger la restitution de l'un de ces objets. — De même, si un débiteur venait à

(1) Le mot *gage* est encore employé pour désigner l'objet que le débiteur remet à son créancier pour sûreté de sa créance.

mourir en laissant deux héritiers, celui des deux qui aurait
payé sa part dans la dette ne pourrait pas exiger la restitution
partielle du gage. (Art. 2071, 2072, 2077, 2083.)

**Quelles sont les conditions requises pour la validité du
gage ?**

Il y a trois conditions requises pour la validité du gage. — Il
faut :

1° Que la chose qui fait l'objet du gage soit remise au créancier, ou à un tiers désigné par les parties ;

2° Que le contrat soit constaté par un écrit authentique ou
ayant date certaine. — Cependant, la preuve du gage pourra
être faite par témoins si l'objet remis en gage n'excède pas la
valeur de 150 francs ;

3° Que l'écrit énonce le montant de la créance et la désignation de l'espèce et de la nature des objets remis en gage.

D'abord, il est évident que le contrat de gage ne saurait exister, tant que la chose qui est affectée à la sûreté de la créance
n'a pas été remise aux mains du créancier, ou d'un tiers désigné
par lui.

En outre, la loi exige un écrit *ayant date certaine* pour la constitution du gage. En effet, la remise d'un objet faite par le débiteur à l'un de ses créanciers diminue d'autant le gage commun
des autres créanciers : or, si le gage n'avait pas date certaine, il
y aurait à craindre qu'un débiteur, sur le point de tomber en
déconfiture, ne favorisât clandestinement un créancier au détri-
ment des autres, ou qu'il ne s'entendît avec des amis complai-
sants qui lui restitueraient le gage à sa première réquisition.

Mais un acte authentique ou ayant date certaine ne suffirait
pas toujours pour empêcher un débiteur de nuire aux droits de
ses créanciers ; il pourrait s'entendre avec le gagiste, pour
substituer aux objets primitifs d'autres objets plus précieux.
C'est pourquoi la loi exige en outre que l'écrit qui constate le
gage mentionne le montant de la créance, ainsi que la désignation de l'espèce et de la nature des objets remis en gage. (Art. 2074,
2076.)

Quelles choses peut-on donner en gage ?

On peut donner en gage toutes les choses mobilières qui sont
dans le commerce, tels que les bijoux, les meubles meublants,
les animaux, les produits de la terre. — On peut même donner

en gage des meubles incorporels, tels que des créances.

Lorsque c'est une créance qu'on donne en gage, il faut toujours que le contrat soit constaté par un écrit ayant date certaine, lors même que la créance remise en gage serait inférieure à 150 francs. En outre, il faut que le créancier qui reçoit la créance en gage fasse connaître son droit au débiteur de la créance au moyen d'une signification, ou qu'il obtienne de ce dernier une acceptation donnée par acte authentique. (Art. 2075.)

Quelle est la capacité requise pour donner ou pour recevoir un gage ?

Pour donner une chose en gage, il faut en principe être propriétaire de cette chose, et avoir la capacité de disposer.

Pour recevoir un gage, il faut être capable de s'obliger. Mais la nullité est seulement relative, et elle ne peut être opposée que par l'incapable. — Ainsi, l'incapable qui reçoit un gage peut se faire indemniser de toutes les dépenses qu'il a faites pour la conservation de la chose, mais il ne peut être actionné que s'il a encore la chose entre les mains. S'il l'a détruite ou détériorée, il ne peut être poursuivi que jusqu'à concurrence du profit qu'il a pu retirer des détériorations ou de la perte.

De ce qu'il faut être propriétaire pour donner une chose en gage, on ne doit pas en conclure cependant que la remise en gage de la chose d'autrui soit toujours nulle. — Effectivement, si le créancier est de bonne foi, il pourra invoquer la maxime *en fait de meubles, la possession vaut titre*. Mais, comme il peut lui répugner d'invoquer cette prescription, il sera libre de restituer l'objet donné en gage au propriétaire, et d'exercer un recours contre le débiteur pour le contraindre à lui fournir un autre gage.

Quels sont les droits du créancier gagiste ?

Le créancier gagiste a quatre recours différents :

1° Le droit de garder le gage jusqu'à l'entier payement de la dette et de tous les accessoires. — Mais il faut remarquer que ce droit de rétention ne lui transfère pas la propriété de la chose remise en gage, et qu'il ne peut ni s'en servir ni en percevoir les fruits sans en tenir compte au débiteur.

2° Le droit de se faire payer sur le prix de la chose par préférence aux autres créanciers du débiteur. — La loi traite de privilège la préférence qu'elle accorde au créancier gagiste.

Cependant, on verra plus loin que les privilèges viennent en général de la loi, et non pas, comme ici, de la convention des qarties.

3° Le droit de se faire autoriser par la justice à garder définitivement le gage, à en acquérir la propriété, après estimation faite par des experts, jusqu'à concurrence de ce qui lui est dû; ou bien à le faire vendre aux enchères. — Du reste, les parties ne pourraient pas convenir, qu'à défaut de payement de la part du débiteur, le gage restera la propriété du créancier, sans estimation ni jugement préalables. On a voulu prévenir l'imprudence du débiteur, qui, pressé de se procurer de l'argent à tout prix, se laisserait trop facilement dépouiller d'un objet dont la valeur est souvent bien supérieure à celle de sa dette, dans l'espoir de recouvrer cet objet en remboursant le créancier.

4° Enfin, le droit de revendiquer le gage lorsqu'il l'a perdu ou qu'il lui a été volé, soit contre le débiteur, soit contre les tiers même de bonne foi. — Il est vrai que la loi n'accorde pas expressément ce droit de revendication au créancier gagiste; mais il résulte implicitement de l'article 2102, qui le confère au bailleur sur les meubles de son locataire (1). (Art. 2073, 2078, 2079, 2082.)

Quelles sont les obligations qui naissent du gage ?

Outre les effets dont nous venons de parler, le contrat de gage fait naître des obligations réciproques entre les parties contractantes.

Le créancier gagiste doit : 1° veiller en bon père de famille à la conservation de la chose; 2° la restituer après qu'il a été intégralement payé de sa créance, ainsi que des intérêts et des dépenses qu'il a pu faire pour la conservation du gage; 3° si la chose donnée en gage est une créance productive d'intérêts, imputer ces intérêts sur ceux qui lui sont dus ou sur le capital de la dette.

De son côté, le débiteur doit : 1° faire la délivrance de la chose et la laisser entre les mains du créancier jusqu'à ce qu'il l'ait complètement désintéressé; 2° rembourser à celui-ci les dépenses qu'il a faites pour la conservation du gage; 3° l'indemniser des

---

(1) Suivant M. Valette, le créancier gagiste peut exercer son droit de revendication pendant trois ans, à partir du jour de la perte ou du vol, conformément au droit commun, car la loi n'a pas limité son action à un moindre temps comme elle l'a fait pour le bailleur.

pertes qu'il aurait éprouvées à raison des vices cachés. (Art. 2080, 2081, 2082.)

Quand est-ce que le gage s'établit tacitement ?

En principe, le gage doit être constitué expressément ; mais il peut se faire qu'il y ait constitution de gage tacite, et la loi elle-même en donne un exemple dans l'article 2082.

Lorsque le débiteur, après avoir constitué un gage pour une première dette, en contracte ensuite une seconde envers la même personne, le créancier a le droit de retenir l'objet donné en gage jusqu'à ce qu'il ait obtenu le payement des deux dettes. — Effectivement, si le créancier n'a pas demandé un gage pour la seconde dette après en avoir exigé un pour la première, c'est évidemment parce qu'il a considéré le gage dont il est déjà saisi comme suffisant pour répondre de l'une et de l'autre dettes. Mais il faut supposer pour cela que la seconde dette est exigible avant la première dette, ou tout au moins qu'elle est exigible en même temps ; car s'il en était autrement, le débiteur pourrait se plaindre d'être privé de l'objet remis en gage plus longtemps qu'il n'a voulu (1). (Art. 2082.)

Les dispositions qui précèdent sont-elles applicables aux matières commerciales ?

Non ; les dispositions qui précèdent ne sont pas applicables aux matières commerciales. Ainsi, le gage qui est constitué pour un acte de commerce n'a pas besoin d'être constaté par écrit, tant à l'égard des tiers qu'à l'égard des parties contractantes, même lorsque la chose dépasse la valeur de 150 francs.

Les règles du Code civil sur le gage ne s'étendent pas non plus aux établissements qui sont autorisés à prêter sur gage, sous la surveillance de l'autorité. Ces établissements sont régis par un décret du 24 messidor an XII, et par un avis du conseil d'Etat du 12 juillet 1807. (Art. 2084.)

(1) Bugnet, sur Pothier, *Nantissement*, n° 47. — Paul Pont, *Petits contrats*, II, 1198. — Toutefois, quelques auteurs décident que le gage tacite ne fait pas naître un privilège, mais un simple droit de rétention.

CHAPITRE DEUXIÈME

DE L'ANTICHRÈSE.

Articles 2085 à 2091.

Qu'est-ce que l'antichrèse ?

L'antichrèse est un contrat par lequel un débiteur, ou un tiers pour lui, abandonne au créancier la jouissance d'un immeuble, sous la condition d'imputer la valeur des fruits qui en proviendront sur les intérêts de sa créance, et, en cas d'excédant, sur le capital.

De même que le gage, l'antichrèse confère au créancier un droit réel et indivisible ; mais elle ne lui donne pas le droit d'être payé sur le prix de l'immeuble constitué en nantissement par préférence aux autres créanciers du débiteur, et elle diffère en cela non seulement du gage, mais encore de l'hypothèque et des privilèges. (Art. 2071, 2072, 2085, 2090.)

Quelles sont les conditions requises pour la validité de l'antichrèse ?

De même que pour le gage, il y a trois conditions nécessaires pour la validité de l'antichrèse. — Il faut :

1° Que l'immeuble constitué en nantissement soit remis au créancier, ou à un tiers convenu entre les parties.

2° Que le contrat soit constaté par un acte authentique, ou par un acte sous seing privé enregistré. — A la différence du gage, l'antichrèse ne peut pas être prouvée par témoins, lorsque la valeur de l'immeuble donné en nantissement est inférieure à 150 francs.

3° Que l'écrit mentionne le montant de la créance, et contienne la désignation de l'espèce et de la nature des objets remis en gage.

Sous l'empire du Code, les parties pouvaient convenir que l'antichrésiste aurait le droit de compenser les intérêts de sa créance avec les fruits de l'immeuble constitué en antichrèse, quelle que fût la valeur relative des fruits comparée à celle des intérêts. — Mais depuis la loi du 3 septembre 1807 qui a fixé le taux légal de l'intérêt, une pareille convention n'est plus permise que dans le cas où la valeur des fruits n'excéderait pas sensiblement celle des intérêts calculés à cinq pour cent. (Art. 2071, 2072, 2085, 2089, 2090.)

Quels sont les droits du créancier antichrésiste ?

Le créancier antichrésiste a le droit :

1° De retenir l'immeuble qu'il a reçu en nantissement jusqu'à ce qu'il ait été payé intégralement de sa créance ;

2° D'en percevoir les fruits, à la condition de les imputer, déduction faite des frais, sur les intérêts de la créance, et, s'il y a un excédant, sur le capital.

De même que le créancier gagiste, l'antichrésiste n'acquiert aucun droit de propriété sur les biens reçus en nantissement ; mais il en a la jouissance. (Art. 2085, 2087.)

Le droit du créancier antichrésiste est-il opposable aux tiers ?

Oui ; le droit du créancier antichrésiste est opposable aux tiers qui viendraient à acquérir l'immeuble donné en nantissement, ou à obtenir des hypothèques sur cet immeuble. Mais il faut pour cela que le créancier antichrésiste ait fait transcrire son contrat au bureau du conservateur des hypothèques, avant que les tiers acquéreurs n'aient eux-mêmes fait transcrire leur acte d'acquisition, ou que les créanciers hypothécaires n'aient fait inscrire leur hypothèque.

Du principe que les acquéreurs et les créanciers hypothécaires survenus postérieurement ne peuvent porter aucune atteinte à l'antichrèse, résultent les deux conséquences suivantes : 1° Lorsque l'antichrésiste a stipulé que sa créance ne lui sera remboursée que dans un certain délai, les créanciers hypothécaires inscrits postérieurement ne pourront pas saisir et faire vendre l'immeuble contre son gré, avant l'expiration de ce délai. — 2° Lorsque l'antichrésiste n'a pas stipulé de délai ou lorsque le délai stipulé est expiré, les créanciers hypothécaires pourront bien procéder à la saisie et à la vente de l'immeuble, mais c'est à la condition de faire insérer dans le cahier des charges de la vente une clause qui obligera l'adjudicataire à désintéresser l'antichrésiste, avant d'entrer en possession de l'immeuble. (Art. 2091.)

Quelles sont les obligations du créancier antichrésiste ?

Les obligations du créancier antichrésiste sont : 1° de se servir de la chose en bon père de famille ; 2° de payer les contributions et autres charges annuelles de l'immeuble ; 3° de faire toutes les réparations nécessaires.

Du reste, si le créancier doit faire l'avance de ces frais, c'est toujours, en fin de compte, le débiteur qui les supporte définitivement ; car ils augmentent d'autant le *quantum* imputable sur les intérêts ou sur le capital de la dette. — En outre, comme l'antichrésiste n'est tenu de ces frais qu'en sa qualité de détenteur de l'immeuble, la loi lui permet de s'en décharger en renonçant à l'antichrèse. (Art. 2086, 2087.)

A défaut de payement à l'échéance, l'antichérsiste peut-il s'approprier l'immeuble ?

Non ; les parties ne peuvent pas convenir qu'à défaut de payement à l'échéance, le créancier antichrésiste deviendra propriétaire de l'immeuble qui lui a été livré. — De même que pour le gage, le législateur a voulu ici protéger le débiteur contre sa propre imprudence. En effet, l'immeuble constitué en antichrèse a presque toujours une valeur plus grande que le montant de la dette, et par conséquent le nantissement dégénérerait en un véritable contrat usuraire, si le créancier pouvait être autorisé à se l'approprier en cas de non-payement de la part du débiteur.

En conséquence, le créancier antichrésiste qui n'est pas payé à l'échéance ne peut faire que deux choses : ou retenir l'immeuble jusqu'à ce que la dette soit acquittée, ou le faire vendre aux enchères afin de se faire payer sur le prix, en subissant d'ailleurs le concours des autres créanciers du débiteur. — Il ne peut ni s'approprier l'immeuble, ni même, comme le créancier gagiste, se le faire adjuger par le tribunal. (Art. 2088.)

Quelles différences y a-t-il entre le gage et l'antichrèse ?

Le gage et l'antichrèse présentent plusieurs points de ressemblance. Ainsi, ces deux contrats procurent au créancier une sûreté réelle et un droit indivisible ; ils confèrent également un droit de rétention ; ils naissent et s'éteignent de la même manière.

Toutefois, ils diffèrent entre eux sous les rapports suivants :

1° Le créancier gagiste a un privilège sur la chose remise en gage : il peut, en la faisant vendre aux enchères, être payé sur le prix par préférence aux autres créanciers du débiteur. — Le créancier antichrésiste n'a pas de privilège sur l'immeuble qui lui a été livré en antichrèse; s'il le fait vendre, il vient en con-currence avec les créanciers chirographaires.

2° Le créancier gagiste peut se faire autoriser par la justice à garder la chose, après une estimation faite par des experts. — Le créancier antichrésiste ne le peut pas, et toute clause par laquelle il se serait réservé ce droit serait nulle.

3° Le créancier gagiste ne peut pas s'approprier les fruits de la chose et il doit en tenir compte au débiteur, à moins qu'elle ne consiste en une créance productive d'intérêts. — Le créancier antichrésiste peut toujours acquérir les fruits de l'immeuble constitué en antichrèse, à la charge de les imputer sur les intérêts ou sur le capital de la somme qui lui est due.

4° Enfin, la preuve testimoniale est admise en matière de gage au-dessous de 150 francs; tandis qu'un écrit est toujours néces-saire pour la preuve de l'antichrèse.

Quelles différences y a-t-il entre l'antichrèse et l'usufruit ?

L'antichrèse et l'usufruit ont également plusieurs points de ressemblance. Ainsi, de même que l'usufruitier, l'antichrésiste perçoit les fruits d'une chose dont il n'est point propriétaire, et en supporte les charges annuelles; comme lui légalement, il détient cette chose à titre précaire, et par conséquent il ne peut pas l'acquérir par prescription; enfin l'antichrésiste et l'usufrui-tier peuvent également se décharger de leurs obligations en abandonnant leurs droits.

Mais il y a aussi entre l'antichrèse et l'usufruit plusieurs diffé-rences notables :

1° Le droit de l'antichrésiste s'éteint lorsque le débiteur offre de lui rembourser sa créance. — Celui de l'usufruitier ne peut pas être éteint par la volonté du nu propriétaire, lors même qu'il offrirait de le racheter moyennant une indemnité.

2° L'antichrèse passe aux héritiers; l'usufruit s'éteint par la mort de l'usufruitier;

3° L'antichrésiste ne paye pas les impôts et les autres charges annuelles pour son propre compte, mais pour celui du débiteur. — L'usufruitier, au contraire, paye ces charges pour son propre compte.

4° Enfin, le droit de l'antichrésiste ne peut pas être hypothé-qué; au contraire, le droit de l'usufruitier d'un immeuble est susceptible d'hypothèque.

LIVRE III, TITRE XVIII

Des privilèges et hypothèques.

DÉCRÉTÉ LE 19 MARS 1804. — PROMULGUÉ LE 29 DU MÊME MOIS.

Ainsi que nous l'avons déjà remarqué dans le titre précédent, les garanties qu'un débiteur peut offrir à son créancier pour assurer le payement de sa dette sont de deux sortes : les unes sont personnelles et consistent dans un engagement pris envers le créancier par un codébiteur ou par une caution ; les autres sont réelles et portent sur les biens du débiteur.

Nous connaissons déjà les garanties personnelles qui proviennent de la solidarité et du cautionnement, ainsi que les garanties réelles qui résultent du nantissement. — Il nous reste à examiner les autres garanties réelles. C'est là l'objet de notre titre.

A cet égard, nous aurons d'abord à étudier la garantie générale établie par le droit commun au profit de tous les créanciers, et qui affecte tous les biens d'un débiteur à l'acquittement de ses obligations. — Nous nous occuperons ensuite des garanties spéciales créées par la loi, ou établies par convention au profit de certains créanciers exclusivement. Parmi ces garanties spéciales, il faut placer, outre le nantissement dont nous avons déjà parlé, le droit de rétention, et principalement les droits de privilège et d'hypothèque.

Le titre des privilèges et hypothèques est divisé par le Code de la manière suivante :

CHAP.   I. — Dispositions générales.

CHAP.   II. — Des privilèges.

CHAP.   III. — Des hypothèques.

CHAP.   IV. — De l'inscription des privilèges et hypothèques.

CHAP.   V. — De la radiation et de la réduction des inscriptions.

CHAP.   VI. — De l'effet des privilèges et hypothèques contre les tiers détenteurs.

CHAP.   VII. — De l'extinction des privilèges et hypothèques.

CHAP. VIII. — De la purge des hypothèques inscrites.

CHAPITRE PREMIER

DISPOSITIONS GÉNÉRALES.

Articles 2092 à 2094.

Quelle est la garantie réelle établie par le droit commun au profit de tous les créanciers ?

Un débiteur peut être actionné à deux titres : soit comme personnellement obligé, soit comme détenteur d'un bien affecté à l'acquittement d'une dette (1).

Lorsqu'un débiteur est personnellement obligé, tous ses biens présents et futurs, meubles et immeubles, sont affectés à l'acquittement de son obligation et deviennent le gage commun de ses créanciers, sauf certains droits exclusivement attachés à la personne ou déclarés insaisissables, — Mais il ne faut pas entendre par là que les créanciers aient le droit de s'approprier les biens de leur débiteur, ni même qu'ils puissent les détenir et empêcher le débiteur d'en avoir la libre disposition. Leur droit sur les biens se borne, en général, à les saisir et à les faire vendre, afin d'être payés de leurs créances sur le prix qui en provient.

Il résulte de là que la garantie des créanciers n'est pas toujours efficace ; car si le débiteur aliène ses biens, s'il les fait sortir de son patrimoine, ils sont privés de leur gage. Sans doute, l'action Paulienne, qui leur est conférée par l'article 1167, leur permet bien de faire rescinder ces aliénations lorsqu'elles ont

---

(1) L'article 2092 manque d'exactitude, lorsqu'il exprime que celui qui s'est obligé personnellement est tenu sur tous ses biens. En effet, d'une part, il n'est pas nécessaire que le débiteur *se soit* obligé par contrat ; il suffit qu'il *soit* obligé ; d'autre part, il n'est pas tenu sur les biens qui ont été déclarés inaliénables et insaisissables.

eu lieu en fraude de leurs droits ; mais c'est à une condition qu'il leur sera quelquefois difficile d'accomplir, puisqu'ils doivent prouver la mauvaise foi du débiteur, et même, s'il s'agit d'aliénations à titre onéreux, celle des tiers qui ont traité avec lui. — De plus, il peut arriver qu'un débiteur ait plusieurs créanciers; dans ce cas, si son patrimoine ne suffit pas pour les désintéresser tous, ils viendront au marc le franc et ils ne pourront recevoir qu'une portion proportionnelle de leurs créances.

Comme on le voit, la garantie établie par le droit commun au profit des créanciers est donc souvent insuffisante. C'est ce qui explique pourquoi le Code a admis des causes légitimes de préférence, qui offrent aux créanciers des moyens plus énergiques et plus sûrs pour être payés de l'intégralité de leurs créances. — Ces causes légitimes de préférence sont : le droit de rétention, les privilèges et les hypothèques. De là plusieurs classes de créanciers. (Art. 2092, 2093, 2094.)

Quelles sont les différentes classes de créanciers ?

D'après ce qui précède, on voit que la première distinction à établir entre les créanciers est celle qui consiste à distinguer ceux qui ont une cause de préférence quelle qu'elle soit, et ceux qui n'ont aucune cause de préférence et qu'on appelle créanciers *chirographaires*. Les créanciers qui ont une cause de préférence doivent être payés avant les créanciers chirographaires. Mais ce n'est pas tout : même parmi les créanciers qui ont une cause de préférence, il en est qui ont un degré de faveur plus grand, et ceux-là passent avant les autres.

En résumé, les différentes classes de créanciers sont :

1° Les créanciers chirographaires, qui n'ont d'autre garantie que celle que le droit commun assure à tous les créanciers en général, et qui concourent entre eux au marc le franc. — Sans doute, ils peuvent saisir et faire vendre les biens de leur débiteur, mais ils ne sont payés sur le prix qui en provient qu'après les autres créanciers.

2° Les créanciers qui ont un droit de rétention sur une chose appartenant au débiteur, et qui peuvent conserver la détention de cette chose jusqu'à ce qu'ils aient été payés.

3° Les créanciers hypothécaires, qui passent avant les créanciers chirographaires, et qui prennent rang entre eux suivant la date de leur inscription.

4° Enfin, les créanciers privilégiés, qui passent avant les créanciers hypothécaires, et qui prennent rang entre eux suivant la qualité de la créance qu'ils garantissent.

Qu'est-ce que le droit de rétention ?

Le droit de rétention consiste dans le droit qu'a un créancier de retenir une chose, jusqu'à ce qu'il ait été payé de ce qui lui est dû à raison de cette même chose.

Le droit de rétention peut être établi par convention ; mais il existe ordinairement en vertu d'une disposition spéciale de la loi. En effet, on comprend aisément que le créancier qui peut exiger un gage ou une hypothèque, c'est-à-dire non seulement le droit de retenir l'objet affecté à la sûreté de sa créance, mais encore celui de le faire vendre et d'être payé sur le prix qui en provient par préférence aux autres créanciers, ne se contentera guère de stipuler une simple rétention.

C'est donc ordinairement en vertu de la loi que le droit de rétention prend naissance. Et comme l'indique la définition que nous en avons donnée, il faut, pour le faire naître, les deux conditions suivantes : 1° que le créancier ait entre ses mains une chose appartenant au débiteur ; 2° que sa créance soit née à l'occasion de la chose qu'il détient. Il faut, en un mot, suivant l'expression des jurisconsultes romains, qu'il y ait un *debitum cum re junctum*, une dette se rattachant à l'objet qui est entre les mains du créancier. — Ainsi le droit de rétention est accordé par la loi au dépositaire qui a fait des dépenses pour la conservation de la chose qui lui a été confiée. Il peut garder la chose, tant que le déposant ne lui a pas remboursé ses avances.

Le droit de rétention existe également en vertu de la loi dans les contrats synallagmatiques, où chaque partie a le droit de retenir l'objet qu'elle s'est engagée à livrer, quand l'autre partie n'exécute pas son engagement.

Quel est l'effet du droit de rétention ?

Le droit de rétention a pour objet de contraindre le débiteur à se libérer promptement envers le créancier détenteur. En effet, le débiteur n'a pas la disposition de la chose soumise à ce droit, et il ne peut la recouvrer qu'en désintéressant son créancier. Il ne peut pas non plus l'aliéner librement ; ou du moins, s'il l'aliène, l'acquéreur n'en obtiendra la délivrance qu'en désintéressant également le créancier détenteur. Enfin, les autres créanciers du débiteur ne peuvent également saisir et faire vendre la chose soumise au droit de rétention, qu'à l'échéance du terme, lorsque le terme a été stipulé dans l'intérêt du créancier détenteur ; et, en outre, ce n'est qu'à la condition d'insérer dans le cahier des charges une clause obligeant l'adjudicataire à désintéresser préalablement le créancier avant d'entrer en possession.

Sous ce rapport, le droit de rétention présente un certain point de ressemblance avec les privilèges proprement dits. Mais il en diffère sous un autre rapport très important, en ce qu'il ne confère pas au créancier détenteur un droit de préférence sur le prix de l'objet qui a été remis en sa possession.

En effet, les privilèges confèrent aux créanciers le droit de faire vendre l'objet affecté à leur garantie et d'être payés sur le prix qui en provient par préférence à tous les autres créanciers, tandis que le créancier détenteur ne peut que retenir l'objet qu'il a en sa possession jusqu'à ce qu'il ait été désintéressé. Sans doute, il peut le faire vendre, mais alors il n'a aucun droit de préférence sur le prix. Sans doute aussi, les autres créanciers du débiteur ne peuvent le faire vendre qu'à la condition de l'indemniser des avantages que lui procurait la détention ; mais c'est là une conséquence de son droit sur la chose elle-même, et non pas un droit de préférence sur le prix de cette chose.

CHAPITRE DEUXIÈME

DES PRIVILÈGES.

Articles 2095 à 2113.

Tout en suivant l'ordre du Code pour le classement des articles, nous avons introduit quelques modifications dans les divisions de cet important chapitre. — Ainsi nous traiterons :

SECTION I. — De la nature des privilèges.
SECTION II. — Des privilèges généraux.
SECTION III. — Des privilèges spéciaux sur les meubles.

Section IV. — Des privilèges spéciaux sur les immeubles.
Section V. — De la conservation des privilèges.

SECTION I

DE LA NATURE DES PRIVILÈGES.

Qu'est-ce qu'un privilège ?

Le privilège est un droit que la qualité de la créance donne à un créancier d'être préféré aux autres créanciers, même hypothécaires.

De là deux conséquences : 1° que le créancier privilégié peut, lorsque l'objet affecté à son privilège est vendu, se faire payer intégralement sa créance avant tous les autres créanciers ; 2° que ce droit de préférence n'est pas une faveur personnelle accordée à certains créanciers, mais un droit qui résulte de la loi et qui est accordé uniquement à raison de la qualité de la créance.

Ajoutons aussi, bien que la définition du Code ait omis d'en faire mention, que, outre le droit de préférence, les privilèges confèrent un droit de suite, lorsqu'ils ont pour objet des immeubles. — En vertu de ce droit de suite, les créanciers privilégiés conservent le droit de faire vendre l'immeuble sur lequel leur privilège est établi et d'être payés par préférence sur le prix, lorsque cet immeuble a été aliéné par leur débiteur et qu'il se trouve aux mains d'un tiers acquéreur. (Art. 2095.)

Quelles sont les qualités à raison desquelles la loi a attaché des privilèges à certaines créances ?

Les qualités à raison desquelles la loi a attaché des privilèges à certaines créances tiennent, — soit à des considérations d'équité, comme le privilège attaché aux frais de justice ; — soit à des considérations d'humanité, comme le privilège attaché aux frais de la dernière maladie ; — soit à des considérations d'intérêt général, comme le privilège attaché aux frais funéraires ; — soit à une constitution expresse ou tacite de gage, comme le privilège du propriétaire, celui du créancier gagiste ou celui du voiturier ; — soit enfin à cette circonstance, également digne d'être prise en considération, que le créancier a mis ou conservé l'objet sur lequel porte son privilège dans le patrimoine du débiteur, comme le privilège du vendeur ou celui du conservateur.

Telles sont les considérations dont la loi a tenu compte pour favoriser certaines créances et leur donner un droit de préférence ; car, sauf celui qui résulte du contrat de gage, les privilèges viennent de la loi et sont complètement indépendants de la convention des parties. — Quant aux circonstances étrangères à celles que nous venons de mentionner, et qui tiennent, par exemple, à la nature des titres, à la qualité des personnes ou à l'ancienneté des créances, la loi n'en tient aucun compte.

Les créanciers privilégiés doivent-ils venir en concours et être colloqués au même rang ?

A cet égard, il faut distinguer si les créanciers privilégiés qui se trouvent en conflit ont des privilèges de qualités différentes, s'ils exercent un droit de créance qui n'est pas le même ; ou si, au contraire, ils ont des privilèges de même qualité, s'ils exercent un droit de créance analogue.

D'abord, si les créanciers privilégiés qui se trouvent en conflit ont des privilèges de qualité différente, on met au premier rang les créances les plus favorisées par la loi, celles qui par suite de leur qualité ont mérité une protection plus énergique, sans tenir aucun compte de leur date respective.

En second lieu, lorsque le conflit existe entre des créances privilégiées dont le privilège repose sur une qualité identique, et qui par conséquent sont également favorisées, tantôt on les place au même rang en les faisant concourir, tantôt on leur assigne un rang différent établi d'après leur date, mais de telle façon que pour certains privilèges l'antériorité est un avantage, et que pour d'autres elle est au contraire une cause de défaveur.

On place les privilèges sur le même rang, en les faisant concourir, lorsqu'il s'agit des privilèges généraux de l'article 2101 qui garantissent ordinairement des sommes peu importantes. Ainsi, lorsque deux médecins ont donné leurs soins à un malade durant sa dernière maladie, ils viennent ensemble pour le payement de leurs honoraires, bien qu'ils aient donné leurs soins l'un après l'autre. — Effectivement, il n'y a alors aucun inconvénient à les faire concourir, parce que cela ne les empêchera pas ordinairement d'être intégralement payés, puisqu'il s'agit de créances généralement peu importantes et que le privilège qui les garantit porte sur tous les biens du débiteur.

On tient compte, au contraire, de la date des créances, lorsqu'il s'agit de déterminer le rang des privilèges spéciaux de
même qualité ; mais, comme nous l'avons dit, on n'en tient pas
compte d'une manière uniforme. Pour certains privilèges, l'antériorité donne un rang supérieur ; pour d'autres, elle donne un
rang inférieur. Ainsi, entre deux vendeurs de la même chose, le
premier vendeur est préféré au second, parce que la chose était
déjà grevée de son privilège lorsque le second vendeur l'a revendue.
Au contraire, entre deux ouvriers qui ont conservé ou réparé la
même chose, on donne la préférence au second ouvrier, parce
que sans lui la chose aurait péri ou se serait détériorée. — On
comprend facilement qu'il ait été nécessaire ici de donner la
préférence à l'un des privilèges, car si on les avait admis à concourir, les créanciers n'auraient obtenu le plus souvent qu'un
payement partiel, puisque leur privilège, au lieu de porter
comme précédemment sur tous les biens du débiteur, ne porte
que sur un objet déterminé dont la valeur ne dépasse pas peut-
être le montant de chacune des créances. (Art. 2096, 2097.)

Combien y a-t-il de sortes de privilèges ?

Il y a trois sortes de privilèges, savoir : — 1° les privilèges généraux, c'est-à-dire ceux qui s'appliquent à tous les meubles, et,
subsidiairement, à tous les immeubles du débiteur ; — 2° les
privilèges spéciaux sur les meubles, qui ne s'appliquent qu'à
certains meubles ; — 3° les privilèges spéciaux sur les immeubles, qui ne s'appliquent qu'à certains immeubles du débiteur.

Parmi les privilèges, le Code mentionne celui du Trésor ; mais
il renvoie pour l'examen de ce privilège aux règlements administratifs, en se bornant à énoncer le principe qu'il ne peut pas
porter préjudice à des droits antérieurement acquis à des
tiers.

Voyons rapidement en quoi consiste ce privilège. (Art. 2098, 2099,
2100, 2101.)

En quoi consiste le privilège du Trésor ?

Le privilège du Trésor concerne les droits de douane, les contributions indirectes, les contributions directes, les biens des
comptables.

I. *Droits des douanes.* — La loi du 22 août 1791 donne un privilège au Trésor sur les meubles des redevables, pour les droits
de douane. Mais le privilège du Trésor est primé, pour les droits

de douane, par les privilèges généraux et par le privilège du
bailleur, mais pour six mois de loyers seulement.

II. *Contributions indirectes.* — La loi du 1ᵉʳ germinal an XIII
accorde un privilège à la régie des contributions indirectes. —
Ce droit est même plus avantageux que celui des douanes, car il
prime tous les autres privilèges, à l'exception des frais de justice
et de ce qui est dû au bailleur pour six mois de loyer.

III. *Contributions directes.* — La loi du 12 novembre 1808 accorde au Trésor un privilège sur tous les effets mobiliers du redevable, lorsqu'il s'agit de contributions personnelles et mobilières; et sur les récoltes, fruits et loyers des immeubles sujets à
cette contribution, lorsqu'il s'agit de contributions foncières. —
Ce privilège est restreint à ce qui est dû pour l'année échue et
pour l'année courante. Il prime tout autre privilège, à l'exception
de celui des frais de justice.

IV. *Biens des comptables.* — La loi du 5 septembre 1807 accorde au Trésor un privilège sur les biens mobiliers et immobiliers des comptables, ainsi que sur leur cautionnement. — Seulement, il faut faire une distinction quant aux immeubles : ceux
que le comptable a acquis depuis son entrée en fonctions et à
titre onéreux, sont atteints par le privilège; mais ceux qu'il
possédait avant son entrée en fonctions ou qui lui sont échus à
titre gratuit, ne sont grevés que d'une hypothèque, qui doit être
inscrite. (Art. 2098.)

**Quelles différences y a-t-il entre les privilèges et les hypo-
thèques ?**

Il y a entre les privilèges et les hypothèques les différences
suivantes :

1° Les privilèges, sauf celui du créancier gagiste, ne peuvent
résulter que de la loi; c'est elle seule qui les attache à certaines
créances. — Les hypothèques, au contraire, viennent tantôt de
la loi, tantôt de la convention des parties, tantôt des jugements.

2° Les privilèges peuvent avoir pour objet des meubles ou des
immeubles. — Les hypothèques, au contraire, s'appliquent
exclusivement aux immeubles.

3° Les privilèges priment les hypothèques, même lorsque ces
dernières ont été inscrites antérieurement. — Toutefois, cette
prééminence des privilèges sur les hypothèques reçoit une exception lorsque l'hypothèque avec laquelle le privilège se trouve en

conflit affectait déjà l'immeuble du débiteur qui, par son fait, a donné naissance au privilège. Ainsi le privilège du vendeur est primé par les hypothèques qui avaient déjà été établies, soit par le vendeur lui-même, soit par les précédents propriétaires, sur l'immeuble qui a fait l'objet de la vente. Pareillement, le privilège des copartageants est primé par les hypothèques qui avaient été constituées par le défunt sur les immeubles compris dans le partage (1).

4° Les privilèges ne sont pas toujours soumis à l'inscription; au contraire, les hypothèques y sont toujours soumises.

5° Le rang des créanciers privilégiés se règle d'après le degré de faveur que la loi attache à leurs créances. — Au contraire, le rang des créanciers hypothécaires se règle d'après la date de leur inscription, en donnant la préférence aux plus anciennes.

SECTION II
DES PRIVILÈGES GÉNÉRAUX.

Quels sont les privilèges généraux ?

La loi a attaché un privilège général sur les meubles, et subsidiairement sur les immeubles, à cinq créances, qui comprennent :

1° Les frais de justice;

2° Les frais funéraires ;

3° Les frais de la dernière maladie ;

4° Les salaires des gens de service ;

5° Enfin, les fournitures de subsistances faites au débiteur et à sa famille.

Observons que la loi ne se borne pas ici, comme elle le fait plus loin dans l'article 2102, à une simple énumération des privilèges généraux. — Elle décide, en outre, que ces privilèges seront exercés dans l'ordre où ils sont placés. D'où il résulte que le privilège des frais de justice aura la préférence sur le privilège des frais funéraires et sur tous les autres privilèges ; que le privilège des frais funéraires aura la préférence sur le privilège des frais de la dernière maladie et sur les privilèges qui viennent après, et ainsi de suite. (Art. 2101.)

(1) Duranton, XIX, 26. — Valette, *Privilèges et hypothèques*, n° 11. — Paul Pont, *Privilèges et hyp.*, I, 26.

Qu'entend-on par frais de justice ?

Par frais de justice, il faut entendre ici, non pas les frais qui ont été faits par un créancier dans son intérêt exclusif, par exemple pour faire connaître l'existence de sa créance ou pour interrompre une prescription commencée, mais ceux qu'il a déboursés dans un intérêt commun, pour faire vendre les biens du débiteur et les transformer en sommes d'argent destinées à désintéresser tous les créanciers. — Lorsqu'un créancier a fait des frais de justice pour parvenir à la vente des biens du débiteur et à la répartition du prix en provenant entre les divers créanciers, il est équitable de lui laisser d'abord prélever les frais de ses poursuites, puisqu'elles ont profité aux autres créanciers.

Du reste, il faut observer qu'il peut y avoir plusieurs créanciers pour frais de justice, et que ces créanciers peuvent venir à des rangs différents, bien que leur privilège provienne de la même cause. — Ainsi l'article 657 du Code de procédure nous montre l'officier public qui a fait la vente, primant les autres créanciers pour frais de justice ; car c'est grâce à la vente que les autres privilégiés pour frais de justice sont payés.

Qu'entend-on par frais funéraires ?

On entend par frais funéraires, les frais d'enterrement et de cérémonies religieuses auxquels, dans un intérêt d'ordre public et de décence, la loi a attaché un privilège.

On se demande si ce privilège doit être restreint à l'ensevelissement du débiteur décédé, ou s'il doit comprendre les funérailles qu'il aurait commandées de son vivant pour ses enfants, ses parents ou ses amis. — A notre avis, il faut le restreindre à l'ensevelissement du débiteur décédé, parce que les privilèges étant d'exception, il faut prendre les dispositions qui les concernent dans leur sens le plus restrictif (1).

Qu'entend-on par frais de la dernière maladie ?

On entend par frais de la dernière maladie, les sommes dues au médecin, au pharmacien et au garde-malade. Mais ici se présente une question vivement débattue. — Le privilège des frais de la dernière maladie ne s'applique-t-il qu'aux frais de la maladie qui a précédé la mort du débiteur, ou s'applique-t-il encore aux frais de la maladie qui a précédé l'événement, quel qu'il soit, faillite, déconfiture ou mort du débiteur, qui a donné lieu à la

---

(1) Valette, *Priv. et hyp.*, 1, p. 28 et 29.

vente de ses biens et à la distribution des deniers en provenant
entre ses créanciers.

1er *système*. — D'après ce système, il faut restreindre le privilège à la maladie qui a précédé la mort du débiteur; et cela pour
deux raisons principales :

La première est un argument historique. Pothier et Brodeau
enseignaient, dit-on, qu'on ne devait entendre par frais de la
dernière maladie que ceux qui avaient été faits pendant la maladie dont le débiteur est mort. Les rédacteurs du Code ayant
employé la même locution, on doit en conclure qu'ils ont
voulu reproduire cette doctrine. — En second lieu, on ajoute
que la place même qu'occupe ce privilège, mis immédiatement
à la suite du privilège des frais funéraires, semble bien indiquer
que le législateur n'a entendu parler que de la maladie qui a
précédé la mort. La pensée de la loi est celle-ci : si le malade a
survécu, on doit supposer qu'il se montrera reconnaissant envers
celui qui l'a sauvé ou tout au moins qu'il acquittera sa dette, et il
n'est pas nécessaire de lui donner un privilège ; au contraire, si
le malade est mort, on peut craindre que ses héritiers ne met-
tent de la négligence ou du mauvais vouloir à payer les honoraires du médecin, et l'on a voulu lui donner une garantie (1).

2me *système*. — On répond aux deux arguments précités en disant que le premier repose sur un malentendu, et que les conséquences que l'on veut tirer du second ne sont pas concluantes.
— D'abord l'argument historique repose sur un malentendu. En
effet, si Pothier et Brodeau n'ont parlé que de la maladie qui a
précédé la mort du débiteur, ce n'est pas parce qu'ils entendaient
refuser ce privilège à celle qui a précédé la vente de ses biens ;
mais c'est tout simplement parce qu'ils ne s'occupaient que des
créances privilégiées qui sont produites après la mort du débiteur. Dès lors, on ne peut rien conclure de leur silence. — Quant
à l'argument tiré de la place qu'occupe notre privilège à la suite
du privilège des frais funéraires, il ne saurait avoir une grande
valeur. En effet, s'il vient après le privilège des frais funéraires,
il précède immédiatement celui des gens de service, qui s'exerce
non seulement après la mort du débiteur, mais encore de son
vivant, lorsque ses biens ont été saisis et vendus et que le prix
provenant de la vente est réparti entre ses créanciers.

(1) Valotte, *Priv. et hyp.*, n° 27. Cass. 21 novembre 1864.

Après avoir répondu à ces objections, on ajoute :

1° Que si le législateur n'avait entendu parler que des frais de la maladie qui a précédé la mort du débiteur, il aurait dû grammaticalement employer les expressions de frais *de* dernière maladie, et non pas celles de frais *de la* dernière maladie.

2° Que les considérations sur lesquelles repose ce privilège sont les mêmes, qu'il s'agisse de la maladie qui a précédé la vente des biens du débiteur ou de celle qui a précédé sa mort. Dans les deux cas, le législateur a voulu d'une part assurer des soins aux personnes insolvables, et d'autre part récompenser les services des médecins.

3° Qu'enfin il ne serait pas équitable de protéger la créance du médecin qui a laissé mourir son malade, et de reléguer au rang des créanciers ordinaires celle du médecin qui l'a sauvé (1).

Qu'entend-on par salaires des gens de service ?

On entend par salaires des gens de service, ceux qui sont dus aux domestiques et aux autres personnes à gages, logées et nourries chez le débiteur. — Ce privilège n'existe que pour une année de gages, et ce qui reste dû sur l'année courante.

La pensée des rédacteurs du Code, en l'établissant, a été que les domestiques ne peuvent exiger des garanties de ceux qui les emploient ; que leurs gages sont ordinairement leur seul moyen de subsistance ; enfin que leur créance, généralement modique, fait peu de tort à la masse des créanciers.

Mais quelles sont les personnes qui doivent être comprises parmi les gens de service ? — Il faut entendre par là, non pas toutes les personnes qui travaillent pour le débiteur, mais seulement celles qui rendent des services subalternes pour des gages modiques. Nous ne rangerons donc pas parmi les gens de service, les aumôniers, bibliothécaires, précepteurs, clercs et secrétaires ; nous n'y rangerons pas même les personnes que le débiteur n'a employées qu'accidentellement ; ce ne sont pas en effet des domestiques.

Quant aux commis et aux ouvriers, la loi commerciale leur accorde un privilège analogue à celui des gens de service.

En quoi consiste le privilège des fournitures de subsistances ?

Par un motif d'humanité, afin de donner plus de crédit aux

_____

(1) Pigeau, II, p. 191. — Duranton, XIX, 54. — Paul Pont, *Priv. et hyp.*, I, 76. — Colmet de Santerre.

personnes pauvres, la loi garantit par un privilège le payement des fournitures de subsistances faites au débiteur ou à sa famille. — Toutefois, le privilège ne garantit que les fournitures faites pendant les six derniers mois par les marchands en détail, tels que boulangers, bouchers et autres; et que celles qui ont été faites pendant la dernière année par les maîtres de pension et marchands en gros.

On entend ici par fournitures de subsistances, les fournitures relatives à tout ce qui est nécessaire à la vie physique, comme les vêtements, les bois de chauffage, les vivres (1). — Mais il faut que ces fournitures aient été faites par des marchands, car les simples particuliers qui auraient avancé au débiteur des objets en nature, comme de la farine, du vin, de l'huile, ne jouiraient d'aucun privilège; ils seraient dans la même situation que s'ils avaient fait un prêt d'argent.

Quel est l'ordre de préférence entre les privilèges généraux?

Ainsi que nous l'avons déjà observé, l'ordre de préférence entre les privilèges généraux a été déterminé par l'article 2101 de la manière suivante :

1° Frais de justice ;

2° Contributions personnelles et mobilières; contributions indirectes ;

3° Frais funéraires;

4° Frais de la dernière maladie ;

5° Salaires des gens de service ;

6° Fournitures de subsistances;

7° Privilège du Trésor sur les meubles des comptables, ainsi que pour droits de douane.

Ainsi dans le cas où il existerait en même temps plusieurs créanciers dont la créance est garantie par un privilège général, le prix provenant de la vente des biens du débiteur serait distribué entre eux suivant l'ordre ci-dessus, sauf à faire concourir, dans la généralité des cas, les créanciers qui agissent en vertu du même privilège.

Mais ce n'est pas tout : il s'agit de savoir maintenant comment il faut classer les privilèges généraux sur les meubles et sur les immeubles, lorsqu'ils se trouvent en conflit avec les privilèges établis spécialement sur les immeubles. Qui l'emportera, dans

---

(1) Duranton, XIX, n° 67. — Valette, *Priv. et hyp.*, p. 39.

ce cas, des privilèges généraux ou des privilèges spéciaux? C'est ce que nous allons examiner. (Art. 2101.)

Qui doit l'emporter des privilèges généraux ou des privilèges établis spécialement sur les immeubles ?

Lorsque des privilèges généraux se trouvent en conflit avec des privilèges établis spécialement sur les immeubles, le Code décide que les privilèges généraux doivent l'emporter, qu'ils doivent passer avant les privilèges établis spécialement sur les immeubles. — En effet, les premiers garantissent ordinairement des créances modiques, dont le payement ne peut guère préjudicier aux droits, bien plus importants, que les seconds sont destinés à garantir. Seulement, comme les privilèges généraux doivent s'exercer d'abord sur les meubles, et qu'ils ne portent sur les immeubles que subsidiairement et en cas d'insuffisance du mobilier, il en résulte :

1° Que lorsqu'un créancier muni d'un privilège général sur les meubles et sur les immeubles ne s'est pas présenté pour être payé sur les prix des meubles, il est primé par les créanciers hypothécaires ou investis d'un privilège spécial, lorsqu'il vient ensuite sur le prix des immeubles.

2° Que lorsque les immeubles sont vendus par exception avant les meubles, les créanciers investis d'un privilège général qui se présentent pour être payés, ne peuvent être colloqués sur le prix des immeubles qu'à titre provisoire et en attendant la vente du mobilier. (Art. 2105.)

SECTION III

DES PRIVILÈGES SPÉCIAUX SUR CERTAINS MEUBLES.

Quels sont les privilèges spéciaux sur certains meubles ?

L'art. 2102 nous donne l'énumération des privilèges spéciaux sur les meubles; mais, à la différence de ce que fait l'art. 2101 pour les privilèges généraux, il ne les classe pas suivant leur ordre de préférence. — Les privilèges spéciaux sur certains meubles sont :

1° Le privilège du bailleur;

2° Celui du créancier gagiste;

3° Celui de l'aubergiste sur les effets du voyageur;

4° Celui du voiturier sur la chose voiturée;

5° Celui des particuliers sur le cautionnement des officiers ministériels;

6° Celui qui naît à raison des frais qui ont été faits pour la conservation d'un objet;

7° Enfin, celui du vendeur sur l'objet vendu.

Ces privilèges se rattachent à deux idées : 1° nantissement exprès ou tacite; 2° mise ou conservation d'un objet dans le patrimoine du débiteur par le créancier. — A la première de ces idées, nous rattacherons les privilèges du bailleur, du créancier gagiste, de l'aubergiste, du voiturier, et la créance résultant d'abus et prévarications commis par des fonctionnaires publics dans l'exercice de leurs fonctions. Le privilège du conservateur et celui du vendeur découlent au contraire de ce qu'ils ont conservé dans le patrimoine du débiteur l'objet sur lequel porte leur privilège, ou de ce qu'ils l'ont augmenté de cet objet. (Art. 2102.)

Quels sont les meubles sur lesquels porte le privilège du bailleur ?

Avant tout, il convient d'observer que ce privilège est destiné à garantir non seulement le payement des loyers et fermages, mais encore toutes les autres créances accessoires qui se réfèrent à l'exécution du bail, comme les réparations locatives, les indemnités dues par le preneur à raison du dommage causé à la chose louée.

Voyons maintenant sur quels meubles porte ce privilège.

En thèse générale, le privilège du bailleur comprend tout ce qui garnit les lieux loués. — A cet égard, il faut distinguer s'il s'agit d'un bail de maison ou d'un bail de ferme.

I. *Bail d'une maison.* — S'il s'agit du bail d'une maison, le privilège porte : — 1° Sur les meubles garnissant les lieux loués, c'est-à-dire sur les meubles meublants et sur les autres objets placés en évidence. Mais il ne porte ni sur les titres de créance, ni sur l'argent monnayé, l'argenterie et les bijoux; car le bailleur n'a pas pu considérer ces objets comme affectés spécialement à son payement (1). — 2° Sur les meubles appartenant à autrui, que le locataire a apportés dans la maison. Mais il faut

(1) Le bailleur n'a pas de privilège sur le montant des indemnités payées par une compagnie d'assurance pour des marchandises sinistrées. Aix, 5 mars 1879.

alors que le propriétaire n'ait pas été averti qu'ils appartenaient à un tiers, et en outre qu'ils n'aient été ni perdus ni volés, car alors ils pourraient être revendiqués pendant trois ans par leur possesseur légitime (1). — 3° Sur les meubles des sous-locataires, mais seulement jusqu'à concurrence de ce qu'ils doivent au locataire principal.

II. *Bail d'une ferme.* — S'il s'agit d'un bail de ferme, le privilège du bailleur porte : — 1° Sur les meubles qui garnissent les bâtiments de la ferme. — 2° Sur les objets, ustensiles et animaux servant à l'exploitation de la ferme. — 3° Enfin, sur la récolte de l'année.

Lorsque la récolte est en la possession du fermier, le bailleur peut la saisir et la faire vendre ; lorsqu'elle a déjà été vendue par ce dernier et que le prix en est encore dû, son privilège s'exerce sur le prix. Quant aux récoltes des années précédentes, elles ne sont affectées par le privilège qu'autant qu'elles sont encore dans la ferme. (Art. 2102.)

Quelles sont les années de location comprises dans le privilège du bailleur ?

Il faut distinguer si le bail a date certaine ou s'il n'a pas date certaine.

I. *Cas où le bail a date certaine.* — Si le bail a date certaine, comme il n'y a pas à craindre alors que le locataire et le bailleur ne s'entendent pour faire un bail de complaisance, le privilège garantit le payement de toutes les années échues qui n'ont pas été payées, et celui de toutes les années à échoir jusqu'à l'expiration du bail. — Toutefois, les autres créanciers du locataire ont le droit de relouer à leur profit la maison ou la ferme pour le temps qui reste encore à courir, à la condition de payer immédiatement au bailleur tout ce qui lui est dû.

Au reste, une loi récente du 19 février 1872 a restreint le droit du bailleur dans le cas où le débiteur est tombé en faillite. Avant cette loi, tous les loyers à échoir devenaient immédiatement exigibles par l'effet du jugement déclaratif de faillite, et par suite le propriétaire était admis à se faire désintéresser sur le prix des meubles vendus, par préférence à tous les autres créanciers. — Depuis cette loi, la faillite du preneur n'a plus pour effet d'entraîner l'exigibilité de tous les loyers à échoir. Le bail peut être

(1) Valette, *Priv. et hyp.*, p. 60. — Bugnet, *sur Pothier*, I, p. 607 et 608.

continué, soit par les syndics, soit par des concessionnaires, s'il est fourni au bailleur des sûretés suffisantes ; et, s'il n'est pas continué, le bailleur n'est privilégié que pour les deux dernières années échues avant le jugement déclaratif de faillite, plus l'année courante et une année à échoir.

II. *Cas où le bail n'a pas date certaine.* — Si le bail n'a pas date certaine, le principe que le privilège existe pour toutes les années de location, échues ou à échoir, est remplacé par la règle suivante : le privilège existe, dit le Code, *pour une année, à partir de l'expiration de l'année courante,* c'est-à-dire seulement pour une année à échoir. — Cette formule concise a donné lieu à plusieurs interprétations.

On s'est demandé d'abord si, en étendant le privilège à une année de loyer à échoir, le législateur n'avait pas entendu par là lui faire comprendre l'année courante elle-même. — D'autres sont allés plus loin, et ont décidé que le privilège devait nécessairement comprendre toutes les années échues en même temps qu'une année à échoir.

Examinons ces deux questions.

Pour la première, on admet généralement que le privilège s'applique à l'année courante (1). — En effet, puisque la loi l'étend au loyer d'une année à échoir, on ne peut guère supposer qu'elle l'écarte pour le loyer de l'année courante.

Mais on est moins d'accord en ce qui concerne les loyers des années échues.

Suivant les uns, le privilège du bailleur doit comprendre à la fois les loyers des années échues, ceux de l'année courante, et ceux d'une année à échoir (2). — En effet, le principe est que ce privilège comprend toutes les années du bail échues ou à échoir. Une exception y a été apportée pour le cas où le bail n'a pas date certaine ; mais cette exception ne frappe que les années à échoir, déduction faite de la première année. D'ailleurs, si le législateur a formulé cette exception pour les années à échoir, c'est évidemment pour empêcher que le locataire ne puisse se concerter avec le propriétaire afin de dresser secrètement un nouveau bail antidaté, dans lequel on augmenterait le nombre des années qui

_____

(1) Valette, *Priv. et hyp.*, p. 72 et suiv. — Paul Pont, *Priv. et hyp.*, I, 127.
(2) Duranton, XIX, 92. — Bugnet, *sur Pothier*, I, p. 611. — Duverger, *à son cours.*

restent à courir. Or, une pareille fraude ne serait pas possible relativement aux années échues; le locataire et le propriétaire ne
pourraient guère se concerter pour en augmenter le nombre ou
pour dissimuler les payements qui s'y rapportent, parce qu'il
serait facile aux créanciers du locataire d'établir par la notoriété
publique, soit la date de son entrée en possession, soit le paycment des loyers échus.

Ces raisons ne nous paraissent pas décisives. En effet, s'il est
de règle que le privilège du bailleur comprend toutes les années
du bail, échues ou à échoir, ce n'est qu'autant que le bail a date
certaine. Dans le cas contraire, il faut, comme nous l'avons dit,
suivre cette autre règle que le privilège ne garantit qu'une année
à échoir, et la suivre strictement, parce qu'il s'agit ici de dérogations au droit commun. D'ailleurs, on peut dire que le bailleur
est en faute lorsqu'il n'a pas fait un bail ayant date certaine, ou
lorsqu'il n'a pas exigé le payement des années échues (1). (Art. 2102.)

**Le bailleur n'a-t-il pas un droit de suite sur les meubles
qui garnissent les lieux loués ?**

Oui; bien que les meubles en général ne donnent pas lieu au
droit de suite, la loi, par une faveur exceptionnelle, accorde au
bailleur le droit de revendiquer les meubles qui auraient été
déplacés des lieux loués sans son consentement exprès ou tacite.
— Toutefois, ce droit de revendication ne lui est accordé que
pendant les quinze jours qui suivent le déplacement s'il s'agit de
maisons, et pendant quarante jours s'il s'agit de fermes.

On accorde aux propriétaires de maisons un délai moins long
qu'aux propriétaires de biens ruraux, parce qu'ils se trouvent
ordinairement sur les lieux, et qu'il leur est plus facile de connaître les déplacements qui seraient faits par le preneur.

Le bailleur peut exercer son droit même contre les tiers détenteurs de bonne foi, parce que le preneur ayant commis un
véritable vol de gage à son préjudice, on ne peut pas invoquer la
maxime qu'*en fait de meubles, la possession vaut titre*. (Art. 2102.)

**Le privilège du bailleur de ferme n'est-il pas primé par
certains privilèges ?**

Oui; le privilège du bailleur sur la récolte de son fermier est
primé par le privilège de ceux qui en ont fourni la semence, ou

(1) Valette, *Priv. et hyp.*, p. 63. — Henri Demante, *Revue étrangère et franaise*, IX, p. 697. — Paul Pont, *Priv. et hyp.*, I, 127.

qui ont faits les labours ou les frais de la récolte; il est aussi primé, sur le prix des ustensiles, par le privilège de ceux qui les ont fournis et réparés. — Ces divers créanciers ont rendu service au bailleur. En concourant à la production de la récolte, ils lui ont procuré le gage de sa créance; il est donc juste qu'ils passent avant lui.

Quant au rang de préférence que doivent occuper les divers créanciers qui ont contribué à la production de la récolte, il est déterminé par la date de leurs créances respectives, de telle manière que celui d'entre eux qui a fait le dernier travail passe avant tous les autres; car c'est lui qui a assuré d'une façon définitive la conservation du gage. — Ainsi, en cas de concours sur le prix de la récolte, on payera : 1° le moissonneur; 2° le laboureur; 3° le vendeur de semences; 4° le vendeur d'ustensiles; 5° le bailleur. (Art. 2102.)

En quoi consiste le privilège du créancier gagiste ?

Le privilège du créancier gagiste consiste, ainsi que nous l'avons vu au titre du Nantissement, à se faire payer sa créance sur le prix de l'objet donné en gage, par préférence aux autres créanciers.

Le créancier gagiste perd son droit, lorsqu'il cesse de posséder la chose donnée en nantissement; car ce droit ne résulte pas ici, comme pour les autres privilèges, de la qualité de la créance, mais de la convention des parties. — Toutefois, s'il avait été dépouillé par un fait indépendant de sa volonté, par exemple par un vol, il pourrait revendiquer son gage.

Si le créancier gagiste a fait des dépenses nécessaires pour la conservation de l'objet donné en gage, il est également privilégié pour ses dépenses. — Mais il n'en est pas de même lorsqu'il s'agit de dépenses utiles, c'est-à-dire de dépenses qui ont eu pour objet l'amélioration de la chose. (Art. 2102.)

En quoi consiste le privilège de l'aubergiste sur les effets du voyageur ?

Le privilège de l'aubergiste porte sur tous les effets du voyageur qui ont été transportés dans son auberge. — Il procure à l'aubergiste : 1° un droit de préférence sur le prix de ces effets; 2° un droit de rétention sur les effets eux-mêmes.

Mais il ne garantit que les fournitures faites par l'aubergiste, et nullement les créances qu'il pourrait avoir pour d'autres causes telles que celles qui proviendraient, par exemple, d'argent prêté au voyageur. — En second lieu, il ne s'applique qu'aux fournitures comprises dans le voyage actuel. — Enfin, il ne peut être invoqué qu'à l'encontre des voyageurs; en sorte que l'aubergiste n'est pas admis à s'en prévaloir, lorsqu'il s'agit de dépenses faites par des habitants de la localité.

De même que celui du propriétaire, le privilège de l'aubergiste suppose un gage tacitement constitué. L'aubergiste est présumé ne faire ses fournitures qu'à cause de la garantie qu'il trouve dans les effets apportés par le voyageur. (Art. 2102.)

En quoi consiste le privilège du voiturier sur la chose voiturée ?

Le privilège du voiturier suppose, comme le précédent, une constitution tacite de gage. Il porte sur les objets voiturés, et non pas seulement, comme quelques auteurs l'ont soutenu (1), sur la plus-value donnée à ces objets par le transport. — En effet, la loi ne donne pas de privilège pour les dépenses qui sont simplement d'amélioration, qui n'ont fait qu'augmenter la valeur de la chose, comme elle en accorde pour les dépenses de conservation (2).

Il en résulte que le voiturier perd son privilège, lorsqu'il se dessaisit des objets transportés. — Seulement, le déchargement et la remise des choses au destinataire ne suffisent pas pour le dessaisir juridiquement, tant qu'il n'est point censé avoir suivi la foi du destinataire : or, il n'est censé l'avoir suivie que lorsqu'après la remise de la chose voiturée, il se retire sans être payé et sans faire un acte conservatoire.

Le privilège du voiturier garantit non seulement les frais de voiture, mais encore les dépenses accessoires, tels que péages, droits d'entrée. (Art. 2102.)

En quoi consiste le privilège des particuliers sur le cautionnement des officiers ministériels ?

Un cautionnement est fourni par les comptables des deniers publics et par les officiers ministériels. Celui qui est fourni par les comptables est exigé dans l'intérêt même de l'État, qui par suite a toujours la préférence sur les particuliers. — Mais celui qui est fourni par les officiers ministériels, tels que notaires,

(1) Duranton, XIX, 54.
(2) Valette, *Priv. et hyp.*, I, p. 90. — Duverger, *à son cours.*

avoués, huissiers, est exigé dans l'intérêt et pour la sécurité des particuliers lésés par des abus ou prévarications, ou même par de simples négligences qu'ils ont commises dans l'exercice de leurs fonctions.

Les faits abusifs commis par les officiers publics dans l'exercice de leurs fonctions s'appellent des *faits de charge.*

La loi accorde également un privilège aux personnes qui ont fourni les fonds nécessaires pour le cautionnement. Mais ce privilège ne vient qu'après celui des particuliers lésés pour faits de charge. (Art. 2102.)

En quoi consiste le privilège du conservateur sur la chose conservée ?

Le privilège du conservateur sur la chose conservée consiste à pouvoir la faire vendre, pour se faire payer par préférence sur le prix qui en provient. — Il est juste, en effet, que celui qui a conservé la chose d'autrui soit remboursé avant tous les autres créanciers des frais de conservation qu'il a dû faire, puisque sans lui la chose aurait cessé d'exister et n'aurait pas pu être vendue et convertie en argent.

Pour la même raison, lorsque plusieurs personnes ont concouru, à différentes époques, à la conservation d'une chose, on doit donner la préférence à celle qui l'a conservée en dernier lieu, puisque, sans les dépenses qu'elle a faites au dernier moment, la chose aurait péri et n'aurait pas été vendue et convertie en argent.

Ainsi que nous l'avons dit, la loi n'accorde pas de privilège aux dépenses de simple *amélioration.* — Ces dépenses ne font que donner lieu à un droit de rétention, qui permet à celui qui les a faites de retenir la chose jusqu'à complet payement ; mais elles n'autorisent pas à la faire vendre, pour se faire payer par préférence sur le prix. (Art. 2102.)

Quels sont les divers recours que peut exercer le vendeur d'un objet mobilier ?

Lorsque le vendeur d'un objet mobilier n'a pas été payé, la loi ne se borne pas à lui donner un privilège sur la chose vendue, elle lui accorde quatre droits distincts :

1° *Un droit de résolution.* — Ainsi le vendeur peut, à défaut de payement, demander la résolution de la vente, tant que la chose reste dans ses mains ou dans celles de l'acheteur. Mais le droit de résolution se trouve paralysé lorsqu'elle est passée entre les mains d'un tiers ; parce que celui-ci peut opposer la maxime *qu'en fait de meubles, la possession vaut titre.*

2° *Un droit de privilège.* — Celui qui vend un objet mobilier est présumé retenir sur lui un droit réel de privilège, au moyen duquel il pourra se faire payer par préférence. Mais il ne conserve ce privilège qu'autant que la chose reste dans ses mains ou dans celles de l'acheteur. Toutefois, si celui-ci ayant revendu la chose n'en avait pas encore été payé, on décide assez généralement que le premier vendeur peut exercer son privilège sur le prix qui reste dû, parce qu'il est la représentation juridique du meuble vendu (1).

3° *Un droit de rétention.* — Le vendeur peut retenir le meuble vendu jusqu'à parfait désintéressement ; mais ce droit n'existe pas dans les ventes à terme : car alors le vendeur suit la foi de l'acheteur. — Toutefois, si le vendeur se trouvait exposé à perdre la chose et le prix par suite de la faillite ou de la déconfiture de l'acheteur, il pourrait invoquer le droit de rétention, à moins que l'acheteur n'offre de fournir des garanties, par exemple une caution.

4° *Un droit de revendication.* — Pour que le vendeur puisse exercer ce droit, quatre conditions sont nécessaires. — Il faut : 1° que la vente ait été faite au comptant ; 2° que la chose soit encore en la possession de l'acheteur ; 3° qu'elle soit dans le même état ; 4° enfin, que la revendication soit faite dans la huitaine. (Art. 1654, 2102.)

Quel est l'effet de cette revendication ?

Cette revendication est fondée sur la même raison que le droit de rétention qu'elle fait revivre : elle a pour effet de faire rentrer le meuble vendu dans les mains du vendeur non payé, en laissant néanmoins subsister le contrat de vente, dont chaque partie peut encore demander l'exécution.

Ce droit de revendication n'exprime donc pas ici, comme il l'exprime habituellement, le droit de reprendre la chose comme sienne ; il s'applique uniquement au droit d'en recouvrer la détention, dont le vendeur s'est imprudemment dessaisi. Le ven-

---

(1) *En ce sens :* Mourlon, *Examen critique du commentaire de* M. Troplong *sur les privilèges,* n° 119. — Paul Pont, *Priv. et hyp.*, I, 149. — *Contrà :* Valette, *Priv. et hyp.*, n° 86.

deur qui l'exerce sait qu'il n'est plus propriétaire de l'objet vendu ; mais il prétend qu'il n'était pas obligé de le livrer avant d'avoir été payé, et il veut le reprendre pour le retenir jusqu'à ce que le payement soit effectué. — Si, au lieu de la simple détention, il voulait en recouvrer la propriété, il faudrait qu'il intentât d'abord l'action résolutoire pour faire annuler la vente ; mais tant qu'il ne l'a pas intentée et qu'il n'a pas fait prononcer par ce moyen la résolution judiciaire du contrat, sa revendication ne peut s'appliquer qu'à la détention de l'objet vendu, détention qu'il n'avait entendu procurer qu'à la condition d'être immédiatement payé.

Comme on le voit, la revendication dont il s'agit ici diffère sous plusieurs rapports de l'action en résolution, que la loi confère également au vendeur à défaut de payement. — Ainsi : 1° la revendication laisse subsister le contrat de vente, et l'action résolutoire a pour but de l'anéantir ; 2° la revendication s'exerce en vertu d'une simple ordonnance du président du tribunal, et l'action résolutoire ne peut résulter que d'un jugement ; 3° les juges ne peuvent pas accorder des délais de grâce au défendeur en revendication, et ils peuvent en accorder au défendeur à l'action résolutoire (1).

Dans quel ordre de préférence faut-il classer les privilèges sur les meubles ?

A cet égard, la loi est incomplète et elle présente plusieurs lacunes. — En effet, en ce qui concerne les privilèges sur les meubles, elle avait à régler trois cas : 1° le rang de préférence des privilèges généraux sur les meubles et sur les immeubles, lorsqu'ils concourent exclusivement entre eux ; 2° le rang de préférence des privilèges spéciaux sur les meubles, lorsqu'ils concourent aussi exclusivement entre eux ; 3° enfin le rang de préférence à donner, en cas de conflit entre ces deux classes de privilèges sur les meubles. — Or, de ces trois cas, la loi n'en a réglé qu'un seul ; ainsi, elle a décidé que les privilèges généraux, concourant entre eux, devaient venir d'après l'ordre où ils sont indiqués dans le Code ; mais elle n'a tracé aucune règle relativement aux deux autres cas.

L'esprit des principes généraux du Code permet heureusement

(1) Valette, *Priv. et hyp.*, n° 90. — Paul Pont, *Priv. et hyp.*, I, 155. — Vuatrin, *dans le concours ouvert, en* 1839, *devant la Faculté de droit de Paris.*

de suppléer à son silence et de donner une solution pour ces deux cas. — Voyons d'abord le premier :

I. *Conflit entre les privilèges spéciaux.* — Lorsqu'il existe plusieurs créanciers ayant des privilèges spéciaux sur les meubles et concourant exclusivement entre eux, il faut adopter les règles suivantes :

1° Les créanciers nantis d'un gage passent avant les autres créanciers, lorsqu'ils ignoraient que la chose était déjà grevée au moment de la constitution de leur droit. Dans le cas contraire, ils doivent subir les privilèges auxquels elle était assujettie.

2° Néanmoins, le privilège du conservateur passe avant celui du créancier nanti du gage, lorsque les frais de conservation ont été faits *postérieurement* au nantissement, parce que dans ce cas le conservateur a fait l'affaire du créancier nanti, parce qu'il a conservé son gage.

3° Entre plusieurs conservateurs de la même chose, celui qui a fait le dernier des dépenses passe avant les autres, parce qu'il a sauvegardé leur garantie.

II. *Conflit entre les privilèges généraux et les privilèges spéciaux.* — Lorsqu'il existe en même temps des créanciers qui ont un privilège général sur les meubles et sur les immeubles, et des créanciers qui ont un privilège spécial sur des meubles déterminés, auxquels faut-il donner la préférence ?

Dans un premier système, on la donne aux créanciers qui ont un privilège général. Il faut, dit-on, suivre l'ordre du Code, qui a traité en premier lieu des privilèges généraux. De plus, l'article 2105 préfère les privilèges généraux aux privilèges spéciaux sur les immeubles, et cette préférence doit par analogie s'étendre aux privilèges spéciaux sur les meubles (1).

Suivant un autre système plus généralement adopté, on place au premier rang les frais de justice. Ensuite viennent les privilèges spéciaux sur les meubles, puis les privilèges généraux autres que les frais de justice. — Effectivement, il est juste que les frais de justice viennent en première ligne, puisqu'ils ont servi à convertir en argent les biens du débiteur et à amener la distribution de cet argent entre les divers créanciers. En second lieu, il est également juste que les privilèges spéciaux sur cer-

(1) Troplong, *Priv. et hyp.*, 74. — Paul Pont, *Priv. et hyp.*, I, 178.

tains meubles priment les privilèges généraux, parce qu'ils sont établis d'une façon toute spéciale sur un meuble déterminé à l'exclusion des autres biens du débiteur, et qu'un gage ainsi établi sur un seul objet doit évidemment l'emporter, quand il s'agit de cet objet, sur un gage qui comprend l'universalité des biens du débiteur. — Il est vrai que le Code donne une solution différente pour le cas de conflit entre les privilèges spéciaux sur les immeubles et les privilèges généraux ; mais c'est parce que les créances garanties par les privilèges généraux sont en général de peu de valeur, si on les compare aux créances garanties par les privilèges sur les immeubles, et que par conséquent ces dernières ne souffriront guère si elles leur sont préférées (1).

SECTION IV

DES PRIVILÈGES SUR LES IMMEUBLES.

Quels sont les privilèges sur les immeubles ?

Les privilèges sur les immeubles sont :

1° Le privilège du vendeur ;

2° Le privilège de celui qui a payé le vendeur, et qui s'est fait subroger à ses droits ;

3° Le privilège des cohéritiers et copartageants ;

4° Le privilège des architectes et entrepreneurs ;

5° Le privilège de celui qui a payé les entrepreneurs et architectes, et qui s'est fait subroger à leurs droits.

Ainsi, la loi énumère cinq privilèges sur les immeubles. Mais, en réalité, il n'en existe que trois ; car le privilège de ceux qui se sont fait subroger, soit aux droits du vendeur, soit aux droits des architectes et ouvriers, est le même que celui qui appartient aux cédants. (ART. 2103.)

En quoi consiste le privilège du vendeur ?

Le privilège du vendeur repose sur cette présomption que le vendeur n'a entendu se dessaisir de sa chose qu'autant que le prix lui en serait payé en totalité, et qu'il est censé avoir conservé sur elle un droit de gage jusqu'à libération de l'acquéreur.

Le privilège du vendeur a pour objet le prix déclaré dans l'acte, et non pas le prix réel ; parce que les tiers ne doivent

(1) **Valette**, *Priv. et hyp.*, 119.

pas souffrir des dissimulations que les parties pourraient commettre. Il existe, soit que la vente ait eu lieu par acte sous
seing privé, soit qu'elle ait été faite par acte authentique. —
Quant aux intérêts du prix, la question de savoir s'ils sont
également garantis par le privilège, est vivement débattue. On
verra plus loin quelles sont les opinions des auteurs sur ce
point.

Dans un certain sens, les privilèges priment les hypothèques.
Toutefois cette formule n'est absolument exacte qu'autant
qu'il s'agit des privilèges généraux. Quant aux privilèges spéciaux sur les immeubles, ils ne passent avant les hypothèques
qu'autant que ces dernières ont été constituées par le débiteur.
En effet, dans ce cas, le débiteur ayant reçu dans son patrimoine un immeuble grevé d'un privilège, n'a pu constituer
des hypothèques sur cet immeuble que déduction faite du
privilège, et comme le privilège n'a pas besoin d'être inscrit
pour prendre rang, il en résulte que dans ce cas il passera
avant les hypothèques constituées par le débiteur, lors même
qu'elles auraient été inscrites antérieurement. — Mais il en
serait différemment si le vendeur d'un immeuble avait constitué lui-même des hypothèques sur l'immeuble antérieurement à la vente, et par suite antérieurement à la naissance
de son privilège. Dans ce cas, les hypothèques constituées
par lui et inscrites passeraient avant son privilège. Pareillement, le privilège des cohéritiers ne vient qu'après les hypothèques constituées par le défunt et inscrites avant le
partage. Enfin le privilège des architectes, entrepreneurs et
ouvriers ne vient également qu'après les hypothèques inscrites
avant le commencement des travaux, puisqu'il ne porte que
sur la plus-value résultant de ces travaux. — Quant aux privilèges généraux, ils priment, comme nous l'avons dit, les hypothèques, c'est-à-dire qu'ils passent avant elles, lors même
qu'ils sont nés après qu'elles étaient déjà inscrites ; mais c'est
parce qu'ils garantissent ordinairement des sommes peu importantes. (Art. 2103.)

**En cas de ventes successives dont le prix reste dû, chaque
vendeur a-t-il un privilège ?**

Oui ; lorsqu'il y a eu plusieurs ventes successives dont le prix
reste dû en tout ou en partie, chacun des vendeurs a un privi-

lège sur l'immeuble, mais cela ne veut pas dire qu'ils viennent en concours sur le prix de l'immeuble. Au contraire, ils sont colloqués à des rangs différents. Le premier vendeur est d'abord colloqué, le second vient après, et ainsi de suite. — En effet, le privilège du premier vendeur grevait déjà l'immeuble, lorsque le second vendeur en a fait l'aliénation ; et de même les privilèges des deux premiers vendeurs le grevaient également, au moment où le troisième vendeur l'a transféré à son tour.

Au surplus, le vendeur d'immeuble qui n'est pas payé n'a pas toujours besoin d'exercer son privilège. Au lieu de poursuivre la saisie et la vente de l'immeuble afin d'être payé sur le prix, il peut, s'il le préfère, exercer l'action en résolution de la vente, qui lui permettra de recouvrer la propriété de cet immeuble. Cette action lui sera même plus avantageuse, si l'immeuble vendu a augmenté de valeur depuis le contrat.

On remarquera que le vendeur d'immeubles n'a pas, comme le vendeur d'objets mobiliers, un droit de rétention. — La raison en est que son privilège lui confère un droit de suite, qui le garantit contre les aliénations que pourrait faire l'acheteur. Le vendeur d'objets mobiliers n'ayant pas ce droit de suite, on a dû lui donner un droit de rétention, pour le garantir contre ces mêmes aliénations.

Observons encore que le vendeur d'immeubles qui a accepté en payement des billets souscrits par l'acheteur ne conserve pas son privilège : en effet, il n'est plus créancier du prix de vente, mais de la somme portée sur les billets. (Art. 2103.)

Le coéchangiste a-t-il un privilège pour la soulte qui lui est due ?

A cet égard, les auteurs ne sont pas d'accord.

Suivant les uns, il faut distinguer quelle est l'importance de la soulte. — Dans le cas, par exemple, où elle est de beaucoup inférieure à la valeur de l'immeuble échangé, on ne doit y voir qu'un échange, dans lequel la soulte ne vient que comme accessoire, et par conséquent il n'y a pas lieu au privilège. — Si, au contraire, la soulte est supérieure, on ne doit y voir qu'une vente, et par conséquent il y a lieu au privilège. — Enfin, si la soulte est égale à celui des immeubles qui vaut le moins, le contrat participe à la fois de la vente et de l'échange, et par conséquent le privilège est applicable au payement de la soulte (1).

Toutes ces distinctions nous paraissent inadmissibles. Pour reconnaître *le* caractère véritable d'un contrat, il faut s'attacher à l'intention des parties, au but principal qu'elles se sont proposées en contractant. En conséquence, il faut dire qu'il y a échange, et non pas vente, toutes les fois que les parties se sont engagées réciproquement à donner une chose à la condition de recevoir une autre chose. Maintenant, comme les choses échangées seront rarement d'une valeur égale, il arrivera souvent que l'une des parties aura à fournir une soulte. Mais alors la soulte, quelque importante qu'elle soit, ne sera jamais qu'un accessoire de la chose donnée, et non point un prix. — En effet, ce n'est pas pour avoir la soulte, mais la chose promise, que l'autre partie a contracté; ce n'est pas en vue d'une somme d'argent qu'elle a aliéné sa chose, mais en vue d'une autre chose. Quant à dire qu'un contrat peut participer tout à la fois de la vente et de l'échange, c'est là une idée ingénieuse qui fait honneur à l'imagination des jurisconsultes, mais contre laquelle il suffit d'opposer, l'indivisibilité des contrats (2).

Faut-il étendre le privilège au donateur lorsque la donation a été faite avec des charges à exécuter ?

Une autre question également controversée est celle de savoir s'il ne faudrait pas étendre notre privilège au donateur, afin de lui donner un moyen plus énergique pour assurer l'exécution des charges imposées au donataire. — Pour la négative, il nous suffira d'observer : 1° que les privilèges ont été créés dans le but d'assurer le payement d'une créance, et que le droit du donateur en cas d'inexécution des charges n'est pas une créance, mais un droit de révocation ; car s'il était un droit de créance, la donation faite avec charges serait tout à la fois un contrat à titre onéreux et un contrat à titre gratuit ; 2° que les privilèges sont de droit étroit, et que si on accordait un privilège au donateur, il n'y aurait aucune raison pour ne pas en accorder à tous les créanciers, quels qu'ils soient (3).

---

(1) Mourlon, III, 148 et suiv.

(2) Daniel de Folleville, *à son cours.*

(3) *En ce sens :* Duranton, XIX, 156. — Troplong, I, 216. — Demolombe, XX, 576. — Voy. cependant Demante, IV, 96 *bis*, 11.

Il faut également refuser le privilège du vendeur à l'acheteur à réméré pour le remboursement du prix auquel il a droit, lorsqu'il est mis en demeure de restituer l'immeuble vendu sous condition de rachat. — En effet, l'acheteur à réméré qui restitue l'immeuble vendu n'agit pas en qualité de vendeur; il ne fait qu'exécuter la condition du contrat dans lequel il a joué au contraire le rôle d'acheteur. D'ailleurs, il peut retenir l'immeuble jusqu'à ce qu'il ait reçu la restitution du prix de vente (1).

Quelles sont les personnes qui peuvent être subrogées au privilège du vendeur ?

Aux termes de l'article 2103, le privilège du vendeur peut être exercé par ceux qui ont fourni à l'acheteur les deniers nécessaires pour le payement du prix. Il s'opère alors en faveur des bailleurs de fonds une véritable subrogation, en ce sens que le vendeur étant désintéressé et n'ayant plus besoin de son privilège, ils sont mis en son lieu et place pour se faire rembourser la valeur des deniers prêtés, par préférence aux autres créanciers de l'acheteur.

La subrogation est consentie ici par le débiteur. Aussi faut-il pour qu'elle soit valable : 1° que l'acte d'emprunt soit notarié, et qu'il contienne la mention que les deniers prêtés sont destinés à payer le prix de la vente; 2° que la quittance donnée par le vendeur soit également notariée, et qu'elle mentionne également que le prix a été payé avec les deniers empruntés. (Art. 2103.)

En quoi consiste le privilège des cohéritiers ou copartageants ?

Le privilège des cohéritiers, qui appartient aussi à tous les copartageants en général, a pour objet :

1° La garantie du partage en cas d'éviction;

2° Le payement des soultes dues;

3° Le prix des licitations qui auraient eu lieu dans le cas où des immeubles ne seraient pas commodément partageables.

I. *Garantie en cas d'éviction.* — Celui des copartageants qui est évincé d'un objet compris dans son lot a une action en garantie contre ses cohéritiers. Pour mieux assurer l'effet de son

_____

(1) Duranton, XIX, 157. — Troplong, I, 214. — Aubry et Rau, 4° édition, III, p. 169.

action, la loi lui donne un privilège sur tous les immeubles de la succession. — Seulement, l'héritier évincé ne peut actionner ses cohéritiers que pour la part dont chacun d'eux est tenu; car, s'il demandait à l'un plus que sa part, il le mettrait dans le cas de l'actionner lui-même en garantie.

II. *Payement des soultes dues.* — L'héritier qui a reçu un lot en nature plus faible que les autres, peut exiger une soulte en argent de celui de ses cohéritiers qui a reçu un lot plus fort. Pour mieux assurer l'effet de son action, la loi lui permet d'exercer le privilège; mais alors il ne porte que sur les immeubles qui sont tombés dans le lot. du cohéritier qui est débiteur de la soulte, à moins toutefois que le débiteur de la soulte ne soit insolvable au moment du partage; car alors il y aurait lieu à un recours en garantie contre les autres copartageants.

III. *Prix des licitations.* — Lorsqu'il se trouve dans la masse indivise des immeubles qui ne sont pas commodément partageables, on les fait liciter, c'est-à-dire vendre aux enchères publiques. Afin de mieux garantir aux cohéritiers la part qui leur revient dans le prix d'adjudication, la loi leur permet d'exercer le privilège sur l'immeuble licité. Ce privilège se confond d'ailleurs avec celui du vendeur, lorsque l'immeuble licité est acquis par un adjudicataire étranger. (Art. 2103.)

En quoi consiste le privilège des architectes, entrepreneurs et ouvriers ?

Le privilège des architectes, entrepreneurs et ouvriers a pour objet le payement des sommes qui leur sont dues par le propriétaire. — Il ne peut avoir lieu qu'à raison des travaux qui consistent à *édifier*, *construire* ou *réparer*, et par conséquent il ne peut pas s'appliquer à des travaux d'une autre nature, par exemple à des travaux agricoles.

Au reste, les architectes, entrepreneurs et ouvriers ne peuvent exercer leur privilège que s'il a été fait, par des experts nommés par le tribunal, deux procès-verbaux d'estimation de l'immeuble : l'un, avant le commencement des travaux, et l'autre, dans les six mois de leur réception.

La raison en est que le privilège des architectes, entrepreneurs et ouvriers ne doit porter que sur la plus-value résultant des travaux. — Le premier procès-verbal servira à constater l'état de l'immeuble avant les travaux, et le second constatera son état depuis qu'ils ont été faits. On pourra ainsi se rendre exactement compte de la plus-value qui résulte des travaux et sur laquelle le privilège porte exclusivement. (Art. 2103.)

Les ouvriers qui n'ont pas traité directement avec le propriétaire peuvent-ils exercer le privilège ?

Aux termes de l'article 1798, les ouvriers qui n'ont pas traité directement avec le propriétaire, mais qui ont été employés par un entrepreneur à la construction ou à la réparation d'un bâtiment ont une action directe, qu'ils peuvent exercer de leur propre chef contre le propriétaire, jusqu'à concurrence de ce dont il se trouve débiteur envers l'entrepreneur. — Il s'agit de savoir maintenant si notre privilège est applicable à cette action.

Le Code ne s'est pas expliqué à cet égard. Néanmoins, quelques auteurs admettent l'affirmative. — En effet, disent-ils, l'article 1798 accorde aux ouvriers l'action directe qui appartient à l'entrepreneur; or, si on leur a accordé cette action, c'est parce qu'on a entendu les substituer à tous les droits et privilèges de ce dernier pour les sommes qu'il leur doit.

Suivant les autres, il faut admettre la négative; car le Code, en accordant expressément un privilège aux ouvriers qui ont traité *directement* avec le propriétaire, exclut par là tous les autres. Les privilèges étant de droit, étroit ne peuvent pas être étendus d'un cas à un autre.

Le dernier système nous paraît préférable (1).

Que faut-il décider quant aux plus-values qui résulteraient d'un cas fortuit ?

Il s'agit ici du cas où le bâtiment réparé viendrait à recevoir une nouvelle augmentation de valeur par un cas fortuit, par une cause autre que le travail des ouvriers. Les architectes et ouvriers doivent-ils alors profiter de cette plus-value dans la limite de leur privilège, ainsi que les autres créanciers privilégiés ou hypothécaires, ou ne doivent-ils en recueillir aucun avantage ? — Telle est la question à examiner.

La raison de douter vient de ce que la loi semble limiter rigoureusement l'étendue du privilège des architectes et ouvriers à la plus-value résultant des travaux. Mais ce n'est pas là le sens

(1) *En ce sens :* Paul Pont, *Priv. et hyp.*, 210. — Mourlon, III, 1358. — Amiens, 23 février 1821.

qu'il convient de donner à ces expressions. En parlant de la plus-value résultant des travaux, la loi entend uniquement l'opposer à la valeur ancienne ; et elle ne s'occupe nullement de la question de savoir si les améliorations qui pourraient survenir dans la suite, par l'effet de circonstances fortuites, doivent être comprises dans le privilège. En conséquence, il faut décider que le privilège des architectes et entrepreneurs profite, comme tous les autres, des améliorations survenues à l'immeuble (1).

Quelles sont les personnes qui peuvent être subrogées au privilège des architectes et entrepreneurs ?

Aux termes de l'article 2103, le privilège des architectes, entrepreneurs et ouvriers peut, comme celui du vendeur, être exercé par tous ceux qui ont fourni au propriétaire les deniers nécessaires pour payer la construction. Il s'opère alors une véritable subrogation en faveur des bailleurs de fonds, en ce sens que les architectes, entrepreneurs et ouvriers étant désintéressés et n'ayant plus besoin de leur privilège, ils sont mis en leur lieu et place pour se faire rembourser les deniers prêtés, par préférence aux autres créanciers. — Mais ils devront alors accomplir toutes les conditions prescrites par la loi pour la validité de la subrogation.

Outre les privilèges dont il vient d'être question, l'article 2111 mentionne encore celui de la *séparation des patrimoines*. Mais, comme nous le verrons en étudiant cet article, le droit des créanciers et légataires du défunt relativement à la séparation des patrimoines, diffère sous certains rapports des privilèges proprement dits. (Art. 2103.)

SECTION V

COMMENT SE CONSERVENT LES PRIVILÈGES.

Comment se conservent les privilèges ?

A cet égard, il faut établir une distinction entre les privilèges sur les meubles et les privilèges sur les immeubles. — En effet, bien que tous les privilèges aient la même origine, puisqu'ils sont également établis par la loi à raison du degré de faveur que méritent certaines créances, ils ne sont pas assujettis aux mêmes règles de publicité relativement à leur conservation et à

(1) Mourlon, III, 1361. — Voy. cependant Paul Pont, *Priv. et hyp.*, I, 213.

leurs effets. Aux termes de l'article 2106, les privilèges ne produisent des effets à l'égard des immeubles qu'autant qu'ils ont été rendus publics par une inscription sur les registres du conservateur des hypothèques, et à compter de la date de cette inscription. Ainsi donc, il n'y a que les privilèges sur les immeubles qui soient assujettis à la formalité de l'inscription : la raison en est d'abord qu'ils donnent seuls lieu à un droit de suite, et que si l'inscription est utile c'est surtout par rapport au droit de suite.

' On sait, en effet, que les privilèges peuvent donner lieu, soit au droit de préférence seulement, soit au droit de préférence et au droit de suite. Tous les privilèges donnent lieu au droit de préférence, en ce sens qu'ils permettent tous de faire vendre l'objet sur lequel ils portent et d'être payé par préférence sur le prix, lorsque cet objet se trouve entre les mains du débiteur. — Mais il n'y a que les privilèges sur les immeubles qui donnent lieu en même temps au droit de préférence et au droit de suite, en ce sens qu'ils permettent seuls aux créanciers de faire vendre l'objet sur lequel ils portent et d'être payés par préférence, lorsque cet objet est passé entre les mains d'un tiers acquéreur.

Ainsi, les privilèges sur les meubles, qui ne confèrent qu'un droit de préférence, disparaissent aussitôt que l'objet qui en est affecté cesse de se trouver entre les mains du débiteur ; tandis que les privilèges sur les immeubles, qui donnent tout à la fois au créancier un droit de préférence et un droit de suite, survivent au dessaisissement du débiteur, et s'exercent même lorsque l'objet qui en est affecté est passé dans le patrimoine d'un tiers.

De ce que les privilèges sur les meubles ne donnent pas lieu au droit de suite, il en résulte qu'on a pu sans trop d'inconvénient les soustraire à la formalité d'une inscription destinée à les rendre publics, inscription à laquelle la loi assujettit les privilèges sur les immeubles. — Sans doute, les créanciers ont intérêt à savoir si les meubles de leur débiteur sont affectés d'un privilège ; mais cet intérêt est loin d'être aussi considérable que lorsqu'il s'agit des privilèges sur les immeubles. D'ailleurs, l'extrême facilité de circulation des meubles, l'absence de situation, la multiplicité des transactions auxquelles ils peuvent donner lieu, rendaient impraticable à leur égard l'emploi de l'inscription.

La conservation des privilèges sur les meubles se réduit donc
à cette règle unique : le privilège se conserve tant que l'objet
qui en est affecté reste dans le patrimoine du débiteur ; il s'é-
teint dès que cet objet est passé entre les mains d'un tiers. Au
contraire, en ce qui concerne les privilèges sur les immeubles,
qui donnent lieu en même temps à un droit de préférence et à
un droit de suite, l'inscription est nécessaire pour la conservation du droit de suite, et même, dans le cas du privilège des
cohéritiers, pour la conservation du droit de préférence. —
Mais il se présente ici quelques difficultés sur l'interprétation à
donner à la règle de l'article 2106, relative à la conservation
des privilèges sur les immeubles.

**Quelles sont les dispositions de l'article 2106, relativement
à la conservation des privilèges sur les immeubles ?**

Ainsi qu'on l'a vu, l'article 2106 exprime les deux règles
suivantes : 1° les privilèges sur les immeubles ne produisent
d'effet entre les créanciers qu'autant qu'ils ont été inscrits ;
2° ils ne produisent leur effet qu'à compter de la date de cette
inscription.

Examinons successivement ces deux règles :

I. *Les privilèges sur les immeubles ne produisent d'effet qu'autant
qu'ils ont été inscrits.* — Une première observation à cet égard,
c'est que cette règle ne s'applique pas à tous les privilèges sur
les immeubles, mais seulement aux privilèges spéciaux sur les
immeubles, et le Code a soin de l'exprimer dans l'article 2107,
en exceptant les privilèges généraux établis sur les meubles et
sur les immeubles de la formalité de l'inscription. La raison de
cette exception vient de ce que les créances garanties par ces
privilèges étant ordinairement modiques, on pouvait sans inconvénient les dispenser de publicité, et ensuite de ce que les frais
de l'inscription seraient trop élevés eu égard au peu d'importance de ces créances.

Ainsi donc, la nécessité d'une inscription n'existe que pour
les privilèges spéciaux sur les immeubles, c'est-à-dire pour les
privilèges du vendeur, des cohéritiers et copartageants, des
architectes et ouvriers ; mais elle est indispensable pour l'exercice de ces privilèges, et pour leur conservation, lorsque l'immeuble qui en est grevé est passé aux mains des tiers.

Toutefois, après avoir excepté les privilèges généraux sur les meubles et sur les immeubles de la nécessité de l'inscription, le Code ajoute une seconde exception. Le vendeur ̦d'un immeuble conserve son privilège par la transcription de l'acte de vente, qui supplée l'inscription et en tient lieu. Il est vrai que la loi oblige le conservateur des hypothèques qui reçoit la transcription de l'acte de vente à insérer d'office les créances résultant de l'acte transcrit ; mais le défaut d'acco mplissement de cette formalité ne ferait pas perdre au vendeur le droit d'user de son privilège, et il aurait simplement pour effet d'engager la responsabilité du conservateur des hypothèques envers les tiers qui auraient été lésés par le défaut de mention du privilège sur le registre ordinaire des inscriptions. La transcription de l'acte de vente suffit donc à elle seule, indépendamment de toute inscription, pour assurer au vendeur la conservation de son privilège.

En, résumé, la règle que les privilèges sur les immeubles doivent être inscrits reçoit deux exceptions : 1° pour les privilèges généraux qui ne sont assujettis à aucune forme de publicité ; 2° pour le privilège du vendeur, à l'égard duquel la transcription de l'acte de vente supplée l'inscription.

Passons maintenant à la seconde partie de l'article 2106.

II. *Les privilèges sur les immeubles n'ont d'effet qu'à compter de la date de leur inscription.* — Si l'on prenait cette règle dans son sens littéral, elle détruirait le principe que les privilèges s'estiment, qu'ils prennent rang à raison de la qualité de la créance à ̦laquelle ils sont attachés ; et elle donnerait à entendre, au contraire, qu'ils s'estiment, qu'ils prennent rang d'après leur ordre d'inscription ; en sorte que le privilège inscrit le premier primerait les autres par le seul fait de sa priorité d'inscription, ce qui ne tendrait à rien moins qu'à assimiler complètement les privilèges aux hypothèques.

Mais il est facile de démontrer que notre règle ne doit pas être entendue dans ce sens. Pour cela, il suffit de la mettre en regard des articles 2095, 2096 et 2097, qui établissent d'une façon très expresse que les privilèges s'estiment et prennent rang uniquement à raison de la qualité de la créance à laquelle ils sont attachés, et non pas à raison de la date de leur inscription. Il faut donc recourir à une interprétation qui soit plus en harmonie avec ces articles. — Voici celle qu'on donne généralement.

Les privilèges existent, comme on le sait, indépendamment de toute inscription, dès l'instant où est née la créance à laquelle ils sont attachés. Dès ce moment, leur rang est fixé : dès ce moment aussi, ils sont susceptibles de produire leurs effets ; mais c'est à la condition d'accomplir une formalité préalable, l'inscription du privilège.

Cette inscription ne fait pas naître les privilèges, elle ne détermine pas davantage le rang qui leur convient ; mais elle les fait sortir de l'état de repos, en supprimant l'obstacle qui s'opposait à leur mise en activité, et qui consistait dans l'absence d'inscription. — Une fois en liberté, leur effet se produit en remontant en arrière, et tel qu'il se serait produit si l'inscription avait été prise de suite. Ainsi, les privilèges viennent-ils à être inscrits, ils rétroagissent au jour où ils ont pris naissance en même temps que la créance qu'ils garantissent, et alors ils priment toutes les hypothèques qui ont été inscrites avant eux, pourvu toutefois, comme nous l'avons déjà observé, qu'elles n'aient pas été établies par le créancier privilégié lui-même ou par ses auteurs (1).

Quant aux hypothèques qui auraient été consenties par le débiteur sur l'immeuble nouvellement acquis par lui, et qui sont primées par le privilège alors même que celui-ci n'a pas été inscrit, les tiers au profit desquels ces hypothèques ont été consenties n'auront aucunement à se plaindre du défaut d'inscription du privilège. Effectivement, si l'acquéreur d'un immeuble offre à un créancier une hypothèque sur cet immeuble, celui-ci n'a qu'à exiger la justification que le prix de l'immeuble a été payé au vendeur. La quittance du prix lui est-elle représentée, il n'a pas à craindre l'existence d'un privilège du vendeur, puisque celui-ci a été désintéressé. Dans le cas contraire, il saura à quoi s'en tenir sur l'efficacité de l'hypothèque qui lui est offerte. Pareillement, celui qui stipule une hypothèque sur une construction nouvelle, devra exiger que le propriétaire justifie qu'il a désintéressé le constructeur. — Il en sera différemment, sans

(1) En ce sens : Duranton, XIX, 209 et 210. — Bugnet, à son cours. — Duverger, De l'effet de la transcription relativement aux droits du vendeur. — Mourlon, III, 1380. — Mais voy. cependant Paul Pont, Priv. et hyp., I, 253 ; Valette, De l'effet ordinaire de l'inscription en matière de privilège sur les immeubles.

doute, de celui qui stipule une hypothèque d'un cohéritier sur
un immeuble de succession : il ne serait pas possible à ce dernier
d'établir qu'il n'y aura pas lieu à un recours en garantie de la
part d'un de ses cohéritiers. Mais précisément, dans ce dernier
cas, la loi décide que le privilège n'aura d'effet rétroactif que
s'il a été inscrit dans les soixante jours du partage. Ce délai
une fois expiré, le créancier hypothécaire pourra traiter en
toute sécurité ; le privilège des cohéritiers sera dégénéré en une
simple hypothèque, qui ne prendra rang qu'à la date de son
inscription, et qui par conséquent ne lui sera pas opposable, s'il
a une première inscription.

En définitive, les deux règles contenues dans l'article 2106
signifient que l'inscription est nécessaire pour l'exercice du droit
de préférence et pour la conservation ou plutôt pour l'existence
du droit de suite, en ce qui concerne les privilèges spéciaux sur
les immeubles ; que les privilèges ont besoin de l'inscription
pour être opposables aux tiers, mais que cependant ils naissent,
ils s'estiment, ils prennent rang indépendamment de la date
de leur inscription ; celle-ci étant une simple condition *sine quâ
non*, en l'absence de laquelle il y aurait un empêchement pro-
hibitif à l'exercice du privilège, mais non pas une cause géné-
ratrice et efficiente donnant la vie, la force et le rang aux privilèges ; à la différence des hypothèques, qui n'existent par
rapport aux tiers, ne s'estiment et ne prennent rang qu'à la date
de l'inscription et par la vertu de cette inscription. (Art. 2106,
2107.)

En quoi consiste la formalité de l'inscription ?

Afin de rendre publique la transmission de la propriété foncière, ainsi que les constitutions de droits réels qui la grèvent,
la loi a établi dans chaque ville où siège le tribunal de première instance un bureau de conservation des hypothèques. Le
conservateur des hypothèques tient deux registres : le registre
des inscriptions et le registre des transcriptions.

L'*inscription* est une mention sommaire qui révèle le nom
du créancier, le nom du débiteur, le montant de la créance,
l'époque de son exigibilité et l'immeuble affecté au payement.
— La *transcription* est une copie littérale du titre translatif de
propriété, qui fait connaître que tel immeuble est passé du patrimoine d'une personne dans le patrimoine d'une autre.

Comment se conserve le privilège du vendeur ?

A cet égard, nous devons rappeler la distinction que nous avons faite entre le droit de préférence et le droit de suite. En d'autres termes, il faut distinguer si l'immeuble grevé est resté dans le patrimoine du débiteur, ou s'il est passé entre les mains d'un tiers.

Voyons d'abord pour le droit de préférence.

Lorsque l'immeuble vendu est resté entre les mains de l'acheteur, le vendeur n'a pas de délai limitatif pour faire inscrire son privilège ; il lui suffit de le faire inscrire au moment où il veut le faire valoir. Une fois cette inscription prise, eût-elle été prise dix ans et plus après la vente, le privilège du vendeur prime tous les créanciers hypothécaires inscrits avant lui, du chef de l'acheteur. — Toutefois, il y a trois événements qui, s'ils venaient à survenir avant que l'inscription n'ait été prise, formeraient immédiatement obstacle à ce qu'elle puisse avoir lieu et entraîneraient ainsi la perte du privilège.

Ces trois événements sont : 1° la transcription d'une nouvelle vente que l'acheteur aurait faite au profit d'un second acquéreur ; 2° la faillite de l'acheteur ; 3° son décès suivi d'une acceptation bénéficiaire de la succession par ses héritiers. —Cependant, depuis la loi de 1855, le vendeur peut encore faire inscrire son privilège après la revente qui a été faite par l'acheteur, s'il se trouve dans les quarante-cinq jours de son contrat.

Voyons maintenant pour le droit de suite :

Lorsque l'immeuble vendu est sorti du patrimoine de l'acheteur pour entrer dans celui d'un tiers, le vendeur qui n'a pas pris inscription perd son privilège, à moins qu'il ne se trouve encore dans les quarante-cinq jours de son contrat. Le fait-il inscrire dans ce délai, il conserve par là la plénitude de ses droits, nonobstant toute transcription qui serait prise par le tiers acquéreur. — Mais une fois ce délai expiré, il est irrévocablement déchu de tout droit de préférence et de suite, aussitôt que la transcription de la nouvelle vente a été opérée, et il se trouve réduit au rang d'un créancier ordinaire de son acheteur.

Ainsi, en résumé, s'agit-il de conserver seulement le droit de préférence, le vendeur n'est pas tenu de faire inscrire son privilège dans un délai déterminé ; il suffit qu'il le fasse inscrire au moment où il veut l'invoquer, pour qu'il se trouve dans la même

situation que s'il avait pris inscription dès le jour de la vente. —
S'agit-il, au contraire, de conserver le droit de suite, il doit
faire inscrire son privilège avant que la transcription de la nouvelle vente n'ait été faite, à moins qu'il ne se trouve encore dans
les quarante-cinq jours de son propre contrat. (Art. 2108. — Loi du
23 mars 1855.)

**Le vendeur ne peut-il conserver son privilège qu'à la con-
dition de le faire inscrire ?**

Non ; aux termes de l'article 2108, le vendeur peut, comme
nous l'avons dit, conserver son privilège indépendamment de
toute inscription, en faisant transcrire son acte de vente au bureau du conservateur des hypothèques. Peu importe d'ailleurs
que la transcription ait eu lieu à sa demande ou à celle de l'a-
cheteur, car ils ont tous les deux intérêt à ce qu'elle soit faite.
Par cela seul qu'elle a été opérée, la loi oblige le conservateur
des hypothèques à inscrire lui-même d'office sur son registre les
créances résultant de l'acte de vente transcrit. Si le conservateur
omettait de le faire, le privilège n'en serait pas moins conservé ;
mais les tiers auraient alors une action en dommages-intérêts
contre lui. C'est en ce sens qu'il faut entendre ces expressions de
l'article 2108, « que la transcription vaut inscription pour le vendeur. » — Il est évident, d'ailleurs, que le vendeur pourrait très
bien, dès le principe, faire inscrire lui-même son privilège. Et
même il a intérêt à le faire ; car, en prenant inscription, il pourra
faire une élection de domicile dans l'arrondissement ; ce qui
obligera les créanciers qui poursuivraient la vente judiciaire de
l'immeuble, ou le tiers acquéreur qui voudrait faire la purge des
hypothèques, à lui notifier leurs poursuites.

Maintenant, en supposant que le vendeur ait pris son inscription dès le principe et qu'il fasse ensuite transcrire son acte d'acquisition, le conservateur des hypothèques devra-t-il, en faisant
la transcription, prendre néanmoins une inscription d'office ? —
Au premier abord, on ne voit pas bien quelle serait ici l'utilité
de l'inscription d'office, puisqu'il y a déjà eu une inscription
directe de prise. Cependant le conservateur des hypothèques
agira prudemment en prenant encore l'inscription d'office, parce
que celle qui a été prise par le vendeur peut être nulle par suite
d'un vice de forme.

Tous les dix ans, les inscriptions prises doivent être renouve-

lées. Mais aucun texte n'oblige le conservateur à faire ce renouvellement d'office. (Art. 2108. Avis du conseil d'État, du 22 janvier 1808.)

**Comment se conserve le privilége du subrogé aux droits du
vendeur ?**

Le privilège du subrogé aux droits du vendeur est le même que
celui du vendeur. Il se conserve donc de la même façon. —
Lorsque l'immeuble vendu est encore entre les mains du débiteur, le subrogé aux droits du vendeur pourra prendre inscription quand il voudra ; mais il devra se faire inscrire, sous peine
de déchéance, avant que l'immeuble n'ait passé aux mains d'un
tiers, et que celui-ci n'ait fait transcrire son acte d'acquisition. Si
l'inscription du privilège avait déjà été faite par le vendeur, il
devra faire mentionner la subrogation en marge de l'inscription,
sous peine d'encourir encore une déchéance. — Toutefois, si l'on
se trouve dans les quarante-cinq jours de la première aliénation,
il peut encore, de même que le vendeur auquel il est subrogé,
se faire inscrire utilement, nonobstant toute transcription qui
aurait été faite par un tiers acquéreur.

Observons, en terminant, que la transcription de l'acte de
vente peut avoir lieu non seulement lorsque l'acte translatif de
propriété est authentique, mais encore lorsqu'il est sous seing
privé, pourvu qu'il soit enregistré. — Aucune disposition précise
ne s'y oppose : et, d'ailleurs, la transcription a seulement pour
but d'avertir les tiers du changement de propriété qui s'est
opéré. (Art. 2108.)

**Comment se conserve le privilége des cohéritiers ou copar-
tageants ?**

Le privilège des cohéritiers ou copartageants peut, comme on
le sait, avoir trois causes : la garantie du partage, les soultes ou
retours de lots, et le prix de la licitation.

Relativement à ce privilège, nous devons également distinguer
les règles qui concernent la conservation du droit de préférence,
et celles qui s'appliquent à la conservation du droit de suite. —
En d'autres termes, il faut distinguer si l'immeuble grevé est
resté dans le patrimoine du copartageant débiteur, ou s'il est
passé entre les mains d'un tiers acquéreur.

Voyons d'abord pour le droit de préférence :

*Lorsque l'immeuble grevé est resté dans le patrimoine du coparta-
geant débiteur*, le privilège du cohéritier doit être inscrit dans un

délai de soixante jours, à compter de la date du partage. — Lorsqu'il a été inscrit dans ce délai, il prime tous les créanciers qui ont reçu des hypothèques du chef du copartageant débiteur, quelle que soit la date de leur inscription. Lorsqu'au contraire l'inscription n'a pas été prise dans les soixante jours du partage, le privilège dégénère en une simple hypothèque, qui ne prend rang qu'à la date de son inscription, et qui est primée par les autres hypothèques constituées par le copartageant débiteur et inscrites à une date antérieure.

Voyons maintenant pour le droit de suite :

Lorsque l'immeuble grevé du privilège des cohéritiers et copartageants est passé entre les mains d'un tiers acquéreur, le copartageant créancier a, comme le vendeur, un délai de quarante-cinq jours, à partir du partage, pour faire inscrire son privilège. — Prend-il inscription dans ce délai, son privilège est considéré comme inscrit dès le jour du partage, et il conserve ses effets, nonobstant toute transcription de vente concernant l'immeuble affecté à sa garantie. Néglige-t-il, au contraire, de se faire inscrire dans les quarante-cinq jours du partage, il n'est pas, il est vrai, pour cela immédiatement déchu de son droit de préférence et de son droit de suite; mais il subira cette déchéance, si le copartageant débiteur ayant vendu l'immeuble grevé, l'acquéreur fait transcrire son titre d'acquisition avant que le privilège n'ait été inscrit.

Au surplus, dès qu'il s'est écoulé soixante jours depuis le partage, le copartageant qui n'a pas fait inscrire son privilège n'a plus, comme on l'a déjà vu, qu'une simple hypothèque, lors même que l'immeuble est resté entre les mains du débiteur. (Art. 2109).

Le privilège des copartageants suit-il les mêmes règles que celui du vendeur en ce qui concerne l'inscription ?

Il faut distinguer :

1° Pour la conservation du droit de suite, le privilège des copartageants suit les mêmes règles que le privilège du vendeur. Comme ce dernier, il doit être inscrit avant toute transcription faite par un tiers acquéreur de son titre d'acquisition, à moins que l'on ne se trouve encore dans les quarante-cinq jours du partage.

2° Pour la conservation du droit de préférence, le privilège

des copartageants présente, au contraire, une grave différence
avec celui du vendeur, c'est que l'inscription doit en être prise
dans les soixante jours du partage, tandis que le privilège du
vendeur peut être conservé par la transcription de l'acte de
vente, ou par une inscription prise à quelque époque que ce soit.

La raison de cette différence vient, comme nous l'avons expliqué précédemment, de ce que les tiers qui ont à traiter avec un
cohéritier n'auraient aucune sécurité, si celui-ci ne pouvait
pas leur donner l'assurance que ses cohéritiers ont renoncé à se
prévaloir de leur privilège. Or il en sera ainsi, si ceux-ci ne l'ont
pas fait inscrire dans les soixante jours du partage. L'absence de
toute inscription dans ce délai, garantira les tiers auxquels des
hypothèques seraient consenties par un cohéritier sur un immeuble de succession, contre l'effet rétroactif du privilège de ses
cohéritiers. (Art. 2108, 2109.)

**Comment se conserve le privilège des architectes et entre-
preneurs ?**

Le privilège des architectes, entrepreneurs et ouvriers porte,
comme on le sait, sur la plus-value résultant de leurs travaux,
et cette plus-value doit être constatée par deux procès-verbaux
dressés par des experts; le premier, avant le commencement
des travaux; et le second, après leur exécution.

De même que pour les privilèges précédents, il faut distinguer ici les règles qui concernent la conservation du droit de
préférence, et celles qui s'appliquent à la conservation du droit
de suite. — En d'autres termes, il faut distinguer si l'immeuble
grevé est resté dans le patrimoine du propriétaire, ou s'il est
passé entre les mains d'un tiers acquéreur.

Voyons d'abord pour le droit de préférence.

*Lorsque l'immeuble grevé est resté dans le patrimoine du pro-
priétaire*, les architectes et ouvriers conservent leur privilège,
sans avoir besoin de faire inscrire dans un délai déterminé les
procès-verbaux qui constatent le montant de leur créance.

En effet, le Code ne fixe pas de délai dans lequel ils soient
tenus de prendre inscription. Sans doute, il faudra bien qu'ils
la prennent préalablement, s'ils veulent faire valoir leur privilège; mais il suffira qu'elle soit prise, n'importe à quelle époque, pour produire tout son effet en arrière. Une fois prise, elle
primera, relativement à la plus-value résultant des travaux,

toutes les hypothèques inscrites du chef du débiteur, quelle que soit leur date. — A la vérité, la loi de brumaire an VII avait décidé que le privilège des architectes dégénérerait en une simple hypothèque, si l'inscription du premier procès-verbal n'était pas prise avant le commencement des travaux. Mais cette disposition exceptionnelle n'ayant pas été reproduite par le Code, on doit en conclure que le législateur a voulu revenir à ce principe de droit commun en matière de privilèges, savoir : que l'inscription des privilèges peut être prise à toute époque, tant que l'immeuble grevé reste entre les mains du débiteur ; principe que nous avons vu appliquer au vendeur, et qui doit s'appliquer tout aussi bien à l'architecte et à l'ouvrier, qui ont également placé l'objet grevé dans le patrimoine du débiteur (1).

Toutefois, une opinion différente a été soutenue par quelques auteurs.

D'après ces auteurs, il faudrait décider que le défaut d'inscription du premier procès-verbal avant le commencement des travaux, fait dégénérer le privilège des architectes et ouvriers en une simple hypothèque. — Nous avons réfuté cette opinion, en montrant que notre privilège n'est assujetti par le Code à aucun délai d'inscription, en ce qui concerne la conservation du droit de préférence.

D'autres auteurs font une distinction : le défaut d'inscription du premier procès-verbal avant le commencement des travaux ne peut pas nuire, disent-ils, aux créanciers hypothécaires inscrits avant les travaux, parce qu'ils n'ont pas pu compter sur la plus-value qui en est résultée. En conséquence, notre privilège les primera, à quelque époque que l'inscription des procès-verbaux soit prise. — Mais il n'en est pas de même à l'égard des créanciers hypothécaires inscrits après les travaux. Ceux-ci ont dû compter sur la plus-value résultant des travaux, puisqu'elle existait déjà au moment où ils ont pris leur inscription. En conséquence, les architectes et ouvriers qui ont négligé de se faire inscrire n'auront vis-à-vis d'eux qu'une simple hypothèque, qui prendra rang à la date de son inscription (2).

Cette distinction n'est pas admissible. Effectivement le défaut

(1) *En ce sens :* Mourlon, III, 1386 et suiv.
(2) Bugnet, *à son cours.* — Troplong, *Priv. et hyp.*, 322.

d'inscription de notre privilège ne saurait nuire aux créanciers
hypothécaires survenus depuis les travaux, parce qu'ils ont dû,
avant de traiter avec le propriétaire de la construction, exiger
que celui-ci leur fournît la preuve qu'il avait acquitté les dépenses de construction. S'ils n'ont pas exigé cette preuve, ils n'ont
à s'en prendre qu'à eux-mêmes de leur imprudence. Concluons
donc que le privilège des architectes et ouvriers peut, comme
celui du vendeur, être inscrit à toute époque en ce qui concerne la conservation du droit de préférence (1).

Voyons maintenant pour le droit de suite.

*Lorsque l'immeuble grevé est passé entre les mains d'un tiers
acquéreur,* le privilège des architectes et ouvriers ne peut être
conservé qu'autant que le premier procès-verbal qui constate
leur créance avait été inscrit avant que le tiers acquéreur n'ait
fait transcrire son acte d'aliénation.

Le délai de quarante-cinq jours que la loi donne au vendeur
et aux copartageants n'est pas accordé aux architectes et ouvriers, et la transcription d'un acte d'aliénation, à quelque
époque qu'elle ait lieu, suffit pour les faire déchoir de leurs
droits et pour les réduire au rang de créanciers ordinaires.

La raison en est facile à saisir. Le délai de quarante-cinq
jours n'a été accordé au vendeur et aux copartageants que
pour prévenir la fraude de l'acquéreur, qui, aussitôt après l'acquisition faite de l'immeuble grevé de privilège, se hâterait
de l'aliéner, avant que le créancier privilégié n'ait eu le temps
nécessaire pour prendre inscription. Or, une pareille fraude
n'est pas possible ici, l'architecte ayant eu tout le temps nécessaire pour faire inscrire son privilège pendant l'intervalle qui
s'est écoulé entre le commencement des travaux et leur achè-
vement. (Art. 2110. Loi de 1855.)

Comment se conserve le privilège du subrogé aux droits des architectes et ouvriers ?

Le privilège du subrogé aux droits des architectes et ouvriers
est le même que celui des architectes et ouvriers ; il se conserve
donc de la même manière. — Le subrogé aux droits de l'architecte pourra faire inscrire son privilège à toute époque, tant
que la construction est restée aux mains du propriétaire.

En ce qui concerne la conservation de son droit de suite, il

_____

(1) Mourlon, *loco citato.*

devra faire inscrire les deux procès-verbaux avant que l'immeuble grevé n'ait été vendu et que l'acte de vente n'ait été transcrit. (Art. 2110.)

Le bénéfice de séparation accordé aux créanciers et léga taires d'une succession est-il un véritable privilège ?

Avant de répondre à cette question, rappelons brièvement en quoi consiste ce bénéfice.

Lorsqu'un débiteur vient à mourir en laissant un actif suffisant pour payer ses créanciers et légataires, mais que sa succession est acceptée par un héritier ayant plus de dettes que de biens, ceux-ci ont le droit de demander la séparation des patrimoines afin d'éviter le concours des créanciers personnels de l'héritier.

L'article 2111 qualifie ce droit de *privilège*. Mais on admet généralement qu'il ne faut pas prendre cette expression dans le sens propre et énergique du mot, et qu'il s'agit plutôt ici d'un droit d'option que la loi accorde aux créanciers et légataires du défunt. En effet, s'il s'agissait d'un privilège proprement dit, les créanciers et légataires du défunt, tout en ayant un droit de préférence sur les biens de la succession, conserveraient, néanmoins, le droit de venir en concours avec les créanciers de l'héritier sur les biens personnels de celui-ci. Or ce droit leur est généralement refusé, et voici pour quelles raison.

En droit romain, et dans notre ancienne législation, la séparation des patrimoines ne conférait aux créanciers et légataires du défunt le droit de venir seuls sur les biens de celui-ci, qu'à la condition de laisser les créanciers personnels de l'héritier venir seuls également sur les biens de ce dernier. — A la vérité, on avait fini par admettre qu'une fois que les créanciers personnels de l'héritier auraient été désintéressés, les créanciers et légataires du défunt pourraient se faire payer l'excédant de leurs créances sur les biens qui restaient encore en la possession de l'héritier, mais c'était tout; et l'on n'avait jamais imaginé de leur donner un droit de préférence sur les biens du *de cujus*, et de les laisser en même temps concourir sur le patrimoine de l'héritier avec les créanciers de ce dernier.

Dans cet état de choses, on ne peut guère supposer que le législateur n'eût pris soin de s'expliquer expressément sur une matière aussi importante, s'il avait voulu innover. Il faut en conclure qu'en qualifiant la séparation de privilège, l'article 2111 a voulu simplement exprimer le droit qu'elle confère aux créanciers et légataires du défunt d'être payés sur les biens du défunt à l'exclusion des créanciers personnels de l'héritier; mais qu'il n'a pas entendu lui attribuer tous les effets des privilèges proprement dits (1).

Dans quel délai les créanciers et légataires doivent-ils prendre inscription ?

A cet égard, il faut établir plusieurs distinctions :

Et d'abord, lorsque le patrimoine du défunt ne comprend que des meubles, les créanciers et légataires du défunt n'ont pas besoin de prendre une inscription pour conserver le droit de demander la séparation des patrimoines. — Mais ils doivent former leur demande en séparation dans les trois ans de l'ouverture de la succession, et lorsque les meubles sont encore entre les mains de l'héritier.

Lorsque le patrimoine du défunt comprend des immeubles, il faut voir s'il s'agit de la conservation du droit de préférence, ou de la conservation du droit de suite.

I. *Conservation du droit de préférence.* — Lorsque les immeubles du défunt sont encore entre les mains de l'héritier, les créanciers et légataires ont un délai de six mois, à dater de l'ouverture de la succession, pour se faire inscrire. Les effets de l'inscription prise dans ce délai remontent à la date du décès, et il en résulte : 1° que le créancier héréditaire qui a satisfait aux conditions prescrites a un droit de préférence sur les immeubles de la succession par rapport à tous les créanciers de l'héritier, fussent-ils hypothécaires et eussent-ils pris inscription avant lui; 2° que celui d'entre eux qui s'est fait inscrire au commencement du premier mois, ne prime pas celui qui s'est fait inscrire à la fin du sixième. Une fois le délai de six mois expiré, les créanciers et légataires peuvent encore se faire inscrire; mais alors leur inscription n'a plus d'effets rétroactifs, et ils sont primés, conformément au droit commun, par les hypothèques constituées par l'héritier et inscrites antérieurement.

II. *Conservation du droit de suite.* — Lorsque les immeubles

(1) Ducaurroy, Bonnier et Roustain, sur l'art. 878. — Mourlon, III, p. 1400 et suiv. — Paul Pont, *Priv. et hyp.*, I, 290.

du défunt sont sortis du patrimoine de l'héritier, les créanciers et légataires sont déchus de leur droit de préférence, s'ils n'ont pas pris inscription avant que l'acte d'aliénation ait été transcrit. (Art. 2111.)

La séparation des patrimoines peut-elle modifier la situation respective des créanciers et légataires du défunt ?

Non; la séparation des patrimoines ne peut modifier en rien la situation respective des créanciers et légataires du défunt. Ainsi, les créanciers continueront à être payés avant les légataires, et, parmi les créanciers, ceux dont la créance se trouve garantie par des privilèges ou hypothèques passeront avant ceux qui sont simplement chirographaires.

Bien plus, si, parmi les créanciers et légataires du défunt, il en est qui se soient fait inscrire et d'autres qui aient négligé d'accomplir cette formalité, leur situation respective ne sera pas changée : le créancier diligent n'aura ni plus ni moins qu'il n'aurait eu si son cocréancier s'était fait inscrire. — Sans doute, ce dernier pourra souffrir de sa négligence et ne recevoir qu'une partie de ce qu'il aurait reçu s'il s'était fait inscrire, parce que le défaut d'inscription le mettra en concours, pour la part qu'il recueille, avec les créanciers personnels de l'héritier; mais le créancier diligent n'en retirera aucun avantage.

Ainsi, supposons que sur un actif de 100, deux créanciers du défunt aient chacun une créance de 100 : s'ils se font inscrire tous les deux, ils toucheront chacun 50. Si l'un d'eux seulement se fait inscrire, celui-là conservera intégralement les 50 qui lui reviennent; mais l'autre créancier ne conservera qu'une portion des 50 qui lui revenaient également, car il devra subir le concours des créanciers personnels de l'héritier.

Il en sera de même si, au lieu de supposer deux créanciers du défunt, nous prenons l'hypothèse d'un créancier et d'un légataire, ayant chacun à faire valoir une créance de 100 sur un actif de 150 : s'ils se font inscrire tous les deux, le créancier touchera 100 et le légataire 50 seulement, parce que les légataires ne sont payés qu'après les créanciers. Si le légataire se fait seul inscrire, leur position respective ne sera pas changée : le légataire continuera à toucher les 50 qui lui reviennent; quant au créancier, il devra concourir pour les 100 qui lui sont dus avec les créanciers personnels de l'héritier.

Les légataires n'ont-ils pas en outre une hypothèque légale sur les biens de la succession ?

Oui ; outre le bénéfice de la séparation des patrimoines, les légataires ont encore une hypothèque légale sur les biens de la succession. Mais cette hypothèque n'existe en réalité à leur profit qu'autant que la succession est immobilière, car autrement l'hypothèque n'aurait pas de base. — Le bénéfice de la séparation des patrimoines conservera donc toute son utilité pour les légataires dans le cas de succession mobilière ; et même lorsque les biens du défunt seront immobiliers, il leur offrira un avantage sur l'hypothèque légale, celui de produire un effet rétroactif, s'il a été inscrit dans les six mois de l'ouverture de la succession.

Au reste, l'hypothèque légale des légataires n'est pas opposable, bien entendu, aux créanciers de la succession, puisque ceux-ci doivent être payés avant eux, conformément à la règle *non sunt bona nisi deducto œre alieno*. — C'est uniquement à l'encontre de l'héritier ou de ses créanciers personnels qu'elle a été établie : on a craint qu'il ne cherchât à échapper à l'obligation d'acquitter les legs en aliénant ou en hypothéquant les immeubles de la succession, et l'on a voulu l'en empêcher en conférant aux légataires un droit réel sur ces immeubles.

Cependant, sous un autre rapport, l'hypothèque des légataires a pu être critiquée avec quelque apparence de raison. En effet, par suite de l'indivisibilité de l'hypothèque, un légataire peut se faire payer la totalité de son legs par un héritier qui a dans son lot un immeuble de succession d'une valeur suffisante ; tandis que les créanciers de la succession ne peuvent réclamer à chacun des héritiers qu'une portion de leurs créances ; ce qui les expose à subir une perte quand il s'en trouve qui sont insolvables. C'est là une contravention indirecte à la règle que les créanciers doivent être payés avant les légataires. (Art. 1017.)

Les créanciers et légataires du défunt ont-ils intérêt à demander la séparation des patrimoines, lorsque l'héritier a accepté sous bénéfice d'inventaire ?

L'acceptation bénéficiaire de l'héritier produit, comme on le sait, une véritable séparation des patrimoines : elle permet ainsi aux créanciers et légataires du défunt d'exclure les créanciers personnels de l'héritier des biens de succession. Dès lors, quel

intérêt auraient-ils à demander une séparation qui existe déjà
et qui produit tous ses effets à leur égard?

Suivant quelques auteurs, cet intérêt existe cependant. En
effet, lorsque la séparation des patrimoines vient du fait de l'héritier, celui-ci peut y renoncer ou peut en être déchu; et alors on
revient à la confusion des patrimoines. Il en résulte que l'acceptation bénéficiaire de l'héritier ne donne pas une sûreté suffisante aux créanciers et légataires du défunt, et qu'il faut leur
conserver le droit de demander la séparation (1).

Mais cette opinion repose sur un malentendu, car l'acceptation bénéficiaire ne produit pas ses effets en vue de l'héritier
seulement; elle les partage entre lui et les créanciers et légataires du défunt. Si donc l'héritier renonce aux avantages qui lui
sont propres ou s'il les perd, il ne détruit pas par là les sûretés
que le régime bénéficiaire qu'il avait adopté procurait aux
créanciers et légataires du défunt. Ces sûretés sont pour eux
des droits acquis qui ne peuvent être anéantis que par leur fait.
En conséquence, les créanciers et légataires n'ont pas à demander la séparation lorsque l'héritier a accepté sous bénéfice d'inventaire, parce qu'ils n'y ont alors aucun intérêt (2).

**Les créanciers et légataires qui ont demandé la séparation
contre un héritier seulement, peuvent-ils agir pour le tout
contre cet héritier ?**

Lorsque, parmi les héritiers, il s'en trouve un d'insolvable et
que les autres sont solvables, les créanciers et légataires du
défunt peuvent demander la séparation des patrimoines contre
le premier héritier seulement. Mais alors il s'agit de savoir s'ils
peuvent lui réclamer le montant intégral de leur créance, lorsqu'il a dans son lot un immeuble.

La raison de douter vient de ce que cet immeuble est alors grevé
d'un droit réel d'hypothèque, et que l'hypothèque est indivisible.
Néanmoins, il faut ici admettre la négative. — Effectivement, au
moment où le privilège de la séparation des patrimoines s'est ouvert en faveur des créanciers et légataires, leur créance était déjà
divisée entre les héritiers, et chacun d'eux était tenu séparément
et distinctement d'une portion de la dette contractée par le
défunt. Il en résulte que les créanciers et légataires, qui n'ont

(1) Paul Pont, *Priv. et hyp.*, I, 301.
(2) Cass., 18 novembre 1833 ; 29 juin 1853 ; 11 décembre 1854 ; 7 août 1860.

demandé la séparation que contre l'un des héritiers seulement,
ne peuvent agir contre celui-ci que pour la portion de la dette
commune qui est devenue sa dette personnelle.

Et que l'on ne vienne pas objecter que l'héritier qui a dans
son lot un immeuble hypothéqué par le défunt, peut être poursuivi pour toute la dette. Il n'y a aucune analogie avec notre espèce. — Ici, en effet, l'hypothèque ne s'est attachée à un immeuble de la succession qu'au moment de l'ouverture de cette
succession, c'est-à-dire lorsque les dettes qui y sont afférentes
se trouvaient déjà divisées par la loi entre les héritiers. Par
conséquent, l'hypothèque résultant de la demande en séparation formée contre un des héritiers n'a eu en vue de garantir que
la portion qui incombait à cet héritier dans la dette commune.
Au contraire, dans le cas auquel nous faisons allusion, l'hypothèque avait été prise par le défunt au moment où il contractait
la dette, et par conséquent elle avait été prise pour en garantir
le payement intégral (1).

**Le cessionnaire d'une créance acquiert-il le privilège qui la
garantit?**

Oui ; le cessionnaire d'une créance acquiert le privilège qui la
garantit. En effet, la cession d'une créance comprend non seulement la créance elle-même, mais encore les accessoires de cette
créance, tels que privilèges et hypothèques. — Le cessionnaire
est donc entièrement substitué au cédant, soit en ce qui concerne
l'étendue de ses droits, soit en ce qui touche aux formalités à
accomplir pour les conserver. (Art. 2112.)

**Dans quels cas les privilèges sur les immeubles dégénèrent-
ils en hypothèques?**

On a vu précédemment que, parmi les privilèges sur les
immeubles, il en est quelques-uns qui doivent être inscrits dans
un certain délai pour la conservation du droit de préférence.
Mais alors le créancier qui, pour conserver son droit de préférence, devait prendre inscription dans un certain délai, n'est pas
complètement déchu de ses droits lorsqu'il a laissé expirer le
délai ; pourvu toutefois que l'immeuble soit resté dans le patrimoine du débiteur. Seulement, il ne conserve plus qu'une simple
hypothèque dont le rang est fixé uniquement par l'inscription.

_____

(1) Ducaurroy, Bonnier et Roustain, sur l'article 878; — Gabriel Demante,
Revue critique de jurispr., 4ᵉ année, p. 177.

Les privilèges qui sont ainsi susceptibles de dégénérer en l'hypothèques légales sont :

1° Celui des cohéritiers ou copartageants qui n'ont pas pris inscription dans les soixante jours du partage ;

2° Celui des créanciers et légataires du défunt qui n'ont pas pris inscription dans les six mois de l'ouverture de la succession. (Art. 2113.)

CHAPITRE TROISIÈME

DES HYPOTHÈQUES.

Articles 2114 à 2145.

Conformément à l'ordre du Code, nous avons divisé ce chapitre en cinq sections, savoir :

SECTION I. — Dispositions générales.
SECTION II. — Des hypothèques légales.
SECTION III. — Des hypothèques judiciaires.
SECTION IV. — Des hypothèques conventionnelles.
SECTION V. — Du rang que les hypothèques ont entre elles.

SECTION I

DISPOSITIONS GÉNÉRALES.

Qu'est-ce que l'hypothèque ?

L'hypothèque est un droit réel qui frappe sur les immeubles affectés à l'acquittement d'une obligation, et qui les suit dans quelques mains qu'ils passent.

L'hypothèque a cinq caractères principaux : 1° elle est un droit accessoire ; 2° elle est un droit réel ; 3° elle est un droit de suite ; 4° elle est indivisible de sa nature ; 5° enfin elle est un droit mobilier.

Elle est un droit accessoire. — En effet, de même que le nantissement et les privilèges, l'hypothèque suppose l'existence d'une créance, dont elle garantit le payement.

Elle est un droit réel. — En effet, l'hypothèque peut être invoquée contre toute personne en général, et non pas seulement

contre le débiteur. — Ce droit réel constitue d'ailleurs un véritable démembrement de la propriété ; car il restreint le droit de
disposition du propriétaire au profit du créancier, en l'empê-
chant de faire des actes qui puissent diminuer la valeur de la
chose affectée au payement de sa dette (1).

Elle est un droit de suite. — En effet, l'hypothèque existe non
seulement lorsque l'immeuble grevé est resté dans le patrimoine
du débiteur, mais encore lorsqu'il est passé entre les mains d'un
tiers. Sous ce rapport, elle est un droit réel plus étendu que
celui des créanciers privilégiés sur les meubles.

Elle est indivisible de sa nature. — Cela signifie que l'immeuble
ou que les immeubles grevés sont affectés en totalité au payement de la dette entière, de sorte que tant qu'il subsiste une
fraction de cette dette, l'hypothèque conserve la même étendue. — Toutefois, comme elle n'est pas indivisible de son
essence mais seulement de sa *nature*, les parties peuvent convenir que, lorsqu'une certaine portion de la dette qu'elle garantit sera acquittée, elle pourra être restreinte.

Au reste, l'indivisibilité de l'hypothèque s'impose d'elle-même,
toutes les fois que l'immeuble hypothéqué n'est pas susceptible
d'être divisé sans détérioration ou sans perte. Soit, par exemple,
une maison hypothéquée jusqu'à concurrence de 100,000 francs :
si le créancier reçoit 75,000 francs, dira-t-on que les trois quarts
de la maison sont dégrevés et qu'un quart reste grevé ? Mais quel
serait le résultat de cette manière d'opérer ? Si le débiteur n'acquitte pas le surplus, pourra-t-on saisir et faire vendre le quart
de la maison avec quelque chance de trouver un acquéreur ? —
On remarquera, d'ailleurs, que l'indivisibilité de l'hypothèque
aboutit au même résultat que sa divisibilité, au point de vue du
crédit du débiteur. Effectivement, si après avoir hypothéqué sa
maison, il fait successivement plusieurs payements partiels, la
maison demeure bien toujours hypothéquée pour le tout, tant
qu'il reste quelque chose à payer ; mais alors elle ne sera plus
hypothéquée que pour une somme très inférieure à sa valeur,
et par suite le débiteur aura la faculté de recourir à de nouveaux emprunts, comme si la maison était dégrevée pour partie.

Enfin l'hypothèque est un droit mobilier. — Ainsi qu'on le
verra tout à l'heure, l'hypothèque ne frappe que les immeubles

(1) Valette, Duverger, *à leur cours.* — *Contrà :* Demolombe, IX, 471 et 472.

et, sous ce rapport, il semble bien au premier abord que le droit réel qu'elle confère soit un droit immobilier.

Mais on admet généralement que l'hypothèque a la nature de la créance qu'elle garantit et dont elle est l'accessoire ; et il en résulte que si la créance a pour objet des sommes d'argent ou d'autres choses mobilières, l'hypothèque, qui en assure le payement est alors un droit réel mobilier (1).(Art. 2114.)

Quels sont les biens susceptibles d'être hypothéqués ?

Le Code définit l'hypothèque un droit réel sur les immeubles ; il résulte de là que les meubles ne sont pas susceptibles d'être hypothéqués.

Quant aux immeubles, ils peuvent être hypothéqués toutes les fois qu'ils sont dans le commerce, et qu'ils se trouvent susceptibles d'être saisis et vendus aux enchères. — En effet, la sûreté que procure l'hypothèque consiste précisément à pouvoir convertir l'immeuble grevé en sommes d'argent, destinées à désintéresser les créanciers.

En conséquence, peuvent être hypothéqués :

1° Les immeubles par nature. — On peut les hypothéquer en totalité ou en partie, pour une part indivise comme un tiers, un quart, ou pour une portion individuellement déterminée.

2° Les immeubles par destination. — On appelle ainsi les accessoires d'un immeuble par nature, tels que les animaux et ustensiles aratoires qui ont été attachés à un fonds à perpétuelle demeure, pour le service et l'exploitation de ce fonds. — Ces accessoires ne sont pas susceptibles, il est vrai, d'une hypothèque principale ; mais ils sont compris dans l'hypothèque qui frappe sur le fonds, et ils peuvent être saisis et vendus aux enchères en même temps que le fonds lui-même.

3° L'usufruit des biens immobiliers. — En effet, l'usufruitier peut céder son droit, et ses créanciers peuvent le saisir et le faire vendre aux enchères. — Mais l'hypothèque sur l'usufruit ne donne pas au créancier une grande sécurité, parce qu'elle s'éteint, en même temps que l'usufruit, par le décès de l'usufruitier.

4° Les mines exploitées en vertu d'un concession du Gouvernement, et les actions immobilières de la Banque de France et des canaux d'Orléans et du Loing. (Art. 2118.)

(1) Valette, *Priv. et hyp.*, 124. — Demante, I, p. 525. — Demolombe, IX, 472.

**Quels sont les biens immobiliers qui ne sont pas suscepti-
bles d'être hypothéqués ?**

Les biens immobiliers qui ne sont pas susceptibles d'être hypothéqués sont ceux qu'il n'est pas possible de saisir et de faire
vendre aux enchères, et qu'on ne peut pas dès lors convertir en
sommes d'argent, destinées à désintéresser les créanciers. — Tels
sont :

1° Les droits d'usage et d'habitation ; car ils ne peuvent pas
être cédés, et par conséquent être saisis et vendus aux enchères.

2° Les servitudes ; car l'hypothèque ne peut pas les atteindre
d'une manière principale. Supposons, par exemple, qu'un débiteur donne hypothèque à son créancier sur une servitude de vue
qu'il a sur le fonds voisin : cette hypothèque ne procurerait
aucune sûreté au créancier ; car la servitude n'offrant d'utilité
que pour le propriétaire du fonds dominant, il ne trouverait pas
d'acheteur s'il voulait la faire vendre pour se faire payer sur le
prix. — Toutefois, si les servitudes ne sont pas susceptibles
d'hypothèque, ce n'est qu'autant qu'on les considère isolément
et abstraction faite du fonds dominant : si le fonds lui-même
était hypothéqué, les servitudes actives et passives qui le grèvent
seraient comprises dans l'hypothèque.

3° Les actions immobilières, comme celles en revendication,
en réméré, en rescision et en nullité. — Toutefois, si l'on ne
peut pas hypothéquer l'action qui a pour objet un immeuble, on
peut très bien céder une hypothèque sur l'immeuble contesté
lui-même. Cette hypothèque ne sera de nature à produire son
effet, que si l'action est admise par le tribunal. (Art. 2118.)

**Que veut dire la règle que les meubles n'ont pas de suite
par hypothèque ?**

Dans notre ancienne jurisprudence, la règle que « *les meubles
n'ont pas de suite par hypothèque* » pouvait être prise dans deux
sens différents. Suivant certaines coutumes, elle signifiait que
les meubles pouvaient être hypothéqués, mais seulement au
point de vue du droit de préférence, c'est-à-dire que l'hypothèque ne pouvait subsister qu'autant que le meuble grevé restait
aux mains du débiteur. — Suivant d'autres coutumes, elle voulait dire que les meubles ne pouvaient être hypothéqués ni quant
au droit de préférence, ni quant au droit de suite (1).

(1) Loyseau, *Des offices*, liv. III, chap. V, n°° 23 et suiv.

Le Code a adopté cette dernière interprétation. Mais, au lieu de dire alors simplement que les meubles ne sont pas susceptibles d'hypothèques, il a employé par mégarde la formule de notre ancien droit, qui, si elle était prise à la lettre, mènerait à cette idée fausse que les meubles peuvent être hypothéqués, mais que l'hypothèque qui les grève s'éteint quand ils sont sortis des mains du débiteur. — En résumé, les meubles ne peuvent donner lieu à un droit de préférence que par l'effet des privilèges (1). (Art. 2119.)

Le débiteur dont les biens ont été hypothéqués en conserve-t-il la disposition ?

Oui ; le débiteur dont les biens ont été hypothéqués en conserve en principe la disposition : ainsi il peut les exploiter comme il l'entend, y faire des innovations, et même les aliéner. Mais son droit de disposer n'est pas aussi libre qu'il l'était auparavant, et les créanciers hypothécaires peuvent s'opposer à toute dégradation ou démolition qu'il ferait sans cause légitime ; comme aussi ils peuvent critiquer tous les actes qui tendraient à diminuer la valeur des biens hypothéqués. — Ainsi, si l'immeuble hypothéqué comprend une maison, ils peuvent l'empêcher de la démolir sans motifs ; s'il comprend des bois, ils peuvent l'empêcher de les faire couper contrairement à l'usage des lieux.

Aux termes de l'article 2120, il n'est rien innové par le Code aux dispositions des lois maritimes concernant les navires et les bâtiments de guerre. — En principe, les navires sont des meubles ; mais ce sont des meubles *sui generis*, qui se rapprochent beaucoup des immeubles. Ainsi, ils donnent lieu à un droit de préférence et de suite, et même ils peuvent, depuis une loi récente, dont nous expliquerons plus loin les dispositions, être hypothéqués (2). (Art. 2120.)

Quelles sont les formes de l'hypothèque ?

Aux termes de l'article 2115, l'hypothèque n'a lieu que dans les cas et suivant les formes autorisés par la loi. — On verra plus loin quelles sont les formes de l'hypothèque et les conditions de publicité auxquelles elle a été assujettie par le Code. Il suffit maintenant de rappeler qu'en droit romain la convention

(1) Valette, I, p. 242. — Paul Pont, *Priv. et hyp.*, I, 411.
(2) Il s'agit de la loi du 10 décembre 1874, dont on trouvera l'explication dans un appendice placé à la fin de ce titre.

d'hypothèque n'était soumise à aucune forme, et que dans notre ancien droit tout acte notarié suffisait pour donner au créancier une hypothèque générale sur les immeubles de son débiteur. Toutes les hypothèques étaient occultes, et elles n'étaient révélées aux tiers que par l'accomplissement des formalités de la purge.

L'hypothèque peut être pure et simple, à terme ou sous condition. Mais, bien entendu, on ne peut pas l'établir pure et simple si la créance qu'elle garantit est conditionnelle, car l'accessoire ne peut pas dépasser le principal. Au contraire, on peut la consentir sous condition, lorsque la créance est pure et simple.

Combien y a-t-il de sortes d'hypothèques ?

Il y a trois sortes d'hypothèques, savoir : les hypothèques légales, les hypothèques judiciaires et les hypothèques conventionnelles.

L'hypothèque légale est celle qui a lieu directement en vertu d'une disposition de la loi.

L'hypothèque judiciaire est celle qui résulte d'un jugement, ou d'une reconnaissance faite par le débiteur en présence de la justice.

Enfin, l'hypothèque conventionnelle est celle qui résulte de la convention des parties et de la forme extérieure de l'acte. (Art. 2116, 2117.)

SECTION II

DES HYPOTHÈQUES LÉGALES

Quelles sont les hypothèques légales ?

Il y a cinq hypothèques légales, savoir :

1° L'hypothèque des femmes mariées sur les biens de leur mari ;

2° L'hypothèque des mineurs et interdits sur les biens de leur tuteur ;

3° L'hypothèque de l'État, des communes et des établissements publics sur les biens des receveurs et administrateurs comptables ;

4° L'hypothèque des légataires sur les immeubles de la succession ;

5° Enfin, les hypothèques qui proviennent de privilèges dégénérés, telles que celle des copartageants qui ne se sont pas fait inscrire dans les soixante jours du partage, et celle des créanciers et légataires du défunt qui ne se sont pas fait inscrire dans les six mois à partir de l'ouverture de la succession.

De ces cinq hypothèques, les trois premières sont des hypothèques générales, c'est-à-dire qu'elles portent sur tous les immeubles présents et à venir du débiteur.

L'hypothèque des femmes mariées et celle des mineurs sont dispensées d'inscription. (Art. 2121, 2122.)

Quelles sont les créances garanties par l'hypothèque des femmes mariées ?

L'hypothèque des femmes mariées garantit toutes les créances qu'elles peuvent avoir contre leur mari, car l'article 2121 ne fait aucune distinction : les droits et créances de la femme, y est-il dit, sont garantis par une hypothèque. Ainsi, la femme a une hypothèque légale, sous quelque régime qu'elle soit mariée, pour toutes les obligations que le mari contracte envers elle, à quelque titre que ce soit, par suite de l'association conjugale. — En conséquence, la dot qu'elle apporte en se mariant, les donations ou successions qui lui adviennent pendant le mariage, le remploi de ses propres aliénés lorsqu'il a été stipulé, les récompenses qui peuvent lui être dues, enfin les indemnités auxquelles elle a droit à raison des dettes contractées pour son mari sont garanties par cette hypothèque.

Mais elle ne peut pas l'invoquer pour les indemnités ou récompenses qu'elle ne peut recouvrer que sur les biens de la communauté, ni pour les droits qui ne lui sont accordés que dans le cas où elle survit à son mari, par exemple pour son deuil.

Au reste, l'hypothèque des femmes mariées existe sur tous les immeubles présents, ainsi que sur tous les immeubles à venir du mari, à mesure qu'ils entrent dans son patrimoine.

L'hypothèque légale de la femme existe-t-elle sur les biens de la communauté ?

Durant la communauté, et lorsque les biens de la communauté n'ont pas été aliénés, l'hypothèque n'existe pas. Mais la question devient plus délicate, lorsque les biens communs ont été aliénés par le mari durant la communauté ; il faut alors établir les trois distinctions suivantes :

1° L'immeuble a été aliéné par le mari seul, mais la femme a accepté la communauté ;

2° L'immeuble a été aliéné par le mari seul, mais la femme a renoncé à la communauté ;

3° L'immeuble a été aliéné par le mari et la femme solidairement.

Reprenons successivement ces trois hypothèses :

I. *L'immeuble a été aliéné par le mari seul, mais la femme a accepté la communauté.* — Dans ce cas, la jurisprudence et la doctrine sont d'accord pour décider que l'hypothèque légale ne frappe pas l'immeuble aliéné : la jurisprudence, par la raison que l'acceptation de la femme implique une ratification tacite de sa part relativement aux aliénations consenties par le mari ; la doctrine, par la raison que l'hypothèque de la femme serait inconciliable avec les pouvoirs du mari sur la communauté (1).

II. *L'immeuble a été aliéné par le mari seul, mais la femme a renoncé à la communauté.* — Dans ce cas, au contraire, la jurisprudence et la doctrine se séparent. La jurisprudence admet l'hypothèque légale, par la raison que la femme renonçante est réputée n'avoir jamais été commune et que les biens de la communauté sont censés avoir toujours appartenu au mari ; d'où il résulte qu'ils n'ont pu être aliénés que grevés de l'hypothèque légale de la femme. — Ce système a été consacré par plusieurs arrêts (2).

Mais il est repoussé avec raison par la majorité des auteurs. On fait observer : 1° que l'hypothèque est un droit exceptionnel et qu'elle n'est applicable que dans les cas où elle a été établie expressément par la loi ; d'où il résulte qu'elle s'applique exclusivement aux biens du mari, et non point à ceux de la communauté, qui, tant qu'elle existe, forment un patrimoine disctinct de celui du mari ; — 2° que si la renonciation de la femme à la communauté a un effet rétroactif, cette rétroactivité ne peut remonter qu'au jour où la communauté a été dissoute et où les biens qui la composaient sont tombés dans l'indivision ; d'où il résulte que l'hypothèque légale de la femme ne peut s'appliquer aux biens de la communauté que du moment où ils sont devenus biens du mari, c'est-à-dire du jour de la dissolution de la communauté ; — 3° qu'il résulte de la combinaison des principes qui régissent la communauté conjugale, que le législateur a en-

(1) Grenoble, 6 décembre 1878 ; Bordeaux, 28 juin 1879.
(2) Paris, 12 décembre 1816 ; Cass., 7 novembre 1819.

tendu, dans l'intérêt même des époux et de la famille, exonérer
les biens de la communauté de l'hypothèque légale; car, sans
cela, le pouvoir d'aliéner et d'hypothéquer qui appartient au
mari, deviendrait illusoire, et les tiers ne voudraient pas contracter avec lui, dans la crainte d'être évincés des biens qu'ils
auraient acquis (1).

III. *L'immeuble a été aliéné par le mari et par la femme solidairement.* — Dans ce cas, l'hypothèque légale ne frappe pas
l'immeuble aliéné. Il suffit, pour s'en convaincre, de lire les articles 1407, 1426, 1427, 1431, 1482 et suivants, qui s'accordent
tous à regarder comme valables les actes faits par la femme
avec l'autorisation du mari. Si la femme a vendu un immeuble
de la communauté solidairement avec son mari, il est bien évident qu'elle ne peut avoir conservé son hypothèque sur cet immeuble, en admettant même qu'elle ait une hypothèque sur les
biens de communauté aliénés par le mari. Ayant été partie dans
la vente, elle est tenue de la garantie envers l'acheteur, et
par conséquent aucune éviction ne peut provenir de son
chef.

Il va sans dire que l'hypothèque de la femme existe sur les
biens acquis par le mari après la dissolution du mariage. En effet,
la loi ne la restreint pas à ses biens actuels et à ceux qu'il acquiert pendant le mariage; elle l'étend, au contraire, à ses biens
à venir sans aucune distinction. — Mais l'hypothèque légale ne
s'étend pas de même après la mort du mari, aux immeubles
personnels de ses héritiers; car ces immeubles n'ont jamais appartenu au mari.

**Quelles sont les créances garanties par l'hypothèque des
mineurs et des interdits ?**

L'hypothèque des mineurs et des interdits garantit toutes les
créances qui résultent de la gestion de la tutelle; mais elle ne
comprend pas celles qui proviennent de toute autre cause. —
Elle porte sur tous les immeubles présents et à venir du tuteur;
et il faut ici comprendre sous le nom de tuteurs toutes les per-

_____

(1) Valette, p. 258. — Rodière et Pont, 1re édit., I, nos 438 et 888. — Toutefois M. Paul Pont a depuis rejeté cette doctrine. Dans son traité *des privilèges
et hypothèques* (I, 524 et suiv.), il enseigne que l'hypothèque légale de la
emme s'applique aux acquêts de communauté, qui ont été aliénés par le
mari.

sonnes à qui la loi donne cette qualification, et qui sont chargées d'administrer.

En conséquence, l'hypothèque frappe les tuteurs légitimes, testamentaires ou datifs, les pro-tuteurs et tuteurs officieux; ainsi que le mari en secondes noces de la femme tutrice. — Mais elle n'existe pas, au contraire, contre le subrogé-tuteur et le tuteur à une substitution, parce qu'ils ne font que surveiller l'administration d'autrui ; ni contre le père administrateur des biens de ses enfants, le curateur, le conseil judiciaire et l'administrateur provisoire donné au défendeur en interdiction, parce qu'ils ne sont pas des tuteurs.

Quelles sont les créances garanties par l'hypothèque de l'État, des communes et des établissements publics ?

L'hypothèque de l'État, des communes et des établissements publics, garantit toutes les créances qu'ils peuvent avoir contre les comptables et dépositaires de deniers publics, à raison de leur gestion.

On appelle *comptables*, ceux qui manient les deniers publics, soit en les recevant, soit en les employant. Tels sont : les receveurs, les payeurs, les percepteurs, les trésoriers des établissements publics. — Mais cette dénomination ne s'applique pas aux fonctionnaires qui ne font que diriger la recette ou surveiller l'administration des comptables, tels que les inspecteurs, les vérificateurs et autres. Ainsi, leurs biens ne sont pas frappés par l'hypothèque légale.

On entend par *établissements publics*, les établissements fondés par l'État ou les communes pour l'utilité publique. Tels sont : les hôpitaux et les maisons d'instruction publique placés sous la surveillance du gouvernement.

Indépendamment de l'hypothèque légale établie par le Code, la loi du 5 septembre 1807 accorde au Trésor un privilège sur le cautionnement des comptables, et sur les immeubles qu'ils ont acquis à titre onéreux depuis leur nomination, car ils sont présumés en avoir payé le prix avec les deniers dont ils avaient le maniement. — Quant aux immeubles qu'ils ont acquis à titre gratuit, ils sont seulement grevés d'une hypothèque légale. (Art. 2121.)

Quelles sont les hypothèques légales qui existent encore ?

Outre les trois hypothèques légales des femmes mariées, des mineurs et interdits et du Trésor, dont nous venons de parler et qui sont mentionnées dans l'article 2121, il faut encore ajouter deux hypothèques légales dont il a été précédemment question : celle des légataires, et celle qui provient de privilèges dégénérés en hypothèques.

L'hypothèque des légataires a pour but d'assurer la délivrance de leur legs. — A la différence des précédentes, elle n'est pas générale et elle ne porte que sur les immeubles de la succession, sans affecter les biens personnels des héritiers.

Quant aux hypothèques qui proviennent des privilèges dégénérés en hypothèques, et qui sont, comme nous l'avons dit, celle des copartageants qui ne se sont pas fait inscrire dans les soixante jours du partage, et celle des créanciers et légataires qui ne se sont pas fait inscrire dans les six mois de l'ouverture de la succession, elles garantissent les mêmes créances que les privilèges auxquels elles survivent et elles portent sur les mêmes biens. (Art. 1017, 2113.)

SECTION III

DES HYPOTHÈQUES JUDICIAIRES.

D'où résultent les hypothèques judiciaires ?

Les hypothèques judiciaires peuvent résulter, soit d'un jugement, soit d'un acte judiciaire, soit d'une sentence arbitrale.

Le jugement est la décision prononcée par le juge sur une question litigieuse. — L'acte judiciaire diffère du jugement parce qu'il exclut l'idée de litige.

L'hypothèque judiciaire s'étend, comme l'hypothèque légale, à tous les biens présents et à venir du débiteur. (Art. 2123.)

Quels sont les jugement qui emportent hypothèque ?

Les jugements qui emportent hypothèque sont ceux qui contiennent une condamnation pécunaire, actuelle ou éventuelle. Tels sont ceux qui déclarent que l'une des parties est débitrice de l'autre ; ou ceux qui déclarent que l'une des parties doit rendre des comptes à l'autre, ce qui constitue éventuellement la première débitrice. — Par contre, il est bien évident que les jugements qui n'impliquent aucune condamnation pécunaire actuelle ou future, tels que ceux qui se réfèrent à une demande en désaveu, à une nullité de mariage, n'emportent pas hypothèque.

III. 24

Au reste, l'hypothèque peut être inscrite lorsque la partie qui a succombé est encore dans les délais d'opposition ou d'appel ; car la prise d'inscription est une simple mesure conservatoire, et non pas un acte d'exécution. — Seulement, l'hypothèque subit alors toutes les modifications apportées au jugement d'où elle résulte. Ce jugement est-il mis à néant, l'hypothèque disparaît elle-même ; la condamnation est-elle diminuée, l'hypothèque se trouve également réduite. (Art. 2123.)

Quels sont les actes judiciaires qui emportent hypothèque ?

Il n'existe qu'un seul acte judiciaire qui emporte hypothèque, c'est la reconnaissance que le débiteur fait en justice de sa signature apposée à un acte sous seing privé.

D'après la loi du 3 septembre 1807, lorsque l'écrit sous seing privé est reconnu en justice avant que la dette ne soit exigible, le créancier ne peut pas prendre immédiatement inscription sur les immeubles de son débiteur. Il doit attendre jusqu'à l'échéance, et ce n'est que dans le cas où il ne serait pas payé à cette date qu'il peut faire inscrire son hypothèque. — Cette loi a fait disparaître la disposition du Code qui permettait aux créanciers munis d'un titre sous seing privé de se procurer immédiatement une hypothèque générale sur les biens de leur débiteur, en le faisant simplement assigner en reconnaissance de sa signature. Art. 2123.)

A quelles conditions les sentences arbitrales emportent-elles hypothèque ?

On appelle *sentence arbitrale*, la décision rendue par des arbitres choisis par les parties.

Pour qu'une sentence arbitrale emporte hypothèque, il faut qu'elle ait été rendue exécutoire par le président du tribunal de première instance, ou, si le litige existe en appel, par le président de la Cour d'appel. — L'inscription prise avant l'obtention de l'ordonnance ne produirait aucun effet. (Art. 2123.)

Les jugements prononcés par des tribunaux étrangers emportent-ils hypothèque en France ?

Oui ; les jugements prononcés par des tribunaux étrangers emportent hypothèque en France ; mais ce n'est qu'autant qu'ils ont été rendus exécutoires par un tribunal français, et qu'il existe des traités particuliers qui leur concèdent ce droit.

Il faut observer que la loi exige l'intervention du tribunal entier, et qu'elle ne se contente pas, comme pour les jugements rendus par des arbitres, de l'*exequatur* d'un seul juge. — Ici se présente une question vivement débattue. Il s'agit de savoir si le tribunal français chargé de rendre exécutoire un jugement prononcé par un tribunal étranger doit entrer dans l'examen de l'affaire, ou s'il doit se borner à vérifier si le jugement a été rendu dans les formes prescrites par la législation étrangère.

A cet égard, les auteurs ne sont pas d'accord :

Suivant les uns, le tribunal français doit considérer le jugement rendu à l'étranger comme ayant force de chose jugée, et par conséquent il n'a qu'à examiner s'il a été rendu régulièrement en la forme, et si les voies d'exécution qui ont été ordonnées par le juge étranger sont compatibles avec nos lois. — En effet, si au lieu de se borner là il pouvait réviser le fond, ce ne serait plus un jugement étranger, mais un jugement français qu'on rendrait exécutoire (1).

Toutefois, quelques auteurs, parmi lesquels M. Valette, sont d'avis que le tribunal français peut examiner le fond, lorsque le jugement est rendu contre un Français ; car la loi française doit essentiellement protéger les Français. — Cette opinion s'appuie sur une ordonnance du 15 janvier 1620, qui n'a pas été abrogée : « Les jugements rendus, contrats ou obligations reçues ès royaumes et souverainetés étrangères, y est-il dit, n'auront aucune hypothèque ni exécution en notre royaume ; ainsi tiendront les contrats lieu de simples promesses, et nonobstant les jugements, nos sujets contre lesquels ils auront été rendus pourront débattre leurs droits comme entiers devant nos officiers (2). » (Art. 2123.)

SECTION IV

DES HYPOTHÈQUES CONVENTIONNELLES.

Quelles sont les conditions requises pour constituer des hypothèques conventionnelles ?

Pour constituer des hypothèques conventionnelles, il faut

---

(1) Bugnot, *à son cours.* — Demangeat, *Histoire de la cond.civ., des étrangers en France.*

(2) Valette, *Revue de droit français et étranger*, 1849, VI, p. 597.

deux conditions, savoir : 1° la capacité du constituant ; 2° la
forme du contrat.

I. *Capacité du constituant.* — Pour pouvoir constituer des hypothèques, il ne suffit pas de pouvoir s'obliger ; il faut encore
être capable d'aliéner l'immeuble qu'on veut grever, parce que
l'hypothèque conduit à l'aliénation forcée.

En conséquence, non seulement les mineurs ordinaires et
les interdits, mais même les femmes séparées de biens et les
mineurs émancipés ne peuvent pas concéder d'hypothèques,
bien qu'ils soient capables de s'obliger. — Pour la même raison,
on doit considérer comme absolument nulle, l'hypothèque consentie sur un immeuble par une personne qui n'en est pas propriétaire.

Toutefois, le principe que pour pouvoir hypothéquer il faut
être capable d'aliéner souffre deux exceptions remarquables :
1° au profit du mari, dans le cas d'ameublissements des immeubles de sa femme jusqu'à concurrence d'une certaine somme ;
2° au profit du mineur commerçant, qui, bien qu'incapable d'a-
liéner ses immeubles, peut cependant les hypothéquer pour les
actes de son commerce.

II. *Forme du contrat.* — La convention d'hypothèque ne peut
être consentie que par un acte passé dans la forme authentique,
devant deux notaires ou devant un notaire et deux témoins.

Cette formalité a pour but d'empêcher les débiteurs de consentir trop facilement des hypothèques. Elle sert également à
constater d'une manière certaine l'existence de l'hypothèque à
l'égard du conservateur auprès de qui le créancier en requiert
l'inscription. Pour les mêmes motifs, la procuration donnée au
mandataire pour constituer une hypothèque doit être également
revêtue de la forme authentique (1).

Afin d'empêcher les parties de se soustraire à l'obligation d'un
acte notarié, la loi n'a pas voulu que les procès-verbaux de conciliation dressés par les juges de paix pussent emporter hypothèque. Autrement, on aurait pu facilement, en prenant cette
voie détournée, obtenir des garanties qui, dans la pensée du
législateur, sont attachées exclusivement aux actes passés devant
les notaires. (Art. 2124, 2127.)

_____

(1) Cass., 12 novembre 1855 ; 19 janvier 1901.

Que devient l'hypothèque lorsque le droit du constituant est résolu ?

Aux termes de l'article 2125, ceux qui n'ont sur l'immeuble qu'un droit suspendu par une condition, ou résoluble dans certains cas, ou sujet à rescision ne peuvent consentir qu'une hypothèque soumise aux mêmes conditions ou à la même rescision · — Cet article ne fait guère que reproduire ces divers axiomes de droit qui ont tous la même signification : « Personne ne peut transférer à un autre plus de droits qu'il n'en a lui-même ». — « Le droit de celui qui a donné étant résolu, le droit de celui qui a reçu est également résolu ».

Ainsi, quand un immeuble est vendu sous condition suspensive, le vendeur peut néanmoins l'hypothéquer, mais alors si la condition se réalise, l'hypothèque est anéantie; pareillement, si l'acheteur l'a hypothéqué, l'hypothèque sera éteinte si la condition ne se réalise pas. — Toutefois, il existe une exception remarquable au principe contenu dans notre article : lorsqu'une donation a été révoquée pour cause d'ingratitude, les droits réels concédés à des tiers par le donataire sont cependant maintenus. La raison en est que les tiers n'ont pas pu prévoir cette cause de révocation. (Art. 2125.)

Peut-on constituer des hypothèques conventionnelles sur les biens des absents ?

Non; les biens des absents ne peuvent être hypothéqués qu'en vertu d'un jugement rendu sur la requête des envoyés en possession provisoire. En conséquence, l'article 2126 contient une inexactitude, lorsqu'il parle des *causes* et des *formes* prescrites par la loi pour établir une hypothèque conventionnelle sur les biens des absents; et c'est à la constitution d'hypothèques sur les biens des mineurs et des interdits que se réfèrent les formalités auxquelles il fait allusion.

Les causes et les formes requises pour l'établissement des hypothèques conventionnelles sur les biens des mineurs sont exposées dans les articles 457 et suivants. Il faut un délibération du conseil de famille, homologuée par le tribunal. Mais la simple homologation donnée par un tribunal, statuant en la chambre du conseil, à une délibération du conseil de famille, n'est pas une décision judiciaire, et l'hypothèque ainsi constituée est une hypothèque conventionnelle. (Art. 2126.)

L'hypothèque consentie par un mineur est-elle radicalement nulle ?

A cet égard, les auteurs ne sont pas d'accord.

Les uns soutiennent qu'elle est simplement annulable, parce que la nullité provient uniquement du défaut de capacité du constituant, et que les nullités qui tiennent à l'incapacité n'ont été établies que dans l'intérêt des incapables. — En conséquence, ils décident que l'hypothèque consentie par un incapable peut être valablement ratifiée par lui, en observant cependant que la ratification ne sera pas opposable aux tiers auxquels le constituant aurait consenti valablement des hypothèques, dans l'intervalle qui s'est écoulé entre le moment où il a atteint sa majorité et la ratification.

Mais cette opinion ne paraît pas fondée. Effectivement, l'hypothèque ne peut être établie sur les biens d'un mineur que sous l'accomplissement de certaines formalités très rigoureuses, telles que autorisation du tuteur, consentement du conseil de famille, homologation du tribunal. Celle qui a été consentie par le mineur seul est donc radicalement nulle pour vice de forme, et par conséquent n'est pas susceptible de ratification.

La même solution doit être appliquée à l'hypothèque consentie par le tuteur seul ou par le mineur émancipé.

Les contrats passés à l'étranger peuvent-ils donner hypothèque sur des biens situés en France ?

Non; un propriétaire ne peut pas grever d'une hypothèque conventionnelle ses biens situés en France par un acte passé à l'étranger, à moins que les lois ou des traités n'aient décidé le contraire.

Cette disposition paraîtra assez étrange, si l'on considère que l'on peut très bien aliéner ses biens situés en France par un contrat passé à l'étranger. — On l'explique par une réminiscence de notre ancien droit, où l'hypothèque était regardée comme une sorte d'exécution qui ne pouvait résulter que d'un acte public français. (Art. 2128.)

Que doit énoncer l'acte constitutif d'hypothèque ?

L'acte constitutif d'hypothèque doit contenir deux sortes d'énonciations :

1° Des énonciations relatives à la nature et à la situation des biens hypothéqués ;

2° Des énonciations relatives à la créance qui est garantie par l'hypothèque.

Dans notre ancienne législation, on pouvait hypothéquer en bloc tous ses biens. Il en est encore de même aujourd'hui pour les hypothèques légales et judiciaires. Mais, relativement aux hypothèques conventionnelles, le Code a introduit une règle nouvelle, connue sous le nom de *spécialité de l'hypothèque*, en vertu de laquelle chaque immeuble doit être hypothéqué individuellement et d'une manière spéciale. Pour que l'hypothèque conventionnelle ait ce caractère de spécialité, il faut que l'acte qui la constitue indique d'une façon précise et distincte la nature et la situation des biens hypothéqués, ainsi que la créance garantie par l'hypothèque.

L'acte constitutif d'hypothèque spécialisera la nature des biens hypothéqués, en indiquant, par exemple, qu'il s'agit d'une vigne de trois hectares ; et il spécialisera leur situation en désignant leurs tenants et aboutissants, le finage et la commune où ils sont situés. — Lorsqu'on constitue une hypothèque conventionnelle sur tous ses biens présents, il faut même indiquer la nature et la situation de chacun d'eux.

D'autre part, l'acte constitutif d'hypothèque spécialisera la créance garantie, en désignant quel en est le montant, quels sont ses modalités et ses divers caractères. (Art. 2129.)

Ces énonciations sont-elles prescrites à peine de nullité ?

Le Code ne s'est pas expliqué à cet égard. — Toutefois, on s'accorde généralement à regarder comme essentielles les énonciations sans lesquelles les tiers ne pourraient pas apprécier la valeur de l'hypothèque, soit par rapport aux biens auxquels elle s'attache, soit par rapport à la créance qu'elle est destinée à garantir. L'omission de ces énonciations entraînerait la nullité de l'acte.

Mais il en est différemment des énonciations moins importantes, et en l'absence desquelles les tiers pourraient néanmoins se rendre compte de la valeur de l'hypothèque. Leur omission n'entraînerait pas la nullité de l'acte, puisque cette nullité n'a pas été prononcée par la loi. — Ainsi, l'omission d'une énonciation relative aux tenants et aboutissants d'un immeuble hypothéqué n'affecterait pas la validité de l'hypothèque, si l'immeuble était d'ailleurs suffisamment désigné.

Peut-on consentir une hypothèque conventionnelle sur des biens à venir ?

Non ; en principe, on ne peut pas consentir une hypothèque sur des biens à venir. — Toutefois, ce principe reçoit une grave exception : il suffit, en effet, pour pouvoir hypothéquer tous ses biens à venir, d'hypothéquer d'abord tous les biens présents et de déclarer ensuite leur insuffisance pour la sûreté de la dette. — Ainsi, celui qui n'a aucun immeuble ne peut pas hypothéquer ses biens à venir ; mais celui qui en a un seul peut, quelle que soit la valeur de cet immeuble, grever d'avance tous ceux qui lui adviendront par la suite. C'est qu'alors la constitution trouve à son origine un objet certain sur lequel elle peut reposer (1).

Quelques commentateurs ont critiqué les dispositions du Code à cet égard. Quoi ! disent-ils, pour protéger le débiteur contre sa propre imprudence, pour le garantir de ses entraînements, la loi lui défend de consentir à l'avance des hypothèques sur des biens qu'il n'a pas encore ; mais il suffira qu'il possède un lambeau de terre, de la plus minime valeur, pour qu'il puisse grever tous les biens qui pourront lui advenir par la suite (2). Mais, répondrons-nous, pour apprécier sainement les dispositions d'une loi, il faut se placer dans les hypothèses qu'elle a prévues, dans celles qui, dans l'ordre ordinaire des choses, semblent devoir se réaliser le plus souvent, et non pas dans des hypothèses imaginées à plaisir et qui ne peuvent guère se rencontrer que par extraordinaire. Pour rester dans la vérité, il faut supposer que les biens présents du débiteur offrent par eux-mêmes une garantie sérieuse, et que ce n'est qu'à titre de supplément, pour donner une garantie plus large en quelque sorte, que le débiteur y ajoute une hypothèque sur ses biens à venir. En un mot, l'hypothèque ne peut être constituée sur les biens à venir, et cela par la force même des choses, que comme un accessoire de celle qui existe déjà sur les biens présents. Et comment pourrait-il en être autrement ? Où trouver un créancier assez imprudent pour accepter une hypothèque sur un bien présent d'une valeur insignifiante, avec la pensée que cette hypothèque pourra comprendre d'autres biens ? (Art. 2129, 2130.)

(1) Cass., 30 janvier 1872.
(2) Mourlon, III, 1494.

Si la créance est conditionnelle ou indéterminée, faut-il en exprimer le montant ?

Oui ; l'inscription hypothécaire doit toujours exprimer le montant de la créance, car il faut que les tiers soient suffisamment avertis du degré de crédit qui reste au débiteur. — En conséquence, lorsque la créance est conditionnelle, ou lorsqu'elle est, comme les rentes viagères, indéterminée dans sa valeur, le créancier qui prend inscription doit en évaluer le montant d'une manière expresse et formelle ; autrement l'inscription ne produirait aucun effet, car la créance ne serait pas certaine. Mais le débiteur peut faire réduire cette évaluation, lorsqu'elle est excessive.

Comme on le voit, l'obligation contractée sous une condition suspensive peut être valablement garantie par une hypothèque conventionnelle ; mais il va de soi que l'hypothèque suivra le sort de l'obligation principale. — Ainsi, un banquier ouvre un crédit de 100,000 francs à un commerçant et prend une inscription hypothécaire pour le montant de cette somme, afin d'en assurer le remboursement : si les avances qu'il a effectivement fournies ne s'élèvent qu'à la somme de 50,000 francs, l'inscription sera restreinte à cette somme, car ces avances constituent l'avénement de la condition. (Art. 2132.)

Que faut-il décider en cas de perte ou de détérioration de l'immeuble hypothéqué ?

A cet égard, il faut établir une distinction :

Lorsque la détérioration ou la perte de l'immeuble hypothéqué est arrivée sans la faute et sans le fait du débiteur, celui-ci peut, à son choix, donner au créancier un supplément d'hypothèque ou le rembourser. Mais, lorsque la détérioration ou la perte a eu lieu par sa faute ou par son fait, c'est au contraire le créancier qui peut exiger, à son choix, un supplément d'hypothèque ou un remboursement immédiat.

Au reste, la disposition dont il s'agit ici ne serait pas applicable si la diminution de sûreté provenait d'une simple dépréciation, sans dégradations ; le créancier ne pourrait pas, en ce cas, agir en supplément d'hypothèque. (Art. 2131.)

Que faut-il décider si le débiteur a reçu une indemnité à raison de la perte de l'immeuble hypothéqué ?

Lorsque l'immeuble hypothéqué était assuré à une compagnie,

par exemple pour le cas d'incendie, et que cet immeuble ayant
péri par incendie, le débiteur a reçu une indemnité des compagnies d'assurances, les créanciers hypothécaires n'ont aucun
droit de préférence sur cette indemnité. En effet, l'indemnité
que reçoit le débiteur ne doit pas être considérée comme la représentation juridique ou comme l'équivalent de l'immeuble
qui a péri ; elle représente les primes annuelles qu'il a payées
aux compagnies d'assurances, et ces primes ont été prises sur
l'universalité de ses biens, qui constitue le gage commun de tous
ses créanciers. — Toutefois, en stipulant une hypothèque conventionnelle, le créancier peut se réserver expressément un droit
de préférence sur l'indemnité promise au débiteur en cas de
perte de l'immeuble hypothéqué, et cette stipulation est opposable aux tiers.

Il en est différemment d'ailleurs dans le cas où le débiteur
a été exproprié de l'immeuble hypothéqué pour cause d'utilité
publique. — Les créanciers hypothécaires ont alors un droit de
préférence sur le prix de l'expropriation, parce qu'il représente l'immeuble.

L'hypothèque s'étend-elle aux améliorations de l'immeuble ?

Oui ; en principe, l'hypothèque s'étend à toutes les améliorations fortuites ou volontaires de l'immeuble grevé ; sauf le droit
des architectes et ouvriers qui ont accompli les formalités prescrites pour la conservation de leur privilège. Mais elle ne comprend jamais, lorsqu'elle est conventionnelle et spéciale, les acquisitions contiguës (Art. 2133.)

SECTION V

DU RANG QUE LES HYPOTHÈQUES ONT ENTRE ELLES.

Quels sont les effets des hypothèques ?

De même que les privilèges sur les immeubles, les hypothèques donnent lieu à un droit de préférence et à un droit de
suite. Le droit de préférence permet aux créanciers hypothécaires de faire vendre l'immeuble hypothéqué entre les mains
de leur débiteur, et d'être payés sur le prix qui en provient
avant les créanciers chirographaires. Le droit de suite leur
permet d'exercer les mêmes poursuites et d'être également payés
par préférence, dans le cas où l'immeuble grevé est sorti du

patrimoine du débiteur pour entrer dans celui d'un tiers.

Mais tandis que le rang des privilèges sur les immeubles se détermine d'après la qualité de la créance et que l'inscription y a un effet rétroactif, le rang des hypothèques se détermine uniquement d'après cette inscription.

Nous ne traiterons dans cette section que du droit de préférence qui résulte de l'inscription. Quant au droit de suite qui s'y trouve également attaché, nous en examinerons les effets dans le chapitre VI.

Comment se déterminait le rang des hypothèques dans notre ancienne législation ?

En droit romain et dans notre ancien droit français, les hypothèques n'étaient soumises à aucune forme de publicité, et leur rang de préférence se déterminait uniquement par la date de l'événement qui leur avait donné naissance. — Ce régime ne permettant pas aux créanciers qui recevaient une hypothèque de s'assurer du rang qu'elle leur conférait, paralysait le crédit du débiteur.

Dans le droit intermédiaire, le principe nouveau de la publicité fut introduit ; et dès lors le rang de préférence des créanciers hypothécaires fut déterminé par la date de l'inscription

Le Code a suivi le même système. — Seulement, il a introduit une double exception en faveur des hypothèques légales de la femme mariée et des mineurs. Sauf ces deux exceptions, le rang de toutes les hypothèques, soit spéciales, soit générales, se détermine par la date de l'inscription. Ainsi, lorsque plusieurs créanciers hypothécaires se sont fait inscrire, mais à des dates différentes, le premier en date d'inscription, fût-il le dernier en date de créance ou d'acquisition d'hypothèque, prime tous les autres.

En résumé, le droit d'hypothèque naît de la loi, du jugement ou de la convention revêtue des formes requises. Mais le rang de l'hypothèque résulte de l'inscription prise par le créancier au bureau des hypothèques. En prenant cette inscription, le créancier fait naître son hypothèque par rapport aux tiers ; il acquiert un droit de préférence et de suite. (Art. 2134, 2135.)

Que faut-il décider si le débiteur dont les biens sont grevés de plusieurs hypothèques générales acquiert un immeuble ?

Lorsque le débiteur dont les biens sont grevés en même temps de plusieurs hypothèques générales établies par conven-

tion, acquiert un nouvel immeuble, cet immeuble est immédiatement saisi par ces hypothèques, puisqu'elles s'étendent sur
l'universalité de ses biens présents et à venir. — Maintenant,
si les hypothèques ont été inscrites à des dates différentes, il
s'agit de savoir si les premières inscrites auront, quant à l'immeuble qui vient d'entrer dans le patrimoine du débiteur, le
rang de préférence qu'elles ont sur les autres biens. La raison
de douter vient de ce que cet immeuble s'est trouvé saisi au
même instant, c'est-à-dire dès son entrée dans le patrimoine du
débiteur, par toutes les hypothèques générales.

La plupart des auteurs admettent l'affirmative. En effet, il
est rationnel et conforme à l'intention présumée des intéressés
que le créancier dont l'hypothèque a été inscrite en premier
lieu passe avant les autres créanciers, sur les biens à venir
comme sur les biens présents du débiteur. C'est là d'ailleurs une
conséquence logique du principe que le rang des hypothèques
est déterminé par la date des inscriptions (1).

**Est-il nécessaire, lorsqu'il s'agit d'hypothèques générales,
que l'inscription soit prise spécialement sur chaque immeuble du débiteur ?**

A cet égard, il faut distinguer entre les hypothèques générales qui sont conventionnelles, et celles qui sont légales ou
judiciaires.

S'agit-il des hypothèques générales établies par convention
sur tous les biens présents du débiteur, et, en cas d'insuffisance,
sur ses biens à venir, le créancier doit prendre une inscription
spéciale pour chacun des immeubles existant, et il doit en
outre prendre de nouvelles inscriptions spéciales pour chaque
immeuble acquis par le débiteur, au moment où il entre dans
son patrimoine. — La raison en est que le créancier n'a évidemment consenti à traiter avec le débiteur, que si celui-ci lui
a fourni toutes les indications propres à l'éclairer sur les immeubles qu'il possédait au moment de la convention et sur ceux
qu'il comptait recueillir par la suite.

Au contraire, lorsqu'il s'agit des hypothèques légales ou judiciaires, l'inscription prise dans un bureau vaut pour tous les
immeubles que le débiteur possède dans l'arrondissement de ce
bureau, et pour tous ceux qu'il pourrait acquérir par la suite

---

(1) Valette, Duverger. — **Cass.**, 5 novembre 1873.

dans ce même arrondissement. — Dans ce cas, en effet, le créancier, n'ayant pas traité avec le débiteur, n'a pas pu exiger qu'il lui fournît des indications précises sur les immeubles qui étaient en sa possession au moment où l'hypothèque a pris naissance et sur ceux qu'il pourra acquérir à l'avenir. (Art. 2148.)

Pourquoi les hypothèques des mineurs et interdits et celles des femmes mariées ne sont-elles pas soumises à l'inscription?

Aux termes de l'article 2135, l'hypothèque légale des mineurs et interdits et celle des femmes mariées existent indépendamment de toute inscription. La raison en est que si elles n'avaient produit leur effet que dans le cas où elles auraient été inscrites, la garantie qu'elles ont pour but de procurer aurait pu devenir illusoire. En effet, d'un côté, les mineurs et interdits à cause de leur incapacité, et les femmes mariées à cause de l'état de dépendance où elles se trouvent vis-à-vis de leur mari, n'auraient pas pu prendre inscription ou auraient négligé de le faire ; et, d'un autre côté, les tuteurs et maris auraient eu tout intérêt à s'abstenir, puisque l'hypothèque est dirigée contre eux.

Toutefois, il ne serait pas rigoureusement exact de dire que les hypothèques dont il s'agit ici sont dispensées d'inscription. Elles n'en sont pas dispensées, en effet, puisque la loi oblige, comme on le verra plus loin, certaines personnes à les faire inscrire. Seulement, le défaut d'inscription par ces personnes n'est pas opposable aux mineurs et interdits. — L'obligation de faire inscrire ces hypothèques prend d'ailleurs naissance aussitôt que la cause de dispense a disparu. Ainsi, d'après la loi du 23 mars 1865, les mineurs et les femmes mariées doivent faire inscrire leur hypothèque dans l'année de la cessation de la tutelle ou de la dissolution du mariage.

Quel est le rang de l'hypothèque des mineurs et interdits ?

L'hypothèque des mineurs et interdits a un rang unique : elle remonte pour tous les actes de gestion du tuteur au jour où la tutelle lui a été déférée et où il a connu sa nomination, quelle que soit d'ailleurs l'époque où les diverses créances que le pupille peut avoir contre lui ont pris naissance.

En conséquence, l'hypothèque des mineurs et interdits passe avant toutes les autres hypothèques qui auraient été consenties par le tuteur, depuis le moment où la tutelle lui a été déférée et où il a connu sa nomination. (Art. 2135.)

Quel est le rang de l'hypothèque des femmes mariées ?

L'hypothèque des femmes mariées n'a pas, comme celle du mineur, un rang unique ; elle ne remonte pas, comme cette dernière, à une même date pour toutes les créances qu'elle garantit. Sans doute, le principe est bien encore que l'hypothèque produit son effet à partir du jour de la célébration du mariage ; mais ce principe reçoit de nombreuses et importantes exceptions. Le plus souvent, l'hypothèque de la femme mariée ne prend naissance et ne produit son effet qu'au fur et à mesure que les créances auxquelles elle s'applique prennent naissance elles-mêmes. — Ainsi :

1° S'agit-il de la dot et des conventions matrimoniales, l'hypothèque de la femme remonte au jour de la célébration du mariage ;

2° S'agit-il de sommes provenant de donations ou de successions qui lui sont échues, elle remonte au jour de l'acceptation de la donation ou de l'ouverture de la succession ;

3° S'agit-il des dettes contractées par la femme dans l'intérêt de son mari, ou de l'aliénation de ses propres, elle remonte au jour de l'acte.

Dans tous les autres cas, tels, par exemple, que l'immixtion du mari dans la gestion des biens paraphernaux, ou les dégradations commises par lui sur les propres de la femme, il faut suivre la règle et faire remonter l'hypothèque au jour de la célébration du mariage (1). (Art. 2135.)

Lorsque le mariage ou la tutelle ont cessé, l'hypothèque légale est-elle encore dispensée d'inscription ?

Non ; ainsi qu'on l'a déjà vu, lorsque le mariage ou la tutelle ont cessé, les raisons qui avaient fait dispenser l'hypothèque de la formalité de l'inscription n'existant plus, puisque la veuve et l'ex-mineur sont devenus maîtres de leurs droits et libres d'agir, cette hypothèque doit être inscrite dans l'année de la dissolution du mariage ou de la cessation de la tutelle. — Si l'inscription n'a pas été prise dans ce délai, l'hypothèque ne sera pas cependant anéantie : seulement, au lieu de prendre rang à partir de l'ouverture de la tutelle, s'il s'agit de celle du mineur, ou à partir de la naissance de la créance à laquelle elle est

____

(1) **Cass.** 4 janvier 1815 ; 19 août 1840 ; 5 février 1851 ; 15 mars 1859 ; 27 décembre 1859.

attachée, s'il s'agit de celle de la femme mariée, elle ne prendra rang et elle ne produira d'effet qu'à partir de son inscription (1).

Nous avons dit tout à l'heure que les hypothèques des mineurs et interdits et des femmes mariées n'étaient pas précisément dispensées d'inscription. Voyons maintenant quelles sont les personnes qui doivent les faire inscrire, et quelles sont celles qui peuvent en requérir l'inscription. (Loi du 23 mars 1855.)

Quelles sont les personnes qui doivent faire inscrire l'hypothèque des mineurs et interdits et celle des femmes mariées ?

Les personnes obligées de requérir l'inscription de ces hypothèques sont :

Pour les femmes, leur mari ; pour les mineurs et interdits, leur tuteur et subrogé-tuteur. — La loi invite, en outre, le procureur de la République près le tribunal du domicile des maris et tuteurs ou du lieu de la situation des biens à faire prendre les inscriptions à défaut des maris, tuteurs et subrogés-tuteurs ; mais elle ne l'y oblige point, et, dans la pratique, le ministère public ne les prend pas.

Avant l'abolition de la contrainte par corps par la loi du 22 juillet 1867, les maris et tuteurs qui n'avaient pas pris inscription devenaient stellionataires lorsqu'ils consentaient des hypothèques conventionnelles, ou lorsqu'ils laissaient prendre contre eux des hypothèques judiciaires et légales, sans faire connaître leur qualité aux intéressés. — Ainsi, lorsqu'un mari ou un tuteur qui n'avait pas fait inscrire l'hypothèque légale de la femme ou du mineur, consentait une hypothèque conventionnelle sur ses biens, lorsqu'il se trouvait frappé d'une condamnation pécuniaire emportant une hypothèque judiciaire, ou lorsqu'il était investi d'une fonction publique d'agent comptable, il devait aussitôt, sous peine de stellionat, prévenir la partie adverse ou l'administration qui avaient obtenu une hypothèque contre lui, que ses biens étaient déjà frappés par une hypothèque légale. — En faisant disparaître cette sanction, le législateur n'a pas songé à la remplacer.

(1) Lorsque la dissolution du mariage a eu lieu par la mort de la femme, l'obligation de faire inscrire l'hypothèque légale incombe à ses héritiers. — Cass., 22 août 1876 ; et 2 juillet 1877.

Quant aux subrogés-tuteurs, en laissant consentir des hypothèques sur les biens des tuteurs sans avertir les tiers de
l'existence de l'hypothèque légale dont ils étaient grevés, ils ne
s'exposaient pas à être déclarés stellionataires, parce qu'il ne
s'agissait pas pour eux, comme pour les tuteurs, d'une hypothèque établie sur leurs propres biens. — Mais ils étaient et ils
sont encore tenus de veiller à l'inscription de l'hypothèque,
sous peine de dommages-intérêts envers les incapables auxquels
le défaut d'inscription causerait un préjudice.

On n'est pas d'accord sur la question de savoir si le défaut
d'inscription engage également les subrogés-tuteurs envers les
tiers, et notamment envers le créancier qui s'est fait donner
une hypothèque sur les biens du tuteur, dans l'ignorance de
l'hypothèque légale qui existait déjà sur ses biens. — On admet
généralement l'affirmative, et c'est avec raison, car l'obligation
de veiller à ce que l'hypothèque du mineur soit inscrite est
imposée dans l'intérêt des tiers comme dans l'intérêt du mineur ; et d'ailleurs les expressions dont s'est servi le Code, « que
le subrogé-tuteur est tenu de veiller à l'inscription sous peine
de tous dommages-intérêts », ont un sens général qui semble
bien établir la responsabilité du subrogé-tuteur par rapport à
tous. (Art. 2136, 2137, 2138.)

**Quelles sont les personnes qui peuvent requérir l'inscrip-
tion, sans y être d'ailleurs obligées ?**

Les personnes qui peuvent requérir l'inscription de l'hypothèque des mineurs et interdits et de celle des femmes mariées,
sans y être d'ailleurs obligées, sont d'abord, comme on l'a vu,
le procureur de la République, et, en outre : 1° *pour la femme*,
les parents du mari, les parents de la femme et la femme elle-
même ; 2° *pour les mineurs et interdits*, les parents des mineurs,
leurs amis, les mineurs et interdits eux-mêmes.

Nous ferons remarquer : — 1° que la faculté de requérir inscription est limitée aux amis du mineur, et que la loi ne l'accorde pas aux amis du mari ou de la femme ; — 2° que les conservateurs des hypothèques n'ont pas qualité pour prendre une
inscription d'office ; — 3° enfin, que le subrogé-tuteur est seul
obligé de requérir la prise d'inscription, et que le procureur de
la République, les parents et amis sont seulement invités par la
loi à faire cette réquisition.

Ajoutons que la femme, ainsi que le mineur, peuvent eux-mêmes requérir l'inscription, même sans autorisation; car cette réquisition n'est pas un acte d'administration. (Art. 2139.)

L'hypothèque générale de la femme peut-elle être restreinte?

Oui; l'hypothèque générale de la femme peut être restreinte à certains immeubles. Effectivement, la loi ayant établi l'hypothèque de la femme sur tous les biens du mari, il arrivera quelquefois que cette hypothèque aura une étendue beaucoup trop grande eu égard à la modicité des créances de la femme contre son mari. — Mais la restriction de l'hypothèque est soumise à certaines conditions, et, à cet égard, il faut distinguer si elle a lieu au moment même du mariage et dans le contrat de mariage, ou si elle n'a lieu que pendant le mariage.

Lorsque la restriction de l'hypothèque a lieu au moment du mariage, il suffit pour sa validité que la femme qui l'a consentie soit majeure. — Le Code parle bien, il est vrai, de la majorité des deux époux; mais tout le monde convient qu'il n'est pas nécessaire que le mari soit majeur, car la restriction de l'hypothèque a lieu uniquement dans son intérêt.

Lorsque la restriction a lieu pendant le cours du mariage, cinq conditions sont nécessaires pour sa validité. — Il faut :

1º Que l'hypothèque n'ait pas déjà été restreinte dans le contrat de mariage;

2º Que la femme consente à la restriction, et elle ne peut y consentir que si elle est majeure;

3º Que la valeur des immeubles du mari excède notoirement la fortune présente et à venir de la femme;

4º Que les quatre plus proches parents de la femme donnent leur avis, sauf au tribunal à ne pas s'y conformer;

5º Que la demande en restriction soit formée par le mari, non contre sa femme, mais contre le procureur de la République qui la représente.

Lorsque l'hypothèque de la femme a été restreinte, la restriction qu'elle a subie lui fait-elle perdre le caractère d'hypothèque générale? — A cet égard, il faut établir une distinction. Si les parties ont décidé que l'hypothèque ne porterait que sur certains immeubles déterminés du mari, cette hypothèque perd alors son caractère de généralité et elle devient une hypothèque spéciale. — Mais si, au contraire, les parties ont décidé d'une manière générale qu'elle portera sur l'ensemble de ses immeubles, en exceptant seulement quelques-uns d'entre eux, l'hypothèque conserve alors son caractère de généralité. (Art. 2140, 2144, 21:5.)

La femme peut-elle renoncer à son hypothèque légale au profit de son mari ?

Non ; la femme ne peut pas renoncer à son hypothèque au profit de son mari. Mais il en est différemment à l'égard des tiers. La loi lui permet de renoncer à son hypothèque à leur profit, de la leur céder, et cela sans autre formalité que l'autorisation du mari. — Cette renonciation assurera aux tiers appelés à en profiter un rang de préférence parmi les créanciers du mari, celui-là même que l'hypothèque aurait donné à la femme sur les biens de son mari, si elle en était restée nantie.

Les femmes qui ont recours à la renonciation de leur hypothèque peuvent déclarer indistinctement ou qu'elles *cèdent* leur hypothèque légale au tiers pour qui se fait la renonciation, ou qu'elles le *subrogent* à leur hypothèque, ou enfin qu'elles y *renoncent* à son profit. — Ces locutions expriment dans la pratique la même signification : elles veulent dire que, tout en conservant sa créance contre son mari, la femme en détache l'hypothèque qui la garantit et la cède à un autre créancier, qui pourra exercer en son lieu et place tous les droits de préférence que la loi lui a accordés.

Dans quel but la femme cède-t-elle son hypothèque légale ?

La femme peut céder son hypothèque légale non seulement pour se procurer du crédit pour elle-même, mais encore pour en procurer à son mari. Ainsi, elle peut la céder tantôt à un créancier envers lequel elle contracte elle-même, tantôt à un créancier envers lequel son mari s'oblige, et même à un créancier qui traite avec un tiers.

En outre, la femme peut non seulement céder son hypothèque pour le tout, mais elle peut aussi consentir des cessions partielles au profit de plusieurs créanciers. — Ces créanciers prendront rang à la place que la femme aurait elle-même occupée parmi les créanciers de son mari, si elle avait conservé son hypothèque.

Si les actes de cession ont été rendus publics par des inscriptions prises à des dates différentes, les cessionnaires inscrits les premiers passeront avant les autres.

Lorsque la femme cède son hypothèque, elle ne cède pas, pour cela, sa créance. Seulement, la cession qu'elle fait de son hypothèque la réduit, comme nous l'avons déjà dit, au rang d'un créancier ordinaire.

Par exception, la femme qui est mariée sous le régime dotal ne peut pas céder son hypothèque.

La renonciation de la femme à son hypothèque doit-elle être rendue publique ?

Oui ; aux termes de la loi du 23 mars 1855, la femme qui renonce à son hypothèque légale au profit d'un tiers doit rendre publique sa renonciation, soit au moyen d'une inscription de l'hypothèque prise directement au profit du tiers subrogé, soit au moyen d'une mention de la cession portée en marge de l'inscription prise. — Cette inscription servira, comme nous l'avons dit, à déterminer le rang des cessionnaires de l'hypothèque, lorsque la cession a été faite par la femme à plusieurs créanciers successivement (1).

En outre, afin de protéger les femmes contre les entraînements qu'elle subissent si aisément, la loi de 1855 décide que les actes portant cession ou subrogation de leur hypothèque doivent être authentiques (2).

L'hypothèque générale des mineurs et interdits peut-elle être restreinte ?

Oui ; l'hypothèque générale des mineurs et interdits peut être restreinte à certains immeubles, soit au commencement de la tutelle, soit pendant sa durée.

Lorsque la restriction a lieu au commencement de la tutelle, il suffit pour sa validité du consentement du conseil de famille, qui, en nommant le tuteur, pourra limiter l'hypothèque légale à certains immeubles.

_____

(1) La cession de l'hypothèque légale de la femme ne produit effet, à l'égard des tiers, que par l'inscription de cette hypothèque prise au profit des cessionnaires, ou par la mention de la subrogation en marge de l'inscription préexistante. Cass., 8 nov. 1879.

(2) Une femme mariée ne peut renoncer à son hypothèque légale, ou subroger un des créanciers de son mari à ses droits que par acte notarié. Trib. Seine, 28 novembre 1878.

Lorsque la restriction a lieu pendant le cours de la tutelle, cinq conditions sont nécessaires pour sa validité, il faut :

1° Que l'hypothèque n'ait pas déjà été restreinte au commencement de la tutelle ;

2° Que la valeur des biens du tuteur excède notoirement la fortune présente et à venir de l'incapable ;

3° Que le conseil de famille donne son avis, sauf au tribunal à ne pas s'y conformer ;

4° Que la demande en restriction soit introduite contre le subrogé-tuteur ;

5° Qu'enfin le ministère public donne ses conclusions.

Au reste, si, après que la restriction de l'hypothèque légale a été prononcée, il survient ensuite des successions au mineur ou à la femme qui rendent insuffisantes les garanties qu'on leur a laissées, on pourra demander au tribunal un supplément d'hypothèque, et même, s'il y a lieu, l'abolition de la restriction. Mais alors, dans ce dernier cas, les droits réels qui auraient été concédés à des tiers pendant le temps où les immeubles étaient affranchis de l'hypothèque légale doivent être maintenus. Art. 2141, 2142, 2143, 2145.)

CHAPITRE QUATRIÈME

DU MODE D'INSCRIPTION DES PRIVILÈGES ET HYPOTHÈQUES

Articles 2146 à 2156

Dans quel lieu les créanciers privilégiés ou hypothécaires doivent-ils prendre inscription ?

Les créanciers privilégiés ou hypothécaires doivent prendre inscription au bureau des hypothèques de l'arrondissement où se trouve situé l'immeuble soumis au privilège ou à l'hypothèque. — Si l'hypothèque affecte plusieurs immeubles situés dans des arrondissements différents, le créancier doit prendre autant d'inscriptions qu'il y a de bureaux différents. (Art. 2146.)

Les créanciers hypothécaires doivent-ils prendre leur inscription dans un délai déterminé ?

En principe, les créanciers hypothécaires peuvent faire inscrire leur hypothèque à toute époque, et ils ne sont assujettis à aucun délai déterminé d'inscription. — Toutefois, ils perdent le droit de prendre leur inscription dans les trois cas suivants : 1° lorsque leur débiteur est tombé en faillite ; 2° lorsque sa succession a été acceptée sous bénéfice d'inventaire ; 3° lorsque l'immeuble hypothéqué a été aliéné et a passé aux mains d'un tiers qui a fait transcrire son acte d'acquisition, ou lorsqu'il a été saisi par d'autres créanciers.

I. *Faillite du débiteur.* — Le créancier qui a un droit d'hypothèque ne peut plus prendre inscription sur les immeubles de son débiteur, lorsque celui-ci a été déclaré en faillite. La raison en est qu'on ne devait pas permettre à un créancier hypothécaire qui a procuré au débiteur un crédit frauduleux, en retardant sa prise d'inscription, de frustrer les créanciers chirographaires d'un dividende sur lequel ils avaient légitimement le droit de compter.

II. *Acceptation bénéficiaire de la succession du débiteur.* — L'acceptation bénéficiaire de la succession du débiteur, et, à plus forte raison la répudiation de sa succession, font également perdre au créancier hypothécaire qui n'a pas fait inscrire son hypothèque, le droit de prendre cette inscription. — En effet, dans ces deux cas, il y a lieu de croire que le débiteur est mort insolvable, et la négligence des créanciers hypothécaires à prendre inscription ne doit pas nuire aux autres créanciers qu'elle a induits en erreur sur la situation du débiteur.

Au surplus, on admet généralement que l'acceptation bénéficiaire qui provient de la minorité de l'héritier n'empêche pas l'inscription d'être prise valablement, parce qu'alors elle ne fait pas naître la présomption que la succession est insolvable.

III. *Transcription de l'acte d'aliénation de l'immeuble hypothéqué.* — La transcription de l'acte d'aliénation effectuée par le tiers acquéreur fait également perdre au créancier hypothécaire qui ne s'est pas fait inscrire en temps utile le droit de prendre inscription. — En effet, si les créanciers hypothécaires pouvaient se faire inscrire utilement après que l'immeuble hypothéqué a été aliéné par le débiteur et que la nouvelle vente a été transcrite, les tiers acquéreurs se trouveraient perpétuellement sous le coup de droits réels, qui pourraient se révéler après qu'ils auraient payé leur prix d'acquisition. Au reste, la transcription

arrête le cours des inscriptions pour les privilèges aussi bien que
pour les hypothèques, sauf ceux du vendeur et des copartageants, qui peuvent être valablement inscrits pendant les quarante-cinq jours de la vente ou du partage, nonobstant toute
transcription d'un acte d'aliénation.

Il peut arriver que des créanciers hypothécaires prennent inscription le même jour. — Dans ce cas, la loi leur donne le
même rang et les appelle à venir en concurrence sur l'immeuble hypothéqué, sans distinguer si les unes ont été prises le
matin et les autres le soir. Cette disposition a pour but d'empêcher le conservateur de procurer un ordre de faveur à certaines
hypothèques en les inscrivant avant d'autres. (Art. 2146, 2147, loi du
23 mars 1855.)

Quels sont les actes que doit produire le créancier qui requiert une inscription ?

Le créancier qui requiert une inscription doit présenter au
conservateur des hypothèques : 1° l'original en brevet, ou une
expédition authentique du jugement ou de l'acte qui donne
naissance à l'hypothèque ; 2° deux bordereaux écrits sur papier
timbré, dont l'un reste aux mains du conservateur pour sa décharge, et l'autre entre les mains du créancier.

On remarquera que toutes personnes, même celles qui n'ont
reçu aucun pouvoir du créancier, peuvent requérir cette inscription. Il suffit qu'elles soient pourvues de l'acte qui donne naissance au privilège ou à l'hypothèque. La représentation de cet
acte établit suffisamment le mandat.

On remarquera également que l'acte authentique n'est nécessaire que lorsqu'il s'agit de faire inscrire une hypothèque. Si
c'est un privilège, le titre peut être un simple acte sous seing
privé, qui constate soit la vente, soit le partage, soit la convention passée entre le propriétaire et l'entrepreneur qui ont donné
lieu à la prise d'inscription. (Art. 2148, 2150.)

Que doivent contenir les deux bordereaux d'inscription ?

Lorsque l'hypothèque dont l'inscription est requise est une
hypothèque conventionnelle ou judiciaire, les deux bordereaux
d'inscription doivent contenir :

1° La désignation bien précise du créancier, et son élection de
domicile dans l'arrondissement du bureau où se fait l'inscription. — A défaut de cette élection, le tiers acquéreur qui rem-

plit les formalités de la purge serait dispensé de faire des notifications au créancier ;

2° La désignation également bien précise du débiteur ;

3° La date et la nature du titre ;

4° Le montant du capital de la dette et des accessoires, ainsi que l'époque de l'exigibilité ;

5° Enfin, l'indication de l'espèce et de la situation des biens grevés. — Mais cette dernière mention n'est pas nécessaire pour les hypothèques légales ou judiciaires.

La loi ne dit pas si ces énonciations sont prescrites à peine de nullité. — On admet généralement qu'il faut établir des distinctions, et que l'on ne doit considérer comme nécessaires pour la validité de l'inscription que celles qui concernent la désignation du créancier et du débiteur, ainsi que celles qui sont relatives à la situation des immeubles hypothéqués.

Lorsque le créancier ne prend inscription qu'après le décès de son débiteur, la loi ne l'oblige pas à indiquer le nom de ses héritiers, car il pourrait ne pas les connaître tous. — Il peut se contenter de désigner dans l'inscription le nom du débiteur décédé. (Art. 2148, 3149.)

Les créanciers hypothécaires ont-ils également un droit à préférence pour les intérêts de leur créance ?

A cet égard, il faut faire une distinction :

S'agit-il des intérêts qui étaient déjà échus au moment de la prise d'inscription, ces intérêts sont garantis de la même façon que le capital, pourvu qu'ils soient mentionnés dans le bordereau d'inscription.

S'agit-il, au contraire, des intérêts qui n'étaient pas encore échus au moment de la prise d'inscription, ces intérêts ne sont garantis que pour deux années à échoir, plus l'année courante ; pourvu, bien entendu, que le bordereau mentionne que la créance était productive d'intérêts.

Quant aux autres intérêts à échoir, ils peuvent être garantis par des inscriptions supplémentaires, que le créancier aura soin de prendre au fur et à mesure qu'ils viendront à échoir ; mais ces intérêts ne prendront rang qu'à la date des inscriptions spéciales qui les concernent.

Une question débattue est celle de savoir s'il faut appliquer les mêmes règles aux intérêts qui proviennent de créances garanties par un privilège. — La loi ne s'est pas expliquée à cet égard, comme elle l'a fait pour les intérêts qui proviennent des créances hypothécaires. Mais il semble bien difficile de ne pas donner aux créanciers privilégiés la même faveur qu'aux créanciers hypothécaires, relativement aux accessoires de leur créance. Si l'article 2151 ne parle que des hypothèques, c'est que, dans la pensée de la loi, ce mot est générique et s'applique aux privilèges aussi bien qu'aux hypothèques (1) (Art. 1251.).

Que doivent contenir les bordereaux d'inscription, lorsqu'il s'agit de faire inscrire une hypothèque légale ?

La loi exige moins de formalités pour l'inscription des hypothèques légales que pour celle des hypothèques conventionnelles et judiciaires, parce qu'il serait difficile de déterminer avec précision le montant de la créance garantie, ainsi que les biens grevés. En conséquence, les hypothèques légales de l'État, des communes et des établissements publics, celles des mineurs et interdits et celles des femmes mariées seront inscrites sur la représentation de deux bordereaux qui contiendront seulement : 1° la désignation du créancier, ainsi que son domicile réel et le domicile d'élection qu'il aura fait dans l'arrondissement ; 2° la désignation du débiteur ; 3° la nature des droits à conserver et le montant de leur valeur quant aux objets déterminés, sans qu'il y ait besoin de le fixer quant à ceux qui sont conditionnels, éventuels ou indéterminés.

Ainsi, le requérant est dispensé : 1° de représenter un titre, car ce titre se trouve dans la loi elle-même ; 2° d'énoncer l'époque de l'exigibilité, car on ne peut pas savoir, par exemple, quand le mariage sera dissous ou quand la tutelle aura cessé ; 3° de déterminer le montant des créances, car il serait difficile d'en faire une évaluation, même approximative ; 4° enfin, on n'exige pas que les biens soient désignés, parce que, comme nous l'avons déjà indiqué, le créancier peut ne pas les connaître.

Lorsque l'hypothèque des mineurs et interdits et celle des femmes mariées ont été restreintes, soit au commencement, soit pendant le cours de la tutelle ou du mariage, on indique dans l'inscription les biens qui restent grevés. (Art. 2153).

_____

(1) Mourlon, III, 1581.

Pendant combien de temps l'inscription hypothécaire conserve-t-elle son effet ?

L'inscription hypothécaire conserve son effet pendant un délai de dix ans. Le législateur a fixé ce délai afin de faire tomber toutes les inscriptions dont la radiation ne serait pas demandée, par suite de la négligence des parties, lors de l'extinction de l'hypothèque.

En conséquence, les créanciers qui ont pris soin de renouveler leur inscription avant l'expiration de ces dix ans, conservent leur droit de préférence et leur rang à la date de la première inscription. — Quant à ceux qui ont laissé passer les dix ans sans faire le renouvellement de leur inscription, ils perdent à la fois leur droit de préférence et leur rang. Seulement, comme le droit de prendre inscription d'une hypothèque dure trente ans, ils peuvent se faire inscrire de nouveau pour recouvrer leur droit de préférence; mais alors ils ne prennent rang qu'à la date de la dernière inscription. — En résumé, le défaut de renouvellement d'une inscription hypothécaire dans les dix ans entraîne la péremption de l'inscription, mais non pas la prescription du droit d'hypothèque.

Toutes les inscriptions hypothécaires, même celles des hypothèques légales et judiciaires, sont soumises au renouvellement; mais, bien entendu, les hypothèques dispensées d'inscription n'y sont pas assujetties.

Par exception, le défaut de renouvellement de l'inscription hypothécaire dans les dix ans fait perdre au créancier non seulement son rang, mais aussi son droit d'hypothèque dans les trois cas suivants : 1° lorsque le débiteur est tombé en faillite; 2° lorsque sa succession a été acceptée sous bénéfice d'inventaire ; 3° lorsque l'immeuble a été saisi, ou lorsqu'il a passé entre les mains d'un tiers qui a fait transcrire son acte d'acquisition. (Art. 2154.)

Comment doit-on rédiger l'inscription prise en renouvellement ?

L'inscription prise en renouvellement doit être rédigée comme la première; mais on doit y faire mention du renouvellement. afin de faire remonter le rang du créancier à la première inscription.

Ainsi, pour faire renouveler une inscription, le créancier doit présenter au conservateur deux bordereaux. Si la nouvelle inscription se réfère à l'ancienne, il suffira d'exprimer que l'on entend renouveler une inscription prise tel jour ; si elle ne s'y réfère pas entièrement, les bordereaux devront indiquer les changements. Dans tous les cas, il n'est pas nécessaire de représenter le titre de la créance, puisque les énonciations que l'on pourrait en tirer se trouvent déjà consignées sur le registre.

Il est loisible à celui qui a requis une inscription, ainsi qu'à ses représentants, de changer sur le registre des hypothèques le domicile par lui élu, à la charge d'en choisir et d'en indiquer un autre dans le même arrondissement. (Art. 2152.)

Par qui sont supportés les frais d'inscription ?

Les frais d'inscription comprennent ceux du papier timbré, du fisc et les honoraires du conservateur. Ils sont à la charge du débiteur, s'il n'y a stipulation contraire, car ils sont les conséquences de la dette qu'il a contractée. Mais le créancier qui requiert l'inscription en fait l'avance, et il a, pour le remboursement de cette avance, le même rang de préférence que pour sa créance principale. — Toutefois, celui qui requiert l'inscription n'a pas besoin de faire l'avance des frais, lorsqu'il s'agit des hypothèques légales.

Les frais de la transcription, qui peut être requise par le vendeur, sont à la charge de l'acquéreur ; car cette formalité a lieu dans son intérêt, puisqu'elle tend à établir son droit de propriété par rapport aux tiers. — Mais le vendeur qui requiert la transcription doit en faire l'avance. (Art. 2155.)

Quel est le tribunal compétent pour connaître des actions relatives aux inscriptions ?

En principe, toutes les actions relatives aux inscriptions hypothécaires, telles que les demandes en nullité, en radiation ou en restriction, doivent être portées devant le tribunal de la situation de l'immeuble hypothéqué, à moins que ces actions ne viennent incidemment dans le cours d'une instance engagée devant un autre tribunal, auquel cas elles devront être portées devant ce tribunal. (Art. 2156.)

CHAPITRE CINQUIÈME

DE LA RADIATION ET RÉDUCTION DES INSCRIPTIONS.

Articles 2157 à 2165.

En quoi consiste la radiation d'une inscription hypothécaire ?
La radiation d'une inscription hypothécaire est sa suppression.
— Elle consiste dans la déclaration que l'inscription cessera de
produire son effet. Le conservateur des hypothèques qui opère
cette radiation ne fait, à vrai dire, aucune rature : il écrit sur
son registre, en marge de l'inscription, le mot *rayé*. On pourra
ainsi rétablir facilement l'inscription, si la radiation vient à être
annulée.

Il y a lieu d'opérer la radiation d'une inscription hypothécaire
dans plusieurs cas : par exemple, lorsque l'hypothèque est
éteinte, ou lorsque le créancier a consenti à abandonner son
rang. — Effectivement, la radiation d'une inscription hypothécaire ne suppose pas nécessairement l'extinction de l'hypothèque.

La radiation diffère, comme on le verra plus loin, de la réduction de l'inscription, en ce qu'elle l'anéantit complètement, tandis que la réduction ne fait que la diminuer.

Ne distingue-t-on pas deux sortes de radiations ?
Oui ; la radiation de l'inscription peut être volontaire ou forcée. La radiation volontaire est celle qui résulte du consentement des parties ; la radiation forcée est celle qui est ordonnée
par la justice.

I. *Radiation volontaire.* — La radiation volontaire émane du
créancier, car c'est dans son intérêt que l'inscription hypothécaire avait été prise. La loi exige que son consentement soit
constaté par un acte notarié, dont une expédition devra être déposée au bureau du conservateur des hypothèques. L'authenticité de l'acte était nécessaire, parce que ce dernier ne connaît
pas ordinairement les parties.

II. *Radiation judiciaire.* — La radiation judiciaire a lieu, sur
la demande du débiteur, lorsque la dette est éteinte ou lorsque

l'inscription a été prise indûment, et que le créancier refuse néanmoins son consentement à la radiation. Mais il faut que le jugement qui l'ordonne soit rendu en dernier ressort et passé en force de chose jugée, parce que la radiation a des conséquences très graves pour le créancier, puisqu'elle lui fait perdre son rang. Le jugement est en dernier ressort et passé en force de chose jugée lorsqu'il n'est susceptible ni d'opposition ni d'appel.

Ainsi la radiation ordonnée par le juge ne peut être opérée que lorsque le jugement n'est susceptible d'aucune voie ordinaire de recours. Mais elle peut avoir lieu lorsque les voies ordinaires de recours étant éteintes, le jugement est encore susceptible d'être réformé ou rétracté par les voies extraordinaires de recours, telles que requête civile, cassation. (Art. 2157, 2160.)

Quelle capacité le créancier doit-il avoir pour consentir une radiation d'inscription ? ˙

Pour consentir une radiation d'inscription, le créancier doit être capable de recevoir le payement de la créance garantie par l'inscription hypothécaire. En conséquence, le tuteur, le mineur émancipé et assisté de son curateur, et la femme séparée de biens peuvent valablement consentir la radiation d'une inscription destinée à assurer le payement d'une créance mobilière. Et même, si cette créance consistait dans une simple créance de revenus, tels que loyers ou fermages, le mineur émancipé pourrait consentir la radiation de l'hypothèque sans être assisté de son curateur, parce qu'il a la libre disposition de ces sortes de créances.

Lorsque le jugement qui ordonnait la radiation a été cassé ou annulé, le créancier doit prendre une nouvelle inscription. Cette inscription ne prendra rang qu'au jour de sa date vis-à-vis des créanciers qui se sont inscrits depuis la radiation; car elle ne doit pas leur nuire. — Mais elle aura, au contraire, un effet rétroactif à la date de la première inscription vis-à-vis des créanciers déjà inscrits au moment de la radiation, qui, vis-à-vis d'eux, sera censée n'avoir jamais été opérée. Ils n'ont pas d'ailleurs à s'en plaindre, puisque les choses seront rétablies dans le même état qu'elles étaient lorsqu'ils ont traité avec leur débiteur (1).

_____

(1) Paul Pont, *Priv. et hyp.*, II, 1107.

Quelles sont les pièces à remettre au conservateur des hypothèques pour obtenir la radiation d'une inscription ?

Pour obtenir la radiation d'une inscription, il faut remettre au conservateur des hypothèques : si la radiation est volontaire, une expédition de l'acte authentique qui constate le consentement du créancier; si elle est judiciaire, l'expédition du jugement rendu en dernier ressort ou passé en force de chose jugée qui prononce la radiation de l'inscription.

Si la loi exige l'authenticité de l'acte qui constate le consentement du créancier, c'est afin d'éviter que la bonne foi du conservateur ne soit surprise, au moyen de titres sous seing privé.

Du reste, le conservateur n'est pas juge de la validité de l'acte; par cela seul qu'on le lui représente, il doit rayer l'inscription. Mais il gardera l'expédition de l'acte ou du jugement qui lui est présenté, afin de mettre à couvert sa responsabilité. (Art. 2158.)

Quel est le tribunal compétent pour statuer sur la demande de radiation ?

Il faut distinguer :

Lorsque la demande a pour objet direct et principal la radiation de l'inscription, elle doit, comme toute autre action réelle, être portée devant le tribunal de la situation des biens.

Au contraire, lorsqu'elle a pour objet principal l'existence même de la créance à laquelle l'hypothèque est attachée, et qu'ainsi la question de radiation ou de restriction de l'inscription n'est qu'accessoire, la demande doit être portée devant le tribunal du défendeur.

Au reste, la loi permet aux parties de convenir que la demande en radiation sera portée, en cas de contestation, devant un tribunal autre que celui de la situation des biens. Mais cette convention ne serait pas opposable aux tiers, par exemple, à l'acquéreur qui demanderait la radiation de l'inscription. (Art. 2159.)

Comment a lieu la réduction de l'hypothèque ?

La réduction de l'hypothèque peut, comme la radiation des inscriptions, être volontaire ou judiciaire : volontaire, lorsqu'elle est consentie par le créancier ; judiciaire, lorsqu'elle résulte d'un jugement passé en force de chose jugée. — Dans les deux cas, on suit les mêmes règles que pour la radiation.

Au reste, cette expression de *réduction* est ici employée par le

Code pour exprimer deux idées différentes : tantôt elle désigne la restriction de l'hypothèque qui affecte des immeubles d'une valeur bien supérieure au montant de la créance ; tantôt elle désigne la réduction de l'évaluation faite par le créancier du montant de sa créance, lorsque celle-ci était d'une valeur indéterminée.

Dans quels cas le débiteur peut-il demander en justice la réduction de l'hypothèque qui affecte ses immeubles ?

Le débiteur ne peut demander en justice la réduction de l'hypothèque qui affecte ses immeubles qu'aux conditions suivantes. Il faut : 1° que l'hypothèque qu'il veut faire réduire soit une hypothèque légale ou judiciaire, et non une hypothèque conventionnelle ; 2° que l'hypothèque porte sur plusieurs domaines, et que leur valeur excède de plus d'un tiers la valeur de la créance à la sûreté de laquelle ils ont été affectés. — Effectivement, si le débiteur ne possède qu'un seul domaine, il ne peut pas obtenir la restriction de l'hypothèque générale, quand bien même la valeur de ce domaine excéderait de beaucoup le montant de sa dette, parce que la restriction de l'hypothèque pourrait donner lieu à des aliénations partielles et à une division du domaine qui serait préjudiciable.

Pour déterminer la valeur des immeubles, on consulte le prix des baux, celui des ventes, ou la matrice du rôle de la contribution foncière : le revenu net qui est porté dans cette matrice est multiplié par dix s'il s'agit d'immeubles sujets à dépérissement, comme les maisons ou autres bâtiments, ou bien par quinze s'il s'agit d'immeubles non sujets à dépérissement, comme les fonds de terre : le produit de cette multiplication donne la valeur des immeubles. (Art. 2161, 2162, 2165.)

Toutes les hypothèques sont-elles sujettes à réduction ?

Non ; toutes les hypothèques ne sont pas sujettes à réduction. — D'abord, ainsi qu'on vient de le voir, la réduction des hypothèques n'est possible que lorsqu'elles affectent plusieurs immeubles. — De plus, on ne peut pas réduire :

1° Les hypothèques conventionnelles, lors même qu'elles seraient générales, car la convention fait la loi des parties.

2° Les hypothèques légales ou judiciaires, qui ont déjà été réduites.

En résumé, on ne peut réduire que les hypothèques légales et

judiciaires qui n'ont pas encore été réduites. Par rapport à ces
hypothèques, la réduction s'explique par cette considération que
la loi les établit d'une manière générale, et qu'il peut se rencontrer des cas où les créances qu'elles garantissent seront très
modiques relativement à l'étendue des biens auxquels elles s'appliquent. — Ajoutons, en ce qui concerne les hypothèques judiciaires, qu'elles ne peuvent être réduites qu'autant que les créances
qu'elles garantissent ne sont pas encore échues. Effectivement,
lorsque ces créances sont devenues exigibles, le débiteur qui n'a
pas satisfait à la condamnation serait évidemment non recevable
à demander la réduction de l'hypothèque destinée à en assurer
l'exécution. (Art. 2161.)

**Dans quels cas le débiteur peut-il demander la réduction de
l'évaluation faite du montant de sa dette ?**

Lorsqu'il s'agit d'une créance indéterminée, comme une
créance de rente, le créancier doit, en prenant inscription, fixer
approximativement le montant de cette créance. Dans cette
hypothèse, si le débiteur considère l'évaluation du créancier
comme excessive, il peut en demander la réduction. — Une fois
que le montant de la créance aura été réduit, le débiteur pourra
ensuite demander la réduction de l'hypothèque.

A l'inverse, le créancier qui a évalué le montant de sa créance
à un chiffre trop faible, ou qui a subi une réduction exagérée,
peut demander un supplément d'inscription. Mais ces inscriptions supplémentaires n'ont d'effet qu'à partir de leur date.
(Art. 2163. 2164.)

CHAPITRE SIXIÈME.

DE L'EFFET DES PRIVILÈGES ET HYPOTHÈQUES
CONTRE LES TIERS DÉTENTEURS.

Articles 2166 à 2179.

Qu'est-ce que le droit de suite ?

On sait que les privilèges et les hypothèques produisent deux
effets principaux : un droit de préférence et un droit de suite.
— Le droit de préférence est relatif aux rapports des créanciers

entre eux; il confère à ceux qui peuvent l'invoquer le droit d'être payés par préférence avant les autres créanciers. — Le droit de suite, dont nous nous occuperons exclusivement ici, concerne les droits des créanciers par rapport aux tiers acquéreurs.

Ainsi, le droit de suite consiste dans la faculté que la loi confère au créancier de saisir et de faire vendre l'immeuble affecté à sa garantie entre les mains des tiers acquéreurs (1). — De même que le droit de préférence, le droit de suite ne peut être exercé que par le créancier qui s'est fait inscrire en temps utile; mais, si cette inscription a été prise, il peut être exercé par tous les créanciers inscrits indistinctement, quelle que soit la date de leur créance.

Quelles sont les diverses législations qui ont régi l'existence du droit de suite ?

Ainsi qu'on vient de le voir, le droit de suite, c'est-à-dire le droit qu'ont les créanciers privilégiés ou hypothécaires de saisir et de faire vendre les immeubles affectés à la garantie de leur créance entre les mains des tiers acquéreurs, n'existe en leur faveur qu'autant qu'ils ont fait inscrire leur privilège ou leur hypothèque. Maintenant, il s'agit de savoir à quel moment cette inscription doit être prise. A cet égard, il y a eu successivement trois législations différentes : 1° celle de la loi du 11 brumaire an VII; 2° celle du Code civil et du Code de procédure; 3° celle de la loi du 23 mars 1855.

I. *Législation de la loi du 11 brumaire an VII.* — Aux termes de la loi du 11 brumaire an VII, les créanciers hypothécaires pouvaient se faire inscrire tant que l'immeuble affecté à leur garantie n'avait pas été aliéné par le débiteur, et que le tiers acquéreur n'avait pas fait transcrire son acte d'acquisition. — Effectivement, tant que la transcription de l'acte d'aliénation n'avait pas été faite, le débiteur conservait vis-à-vis d'eux la propriété de l'immeuble aliéné.

II. *Législation du Code.* — Sous l'empire du Code civil, la transcription n'ayant pas été jugée nécessaire, hors le cas de donations, pour que le transfert de la propriété immobilière pût s'opérer par rapport aux tiers, on ne permit plus aux créanciers

---

(1) L'objet unique, le but final du droit de suite, dit M. Paul Pont (I 112 ,17) c'est l'expropriation forcée du tiers acquéreur, sauf la faculté qui lui est laissée de payer ou de délaisser.

privilégiés ou hypothécaires de se faire inscrire aussitôt que l'immeuble affecté à leur garantie avait été aliéné. — Ainsi, l'aliénation était regardée comme suffisante pour arrêter par elle seule, et indépendamment de toute transcription, le cours des inscriptions de privilèges et d'hypothèques (1).

Quelque temps après, l'article 834 du Code de procédure civile vint modifier les dispositions du Code civil, en décidant que les privilèges et hypothèques pourraient être inscrits non seulement jusqu'à la transcription de l'acte d'aliénation de l'immeuble grevé, mais même pendant un délai de quinzaine, à partir de cette transcription.

III. *Législation de la loi du 23 mars 1855.* — La loi du 23 mars 1855 revint au système de brumaire. — Aux termes de cette loi, les créanciers privilégiés ou hypothécaires peuvent se faire inscrire, jusqu'à ce que l'immeuble affecté à leur garantie ait été aliéné par le débiteur et que la transcription de l'aliénation ait été faite. — Le délai accordé aux créanciers pour s'inscrire est donc fermé maintenant, non plus comme sous le Code civil par l'aliénation de l'immeuble, ou comme sous le Code de procédure par le délai de quinzaine qui suit la transcription de l'acte d'aliénation, mais par l'effet de la transcription elle-même.

Toutefois, une double exception a été apportée à cette règle en ce qui concerne les privilèges sur les immeubles : — 1° Malgré la transcription faite par le tiers acquéreur, le vendeur et le copartageant conservent leur droit de préférence et leur droit de suite, tant qu'ils se trouvent dans les quarante-cinq jours qui suivent leur propre contrat, c'est-à-dire leur acte de vente ou de partage. — 2° Les hypothèques légales de la femme mariée, des mineurs et des interdits, qui sont dispensées d'inscriptions, conservent leurs droits de préférence et de suite tant que durent le mariage et la tutelle et pendant l'année qui les suit, nonobstant toute transcription qui serait faite d'un acte d'aliénation concernant les immeubles affectés à leur garantie. (Art. 2166.)

Quels sont les acquéreurs contre lesquels il faut recourir au droit de suite ?

Tant que l'immeuble grevé de privilèges ou d'hypothèques

(1) Les donations étant restées assujetties à la transcription, les créanciers hypothécaires du donateur conservaient le droit de prendre inscription sur l'immeuble donné, tant que la donation n'avait pas été transcrite.

reste dans le patrimoine du débiteur, il ne saurait être question que du droit de préférence, c'est-à-dire du droit d'être payé avant d'autres créanciers sur le prix de cet immeuble.

Au contraire, le créancier privilégié ou hypothécaire a besoin d'être protégé par le droit de suite, lorsque l'immeuble grevé est passé du patrimoine du débiteur dans le patrimoine d'un tiers. — Mais ici il faut faire une distinction importante : lorsque l'immeuble affecté à la garantie d'un créancier et grevé d'un droit de privilège ou d'hypothèque est entré dans le patrimoine des successeurs universels ou à titre universel du débiteur, il n'est pas, pour cela, passé entre les mains d'un tiers, parce que ces successeurs représentent le débiteur dans l'ensemble de ses droits actifs et passifs ; et conséquemment il ne peut pas encore être question du droit du suite. Ainsi, dans le cas où le débiteur est décédé, les créanciers privilégiés ou hypothécaires peuvent agir contre ses héritiers légitimes, et même contre ses successeurs universels ou à titre universel, sans avoir besoin d'invoquer le droit de suite dont il s'agit ici. Ils peuvent agir contre les premiers, parce qu'ils sont personnellement tenus des dettes contractées par le défunt ; contre les seconds, parce qu'étant détenteurs d'une universalité qui comprend tout à la fois de l'actif et du passif, ils ne peuvent conserver les biens sans acquitter les dettes qui y correspondent.

Dans tous les cas, il ne s'agit pas ici du droit de suite proprement dit, de ce droit qui dérive du privilège ou de l'hypothèque, et qui permet au créancier de faire vendre l'immeuble affecté à sa garantie, entre quelques mains qu'il se trouve, et d'être payé sur le prix qui en provient par préférence aux autres créanciers. — Dans quelle hypothèse le droit de suite, tel qu'il vient d'être défini, c'est-à-dire dérivant du privilège ou de l'hypothèque, a-t-il donc lieu de s'exercer ? C'est lorsque l'immeuble affecté à la garantie d'un créancier est passé aux mains d'un acquéreur à titre particulier, tel qu'un acheteur, un échangiste, un donataire ou un légataire particulier. Dans ce cas, en effet, l'acquéreur ne saurait être poursuivi, ni à titre de continuateur juridique de la personne du débiteur, ni en qualité de détenteur d'un ensemble d'actif et de passif. Si donc les créanciers du débiteur peuvent agir contre lui, c'est uniquement par la vertu du droit de suite ; c'est, en d'autres ter-

mes, parce que ces créanciers ont un privilège ou une hypothèque sur l'immeuble qui vient d'entrer dans le patrimoine
de l'acquéreur, et que ce privilège ou cette hypothèque sont
attachés à cet immeuble et confèrent à ceux qui les possèdent
le droit de le faire vendre et d'être payés sur le prix par préférence à tous autres créanciers, entre quelques mains qu'il se
trouve.

Comme on le voit, c'est donc contre les acquéreurs à titre
particulier seulement que s'exerce le droit de suite. — Mais il
ne peut pas s'exercer contre eux dans tous les cas, et il faut
encore examiner à cet égard comment et par quelles sortes
d'aliénations ils sont devenus acquéreurs. En d'autres termes,
s'il n'y a que les acquéreurs particuliers qui soient soumis au
droit de suite, il n'y a aussi que certaines aliénations qui y
donnent lieu.

**Quelles sont les aliénations qui donnent lieu au droit de
suite ?**

Relativement au droit de suite, il faut distinguer trois classes
d'aliénations, savoir : 1° les aliénations volontaires ; 2° les aliénations forcées faites à la requête des créanciers ; 3° les aliénations faites par suite d'une expropriation pour cause d'utilité
publique.

I. *Aliénations volontaires.* — Les aliénations volontaires donnent toujours lieu au droit de suite, et la raison en est bien
simple. Si les créanciers privilégiés ou hypothécaires qui se
sont fait inscrire ne conservaient pas le droit de faire vendre
l'immeuble affecté à leur garantie lorsqu'il a été aliéné volontairement par le débiteur, s'ils ne conservaient pas le droit de
provoquer une nouvelle vente, qui, cette fois, aura lieu aux
enchères publiques, le débiteur n'aurait qu'à s'entendre avec
un tiers pour lui céder son immeuble à vil prix. Il en résulterait que les créanciers se trouveraient frustrés en partie de
la garantie sur laquelle ils pouvaient compter légitimement, et
en raison de laquelle ils avaient consenti à traiter avec le
débiteur.

Ainsi donc, les aliénations volontaires donnent toujours lieu
au droit de suite, c'est-à-dire qu'elles laissent toujours subsister, pour les créanciers privilégiés ou hypothécaires qui se
sont fait inscrire, le droit de provoquer une nouvelle vente,

une mise aux enchères de l'immeuble aliéné. — Peu importe que ces aliénations résultent d'un acte entre vifs ou qu'elles résultent d'un acte testamentaire, qu'elles aient été faites amiablement ou qu'elles aient eu lieu judiciairement à la suite d'un partage, pourvu qu'elles n'aient pas été provoquées par la poursuite des créanciers, ou qu'elles n'aient pas été amenées par une expropriation pour cause d'utilité publique ; car alors le créancier peut toujours prétendre que si la vente avait été faite sous ses yeux elle aurait atteint un prix plus élevé, et conséquemment il peut toujours poursuivre une nouvelle vente, en offrant une surenchère.

II. *Aliénations forcées faites à la requête d'un créancier.* — A l'inverse des précédentes, les aliénations forcées faites sur saisie ou délaissement à la requête d'un créancier ne laissent pas subsister pour les autres créanciers le droit de provoquer une nouvelle vente, par la raison que la première vente a, dans ce cas, été publique, que tous les créanciers privilégiés ou hypothécaires inscrits ont été avertis à l'avance par le saisissant d'avoir à y assister, et qu'ils ont ainsi été en mesure de réclamer du tribunal toutes les mesures propres à élever le prix d'adjudication.

A la suite d'une aliénation forcée, les créanciers hypothécaires perdent donc le droit de poursuivre une nouvelle vente de l'immeuble hypothéqué ; mais ils conservent celui d'être payés par préférence sur le prix d'adjudication. L'adjudicataire devra le verser entre leurs mains pour affranchir l'immeuble des droits qui le grèvent.

III. *Aliénations faites à la suite d'une expropriation pour cause d'utilité publique.* — Les aliénations qui proviennent d'une expropriation pour cause d'utilité publique ne donnent pas lieu au droit de suite, car le tiers détenteur a acquis ses droits en vertu d'une loi d'intérêt général, devant laquelle les intérêts particuliers des créanciers doivent s'effacer. — Mais, tout en perdant le droit de poursuivre une nouvelle vente de l'immeuble exproprié, les créanciers inscrits conservent, comme précédemment, celui d'être payés par préférence sur l'indemnité d'expropriation. Leur droit sur le fonds se trouve converti en un droit sur le prix qui en représente la valeur.

En résumé, le droit de suite subsiste dans son entier après

toute aliénation volontaire, faite amiablement ou en présence de la justice. Il disparaît, au contraire, après toute aliénation forcée, faite sur saisie ou délaissement, ainsi qu'après les aliénations qui proviennent d'une expropriation pour cause d'utilité publique. Dans ces derniers cas, les créanciers hypothécaires n'ont plus le droit de faire vendre, qui est l'élément principal du droit de suite, mais ils conservent celui d'être payés par préférence sur le prix de l'immeuble aliéné.

Que faut-il décider lorsque le débiteur a constitué des droits d'usufruit, d'usage ou de servitude sur l'immeuble hypothéqué ?

Il s'agit ici du cas où un débiteur ayant un immeuble grevé de privilèges ou d'hypothèques aurait néanmoins cédé à des tiers des droits d'usufruit, d'usage ou de servitude. Dans ce cas, il est d'abord évident que les créanciers privilégiés ou hypothécaires ne sont pas tenus de respecter ces droits réels, puisqu'ils ont été constitués postérieurement à leur privilège ou à leur hypothèque. Mais alors il s'agit de savoir s'ils devront provoquer séparément la vente de ces droits, et, en cas d'insuffisance, faire vendre le fonds lui-même ; ou s'ils devront poursuivre la vente du fonds, sans tenir compte des charges dont il a été grevé par le débiteur.

A cet égard, il faut établir une distinction :

Si le débiteur a concédé un droit d'usufruit sur l'immeuble hypothéqué, les créanciers hypothécaires peuvent exercer leur droit de suite contre l'acquéreur de l'usufruit et faire vendre séparément son droit ; car le droit d'usufruit est susceptible d'être cédé, et par conséquent d'être vendu. Toutefois, ils conservent la faculté de poursuivre la vente de la pleine propriété contre le débiteur, dans le cas où une vente séparée, de l'usufruit d'abord, et de la nue propriété ensuite, serait de nature à leur causer un préjudice.

Mais il n'en est pas de même si le débiteur a concédé un droit d'usage ou de servitude. Ces droits n'étant pas susceptibles d'être saisis et vendus séparément, les créanciers hypothécaires n'ont pas d'autre alternative que celle de poursuivre la saisie et la vente de l'immeuble, comme s'ils n'existaient pas ; en d'autres termes, la concession de droits d'usage et de servitude faite par le débiteur sur l'immeuble hypothéqué doit être con-

sidérée comme non avenue, parce qu'un débiteur ne peut pas
constituer des droits réels qui seraient de nature à entraver
l'exercice du droit de suite, qui appartient à des créanciers
hypothécaires inscrits antérieurement (1).

Il y a cependant un droit constitué par le débiteur qui serait
opposable aux créanciers hypothécaires : c'est celui du preneur
dont le bail a date certaine et ne présente aucun caractère
frauduleux. Les créanciers hypothécaires ne pourraient faire
vendre le fonds loué qu'en maintenant le bail et en lui laissant
produire ses effets vis-à-vis du nouvel acquéreur (2). Toutefois,
la loi du 23 mars 1855 a introduit à cet égard une innovation
importante.

Aux termes de cette loi, les baux ayant date certaine ne
sont opposables aux créanciers hypothécaires, lorsqu'ils ont
été faits pour une durée de plus de dix-huit ans, que s'ils
avaient été passés et transcrits avant l'inscription de leur hypothèque. — Il en résulte que les créanciers hypothécaires peuvent faire réduire à dix-huit années tous les baux consentis pour une durée plus longue, lorsqu'ils n'étaient pas
encore transcrits au moment de leur inscription.

Une autre disposition de cette même loi autorise, en outre,
les créanciers hypothécaires à faire réduire les payements anticipés faits par le fermier, à trois années de loyers ou de
fermages, lorsqu'ils n'ont pas été également transcrits avant
l'inscription de leur hypothèque.

**Que doit faire le créancier inscrit qui veut exercer le droit
de suite ?**

Le créancier inscrit qui veut exercer le droit de suite doit
faire commandement au débiteur de payer sa dette, et sommation au tiers détenteur de délaisser l'immeuble.

Le tiers détenteur de l'immeuble hypothéqué n'est pas tenu
personnellement au payement de la dette; c'est pourquoi le
créancier hypothécaire, qui peut faire au débiteur un commandement de payer, ne peut lui adresser qu'une simple sommation de délaisser l'immeuble ou de payer. — Si le tiers détenteur refuse de délaisser, il ne devient pas par là obligé personnellement au payement de la dette : mais c'est contre lui que

(1) Mourlon, III, 1652.
(2) Paul Pont, II, 1117.

seront dirigées les poursuites en expropriation de l'immeuble hypothéqué.

Trente jours après le commandement et la sommation, le créancier peut saisir et faire vendre l'immeuble aux enchères publiques. (Art. 2167, 2169.)

Quels sont les divers partis que peut prendre le tiers détenteur de l'immeuble hypothéqué ?

Le tiers détenteur de l'immeuble hypothéqué peut, dans les trente jours de la sommation qui lui est faite de délaisser, prendre l'un des cinq partis suivants :

1° *Payer toutes les créances inscrites.* — Ce parti n'est possible qu'autant que le montant de toutes ces créances ne dépasse pas le prix d'acquisition. — Il présente d'ailleurs un grave inconvénient pour le tiers détenteur : c'est qu'après avoir désintéressé les créanciers inscrits, il se trouve encore exposé aux poursuites des créanciers hypothécaires dispensés d'inscription, qui pourront poursuivre une nouvelle vente et en toucher le prix préférablement à lui, s'ils ont un rang de préférence qui les place avant les créanciers inscrits, auxquels il est subrogé.

2° *Payer les créances jusqu'à concurrence de son prix d'acquisition.* — Lorsque le prix d'acquisition n'est pas suffisant pour désintéresser tous les créanciers inscrits, le tiers détenteur peut se borner à désintéresser les premiers inscrits jusqu'à concurrence de son prix, en se faisant subroger à eux. Au moyen de cette subrogation, il se fera rembourser tout ce qu'il a payé pour éteindre les premières créances, si les créanciers inscrits postérieurement provoquent une nouvelle vente. — Mais ce parti présente les mêmes inconvénients que le précédent, en ce qu'il laisse l'acquéreur exposé à un conflit avec des créanciers hypothécaires dispensés d'inscription, qui, s'ils ont un rang préférable à celui des créanciers auxquels il s'est fait subroger, peuvent, comme précédemment, faire vendre l'immeuble et en recevoir le prix préférablement à lui.

3° *Purger l'immeuble des privilèges et hypothèques qui le grèvent,* en accomplissant certaines formalités que nous examinerons plus loin.

4° *Se laisser exproprier,* en laissant opérer contre lui la saisie et la vente aux enchères de l'immeuble hypothéqué.

5° *Délaisser l'immeuble,* c'est-à-dire en abdiquer la possession, afin de se mettre personnellement en dehors des poursuites en expropriation forcée.

De ces cinq partis, le plus rationnel, celui qui a lieu le plus ordinairement, c'est la purge, dont nous nous occuperons spécialement dans le chapitre VIII de ce titre. En effet, la purge a pour résultat de dégrever l'immeuble de toutes les charges qui y ont été constituées ; et il est bien évident que lorsqu'on se porte acquéreur d'un immeuble qu'on sait être grevé de charges, ce n'est ni pour le délaisser, ni encore moins pour se laisser exproprier, mais dans le but d'en faire l'acquisition définitive.

En outre, le tiers acquéreur peut quelquefois, mais seulement dans certains cas et sous certaines conditions, opposer le bénéfice de discussion. (Art. 2168, 2179.)

Comment se fait le délaissement ?

Le délaissement se fait au greffe du tribunal, au moyen d'une déclaration du tiers détenteur assisté de son avoué. Cette déclaration est notifiée aux créanciers hypothécaires inscrits, qui poursuivront alors la nomination d'un curateur, chargé de surveiller la vente et de signifier ou de recevoir tous les actes de procédure qui la concernent.

Le délaissement a pour effet de mettre le délaissant hors de cause, et de lui épargner ainsi les embarras et les tracas que la procédure en expropriation entraîne avec elle (1). — Au reste, le délaissement ne fait perdre au tiers détenteur que la simple détention de l'immeuble. Il en conserve la propriété et même la possession civile, car les actions possessoires lui appartiennent, et la prescription continue de courir en sa faveur, s'il a reçu l'immeuble des mains d'un non-propriétaire. Il en résulte que, dans l'intervalle qui s'écoule entre le délaissement et la vente aux enchères, l'immeuble est à ses risques ; qu'il peut en reprendre la détention en payant toute la dette, le grever de droits réels, et enfin que si le prix d'adjudication excède le montant des créances inscrites, c'est lui qui touchera l'excédant.

Le délaissement peut avoir lieu tant que la saisie de l'immeuble n'a pas été faite entre les mains du tiers acquéreur. Dès

(1) C'est un abandon fait aux créanciers, non pas pour qu'ils retiennent l'immeuble, mais pour qu'ils poursuivent la réalisation du prix. Paul Pont, II, 1137.

que la saisie a lieu, celui-ci ne peut plus y recourir, car il s'est alors engagé tacitement par là à rester personnellement en cause (1). Au reste, comme la saisie ne peut être pratiquée que trente jours après la sommation de délaisser, le tiers acquéreur a un délai suffisant pour faire le délaissement, s'il lui convient de prendre ce parti. (Art. 2173, 2174.)

Le délaissant peut-il constituer des hypothèques sur l'immeuble dont il a fait l'abandon ?

Oui ; le délaissant peut constituer des hypothèques sur l'immeuble dont il a fait l'abandon, puisque cet abandon ne lui fait perdre que la détention de l'immeuble, et qu'il en conserve la propriété jusqu'au jour de la vente aux enchères. — Seulement il faut observer que les hypothèques, ainsi que tous les autres droits réels qu'il aurait consentis dans l'intervalle du délaissement à l'expropriation, ne sont pas opposables aux créanciers privilégiés et hypothécaires antérieurement inscrits ; ce qui est d'ailleurs conforme au principe que le rang des créanciers hypothécaires se règle à raison de la date de leurs inscriptions. En conséquence, ce n'est que lorsque les créanciers privilégiés et hypothécaires inscrits avant le délaissement auront été complètement désintéressés, que l'excédant du prix d'adjudication pourra être distribué aux créanciers personnels du délaissant.

Il peut arriver aussi que le tiers acquéreur qui a fait le délaissement ait eu, avant son acquisition, un droit réel de privilège ou d'hypothèque sur l'immeuble qui a passé entre ses mains. Dans cette hypothèse, il est évident que le droit réel qu'il avait sur l'immeuble avant son acquisition s'est trouvé anéanti au moment de l'acquisition et par le fait de cette acquisition ; car on ne saurait avoir une charge sur sa propre chose. Toutefois, si l'acquéreur vient ensuite à délaisser l'immeuble, ce délaissement aura pour effet de faire revivre à son profit tous les droits réels, et notamment les hypothèques qu'il avait sur l'immeuble avant de l'acquérir. — Ainsi, lorsqu'un créancier hypothécaire achète l'immeuble affecté à sa garantie, son hypothèque s'éteint d'abord par la consolidation ; mais s'il vient ensuite à faire le délaissement de cet immeuble, sur les poursuites exercées par un autre créancier hypothécaire inscrit, son hypo-

---

(1) Mais le délaissement peut avoir lieu même après que le tiers détenteur a accompli les formalités de purge légale. Paris, 14 décembre 1878.

thèque renaît, ou plutôt elle est considérée comme n'ayant jamais été anéantie, et par conséquent il se fait payer sa créance sur le prix d'adjudication, au rang que lui donne son inscription. La raison en est que si l'hypothèque s'éteint lorsqu'un créancier hypothécaire devient propriétaire de l'immeuble affecté à sa garantie, ce n'est qu'autant que le créancier hypothécaire ne peut pas invoquer contre lui-même son droit d'hypothèque. Mais l'hypothèque conserve son effet dès qu'il s'agit de l'opposer à des tiers.

Le délaissant qui a une hypothèque sur l'immeuble doit avoir soin d'ailleurs de renouveler son inscription en temps utile, sans quoi il perdrait son rang, tout comme s'il n'était pas tiers détenteur. (Art. 2177.)

Quels sont les détenteurs qui peuvent délaisser ?

En règle générale, tous les détenteurs peuvent délaisser ; mais le délaissement n'offre aucun intérêt à l'acquéreur lorsqu'il est tenu personnellement de la dette, parce qu'alors il n'échappe pas par là aux poursuites des créanciers. En conséquence, ne peuvent pas délaisser ;

1° Ceux qui sont personnellement obligés au payement de la dette ;

2° Ceux qui ne sont pas capables d'aliéner.

Comme on vient de le voir, les détenteurs qui sont obligés personnellement au payement de la dette ne peuvent pas délaisser, parce qu'en leur qualité d'obligés personnellement, ils ne seraient pas libérés par le délaissement. En d'autres termes, le délaissement qu'ils feraient ne saurait les soustraire aux poursuites des créanciers, puisque ces poursuites résulteraient de l'inexécution de leur propre obligation. — Les détenteurs qui ne peuvent pas délaisser comme étant personnellement obligés sont : 1° la caution qui a acquis l'immeuble affecté par le débiteur principal au payement de la dette pour laquelle elle s'est engagée ; 2° le débiteur solidaire qui a acquis l'immeuble affecté par son codébiteur au payement de la dette commune ; 3° l'acheteur qui a pris envers son vendeur l'engagement formel de payer son prix entre les mains des créanciers hypothécaires.

Quant aux détenteurs qui sont incapables d'aliéner, ils ne peuvent pas délaisser, parce que le délaissement étant suivi d'une vente aux enchères publiques, conduit à l'aliénation forcée.

Une question débattue est celle de savoir si l'héritier pur et simple, qui a dans son lot un immeuble hypothéqué, peut se soustraire aux poursuites des créanciers hypothécaires en faisant le délaissement de cet immeuble, lorsqu'il a d'ailleurs payé la portion de la dette dont il était tenu personnellement. — On admet généralement l'affirmative ; car l'héritier qui a payé la portion de la dette héréditaire qui était à sa charge a éteint par là toute obligation personnelle de sa part, et il ne peut plus être actionné que *propter rem*, à cause de l'immeuble hypothéqué qu'il détient.

Il en est de même du propriétaire qui, sans s'obliger personnellement, a affecté un immeuble au payement de la dette d'autrui ; il n'est également tenu que comme détenteur, et dès lors le délaissement, c'est-à-dire l'abandon de la détention, le libérera complètement. (Art. 2172.)

Le tiers détenteur devient-il obligé personnellement lorsqu'il a été assigné en reconnaissance d'une hypothèque ?

Pour résoudre cette question, il faut d'abord examiner dans quelle hypothèse un tiers détenteur peut se trouver assigné en reconnaissance d'une hypothèque. — Voici le cas :

Lorsqu'un créancier a obtenu une hypothèque pour garantir le payement d'une rente perpétuelle ou viagère constituée à son profit ou d'une créance conditionnelle ou à terme, et que l'immeuble grevé de l'hypothèque est passé aux mains d'un tiers acquéreur, celui-ci peut commencer à prescrire l'hypothèque à partir du moment où il a fait transcrire son acte d'acquisition. Et comme la dette dont il s'agit n'est pas exigible, et que par suite le créancier ne peut pas faire des actes de poursuites, la prescription de l'hypothèque finirait par s'accomplir au profit du tiers acquéreur, s'il ne faisait pas des actes interruptifs de prescription. A cet effet, le créancier assignera le tiers détenteur en reconnaissance d'hypothèque, et il interrompra par ce moyen la prescription de l'hypothèque. Si le tiers détenteur assigné consent à la reconnaître, le tribunal donnera acte de cette reconnaissance au créancier ; s'il en conteste l'existence sans motif valable, la sentence du tribunal tiendra lieu de la reconnaissance. — Mais alors, le tiers détenteur n'aura pas été condamné en qualité de débiteur personnel de la dette, mais comme détenteur de l'immeuble affecté à la garantie de cette dette. Il en résulte que la reconnaissance de l'hypothèque par le tiers détenteur n'enlève pas à celui-ci le droit de faire le délaissement, soit qu'elle ait eu lieu volontairement, soit qu'elle résulte d'une condamnation.

Il convient de remarquer, en passant, que les expressions employées ici par le Code sont impropres ; il parle de la reconnaissance de l'*obligation* par le tiers détenteur. C'est de la reconnaissance de l'hypothèque qu'il faudrait dire. Effectivement, le tiers détenteur ne peut pas reconnaître l'obligation à laquelle il est resté étranger, mais seulement l'hypothèque qui affecte l'immeuble dont il a la possession. (Art. 2173.)

Dans quels cas le tiers détenteur peut-il opposer le bénéfice de discussion ?

Outre les cinq partis à prendre qui s'offrent au tiers détenteur actionné et qu'on a vus précédemment, celui-ci peut encore, mais seulement dans certains cas et moyennant certaines conditions, opposer au créancier qui le poursuit le bénéfice de discussion. — Au moyen de ce bénéfice, il obligera le créancier à suspendre les poursuites qu'il avait dirigées contre lui, jusqu'à ce qu'il ait préalablement discuté les autres immeubles qui ont été également hypothéqués à la même dette, et qui se trouvent encore entre les mains du débiteur principal.

Mais ce n'est, avons-nous dit, que dans certains cas, que le tiers détenteur peut recourir à ce bénéfice. — En effet, il faut : 1° qu'il ne soit pas obligé personnellement au payement de la dette ; 2° que l'immeuble qu'il détient ne soit pas grevé d'une hypothèque spéciale.

I. *Il faut qu'il ne soit pas obligé personnellement au payement de la dette.* — Ainsi, le bénéfice de discussion ne peut être opposé ni par un débiteur solidaire, ni par un acheteur qui a pris l'engagement de désintéresser les créanciers hypothécaires. Peut-il être opposé par la caution qui se serait rendue acquéreur de l'immeuble affecté à la garantie de la dette ? C'est là une question vivement débattue.

La raison de douter vient de ce que la loi qui, dans l'espèce qui nous occupe, c'est-à-dire lorsqu'il s'agit d'un tiers détenteur poursuivi *propter rem*, refuse la discussion à tout détenteur qui serait obligé personnellement au payement de la dette garantie par l'hypothèque, accorde ailleurs le bénéfice de discussion à la caution, parce qu'elle s'est obligée dans l'intérêt d'autrui. — A notre avis, il faut admettre la négative. Il suffit, pour s'en convaincre, d'examiner attentivement quelle est ici la situation de la caution vis-à-vis du créancier qui la poursuit. Elle a répondu d'une dette, qui avait été garantie en outre par une hypothèque consentie par le débiteur; elle s'est ensuite rendue acquéreur de l'immeuble hypothéqué, et elle est poursuivie par le créancier hypothécaire. Maintenant à quel titre est-elle poursuivie? Si c'était comme obligé personnellement, il faudrait sans doute lui accorder le bénéfice de discussion, puisqu'il a été établi précisément pour lui venir en aide dans cette hypothèse. Mais si, au contraire, elle est poursuivie comme détenteur de l'immeuble hypothéqué, et c'est ici le cas, il faut le lui refuser, par la raison que le détenteur d'un bien hypothéqué n'est admis à opposer le bénéfice de discussion qu'autant qu'il ne peut être poursuivi qu'en cette qualité (1).

II. *Il faut que l'immeuble qu'il détient ne soit pas grevé d'une hypothèque spéciale.* — En effet, il est évident que le tiers détenteur ne pourra pas opposer le bénéfice de discussion, c'est-à-dire qu'il ne pourra pas exiger que le créancier dirige ses poursuites sur d'autres immeubles du débiteur, si l'immeuble qu'il détient se trouve seul affecté à sa garantie, ou même s'il s'y trouve affecté d'une manière toute spéciale.

En conséquence, il faut décider : 1° que le bénéfice de discussion ne peut pas être opposé aux créanciers privilégiés ou hypothécaires, lorsque leur privilège ou leur hypothèque ne porte que sur l'immeuble possédé par le tiers détenteur; 2° qu'il ne peut pas être opposé non plus aux créanciers qui ont une hypothèque générale sur tous les biens du débiteur, lorsque cette hypothèque est conventionnelle, par la raison qu'une hypothèque de cette nature porte sur chaque immeuble d'une façon toute spéciale, et affecte chacun d'eux distinctement à la garantie de la dette. — En résumé, le bénéfice de discussion n'est donc opposable qu'aux créanciers qui ont une hypothèque soit légale, soit judiciaire, sur tous les biens du débiteur, et alors il s'explique très bien. Effectivement, ces hypothèques

_____

(1) Duranton, XX, 245. — Paul Pont, II, 1160.

s'appliquant a tous les biens du débiteur, quelle que soit leur importance et quelque minime que soit la dette qu'elles garantissent, il arrivera souvent, comme on l'a vu à propos de la réduction des hypothèques, qu'il y aura lieu de dégrever un des immeubles soumis à l'hypothèque. Supposons maintenant que le débiteur ait aliéné un des immeubles hypothéqués, en conservant les autres en sa possession; que ces derniers soient d'une valeur suffisante pour garantir le payement de la dette : quoi de plus rationnel alors que l'acquéreur de l'immeuble aliéné, poursuivi par le créancier en qualité de détenteur de cet immeuble, vienne lui dire : poursuivez de préférence l'expropriation des immeubles restés aux mains de votre débiteur, qui sont également affectés à la garantie de votre créance, qui sont d'une valeur suffisante pour en garantir le payement, qui sont enfin dans des conditions telles que vous n'avez aucun intérêt appréciable à exercer vos poursuites sur l'immeuble qui est tombé en ma possession.

Voyons maintenant quelles sont les conditions imposées au tiers détenteur qui veut exercer le bénéfice de discussion. (Art. 2170, 2171.)

A quelles conditions le tiers détenteur peut-il opposer le bénéfice de discussion ?

On vient de voir que le tiers détenteur ne peut opposer le bénéfice de discussion qu'autant qu'il n'est pas obligé personnellement au payement de la dette, et que son hypothèque est une hypothèque légale ou judiciaire affectant tous les immeubles du débiteur. Il résulte en outre de la combinaison de notre article avec l'article 2023 relatif au cautionnement, qu'il faut les conditions suivantes :

1° Que le tiers détenteur invoque le bénéfice de discussion sur les premières poursuites;

2° Qu'il indique au créancier d'autres immeubles appartenant au débiteur, suffisants pour le payement de la dette, situés dans le même arrondissement, non litigieux et non affectés à d'autres hypothèques;

3° Qu'il avance la somme nécessaire pour la discussion;

4° Que les immeubles qu'il indique soient hypothéqués au payement de la même dette, et qu'ils se trouvent encore en la possession du débiteur. (Art. 2170.)

Le tiers détenteur est-il responsable des détériorations qui proviennent de son fait ?

Oui ; le tiers détenteur qui a détérioré l'immeuble, soit par son fait, soit même par sa simple négligence, doit indemniser les créanciers hypothécaires du dommage qu'il leur a causé. — Cette disposition semble rigoureuse au premier abord, car en général celui qui a négligé une chose qui lui appartient n'est sujet à aucune action ; mais elle se justifie par cette considération que le tiers acquéreur a dû connaître, lorsqu'il a acquis l'immeuble hypothéqué, l'existence des hypothèques inscrites qui le grèvent, et que dès lors il s'est obligé tacitement envers les créanciers hypothécaires à ne rien faire qui puisse diminuer leur gage (1).

De leur côté, les créanciers hypothécaires doivent rembourser au tiers détenteur les dépenses nécessaires qu'il a faites pour la conservation de l'immeuble (2). — Ils doivent aussi lui tenir compte des dépenses d'amélioration qui ont procuré une plus-value à l'immeuble, mais seulement jusqu'à concurrence de cette plus-value. (Art. 2175.)

Le tiers détenteur doit-il restituer les fruits aux créanciers hypothécaires ?

En principe, le tiers détenteur ne doit aux créanciers hypothécaires aucun compte des fruits de l'immeuble hypothéqué, parce qu'ils sont considérés comme une indemnité de ses soins et de ses dépenses de culture et d'entretien. Mais ce principe cesse d'être applicable à partir de la sommation qui lui est faite de délaisser l'immeuble ou de payer les dettes ; car, à compter de ce moment, les fruits sont immobilisés, et leur prix doit, de même que celui de l'immeuble, être distribué entre les créanciers hypothécaires, suivant la date de leurs inscriptions.

Dans le cas où l'immeuble hypothéqué est resté entre les mains du débiteur lui-même, l'immobilisation des fruits n'a lieu qu'à partir de la transcription de la saisie, ainsi que l'indique l'article 682 du Code de procédure.

(1) Troplong, 832. — Paul Pont, II, 1200.
(2) En droit romain le détenteur pouvait retenir la chose jusqu'à ce qu'il eût été payé de ses impenses. D. loi 20 § 2, *De priv. et hyp.* — Dans notre ancien droit, on lui accordait un privilège. Pothier, *Traité de l'hyp.*, n° 43. — D'après le Code, il n'a ni droit de rétention ni privilège, puisque l'article 2175 ne lui accorde que le droit de répéter ses impenses. Mourlon, III, 1658. — Paul Pont, II, 1208. — Duranton, XX, 272.

Le tiers détenteur qui a été exproprié par les créanciers hypothécaires a un recours en garantie contre son vendeur; et il peut exercer ce recours et mettre son vendeur en cause aussitôt qu'il a été sommé de délaisser. (Art. 2176, 2178.)

CHAPITRE SEPTIÈME

DE L'EXTINCTION DES PRIVILÈGES ET HYPOTHÈQUES.

Article 2180.

Comment s'éteignent les privilèges et hypothèques ?

Les privilèges et hypothèques, étant un accessoire de la créance, peuvent s'éteindre de deux manières : 1° par voie de conséquence, c'est-à-dire par l'extinction de la créance elle-même; 2° par voie principale et directe, la créance continuant de subsister.

I. *Extinction par voie de conséquence.* — L'hypothèque s'éteint par voie de conséquence dans tous les cas où la créance elle-même se trouve éteinte, car l'accessoire ne doit pas survivre au principal. Il en est de même du privilège. Le payement, la novation, la compensation, la confusion, la remise de la dette, etc., opèrent donc extinction de l'hypothèque et du privilège.

Si la dette a été acquittée en partie seulement, l'hypothèque subsiste tout entière, parce qu'elle est indivisible, c'est-à-dire affectée en totalité au payement intégral de la dette.

II. *Extinction par voie principale et directe.* — L'hypothèque s'éteint par voie principale et directe : 1° par la renonciation du créancier; 2° par la prescription; 3° par la purge.

On verra tout à l'heure dans quels cas et de quelle manière l'hypothèque s'éteint par la renonciation du créancier et par la prescription. — Quant à la purge, qui est le mode le plus ordinaire de l'extinction de l'hypothèque par voie principale, il en sera question dans le chapitre suivant. (Art. 2180.)

L'hypothèque est-elle éteinte lorsque le créancier a été évincé d'une chose qu'il avait reçue en payement ?

Non ; l'hypothèque n'est pas éteinte lorsque le créancier a été évincé de la chose qu'il avait reçue en payement, car alors la créance elle-même continue de subsister. En effet, le créancier à qui la dation en payement a été faite n'avait entendu renoncer à ses droits qu'à la condition de conserver la chose reçue en payement, et cette condition ne s'est pas réalisée (1). — Il est vrai que, dans ce cas, les cautions qu'avait fournies le débiteur n'en seraient pas moins libérées. Mais rien n'autorise à étendre aux hypothèques l'exception établie pour les cautions. En effet, on conçoit très bien que le législateur ait multiplié les causes de libération pour ces dernières, parce qu'en général elles s'obligent gratuitement et qu'elles rendent ainsi de grands services au crédit public ; mais il n'y avait aucune raison pour accorder la même faveur aux débiteurs qui ont consenti des hypothèques sur leurs biens (2).

Ainsi donc, si le créancier a été évincé de la chose reçue en payement, sa créance, un moment éteinte, renaît, par suite de l'éviction qu'il a subie, avec l'hypothèque qui y était attachée. Mais il se présente alors la question de savoir si cette dernière recouvre le rang de préférence qu'elle avait à l'origine, ou si elle prend un rang nouveau à la date de la dernière inscription. — A cet égard, il faut établir la distinction suivante.

Si l'inscription de l'hypothèque n'avait pas été rayée au moment où la créance s'est trouvée éteinte par la dation en payement, le créancier conserve le rang de préférence qu'il avait à l'origine, car il n'y a aucune raison pour qu'il en soit autrement. — Si, au contraire, le créancier avait fait rayer son inscription, il devra prendre une inscription nouvelle. Mais alors, cette inscription ne lui permettra de conserver le rang de préférence qu'il avait à l'origine que par rapport aux créanciers qui avaient déjà des hypothèques inscrites au moment de la radiation. Quant à ceux qui ont pris inscription pendant le temps où son hypothèque avait été rayée, ils passeront avant lui, parce qu'ils

---

(1) C'est ce que dit Domat : « Si le payement ou ce qui devait en tenir lieu n'avait point d'effet, comme si le créancier avait reçu une chose dont il aurait été ensuite évincé, l'hypothèque revivrait avec la créance, *car ces sortes de payements renferment la condition qu'ils subsisteront.* Domat, *Lois civ.*, liv. III, tit. I, sect. VII, n° 6.

(2) Troplong, 847 et suiv. — Zachariæ, II, p. 226, 227. — Paul Pont, II, 1230.

n'ont consenti à recevoir une hypothèque que dans la pensée que la radiation était définitive.

L'extinction de la créance amène-t-elle toujours celle de l'hypothèque ?

En thèse générale, on peut dire que l'extinction de la créance amène toujours celle de l'hypothèque qui y est attachée. Cependant il peut arriver que l'action originaire du créancier soit éteinte, et qu'il puisse néanmoins agir par l'hypothèque qui y était attachée. C'est ce qui aura lieu, par exemple, dans le cas d'une novation, lorsque le créancier a stipulé expressément que l'hypothèque qui était attachée à l'ancienne créance servira à garantir la nouvelle (1). — C'est encore ce qui aurait lieu dans l'hypothèse suivante :

On sait que lorsque deux personnes sont en même temps créancières et débitrices l'une de l'autre, il s'opère, par l'effet de la loi, et même à leur insu, une compensation qui a pour résultat d'éteindre les deux dettes, si elles sont d'égale valeur. Or il peut arriver qu'un débiteur, qui est en même temps créancier de son créancier, et dont la créance est garantie par une hypothèque, paye celui-ci, dans l'ignorance de la compensation qui s'est opérée et qui a éteint sa propre dette et celle de son créancier. Sans doute, il pourra, dans ce cas, agir par la *condictio indebiti*, puisqu'il a payé par erreur une dette qu'il croyait exister et qui était éteinte; mais on admet généralement qu'il pourra exercer, au lieu et place de cette *condictio indebiti* qui est une action purement chirographaire, l'action hypothécaire qu'il avait avant que la compensation n'eût éteint sa créance (2).

Comment a lieu l'extinction de l'hypothèque par la renonciation du créancier ?

Pour pouvoir renoncer valablement à son hypothèque, il n'est pas nécessaire que le créancier ait la capacité d'aliéner ses immeubles : il suffit qu'il soit capable de recevoir le payement de la somme garantie par l'hypothèque.

Le créancier peut d'ailleurs renoncer à son hypothèque de deux manières, expressément ou tacitement. — La renonciation est *expresse*, lorsqu'elle est formellement exprimée. Elle est *ta-*

(1) Paul Pont, II, 1229.
(2) Idem, *loc. cit.*

cite, lorsque, sans avoir été exprimée formellement, elle résulte néanmoins de certains faits d'une manière certaine. Ainsi, lorsque le créancier hypothécaire figure comme témoin dans la vente de l'immeuble affecté à son payement, et que l'acte de vente porte que l'immeuble vendu est libre de toute hypothèque, il est censé avoir renoncé par là à son droit d'hypothèque. Pareillement, lorsque le mari vend un de ses propres et que sa femme commune en biens intervient dans l'acte pour garantir la vente, elle est censée avoir renoncé à son hypothèque légale au profit de l'acquéreur.

Voyons maintenant comment l'hypothèque peut être éteinte par la prescription.

Comment l'hypothèque est-elle éteinte par la prescription?

A cet égard, il faut distinguer deux hypothèses : 1° celle où l'immeuble hypothéqué est resté entre les mains du débiteur; 2° celle où il a passé entre les mains d'un tiers.

I. *Cas où l'immeuble est resté entre les mains du débiteur.* — Lorsque l'immeuble hypothéqué est resté entre les mains du débiteur, la prescription de l'hypothèque s'accomplit en même temps et de la même manière que celle de l'obligation principale. Si cette obligation est prescriptible par cinq ans ou par trente ans, l'hypothèque elle-même sera prescriptible par cinq ans ou par trente ans. Si la prescription de l'obligation est interrompue, la prescription de l'hypothèque le sera également.

Il en était différemment en droit romain et dans notre ancien droit. L'hypothèque survivait, dans certains cas, à l'obligation principale. La créance se prescrivait comme aujourd'hui par trente ans, mais le délai pour la prescription de l'hypothèque était de quarante ans. Ainsi, l'obligation étant éteinte, l'hypothèque pouvait encore survivre pendant dix ans. — Quelle était alors son utilité? Elle garantissait l'obligation naturelle qui survit à l'extinction de la dette civile par la prescription. Le débiteur, civilement libéré de l'obligation personnelle, n'était plus tenu sur tous ses biens; mais, en sa qualité de détenteur d'un immeuble hypothéqué, il pouvait être poursuivi et contraint de délaisser l'immeuble ou de se laisser exproprier.

II. *Cas où l'immeuble hypothéqué a passé entre les mains d'un tiers.* — Lorsque l'immeuble hypothéqué a passé aux mains d'un tiers, la prescription de l'hypothèque est tout à fait indé-

pendante de la prescription de l'obligation qu'elle est destinée à
garantir. En effet, dans ce cas, le tiers acquéreur peut obtenir
par prescription la franchise de l'immeuble qu'il a reçu grevé
de charges, et c'est bien là une prescription acquisitive puisqu'il
n'existe contre lui aucune obligation personnelle dont il ait à se
libérer. De son côté, le débiteur de la dette garantie par l'hypothèque peut se libérer par prescription de l'obligation dont il est
tenu, et c'est là évidemment une prescription libératoire. Or,
ces deux prescriptions peuvent très bien s'accomplir l'une sans
l'autre. — En d'autres termes, le tiers détenteur peut acquérir
la franchise de l'immeuble qu'il a reçu grevé d'une hypothèque,
lors même que le débiteur qui lui a transmis cet immeuble ne
serait pas encore libéré de l'obligation garantie par l'hypothèque, au moyen de la prescription libératoire : 1° parce que la
durée des deux prescriptions n'est pas la même, la prescription
acquisitive pouvant s'accomplir par dix, vingt ou trente ans, et
la prescription libératoire n'ayant lieu que par trente ans;
2° parce que leur point de départ est également différent, le
délai de la prescription acquisitive commençant à courir à partir du moment où le tiers acquéreur a fait transcrire son acte
d'acquisition, et celui de la prescription libératoire à partir du jour
où la dette est devenue exigible ; 3° parce qu'enfin les deux
prescriptions ayant à s'opérer au profit de deux personnes différentes, le créancier ne pourra les interrompre l'une et l'autre
qu'au moyen de deux actes distincts, et qu'il peut très bien se
faire qu'il interrompe l'une sans interrompre l'autre, ou qu'il
les interrompe toutes les deux, mais à des époques différentes.

Nous avons dit que la prescription de l'hypothèque pouvait
s'opérer par dix et vingt ans. Cela suppose que le tiers acquéreur peut avoir bonne foi et juste titre relativement à la prescription de l'hypothèque. Voyons maintenant dans quel cas il
réunira ces conditions. (Art. 2180.)

**Dans quel cas le tiers détenteur peut-il avoir juste titre et
bonne foi pour la prescription de l'hypothèque ?**

Le tiers détenteur peut alléguer le juste titre pour la prescription de l'hypothèque, lorsque son titre d'acquisition porte que
l'immeuble lui est livré franc de toute hypothèque. Il peut alléguer également sa bonne foi, lorsqu'au moment de son acquisition il ne connaissait aucune hypothèque sur le fonds. — Au

reste, la bonne foi ne se comprend que s'il s'agit d'hypothèques dispensées d'inscription, car l'acquéreur pouvait facilement connaître l'existence des hypothèques inscrites.

Le créancier qui veut empêcher le tiers détenteur de prescrire l'hypothèque attachée à son fonds, ne doit pas se borner à faire inscrire cette hypothèque, ou, si l'inscription a déjà été prise, à en faire le renouvellement. En effet, pour qu'un acte soit interruptif de prescription, il faut qu'il ne puisse pas être ignoré du possesseur, et l'inscription pourrait être prise à son insu. — En conséquence, le créancier interrompra la prescription de son hypothèque, ainsi qu'on l'a vu précédemment, en la faisant reconnaître formellement par le tiers acquéreur; s'il s'y refuse, il l'assignera devant le tribunal pour la faire reconnaître judiciairement.

CHAPITRE HUITIÈME

DE LA PURGE DES HYPOTHÈQUES INSCRITES.

Articles 2181 à 2192.

Qu'est-ce que la purge ?

La purge est un moyen que la loi donne au tiers détenteur de rendre son immeuble libre de privilèges et d'hypothèques, moyennant l'abandon aux créanciers d'une somme qui représente la valeur de l'immeuble. — Mais cet abandon ne peut être fait qu'à la suite de certaines formalités qu'on verra plus loin, et qui sont destinées à empêcher que les offres faites aux créanciers privilégiés et hypothécaires ne soient inférieures à la valeur véritable du fonds grevé.

De tous les partis que l'acquéreur d'un immeuble hypothéqué peut avoir à prendre, la purge est, sans contredit, le plus avantageux. — En effet, à la différence du délaissement et de l'expropriation forcée, elle n'implique pas l'abandon de l'immeuble; et, à la différence de la distribution du prix aux créanciers inscrits, elle procure à l'acquéreur une sécurité absolue, en éloignant le droit de suite de tous les créanciers privilégiés et hypothécaires, quels qu'ils soient, même de ceux qui sont dispensés de prendre inscription.

On distingue deux sortes de purges : la purge ordinaire, c'est-à-dire celle des hypothèques inscrites ; et la purge des hypothèques dispensées d'inscription. — Conformément à l'ordre du Code, nous ne traiterons ici que de la purge ordinaire, et nous examinerons dans le chapitre suivant celle des hypothèques dispensées d'inscription. (Art. 2182).

Quelles sont les aliénations qui donnent lieu à la purge ?

Les aliénations qui donnent lieu à la purge sont celles qui ont été consenties volontairement par le débiteur. En effet, comme ces sortes de ventes n'ont pas lieu publiquement, comme elles se passent hors de la présence des créanciers, il peut arriver que le débiteur dissimule le prix véritable de l'aliénation. Par suite, on a dû accorder aux créanciers hypothécaires le droit de discuter le prix qui leur est offert pour les désintéresser, et de provoquer une nouvelle vente au moyen d'une surenchère faite en leur présence, si le prix offert leur paraît inférieur à la valeur de l'immeuble aliéné. En un mot, les formalités prescrites par la loi, et qu'on verra tout à l'heure, pour purger un immeuble nouvellement acquis des hypothèques qui le grèvent, ne sont nécessaires qu'autant que les créanciers hypothécaires ont le droit de provoquer une nouvelle vente à raison de l'insuffisance du prix qui leur est offert, et ils n'ont ce droit que s'il s'agit d'aliénations volontaires.

Par conséquent, il n'est pas nécessaire d'accomplir les formalités de la purge, lorsque l'immeuble hypothéqué a été aliéné par suite d'une expropriation pour cause d'utilité publique ou d'une vente forcée faite aux enchères publiques à la requête de créanciers saisissants. En effet, dans ces deux cas, les créanciers hypothécaires n'ont pas à discuter le prix de l'aliénation, parce qu'aucune dissimulation n'a été possible ; ils n'ont pas par conséquent à être mis en demeure de provoquer une nouvelle vente. Leur droit de suite sur l'immeuble hypothéqué est éteint par le seul fait de l'aliénation, et ils n'ont plus que le droit de recevoir le prix de l'aliénation suivant leur ordre de préférence.

Les aliénations faites en présence de la justice, comme lorsqu'il s'agit de partages judiciaires ou de ventes des biens d'un mineur, doivent être assimilées aux aliénations volontaires, parce que les créanciers hypothécaires n'y sont point appelés, et qu'ils n'ont pas été en mesure de vérifier si toutes les conditions requises pour attirer les enchérisseurs ont été remplies.

Quels sont les acquéreurs qui peuvent purger ?

Le droit d'opérer la purge est une dérogation au droit commun, car la purge a pour effet d'obliger les créanciers hypothécaires à recevoir leur payement avant l'échéance, et même quelquefois à ne recevoir qu'un payement partiel, lorsque la valeur de l'immeuble hypothéqué est inférieure au montant des créances. Il en résulte que tous les acquéreurs ne peuvent pas accomplir la purge, mais seulement quelques-uns d'entre eux.

I. *Acquéreurs qui peuvent purger*. — Le droit d'opérer la purge n'appartient qu'aux acquéreurs qui ne peuvent être poursuivis qu'en qualité de détenteurs de l'immeuble hypothéqué, et qui sont étrangers non seulement à la dette, mais aussi à la constitution de l'hypothèque. Tels sont les acheteurs, coéchangistes, donataires et légataires particuliers. — Il est vrai que la loi ne mentionne pas les légataires particuliers parmi les acquéreurs qui peuvent purger; mais on ne saurait leur refuser ce droit, puisqu'il appartient aux donataires particuliers dont la situation est analogue.

II. *Acquéreurs qui ne peuvent pas purger*. — Les acquéreurs qui ne peuvent pas purger l'immeuble hypothéqué qu'ils ont en leur possession sont ceux qui se trouvent obligés personnellement au payement de la dette garantie par l'hypothèque, ou encore ceux qui, sans être obligés personnellement au payement de la dette, ont cependant participé à la constitution de l'hypothèque. — Tel serait, par exemple, le propriétaire d'un immeuble qui, sans s'être engagé à payer lui-même la dette, aurait cependant consenti à laisser grever son fonds d'une hypothèque affectée à la garantie de cette dette, afin de procurer au débiteur le crédit nécessaire pour trouver un emprunteur. En consentant à laisser prendre une hypothèque sur ses biens pour la dette d'autrui, il s'est obligé à la laisser subsister jusqu'à ce que la dette soit intégralement acquittée.

Ainsi, ne peuvent pas purger : 1° le débiteur principal ; 2° la caution qui, après s'être engagée personnellement au payement de la dette, a ensuite acquis l'immeuble affecté à sa garantie; 3° le débiteur solidaire qui a également acquis l'immeuble affecté au payement de la dette ; 4° le propriétaire qui a hypothéqué son immeuble pour la dette d'autrui, et qu'on appelle pour cela *caution réelle ;* 5° les héritiers ou les successeurs universels ou à titre universel du débiteur principal, de la caution personnelle, d'un débiteur solidaire et de la caution réelle.

Une question débattue est celle de savoir si l'héritier qui a reçu dans son lot un immeuble hypothéqué par le défunt peut purger, lorsqu'il a payé la part dont il était personnellement tenu dans la dette avec ses cohéritiers, et qu'il ne peut plus être poursuivi qu'en qualité de détenteur de l'immeuble hypothéqué.

A cet égard, les auteurs ne sont pas d'accord. — Suivant les uns, il faut admettre l'affirmative, par la raison que l'héritier qui a payé la portion dont il était personnellement tenu dans la dette a cessé d'être personnellement obligé. et se trouve désormais dans la condition d'un tiers détenteur ordinaire. — Mais on répond, avec raison, que le défunt avait contracté envers le créancier deux engagements bien distincts : l'un, relatif à la dette, et l'autre relatif à la constitution d'une hypothèque destinée à en garantir le payement intégral. La première de ces obligations étant divisible, s'est partagée entre les héritiers et elle s'est éteinte par conséquent pour celui d'entre eux qui s'est acquitté pour sa part. Mais la seconde étant indivisible, subsiste contre chaque héritier pour tout ce qui reste dû, tant que la dette n'a pas été intégralement payée (1).

L'acquéreur est-il tenu de faire la purge dans un délai déterminé ?

En principe, l'acquéreur n'est pas tenu de faire la purge, et par suite la loi n'a fixé aucun délai pour l'opérer. Toutefois, les créanciers privilégiés ou hypothécaires peuvent, lorsque leur créance est devenue exigible, le contraindre à prendre un parti en lui faisant sommation de délaisser ou de purger.

L'acquéreur sommé par l'un des créanciers de délaisser ou de payer a un délai d'un mois pour faire la purge.

Si, à l'expiration de ce délai, il n'a ni commencé la purge, ni délaissé l'immeuble, ni désintéressé les créanciers inscrits, il est déchu du droit de purger, et les créanciers peuvent exercer contre lui les poursuites en expropriation forcée.

Si l'acquéreur veut purger, il doit, avant toute autre formalité, faire transcrire son acte d'acquisition au bureau du con-

---

(1) Valette, *Priv. et hyp.* — M. Labbé, *Revue crit. de légis.*, VIII, p. 209. — Paul Pont, II, 1273.

servateur des hypothèques. Mais, comme le fait observer le Code, la transcription ne suffit pas pour dégrever l'immeuble des droits réels qui y ont été constitués, et il faut qu'elle soit suivie d'autres formalités. (Art. 2183.)

Que doit faire l'acquéreur qui veut purger ?

L'acquéreur qui veut purger doit : 1° faire transcrire son acte d'acquisition ; 2° adresser aux créanciers inscrits certaines notifications ; 3° leur faire offre du prix d'acquisition.

I. *Il doit faire transcrire son acte d'acquisition.* — Ainsi qu'on l'a vu, la transcription de l'acte d'acquisition est la première formalité que doit accomplir l'acquéreur qui veut purger. — Au reste, la transcription n'est pas seulement nécessaire pour la purge ; elle a en outre pour effet :

1° De rendre l'acquéreur de l'immeuble propriétaire à l'égard des tiers, et d'enlever ainsi au précédent propriétaire la possibilité de consentir de nouvelles aliénations ou de faire des concessions d'hypothèques ;

2° De faire déchoir les créanciers non inscrits ;

3° De conserver le privilège du vendeur, en lui tenant lieu d'inscription ;

4° Enfin, de fixer le point de départ de la prescription de l'hypothèque par le tiers détenteur.

II. *Il doit adresser aux créanciers inscrits certaines notifications.* — Après avoir fait transcrire son acte d'acquisition, l'acquéreur qui veut faire la purge doit notifier à tous les créanciers inscrits antérieurement à la transcription, aux domiciles qu'ils ont élus dans leurs inscriptions, par un huissier commis à cet effet par le président du tribunal de la situation de l'immeuble :

1° Un extrait de son acte d'acquisition, contenant les nom et profession du vendeur, la nature et la situation de l'immeuble, le prix et les charges de la vente ;

2° Un extrait de la transcription de l'acte de vente, qui servira à constater l'accomplissement de cette formalité ;

3° Un tableau sur trois colonnes indiquant la date des hypothèques et celle des inscriptions, le nom des créanciers et le montant des créances inscrites. — Ce tableau permettra à chaque créancier de connaître sa position et de juger immédiatement s'il a intérêt à provoquer une nouvelle vente. Il est dressé sur l'état des inscriptions délivré par le conservateur.

III. *Il doit faire offre aux créanciers du prix d'acquisition.* —
Ainsi, l'acquéreur, après avoir mis les créanciers inscrits en mesure de se prononcer en connaissance de cause, offre de les
payer jusqu'à concurrence du prix d'acquisition ; ou, si l'acquisition a été faite à titre gratuit, jusqu'à concurrence de la
valeur estimative de l'immeuble (1).

Quant aux intérêts du prix, ils doivent être immobilisés au
profit des créanciers privilégiés et hypothécaires, à partir des
notifications si l'acquéreur a pris l'initiative de la purge, et,
dans le cas contraire, à partir de la sommation qu'il a reçue de
délaisser. (Art. 2181, 2182, 2183, 2184.)

**Les créanciers hypothécaires sont-ils tenus d'accepter les
offres de l'acquéreur ?**

Non ; les créanciers hypothécaires ne sont pas tenus d'accepter le prix qui leur est offert par l'acquéreur de l'immeuble hypothéqué. Chacun d'eux peut, au contraire, exiger que l'immeuble hypothéqué soit de nouveau mis en vente, et que la vente
ait lieu cette fois aux enchères publiques.

Un délai de quarante jours, à dater des notifications, leur est
accordé pour délibérer sur l'acceptation du prix qui leur est
offert. Ils sont présumés l'avoir accepté, s'ils laissent passer ce
délai sans faire une réquisition de surenchère. Si l'un d'eux
trouve les offres de l'acquéreur insuffisantes et veut requérir
la mise aux enchères de l'immeuble hypothéqué, afin d'en
trouver un prix plus élevé, il doit, dans ce délai de quarante
jours, augmenté, s'il y a lieu, à raison des distances :

1° Signifier, par un huissier commis à cet effet, sa réquisition de mise aux enchères au débiteur et au tiers acquéreur;

2° Déclarer dans l'acte qu'il s'engage à porter ou à faire porter l'immeuble à un dixième en sus du prix offert. — Cette soumission est un véritable engagement que contracte le créancier
poursuivant. Elle a pour but d'empêcher que les créanciers,
qui sont déçus dans leur espoir d'être intégralement désintéressés, ne provoquent la mise aux enchères sans motifs suffisants ,

3° Offrir de donner caution jusqu'à concurrence du prix, du
dixième en sus, et de toutes les charges de la vente. — Il ne
suffit pas que le créancier offre vaguement de fournir une caution : il est tenu, sous peine de nullité, de désigner la personne,

(1) Cette offre engendre une obligation personnelle qui ne permet pas au
nouveau propriétaire de s'en départir sans le consentement des créanciers.

afin que l'on puisse prendre des renseignements sur sa solvabilité, et cette personne doit réunir les qualités requises pour
les cautions. En outre, l'exploit doit contenir assignation à
trois jours pour la réception de la caution;

4° Signer l'original et les copies de ces exploits.

Toutes ces formalités doivent être observées à peine de nullité de la surenchère. (Art. 2185, 2186.)

**Le créancier qui a fait une surenchère est-il libre de se
désister ?**

Non; le créancier qui a fait une réquisition de surenchère
n'est pas libre de se désister de sa réquisition. Il ne peut le faire
qu'avec le consentement de tous les autres créanciers hypothécaires. En effet, ceux-ci ont pu laisser passer le délai sans faire
de réquisition, dans la pensée que la mise aux enchères avait déjà
été provoquée par l'un d'eux. Or, si le créancier poursuivant
avait été libre de se désister, il aurait pu s'entendre avec le
tiers acquéreur pour se désister au dernier moment, de manière
à ne pas laisser aux autres créanciers le temps nécessaire pour
poursuivre la mise aux enchères.

Au reste, quoique la réquisition de surenchère, faite par l'un
des créanciers inscrits, profite à tous les autres, ceux-ci ont intérêt à faire également une réquisition. En effet, il peut arriver que la première renferme des causes de nullité, et que ces
nullités ne soient révélées qu'après l'expiration du délai de quarante jours, c'est-à-dire lorsqu'il serait trop tard pour faire une
nouvelle réquisition.

A défaut par les créanciers d'avoir requis valablement la mise
aux enchères dans les quarante jours, l'acquéreur demeure propriétaire incommutable, à charge toutefois de payer ou de con-
signer le prix stipulé dans le contrat, si c'est une vente, ou par
lui déclaré, si c'est une donation. — Mais la purge n'a lieu
d'une manière définitive et l'immeuble n'est complètement dé-
grevé que lorsqu'il s'est effectivement dessaisi de la somme
offerte, ou qu'il l'a consignée à la caisse des dépôts et consigna-
tions. (Art. 2186, 2190.)

**L'acquéreur peut-il purger lorsque les créances inscrites
sont à terme ou conditionnelles ?**

Oui, l'acquéreur peut purger lors même qu'il existe des
créances inscrites qui sont à terme ou conditionnelles, et dont

le terme ou la condition ne sont pas encore arrivés, car il a le plus grand intérêt à obtenir immédiatement la consolidation de son droit de propriété. — En conséquence, les créanciers à terme seront colloqués comme si leurs créances étaient exigibles. Quant aux créanciers conditionnels, ils ne seront pas payés de suite, puisque leurs droits n'existent pas encore ; mais si la condition vient à survenir, on leur accordera un recours contre les créanciers qui, d'après leur rang d'inscription, ne devaient venir qu'après eux pour le payement de leur créance, et qui ont été payés avant eux.

Certains auteurs critiquent ces dispositions, en faisant observer qu'il est onéreux pour un créancier à terme, qui comptait avoir fait un placement de longue durée, de recevoir son remboursement avant l'échéance. — Mais ces critiques ne paraissent guère fondées. Effectivement, si l'acquéreur devait acquitter les charges suivant la manière dont elles ont été créées, en gardant les fonds nécessaires pour éteindre les créances à terme ou conditionnelles, il en résulterait que les propriétés ne pourraient être entièrement purgées avant l'expiration du terme ou l'accomplissement de la condition. C'est ce qui avait lieu sous le régime de la loi du 11 brumaire an VII. Il en résultait aussi que les créanciers inscrits aux premiers rangs, dont les droits n'étaient pas encore exigibles et qui voulaient conserver leurs gage, s'opposaient ordinairement à ce que les créanciers postérieurs fussent payés avant eux, ce qui mettait souvent dans l'impossibilité de terminer les ordres. Pour mettre fin à ces discussions, le Code a décidé que le tiers acquéreur devait offrir sans distinction le payement de toutes les dettes échues ou non échues. (Art. 2184.)

Quelles sont les formalités de la revente faite sur la surenchère ?

La revente par suite de surenchère se fait dans les formes établies pour l'expropriation forcée.

La mise à prix comprend la somme offerte par le tiers détenteur, plus un dixième en sus. — Lorsqu'il n'est pas offert de prix plus élevé, le créancier qui a requis la mise aux enchères devient adjudicataire de l'immeuble pour le montant de sa soumission.

Le tiers détenteur peut, comme toute autre personne, se porter adjudicataire. Si l'adjudication a eu lieu à son profit, il est dispensé de faire transcrire le jugement d'adjudication, car il ne fait pas une nouvelle acquisition ; il confirme seulement son droit de propriété. Il en est différemment lorsque ce n'est pas le tiers détenteur, mais une autre personne qui a acquis l'immeuble mis aux enchères. Dans ce cas, la transcription du jugement d'adjudication est nécessaire, parce qu'il s'opère alors une véritable translation de propriété au profit de l'acquéreur. — Par l'effet de cette translation de propriété, les hypothèques ou autres droits réels que le tiers détenteur avait pu avoir sur l'immeuble revivent à son profit. Il profite également de l'excédant du prix d'adjudication, s'il en reste, après que toutes les créances hypothécaires ont été payées. Enfin l'adjudicataire doit lui rembourser les frais et loyaux coûts de son contrat, ainsi que ceux de la transcription qu'il avait fait opérer et des notifications qu'il avait faites aux créanciers hypothécaires.

En outre, l'adjudicataire est tenu de payer deux fois les droits de mutation : ceux qui concernent l'acquisition faite par l'acquéreur qui a été dépouillé, et ceux qui sont relatifs à sa propre acquisition. (Art. 2187, 2188, 2189.)

Quel est le recours que peut exercer l'acquéreur qui a été dépossédé ?

Il faut distinguer :

Si l'acquéreur qui a été dépossédé par suite d'une surenchère avait reçu le fonds grevé à titre onéreux, il peut exercer contre son vendeur un recours en garantie. — Au moyen de ce recours en garantie, il pourra, s'il s'est porté adjudicataire de l'immeuble dont il avait été dépouillé, se faire rembourser tout ce qu'il a été obligé de payer au delà du prix fixé par son contrat, et les intérêts de cet excédant. S'il ne s'est pas porté adjudicataire, il pourra exiger le remboursement du prix et de toutes les charges de la vente, ainsi que des dommages-intérêts, s'il y a lieu, conformément au droit commun.

Lorsque l'acquéreur avait reçu l'immeuble grevé à titre gratuit, il ne pourra pas exercer l'action en garantie contre son donateur, car les donateurs ne sont pas tenus à la garantie. Mais il pourra exercer contre lui une action *de in rem verso*, jusqu'à concurrence de la somme provenant de la surenchère, et qui a servi à désintéresser ses créanciers. — Si l'acquéreur avait reçu

l'immeuble dont il a été évincé par testament, il exercera la
même action contre les héritiers du testateur. (Art. 2191.)

**Comment procède-t-on lorsque le tiers détenteur avait ac-
quis en même temps plusieurs immeubles grevés d'hypothèques spéciales ?**

On suppose ici que le tiers détenteur avait acquis par le même
contrat et pour un seul et même prix, soit des meubles avec des
immeubles, soit des immeubles hypothéqués avec des immeubles
non hypothéqués, soit enfin des immeubles hypothéqués situés
dans des arrondissements différents.

Dans ces diverses hypothèses, le tiers détenteur doit faire la
ventilation des biens hypothéqués, c'est-à-dire qu'il doit déclarer
la somme pour laquelle chaque immeuble a pu entrer dans le
prix total de l'aliénation. — Ainsi, s'il a acquis par le même
contrat et pour un même prix des meubles avec des immeubles,
il déclarera la somme pour laquelle il a pris les immeubles, et
même, s'ils sont frappés d'inscriptions particulières, la somme
pour laquelle il a pris chaque immeuble. En effet, il importe
aux créanciers hypothécaires de connaître le prix des immeubles qui sont soumis à leur hypothèque et sur lesquels leur droit
de préférence devra être exercé exclusivement.

Si la déclaration du tiers détenteur est contestée par les créanciers, la ventilation sera faite par des experts nommés par la
justice.

Quoi qu'il en soit, une fois que le prix des immeubles hypothéqués aura été déterminé, le tiers détenteur en fera l'offre aux
créanciers, qui ne pourront porter leur surenchère que sur l'immeuble hypothéqué, ou, s'il y en a plusieurs, sur ceux qui sont
situés dans le même arrondissement. (Art. 2192.)

CHAPITRE NEUVIÈME

DE LA PURGE DES HYPOTHÈQUES DISPENSÉES D'INSCRIPTION.

Articles 2193 à 2195.

Que doit faire l'acquéreur lorsqu'il existe des hypothèques légales ?

Lorsqu'il existe des hypothèques légales sur l'immeuble vendu, il faut d'abord distinguer si ces hypothèques sont inscrites ou si elles ne le sont pas. — Si elles sont inscrites, l'acquéreur doit observer les règles établies pour purger les hypothèques ordinaires, règles que nous avons étudiées dans le chapitre précédent. Si elles ne sont pas inscrites, il doit accomplir les formalités qui sont indiquées ci-après pour faire apparaître, par une mise en demeure, les hypothèques grevant du chef des mineurs, des interdits ou des femmes mariées, les immeubles acquis par lui de tuteurs ou de maris. En d'autres termes, la purge dont il s'agit ici n'a d'application que dans l'hypothèse où ces hypothèques n'ont pas été inscrites, et elle a précisément pour objet d'en provoquer l'inscription dans un délai déterminé. A défaut d'inscription dans ce délai, les immeubles acquis de tuteurs ou de maris sont dégrevés de toutes les hypothèques occultes qui pourraient exister du chef de ces derniers ; ils sont par conséquent purgés. Si, au contraire, l'inscription en est prise, l'acquéreur devra, comme on l'a vu précédemment, procéder à la purge en accomplissant les formalités prescrites pour la purge des hypothèques inscrites, notamment en adressant aux créanciers hypothécaires les notifications dont il a été question dans le chapitre précédent, et en leur faisant offre du prix d'acquisition.

Lorsqu'il existe en même temps des hypothèques ordinaires inscrites et des hypothèques légales non inscrites, l'acquéreur doit faire d'abord la purge de ces dernières. Il opérera ensuite la purge des hypothèques inscrites, tant des hypothèques ordinaires que des hypothèques légales dont l'inscription a été prise à la suite de la première purge.

On a soulevé des difficultés sur ce dernier point. Il n'est guère

possible, a-t-on dit, de faire application de la purge ordinaire
aux hypothèques des mineurs et interdits ou des femmes mariées après qu'elles ont été inscrites, parce que la créance qu'ils
peuvent avoir contre les tuteurs et maris étant subordonnée à la
mauvaise administration de ces derniers, se trouve par là même
éventuelle et indéterminée. D'où il suit que si l'acquéreur leur
fait offre du prix d'acquisition, ils ne peuvent se prononcer
sur l'acceptation de l'offre tant que la tutelle ou le mariage
n'ont pas cessé. — Mais on répond que, dans ce cas, les tribunaux détermineront la somme qui paraîtra nécessaire pour
sauvegarder les droits des mineurs et des femmes mariées, et
pourront en ordonner le dépôt à la caisse des dépôts et consi-
gnations. (Art. 2193.)

**Quelles sont les aliénations qui donnent lieu à la purge des
hypothèques dispensées d'inscription ?**

De même que pour les hypothèques ordinaires, il n'est pas
toujours nécessaire de recourir à la purge des hypothèques dispensées d'inscription. — En effet, certaines aliénations laissent subsister les hypothèques qui grèvent l'immeuble aliéné, et obligent
par conséquent le tiers acquéreur à accomplir les formalités de
la purge. D'autres, au contraire, opèrent par elles-mêmes et de
plein droit une purge immédiate, en reportant sur le prix d'aliénation le droit de préférence des créanciers hypothécaires.

Les aliénations qui rendent nécessaire l'emploi de la purge
sont celles qu'on appelle aliénations *volontaires*, et qui comprennent les donations, les échanges, les ventes ordinaires, et même
les ventes faites par autorité de justice, mais non à la requête
d'un créancier.

Les aliénations qui opèrent par elles-mêmes et de plein droit
la purge sont celles qu'on appelle aliénations *forcées*, et qui
comprennent les adjudications sur saisie ou sur délaissement, et
l'expropriation pour cause d'utilité publique. En effet, dans ces
diverses aliénations, les créanciers ont dû être avertis de la
vente par le saisissant, et par suite ils ont pu y assister et s'assurer que toutes les prescriptions de la loi établies dans leur intérêt ont été remplies.

Toutefois, avant la loi du 21 mai 1858 sur les ordres qui a
tranché la question, la Cour de cassation avait décidé que, dans
le cas d'une expropriation forcée, l'adjudicataire était tenu de

remplir les formalités prescrites par les articles 2193 et suivants.

Comment a lieu la purge des hypothèques dispensées d'inscription ?

Il faut distinguer :

Si, en fait, les hypothèques dispensées d'inscription ont été inscrites, la purge a lieu suivant les règles qu'on a vues pour les hypothèques ordinaires. — Mais si ces hypothèques n'ont pas été inscrites, le tiers acquéreur qui veut en faire la purge est tenu d'accomplir les formalités suivantes. — Il doit :

1° Déposer au greffe du tribunal de la situation des biens une copie de son titre d'acquisition. — Le greffier dresse l'acte de dépôt, après avoir dûment collationné la copie.

2° Notifier ce dépôt à la femme elle-même, s'il s'agit d'immeubles appartenant au mari ; au subrogé-tuteur, si l'immeuble appartient à un tuteur ; et, dans tous les cas, au procureur de la République, chargé par la loi de protéger les personnes incapables.

3° Enfin, faire afficher, et laisser pendant deux mois dans l'auditoire du tribunal civil, un extrait de son acte d'acquisition contenant les indications les plus nécessaires.

Si le tiers acquéreur ne connaît pas la femme ou le subrogé-tuteur, il doit, dans la signification faite au procureur de la République, déclarer que lesdites personnes n'étant pas connues, il remplacera la notification qu'il est tenu de leur faire par une publication dans les journaux, et effectuera cette publication. — S'il n'existe pas de journal dans le département, l'acquéreur se fera délivrer par le procureur de la République un certificat qu'il n'en existe pas (1). (Art. 2193, 2194.)

A l'expiration des deux mois la purge est-elle opérée ?

Oui ; quand il s'est écoulé deux mois depuis l'affiche de l'extrait, l'immeuble est purgé des hypothèques légales, si aucune inscription ne les a révélées. — En conséquence, les incapables au profit desquels ces hypothèques existent perdent leur droit de suite contre le tiers acquéreur, et ne peuvent pas demander une surenchère.

Toutefois, ils conservent encore leur droit de préférence à l'encontre des autres créanciers hypothécaires, et ils peuvent se présenter pour être payés sur le prix d'aliénation jusqu'à la clô-

(1) Avis du conseil d'État, 1er juin 1807.

ture de l'ordre, pourvu que cette clôture ait lieu dans les trois mois qui suivent l'expiration du délai qui leur est accordé pour se faire inscrire (1). (Art. 2195.)

Que doit faire l'acquéreur si les hypothèques légales ont été inscrites dans le délai ouvert pour la purge ?

Si les hypothèques légales ont été inscrites dans le délai de deux mois ouvert pour la purge, il faut examiner quel est le rang de préférence de l'hypothèque qui vient d'être inscrite.

Vient-elle après d'autres hypothèques qui absorbent tout le prix, elle doit être rayée comme inutile ; vient-elle, au contraire, avant les autres hypothèques, le tiers détenteur doit garder le prix ou en faire la consignation. Mais il ne faut pas rayer les autres inscriptions, ainsi que l'indique le Code; car on ne connaît pas actuellement quelle est l'étendue de la créance garantie par l'hypothèque légale qui vient d'être inscrite, et il peut se faire qu'elle n'absorbe pas tout le prix.

Au reste, les incapables dont l'hypothèque a été inscrite ont, comme tous les autres créanciers hypothécaires, le droit de requérir une surenchère ; car ce droit leur garantit que le prix offert représente exactement la valeur de l'immeuble (2). Mais on n'est pas d'accord sur le délai qu'on doit leur accorder pour faire cette surenchère. Cependant, on admet généralement qu'ils doivent la faire pendant qu'ils sont encore dans les deux mois qui leur sont accordés pour prendre inscription de leur hypothèque, et qu'il n'est pas nécessaire de leur accorder, en outre, un nouveau délai (3). (Art. 2195.)

_____

(1) Dans cette hypothèse, le droit de préférence survit, comme on le voit, au droit de suite. Il en est de même dans le cas d'expropriation pour cause d'utilité publique. Tout en conservant leur droit de préférence sur le prix, les créanciers hypothécaires n'ont plus le droit de saisir et de faire vendre l'immeuble affecté à leur garantie.

(2) Duranton, XX, 391. — Paul Pont, II, 1418. — Caen, 23 août 1839.

(3) Troplong, 921, 982, 995. — Paul Pont, II, 1419. — Cass., 1er mars 1870.

CHAPITRE DIXIÈME

DE LA PUBLICITÉ DES REGISTRES ET DE LA RESPONSABILITÉ DES CONSERVATEURS.

Articles 2196 à 2203.

Les registres du conservateur des hypothèques sont-ils publics ?

Oui ; les registres du conservateur des hypothèques sont publics en ce sens que toute personne peut les consulter et requérir, moyennant une faible rétribution, soit une copie des actes transcrits sur les registres ou un état des inscriptions existantes, soit un certificat constatant l'absence de transcriptions ou d'inscriptions.

La demande de certificat peut être générale ou spéciale. Elle est générale, quand elle concerne tous les immeubles qu'une personne possède dans l'arrondissement du bureau ; elle est spéciale, quand elle ne concerne qu'un immeuble déterminé. (Art. 2196.)

Quels sont les registres que tient le conservateur des hypothèques ?

Le conservateur des hypothèques tient trois registres : le registre-journal, le registre des inscriptions et le registre des transcriptions.

I. *Registre-journal.* — Le registre-journal est celui sur lequel le conservateur des hypothèques inscrit, jour par jour, les remises qui lui sont faites des bordereaux d'inscriptions et des actes translatifs de propriété immobilière.

II. *Registre des inscriptions.* — Le registre des inscriptions est celui sur lequel le conservateur des hypothèques fait les inscriptions requises par les créanciers privilégiés et hypothécaires.

III. *Registre des transcriptions.* — Le registre des transcriptions est celui sur lequel le conservateur des hypothèques copie littéralement les contrats et les jugements qui constatent la translation de propriété d'un immeuble, l'existence de droits réels, ou la renonciation à l'un de ces droits.

Quelle est la responsabilité du conservateur des hypothèques ?

Le conservateur des hypothèques est en faute, et par suite
responsable du dommage qu'il a causé : 1° lorsqu'il a omis de
transcrire un acte d'aliénation ou d'inscrire un privilège ou une
hypothèque, ou lorsqu'il a fait une transcription ou une inscription inexacte; 2° lorsqu'il a omis dans un certificat, délivré par
lui, de mentionner une ou plusieurs inscriptions.

Au reste, si les irrégularités dont il s'agit ne provenaient pas
du conservateur, mais du fait des parties, par exemple des
fausses indications qu'elles auraient données, il est évident que
le conservateur ne serait plus responsable.

Il faut observer aussi que pour être admis à exercer un recours contre le conservateur, il ne suffit pas d'alléguer l'omission
de la transcription ou de l'inscription ; il faut encore fournir la
preuve d'un préjudice réel éprouvé. — Ainsi, le créancier doit
prouver qu'il aurait été colloqué utilement, s'il avait été porté
dans le certificat qui a été délivré par le conservateur.

Le conservateur ne doit comprendre dans les certificats qu'il
délivre que les inscriptions non périmées, c'est-à-dire celles dont
l'inscription ne remonte pas à plus de dix années.

L'action en nullité à raison des inscriptions provenant de son
fait se prescrit par dix ans, s'il n'est plus en fonctions, à partir
du jour où il a été remplacé; et par vingt ans, s'il est encore en
fonctions, à compter de l'inscription. (Art. 2197. — Loi du 21 ventôse

A quelles personnes les erreurs commises par le conservateur portent-elles préjudice ?

En général, les erreurs ou omissions du conservateur des hypothèques préjudicient à ceux qui ont requis, soit les transcriptions ou les inscriptions, soit les certificats constatant l'état des
immeubles; et c'est alors envers ces personnes que sa responsabilité existe. — Toutefois, le Code admet une exception à cette
règle : lorsqu'une inscription hypothécaire a été omise sur le
certificat délivré à l'acquéreur d'un immeuble, ce n'est pas cet
acquéreur qui souffrira de l'omission, mais le créancier hypothécaire dont l'inscription n'a pas été mentionnée.

Au surplus, l'hypothèque n'est éteinte dans ce cas que sous le
rapport du droit de suite; mais, tout en étant privée d'effet

par rapport au tiers acquéreur, elle continue de subsister relativement aux autres créanciers. — Ainsi, le créancier omis peut intervenir et se faire colloquer à son rang, tant que l'ordre n'est pas homologué, ou que le prix n'a pas été payé par le tiers acquéreur, à la condition de signifier un autre certificat dans lequel il se trouvera porté à son rang. (Art. 2193.)

A quel moment l'acquéreur peut-il avoir un état complet des inscriptions prises sur l'immeuble ?

Ainsi que nous l'avons dit précédemment, le cours des inscriptions hypothécaires est arrêté par la transcription de l'acte de vente de l'immeuble hypothéqué. Mais il y a deux exceptions pour le vendeur et le copartageant, qui peuvent faire inscrire leur privilège tant qu'ils se trouvent encore dans les quarante-cinq jours de leur contrat. — En conséquence, ce n'est qu'après que la transcription de l'acte d'aliénation aura été faite, et, en outre, après que les quarante-cinq jours seront écoulés, que le nouvel acquéreur pourra se faire délivrer un état des inscriptions prises sur l'immeuble, avec la certitude qu'il n'en surviendra pas de nouvelles.

Sous l'empire du Code civil, le nouvel acquéreur pouvait requérir ce certificat aussitôt que l'immeuble avait été aliéné à son profit, parce que le cours des inscriptions était alors arrêté par l'aliénation elle-même. — L'article 2198 décide, il est vrai, qu'il ne doit requérir ce certificat qu'après la transcription. Mais cette expression avait sans doute échappé par mégarde au législateur, et tout le monde était d'accord pour la rejeter comme inexacte.

Depuis la nouvelle loi de 1855, qui a rétabli d'une manière générale la nécessité de la transcription et qui a décidé qu'elle arrêterait le cours des inscriptions hypothécaires, l'article 2198 ne renferme plus aucune inexactitude. (Art. 2198. — Loi de 1855.)

Quelles sont les obligations que la loi impose aux conservateurs des hypothèques ?

Les conservateurs des hypothèques ne sont point juges de la validité des actes qui leur sont remis; c'est pourquoi ils ne peuvent ni refuser ni retarder les transcriptions qu'ils sont requis d'opérer, les inscriptions qu'ils sont chargés de prendre, ou les certificats dont on leur demande la délivrance.

Ils sont tenus d'inscrire sur leur registre-journal, jour par jour et par ordre numérique, les remises qui leur sont faites d'actes de mutations pour être transcrits, ou de bordereaux pour être inscrits. — Ils doivent donner au requérant une reconnaissance sur papier timbré, qui rappellera le numéro du registre sur lequel la remise aura été inscrite, et ils ne peuvent transcrire les actes de mutation, ni inscrire les bordereaux sur les registres à ce destinés qu'à la date et dans l'ordre des remises qui leur en auront été faites.

Tous les registres des conservateurs sont en papier timbré, zotés et paraphés à chaque page par première et dernière, par l'un des juges du tribunal dans le ressort duquel le bureau est établi. Les registres doivent être arrêtés chaque jour, comme ceux d'enregistrement des actes.

Les conservateurs sont tenus de se conformer, dans l'exercice de leurs fonctions, à toutes les dispositions du présent chapitre, à peine d'une amende de 200 à 1,000 francs pour la première contravention, et de destitution pour la seconde; sans préjudice des dommages et intérêts des parties, lesquels seront payés avant l'amende.

Les mentions de dépôts, les inscriptions et transcriptions sont faites sur les registres, de suite, sans aucun blanc ni interligne, à peine contre le conservateur de 1,000 à 2,000 francs d'amende, et des dommages et intérêts des parties, payables aussi par préférence à l'amende. (Art. 2199, 2200, 2201, 2202, 2203.)

LIVRE III, TITRE XIX

De l'expropriation forcée et des ordres entre les créanciers.

DÉCRÉTÉ LE 19 MARS 1804. — PROMULGUÉ LE 29 DU MÊME MOIS.

Le titre dont nous allons nous occuper suit logiquement celui des privilèges et des hypothèques, puisque l'effet de ces droits réels est d'amener la vente forcée des immeubles du débiteur et leur conversion en sommes d'argent destinées à désintéresser les créanciers.

Suivant l'ordre du Code, nous traiterons ici :

CHAP. I. — De l'expropriation forcée.

CHAP. II. — De l'ordre et de la distribution du prix entre les créanciers.

CHAPITRE PREMIER

DE L'EXPROPRIATION FORCÉE.

Articles 2204 à 2217.

Qu'est-ce que l'expropriation forcée ?

L'expropriation forcée est une voie d'exécution, par laquelle un créancier fait vendre par autorité de justice les immeubles de son débiteur, pour se faire payer sur le prix.

L'expression d'*expropriation forcée*, dont la loi se sert ici pour désigner la vente forcée des immeubles du débiteur, n'est pas absolument exacte; car elle s'applique tout aussi bien à la vente forcée des meubles qu'à celle des immeubles. Aussi, le Code de procédure l'a-t-il abandonnée, pour employer à sa place celle de *saisie immobilière*.

Du reste, les règles de la saisie immobilière, ou, suivant l'expression du Code, de l'expropriation forcée, étant du domaine de la procédure civile, sont indiquées spécialement par le Code de procédure civile, et le législateur s'est borné à en formuler quelques-unes dans ce chapitre. — Ainsi, il indique : 1° quelles choses peuvent être l'objet de l'expropriation forcée ; 2° quelles personnes ont le droit de la provoquer ; 3° contre qui elle peut être poursuivie ; 4° quelle doit être la nature du titre en vertu duquel on agit. — Mais il ne donne pas les règles relatives à la marche à suivre, aux actes à faire, aux délais à observer pour parvenir à l'expropriation, non plus que celles qui ont trait aux divers incidents de procédure.

Il n'y a pas d'ailleurs que les créanciers privilégiés et hypo-thécaires qui puissent saisir et faire vendre les immeubles de leur débiteur, les créanciers chirographaires le peuvent aussi, lorsqu'ils sont munis d'un titre exécutoire. C'est ce qui résulte du principe exprimé par l'article 2092, que tous les biens d'un débiteur forment le gage commun de ses créanciers. — Mais les créanciers privilégiés et hypothécaires ont seuls le droit de suite contre les tiers acquéreurs, et de plus ils ont le droit d'être payés par ordre, c'est-à-dire suivant leur rang de préférence, et non pas par contribution comme les créanciers chirogra-phaires.

Quels sont les immeubles qui peuvent être saisis et vendus aux enchères ?

Les immeubles qui peuvent être saisis et vendus aux enchères sont les mêmes que ceux qui peuvent être hypothéqués. Ce sont par conséquent les immeubles par nature ou par destination, ainsi que l'usufruit de ces immeubles (1). Par contre, on ne peut pas saisir et faire vendre : 1° les droits d'usage et d'habitation, qui sont exclusivement attachés à la personne ; 2° les servitudes actives, à moins qu'elles ne soient saisies et vendues en même temps que le fonds auquel elles sont attachées ; 3° les actions immobilières.

En outre, il peut arriver que, par suite de certaines circons-tances, les créanciers ne puissent pas saisir et faire vendre des

---

(1) On doit considérer comme non-avenue la clause par laquelle un dona-teur ou un testateur déclarerait l'immeuble donné insaisissable entre les mains du donataire ou du légataire, parce qu'il ne saurait appartenir à la vo-lonté de l'homme de placer les biens hors du commerce. Paul Pont, II, *Expr* *forcée*, 4. — Douai, 29 décembre 1847.

immeubles qui sont en général sujets à l'expropriation forcée. — Ainsi ils ne peuvent pas faire vendre :

1° La part indivise d'un cohéritier dans les immeubles d'une succession (1);

2° Les immeubles d'un mineur ou d'un interdit, tant que le mobilier n'a pas été préalablement discuté;

3° Les immeubles non hypothéqués, lorsque ceux qui sont hypothéqués suffisent au payement de la dette;

4° Les immeubles qui produisent un revenu annuel suffisant pour le payement intégral de la dette, lorsque le débiteur offre au créancier de lui faire délégation de ce revenu.

Voyons maintenant quels sont les motifs qui ont fait admettre ces diverses exceptions.

I. *Part indivise d'un cohéritier dans les immeubles d'une succession.* — En ce qui concerne la part indivise d'un cohéritier dans les immeubles d'une succession, on a considéré que la mise aux enchères de ces immeubles trouverait peu d'acquéreurs, par la raison que l'adjudicataire de cette part serait exposé à voir exercer contre lui le retrait successoral, et que l'état d'indivision offre trop d'inconvénients et d'incertitude.

II. *Immeubles des mineurs et interdits.* — En principe, les créanciers hypothécaires ont le droit de faire vendre les immeubles de leur débiteur avant ses meubles. Néanmoins, la disposition par laquelle la loi interdit aux créanciers de saisir les immeubles des mineurs et interdits se justifie par la protection qu'elle accorde aux incapables, et par l'importance qu'il y a pour eux à conserver leurs immeubles. — Avant de poursuivre la saisie des immeubles, on constatera donc la discussion du mobilier, en représentant l'état de distribution du prix; et, s'il n'y a pas de mobilier, en produisant un procès-verbal de carence.

III. *Immeubles non hypothéqués.* — Ainsi que nous venons de l'observer, le principe formulé par l'article 2204 est que les

_____

(1) La prohibition est applicable également au cas d'indivision à titre de communauté ou de société, parce que les motifs sont exactement les mêmes que pour l'indivision entre cohéritiers. Paul Pont, II, *Expropr. forcée*, 8. Douai, 2 mai 1848. — Mais elle ne saurait être étendue au cas où l'indivision existerait à titre particulier et ne porterait que sur un immeuble. Cass., 29 juin 1859; 2 décembre 1862.

créanciers peuvent faire vendre, sans distinction, tous les immeubles de leur débiteur, pour obtenir le payement de ce qui leur est dû. Néanmoins, lorsqu'un créancier a pris une hypothèque sur un immeuble, la loi veut qu'il fasse saisir et vendre cet immeuble, avant de procéder à la saisie des autres immeubles, par la raison qu'en lui accordant une hypothèque spéciale, le débiteur a entendu limiter son droit de poursuite. Toutefois, la loi autorise le créancier à faire saisir et vendre les autres biens du débiteur, lorsque les immeubles hypothéqués ne suffisent pas au payement de la dette. — Pour établir l'insuffisance des immeubles hypothéqués, le créancier aura recours, soit à une estimation, soit à une expertise, que le juge pourra faire d'après les derniers baux authentiques dont le produit sera multiplié par vingt-cinq ; ou, à leur défaut, d'après le rôle des contributions sur le pied du denier trente.

IV. *Délégation du revenu annuel des immeubles d'un débiteur.* — La modicité de la dette n'est point, en général, un obstacle à ce que le créancier fasse vendre les immeubles de son débiteur. Cependant, par raison d'humanité, la loi permet au juge de suspendre les poursuites, lorsque ce dernier justifie, par des baux authentiques ou par des procès-verbaux d'experts, que le revenu net et libre de ses immeubles pendant une année suffira pour payer la dette en capital, intérêts et frais, et lorsqu'il offre au créancier poursuivant de lui en déléguer le montant. (Art. 2204, 2205, 2206, 2209, 2212. Loi du 14 novembre 1808.)

En ce qui concerne les mineurs et interdits, la discussion préalable du mobilier est-elle toujours requise ?

Non ; aux termes de l'article 2207, le créancier du mineur et de l'interdit est dispensé dans deux cas de la discussion préalable du mobilier :

1° Lorsque les immeubles sont possédés par indivis entre un majeur et un mineur ou interdit également obligé à la dette. — Dans ce cas, en effet, le créancier n'est pas tenu à la discussion du mobilier à l'égard du majeur, et on aurait trop augmenté les frais de poursuites en l'obligeant à suivre des voies d'exécution différentes et à agir divisément contre le majeur et le mineur.

2° Lorsqu'il avait déjà commencé les poursuites contre un débiteur capable, et que par suite d'un événement survenu postérieurement, tel que la mort du débiteur ou son interdiction, la propriété des biens a passé aux mains d'un incapable. — Effectivement, on aurait comme dans le cas précédent augmenté les frais de poursuites, si l'on avait obligé le créancier à suspendre la saisie immobilière commencée pour recourir à la saisie des meubles. (Art. 2207.)

Le créancier auquel le débiteur a délégué le revenu de ses immeubles peut-il reprendre les poursuites, s'il survient quelque obstacle au payement ?

Oui ; le créancier peut reprendre les poursuites lorsqu'après avoir reçu du débiteur la délégation du revenu des immeubles saisis, il survient ensuite un obstacle au payement. Cet obstacle se présentera si d'autres créanciers du débiteur forment des saisies-arrêts entre les mains des locataires ou fermiers.

Toutefois, depuis la loi du 23 mars 1855 qui a reconnu que la cession des loyers et arrérages non échus était opposable aux tiers, la délégation faite par le débiteur de ses revenus futurs au profit d'un créancier hypothécaire, ne pourrait plus être entravée par des oppositions émanées des autres créanciers. Mais aussi, depuis cette loi, toute délégation faite par le débiteur de ses revenus au profit d'un créancier doit être rendue publique au moyen de la transcription de l'acte qui la constate, si elle porte sur plus de trois années de revenus.

Contre quelles personnes les poursuites en expropriation doivent-elles être dirigées ?

Les poursuites en expropriation doivent être dirigées contre le débiteur s'il est capable, et contre ses représentants s'il se trouve incapable.

Lorsque la saisie concerne, soit un immeuble du mari, soit un immeuble de la communauté, les poursuites doivent être dirigées contre le mari.

Lorsqu'elle concerne un immeuble de la femme, les poursuites sont dirigées contre cette dernière, puisque c'est elle qui est propriétaire ; mais le mari doit être mis en cause.

En cas de minorité du mari et de la femme, ou de minorité de la femme seule, si son mari majeur refuse de procéder avec elle, le tribunal nomme à la femme un tuteur contre lequel la poursuite est exercée. (Art. 2208.)

Devant quel tribunal l'action en expropriation forcée doit-elle être portée ?

L'action en expropriation forcée doit être portée devant le tribunal de la situation de l'immeuble saisi. Il résulte de là que, si le débiteur a plusieurs immeubles situés dans divers arrondissements, il faut plusieurs saisies successives. Si la première saisie procure assez d'argent pour désintéresser le créancier, il s'arrête là ; mais si elle est insuffisante, il doit recourir à une seconde saisie, et ainsi de suite.

Toutefois, la règle qu'il faut faire autant de saisies successives qu'il y a d'immeubles hypothéqués situés dans divers arrondissements reçoit une exception dans les deux cas suivants : 1° lorsque les biens saisis dans plusieurs arrondissements font partie d'une même exploitation ; 2° lorsque le créancier prouve que la valeur totale des biens situés dans divers arrondissements est inférieure au montant réuni des sommes dues, tant au créancier saisissant qu'aux autres créanciers inscrits.

Dans ces deux cas, la saisie doit être portée devant le tribunal dans le ressort duquel se trouve le siège principal de l'exploitation, ou, à son défaut, la plus grande partie des immeubles. (Art. 2210, 2211. Loi du 24 novembre 1808.)

A quelles conditions les créanciers peuvent-ils poursuivre la saisie des immeubles ?

Ainsi que nous l'avons dit, tous les créanciers en général peuvent saisir les immeubles de leur débiteur, tant qu'ils sont restés entre les mains de celui-ci, sauf le droit des créanciers privilégiés et hypothécaires d'être payés par préférence aux autres créanciers, et en outre de conserver leur droit de poursuite après l'aliénation de ces immeubles. — Mais si le droit de saisir les immeubles d'un débiteur appartient à tous les créanciers en général, ce n'est toutefois que sous certaines conditions. Ainsi, il faut :

1° Qu'ils soient munis d'un titre exécutoire, c'est-à-dire qu'ils aient en main la grosse ou première expédition d'un acte notarié ou d'un jugement portant le mandement d'exécution donné aux officiers de justice ;

2° Que la créance soit certaine, c'est-à-dire non contestée ;

3° Qu'elle soit exigible ;

4° Qu'elle soit liquide, c'est-à-dire qu'elle ait pour objet une somme déterminée.

En outre, si le titre exécutoire est entre les mains d'un cessionnaire, celui-ci ne peut poursuivre l'expropriation qu'après avoir signifié au débiteur la cession qui lui a été faite. (Art. 2213, 2214.)

Peut-on exercer des poursuites en vertu d'un jugement qui n'a pas acquis force de chose jugée ?

On sait que les jugements n'ont acquis force de chose jugée qu'autant qu'ils ne sont pas susceptibles d'être réformés ou rétractés par les voies ordinaires de recours, c'est-à-dire par les voies de l'appel ou de l'opposition. Il s'agit maintenant d'examiner si le créancier qui a obtenu un jugement susceptible d'appel ou d'opposition peut exercer néanmoins une saisie immobilière en vertu de ce jugement. — A cet égard, nous distinguerons d'abord s'il s'agit d'un jugement susceptible d'appel, ou d'un jugement susceptible d'opposition.

I. *Cas où le jugement est susceptible d'appel.* — Lorsque le créancier a obtenu un jugement susceptible d'appel, mais déclaré exécutoire par provision, il peut exercer les poursuites pour parvenir à la saisie, lors même que le débiteur aurait interjeté appel; mais il ne peut faire procéder à l'adjudication qu'en vertu d'un jugement définitif et non susceptible d'être réformé.

II. *Cas où le jugement est susceptible d'opposition.* — Lorsque le créancier a obtenu un jugement par défaut, susceptible d'opposition, il faut distinguer si le défaut est contre avoué ou contre partie. — Si le jugement a été rendu par défaut contre avoué, les poursuites ne peuvent commencer qu'après l'expiration du délai de huitaine pendant lequel l'opposition est recevable. — S'il a été rendu par défaut contre partie, elles peuvent commencer de suite; car le délai pour former opposition doit précisément prendre fin lorsque ces poursuites auront été exercées sans avoir provoqué la demande en opposition. Art. 2215.)

Comment procède-t-on à la saisie immobilière ?

Le créancier qui veut pratiquer une saisie immobilière doit d'abord faire un commandement de payer au débiteur. Trente jours après ce commandement, il peut procéder à la saisie (1).

(1) Le délai de trente jours ne peut être abrégé même avec le consentement du débiteur; la saisie pratiquée pendant ce délai est nulle. Caen, 10 juin 1879.

La saisie consiste dans un procès-verbal dressé par huissier et contenant l'indication précise tant des personnes que des choses saisies. — Les créanciers hypothécaires reçoivent sommation d'être présents à la vente ; une mise à prix est fixée par le tribunal ; un cahier des charges contenant toutes les conditions de la vente est dressé, et au jour fixé l'adjudication a lieu au profit du plus offrant et dernier enchérisseur.

La demande exagérée n'entraîne plus, comme dans l'ancien droit romain, la déchéance du créancier.

Les principaux effets de la saisie consistent à enlever la disposition de l'immeuble au débiteur, et à immobiliser les fruits au profit des créanciers privilégiés et hypothécaires.

Quant aux effets de l'adjudication qui suit la saisie, ils consistent à donner à l'adjudicataire tous les droits de propriété sur la chose. (Art. 2216, 2217.)

CHAPITRE DEUXIÈME

DE L'ORDRE ET DE LA DISTRIBUTION DU PRIX
ENTRE LES CRÉANCIERS.

Article 2218.

Qu'est-ce que l'ordre ?

Une fois que l'immeuble saisi a été vendu aux enchères, on en distribue le prix aux différents créanciers. Mais, pour faire cette distribution, il est nécessaire d'ouvrir un ordre toutes les fois qu'il y a des créanciers privilégiés ou hypothécaires.

L'ordre est le règlement du rang que chaque créancier privilégié ou hypothécaire doit occuper dans la distribution du prix.

Lorsque les créanciers privilégiés ou hypothécaires ont été désintéressés, on fait la distribution du surplus entre les créanciers chirographaires. — Cette distribution a lieu par contribution, c'est-à-dire qu'elle se fait pour toutes créances en même temps, et proportionnellement au montant de chacune d'elles.

Ainsi, les créanciers chirographaires ne sont pas payés d'après un rang de préférence, comme les créanciers privilégiés et hypothécaires. Ils concourent ensemble au *marc le franc*, c'est-à-dire qu'ils reçoivent un tant pour cent sur le montant de leurs créances. (Art. 2218.)

Ier APPENDICE

LOI DU 23 MARS 1855.

La loi du 23 mars 1855 sur la transcription hypothécaire est un complément du titre des privilèges et des hypothèques, et nous en avons expliqué les dispositions dans ce titre. Néanmoins, il nous a semblé qu'il ne serait pas inutile de donner ici une vue d'ensemble de cette loi.

Quel est le but de la loi du 23 mars 1855 ?

Le but de la loi du 23 mars 1855 a été de rendre publiques toutes les mutations de la propriété immobilière, ainsi que l'établissement des droits relatifs aux immeubles qu'il importe aux tiers de connaître. Pour obtenir ce résultat, on a rendu obligatoire la formalité de la transcription.

L'exposé des motifs de la nouvelle loi définit ainsi la transcription : « C'est l'accomplissement d'une formalité destinée à procurer aux tiers, créanciers ou acquéreurs, la publicité matérielle, durable et facile à chercher, des mutations de la propriété immobilière et des démembrements ou charges qui peuvent en altérer la valeur.

La loi du 11 brumaire an VIII avait déjà décidé que les mutations de la propriété immobilière seraient révélées aux tiers par la transcription hypothécaire. Mais, comme on le sait, le Code civil avait tacitement abrogé le principe de cette loi, en ne prescrivant la transcription qu'en matière de donations entre-vifs et de substitutions.

La loi du 23 mars 1855 contient 12 articles, et elle se réfère :

1° A la publicité à donner aux mutations de la propriété immobilière, et de ses démembrements;

2° A la publicité à donner à l'établissement de certains droits personnels;

3° A la conservation des privilèges et hypothèques.

Enfin elle contient des dispositions transitoires.

Quelles sont les règles relatives à la publicité à donner aux mutations de la propriété immobilière ?

Aux termes de la loi du 23 mars 1855, toutes les mutations de la propriété immobilière et de ses démembrements, tels que droits d'usufruit, d'usage ou de servitude, doivent être transcrites sur les registres du conservateur des hypothèques, de manière à ce qu'elles soient sous les yeux des tiers qui auraient, soit à acquérir des biens, soit à recevoir des droits réels sur des biens.

Ainsi, tout acte, toute convention, tout jugement, destinés à constater la translation de propriété des immeubles par nature ou la constitution d'un droit d'usufruit ou de servitude doivent être transcrits au bureau des hypothèques ; sinon, ils resteront sans effet à l'égard des tiers. D'où la conséquence que les droits réels qui auraient été concédés à des tiers par l'aliénateur, postérieurement à l'aliénation mais avant que la transcription n'en ait été faite, doivent être maintenus, sauf le recours de l'acquéreur contre le constituant.

On observera que la loi ne fait aucune distinction entre les actes qui transfèrent directement la propriété ou ses démembrements, tels que la vente, la donation ou l'échange, et ceux qui ne la transfèrent que d'une manière indirecte et détournée, telle que la renonciation qu'une personne fait de ses droits au profit d'un tiers.

Toutefois, il existe certaines mutations de la propriété immobilière qui, par exception, n'ont pas été assujetties à la transcription. Ce sont les acquisitions faites par succession *ab intestat* ou testamentaire, par prescription, et enfin par contrat ou jugement de partage. Ces exceptions s'expliquent par cette considération qu'on n'a pas voulu subordonner la validité de ces acquisitions à l'accomplissement de la formalité de la transcription ; mais elles n'en sont pas moins regrettables au point de vue de la publicité à donner à la constitution des droits immobiliers.

Au reste, si la loi du 23 mars 1855 a excepté de la transcription certains actes qui modifient la manière d'être de la propriété immobilière, elle a assujetti, d'autre part, certains droits purement personnels à cette formalité. — Ainsi, elle soumet à la transcription : 1° les baux de longue durée, c'est-à-dire ceux de plus de dix-huit ans ; 2° les quittances de payements de loyers ou fermages qui ont été faits par anticipation pour plus de trois années. — A défaut de transcription, ces baux et ces payements anticipés ne sont pas opposables aux tiers qui auraient acquis les biens donnés à bail.

Quelles sont les personnes qui peuvent opposer le défaut de transcription ?

Lorsque la transcription d'un acte translatif de propriété, d'usufruit ou de servitude n'a pas été faite, comme aussi lorsqu'on a omis de faire transcrire les baux de plus de dix-huit ans et les paiements anticipés de loyers ou fermages, l'acte existe bien entre les parties, et il est parfaitement valable vis-à-vis d'elles ; mais il n'a aucun effet par rapport aux tiers. — Or, les tiers, ce sont ici les personnes qui ont traité avec le disposant postérieurement à l'acte dont il s'agit, et à qui il a concédé des droits réels sur des biens dont il s'était déjà dessaisi ou dont il avait déjà diminué la valeur vénale. Ces tiers pourront opposer le défaut de transcription, en alléguant qu'ils n'ont consenti à traiter avec le disposant que dans la pensée qu'il avait conservé tous ses droits.

A l'inverse, le défaut de transcription ne saurait être opposé valablement : 1° par les parties contractantes ; 2° par leurs héritiers ou successeurs universels ; 3° enfin, par leurs créanciers chirographaires.

Quelles sont les dispositions de notre loi relativement à la conservation des privilèges et hypothèques ?

En ce qui concerne la conservation des privilèges et hypothèques, la loi de 1855 dispose :

1° Que les créanciers privilégiés ou hypothécaires ne peuvent plus prendre inscription sur l'immeuble grevé, lorsqu'il a été aliéné par le débiteur et que l'aliénation a été transcrite ;

2° Que néanmoins le vendeur et le copartageant conservent le droit de se faire inscrire utilement, s'ils sont encore dans les quarante-cinq jours de leur contrat, c'est-à-dire de leur acte de vente ou de partage ;

3° Que le vendeur perd son action résolutoire, lorsqu'il n'a pas conservé son privilège en le faisant inscrire en temps utile ;

4° Que la femme mariée devenue veuve, le mineur devenu majeur, et l'interdit relevé de l'interdiction ne peuvent conserver à leur hypothèque légale son rang et sa date qu'autant qu'ils l'ont fait inscrire dans l'année qui suit la dissolution du mariage

III.   29

ou la fin de la tutelle. Sinon, elle n'a plus d'effet qu'à la date de
son inscription ;

5° Que la cession que la femme fait de son hypothèque doit
avoir lieu par acte authentique, et que cette cession doit être
inscrite, ou mentionnée en marge de l'inscription de l'hypothèque, si cette dernière est déjà prise.

IIᴱ APPENDICE

LOI DU 10 DÉCEMBRE 1874

SUR L'HYPOTHÈQUE MARITIME.

La pensée de rendre les navires susceptibles d'hypothèque a
été puisée dans les travaux d'une commission nommée en 1865,
et l'on ne fit en cela que suivre l'exemple de la plupart des nations voisines, des États-Unis, de l'Angleterre, de la Prusse, de
la Hollande, du Danemark, et plus récemment de l'Italie. Le
principe de l'hypothèque maritime une fois admis, il n'y avait
qu'à adapter les règles ordinaires de notre législation hypothécaire, en y apportant les modifications qu'exigeait la nature
même des choses. Tel fut l'objet de la nouvelle loi.

I. *Constitution de l'hypothèque.* — Les navires de vingt tonneaux
et au-dessus sont seuls susceptibles d'hypothèque. — Ils ne
peuvent être hypothéqués que par convention ; ce qui exclut
les hypothèques légales et judiciaires.

Le contrat d'hypothèque doit être rédigé par écrit ; mais il
peut être fait par acte sous seing privé, à raison de la publicité
à laquelle l'acte est soumis. — Et dans le cas où il est rédigé par
acte sous seing privé, il n'est passible, lors de sa rédaction, que
du droit fixe de 2 francs, le droit proportionnel ne devant être
perçu que lorsqu'il sera produit en justice ; tandis que l'acte
authentique est immédiatement soumis au droit proportionnel,
parce qu'il est exécutoire et qu'il suffit ainsi par lui-même à
l'exercice complet du droit d'hypothèque.

L'hypothèque sur le navire ou sur portion du navire ne peut

être consentie que par le propriétaire ou par son mandataire. — Elle s'étend, à moins de convention contraire, au corps du navire, aux agrès, apparaux, machines et autres accessoires.

L'hypothèque maritime peut être constituée sur un navire en construction ; elle doit alors être précédée d'une déclaration, faite au bureau du receveur des douanes du lieu où le navire est en construction, qui contiendra toutes les énonciations nécessaires pour faire reconnaître le navire.

II. *Publicité de l'hypothèque.* — L'hypothèque est rendue publique par l'inscription sur un registre spécial, tenu par le receveur des douanes du lieu où le navire est en construction, ou de celui où il est immatriculé. — Si le navire a déjà un acte de francisation, l'inscription doit être mentionnée au dos de cet acte par le receveur des douanes. Dans tous les cas, l'inscription est en outre certifiée par lui immédiatement sur le contrat d'hypothèque ou sur son expédition authentique.

Tout propriétaire d'un navire construit en France, qui demande à le faire admettre à la francisation, est tenu de joindre aux pièces requises à cet effet un état des inscriptions prises sur le navire en construction, ou un certificat constatant qu'il n'en existe aucune.

Lors de la discussion de la loi, il avait été question de confier la conservation des hypothèques aux conservateurs existant dans chaque arrondissement. Mais comme les opérations du commerce maritime demandent une grande célérité, et qu'il n'existe pas de conservateurs des hypothèques dans un grand nombre de nos ports maritimes, on jugea que les receveurs des douanes étaient placés dans de meilleures conditions. En effet, d'après la loi du 27 vendémiaire an II, la construction et la propriété des navires français sont soumis à une surveillance administrative, qui s'exerce au moyen de l'inscription et de l'immatricule de ces navires sur des registres tenus par les receveurs des douanes. On s'est trouvé naturellement conduit à leur confier la conservation de l'hypothèque.

III. *Inscription de l'hypothèque.* — Le créancier qui requiert l'inscription doit présenter au receveur des douanes un des originaux du titre constitutif d'hypothèque ou une expédition, en y joignant deux bordereaux signés de lui, et contenant toutes les énonciations nécessaires relativement à la créance et au navire hypothéqué, ainsi qu'une élection de domicile dans le lieu de la résidence du receveur des douanes. — Celui-ci mentionne sur son registre le contenu des bordereaux, et remet au requérant l'un des bordereaux sur lequel il certifie avoir pris l'inscription.

S'il y a plusieurs hypothèques sur le même navire, leur rang est déterminé par la date de l'inscription, en commençant par les plus anciennes.

L'inscription conserve son effet pendant trois ans, après lesquels elle est périmée si elle n'a pas été renouvelée.

Si le titre constitutif de l'hypothèque est à ordre, sa négociation par voie d'endossement emporte translation du droit hypothécaire.

L'inscription garantit, au même rang que le capital, deux années d'intérêts en sus de l'année courante.

IV. *Radiation de l'inscription.* — Les inscriptions sont rayées, soit en vertu d'un jugement, soit du consentement des parties.

Dans ce dernier cas, la radiation ne peut avoir lieu que sur le dépôt d'un acte authentique de consentement à la radiation émanant du créancier. — Mention de la radiation est faite sur l'acte constitutif d'hypothèque, s'il est sous seing privé ou rédigé en brevet, ainsi que sur l'acte de francisation.

Le receveur des douanes est tenu de déclarer à tous ceux qui le requièrent l'état des inscriptions prises sur un navire, ou un certificat qu'il n'en existe point.

V. *Droits des créanciers hypothécaires.* — Les créanciers hypothécaires viennent, dans leur ordre d'inscription, après les créances privilégiées, et ils suivent le navire entre quelques mains qu'il passe. — Si l'hypothèque ne grève qu'une portion de navire, le créancier ne peut faire vendre que la portion qui lui est affectée ; à moins qu'elle ne grève plus de la moitié du navire, auquel cas il peut le faire vendre en totalité, à charge d'appeler à la vente les copropriétaires.

Par dérogation à l'article 883 du Code civil, les hypothèques consenties durant l'indivision par un des copropriétaires continuent de subsister après le partage, toutes les fois que la copropriété ne résulte pas d'une succession ou de la dissolution d'une société conjugale.

En cas de perte du navire, les droits des créanciers s'exercent sur les choses sauvées, ainsi que sur le produit des assurances qui auraient été faites. Dans ce cas, l'inscription de l'hypothèque vaut opposition au payement de l'indemnité d'assurance.

VI. *Purge des hypothèques.* — L'acquéreur d'un navire hypothéqué qui veut se soustraire aux poursuites des créanciers hypothécaires doit : 1° notifier à tous les créanciers inscrits un extrait de son acte d'acquisition, plus un tableau en trois colonnes contenant la date des inscriptions, le nom des créanciers et le montant des créances inscrites ; 2° faire en même temps offre aux créanciers de les désintéresser jusqu'à concurrence de son prix d'acquisition.

Dans les dix jours de ces notifications, les créanciers peuvent requérir la mise aux enchères du navire, en offrant de porter le prix à un dixième en sus et de donner caution. — Cette réquisition contiendra assignation devant le tribunal civil du lieu où se trouve le navire.

La revente aux enchères aura lieu dans la forme des ventes sur saisie.

Si les créanciers ne s'entendent pas entre eux pour la distribution du prix offert par l'acquéreur ou produit par la surenchère, il y sera procédé dans les formes établies en matière de saisie.

VII. *Dispositions particulières.* — Le propriétaire qui veut se réserver la faculté d'hypothéquer son navire en cours de voyage est tenu de déclarer avant le départ du navire la somme pour laquelle il entend user de cette faculté. — Cette déclaration est mentionnée sur les registres du receveur des douanes, et sur l'acte de francisation à la suite des hypothèques déjà existantes. — Les hypothèques réalisées en cours de voyage sont constatées sur l'acte de francisation : en France et dans les possessions françaises, par le receveur des douanes ; à l'étranger, par le consul français, et, à défaut, par un officier public étranger. Il en est fait mention sur un registre spécial, auquel on aura recours en cas de perte de l'acte de francisation avant le retour du navire. Elles prennent rang du jour de leur inscription sur l'acte de francisation.

LIVRE III, TITRE XX

De la prescription.

DÉCRÉTÉ LE 15 MARS 1804. — PROMULGUÉ LE 25 DU MÊME MOIS.

La prescription est une institution juridique dont le principe a été universellement admis, et qui est destinée à tenir lieu de preuve du droit que l'on a sur une chose ou de l'accomplissement d'une obligation.

Conformément à l'ordre du Code, nous diviserons le titre de la prescription de la manière suivante :

Chap. I. — Dispositions générales.

Chap. II. — De la possession.

Chap. III. — Des causes qui empêchent la prescription.

Chap. IV. — Des causes qui l'interrompent ou qui la suspendent.

Chap. V. — Du temps requis pour prescrire.

CHAPITRE PREMIER

DISPOSITIONS GÉNÉRALES.

Articles 2219 à 2227.

Qu'est-ce que la prescription ?

Aux termes de l'article 2219, la prescription est un moyen d'acquérir ou de se libérer par un certain laps de temps, et moyennant certaines conditions déterminées par la loi.

Ainsi, on distingue dans notre droit deux sortes de prescriptions : l'une, qui fait acquérir un droit sur une chose et qu'on appelle prescription *acquisitive;* l'autre qui dégage un débiteur de l'obligation qu'il avait autrefois contractée et qu'on appelle prescription *libératoire.*

Cette définition, que le Code a empruntée à Domat (1), a été critiquée par M. Mourlon (2). — D'après lui, la prescription

---

(1) Domat, liv. III, tit. VII, sect. IV, n° 1. — (2) Mourlon, III, 1754 et suiv.

est tout simplement une présomption de l'acquisition d'un droit ou de la libération d'une obligation; mais ce n'est pas un moyen proprement dit d'acquérir ou de se |libérer. En effet, dit-il, lorsque quelqu'un revendique un immeuble, la question à juger est celle-ci : *Quis dominus est?* Or, du fait connu, la possession continuée pendant le temps légal, la loi tire la conséquence que le possesseur est le légitime propriétaire. — Pareillement, lorsqu'un créancier réclame le payement d'une dette échue depuis trente ans, du fait connu, la longue inaction du créancier, la loi tire la conséquence que la dette a cessé d'exister.

Nous ne saurions admettre cette donnée, quelque spécieuse qu'elle paraisse. Comme l'explique très bien le savant doyen de la Faculté de Douai, M. Daniel de Folleville, dans son excellente étude sur la prescription, elle est en contradiction formelle avec les textes du Code. Pour le démontrer, il suffit de citer les articles 711 et 712, aux termes desquels la propriété s'acquiert et se transmet par succession, donation, etc..., et par *prescription;* — l'article 1234, d'après lequel les obligations s'éteignent par le payement, etc..., et par la *prescription;* — et enfin notre article 2219, dont les expressions sont si formelles. Des textes, si précis, si concordants, si répétés, doivent évidemment faire admettre que la prescription est un moyen spécial, *sui generis*, d'acquisition ou de libération (1).

Nous devons maintenant, à cause de l'importance de la prescription, en démontrer la légitimité. A cet égard, nous distinguerons la prescription acquisitive et la prescription libératoire.

I. *Prescription acquisitive.* — La prescription acquisitive est légitime : 1° parce qu'elle repose sur cette considération que celui qui a possédé une chose d'une façon paisible, publique, et à titre de propriétaire, doit avoir un droit de propriété sur cette chose, car on ne concevrait pas que si une autre personne avait eu des droits sur la chose, cette personne eût laissé s'écouler un long temps sans réclamer; 2° parce que l'intérêt général demande à ce qu'on maintienne même les usurpations qui ont reçu une consécration suffisante du temps écoulé. Autrement, s'il était permis de demander compte aux citoyens de l'origine de leurs droits, après trente années et plus peut-être de jouis-

(1) *Adde :* Marcadé, XII, nᵒˢ 2 et suiv.

sance paisible, on détruirait toute sécurité et l'on s'exposerait à de terribles révolutions sociales. On serait même conduit à commettre de véritables injustices ; car il y aurait beaucoup de possesseurs qui, tout en ayant le droit de propriété, seraient bien embarrassés pour l'établir. La prescription acquisitive est donc une garantie de la propriété.

II. *Prescription libératoire.* — La prescription libératoire est également légitime. En effet, même lorsqu'elle s'accomplit au profit d'un débiteur de mauvaise foi, l'intérêt général exige qu'il y ait un terme après lequel il ne doit plus être permis de rechercher des droits trop longtemps négligés. Autrement, non seulement les débiteurs, mais leurs héritiers seraient dans la nécessité de conserver pendant des siècles les preuves qui établissent leur libération.

Quels sont les éléments dont se compose la prescription ?

Ainsi qu'on l'a vu, il faut distinguer deux sortes de prescriptions : la prescription acquisitive et la prescription libératoire. Or, bien que ces deux prescriptions aboutissent à des résultats différents, on peut dire qu'elles reposent sur des données qui rentrent dans le même ordre d'idées, que les éléments dont elles se composent sont à peu près les mêmes.

Ainsi, la prescription acquisitive repose sur deux données principales : 1° la possession publique d'une chose par une personne, sans qu'aucune autre personne y ait fait opposition et ait prétendu avoir elle-même des droits sur cette chose ; 2° cette possession continuée pendant un certain laps de temps. — Il en résulte que pour acquérir une chose par prescription, il faut avoir possédé cette chose à titre de propriétaire sans que personne ait réclamé, et qu'il faut en outre l'avoir possédée pendant un certain temps.

D'autre part, la prescription libératoire comprend également deux éléments principaux : 1° l'inaction du créancier ; 2° cette inaction prolongée pendant un certain temps. — Ainsi, pour être libéré par prescription d'une obligation, il faut qu'il se soit écoulé un certain temps depuis que la dette est devenue exigible, et que pendant ce temps le créancier n'ait exercé aucun acte de poursuite contre son ancien débiteur.

Peut-on renoncer à la prescription ?

Il faut distinguer suivant qu'il s'agit d'y renoncer à l'avance, ou d'y renoncer lorsqu'elle est accomplie ou lorsqu'elle est en voie de s'accomplir.

Aux termes de l'article 2220, on ne peut pas renoncer d'avance à la prescription. En effet, s'il était permis aux débiteurs de renoncer, au moment même où ils contractent, à ce moyen de libération, les créanciers n'auraient jamais manqué d'exiger cette renonciation, et on aurait ainsi rendu illusoire une institution qui repose sur un intérêt d'ordre public (1).

Au contraire, d'après le même article 2220, on peut très bien renoncer à la prescription, lorsqu'elle est déjà accomplie. — En effet, quand la prescription est une fois accomplie, le but de la loi se trouve atteint : les possesseurs ou les débiteurs ont un titre d'acquisition ou de libération ; c'est à eux maintenant de décider s'ils veulent le faire valoir ou non. Ils ne pouvaient pas renoncer d'avance à l'avoir ; mais, une fois qu'ils l'ont, libre à eux de s'en servir. S'ils y renoncent, leur volonté à cet égard aura été parfaitement libre et réfléchie.

Enfin, on peut renoncer à la prescription qui est en voie de s'accomplir ; mais alors la renonciation n'a d'effet que pour le temps qui a déjà couru, et non pour celui qui reste encore à courir. En effet, dans ce dernier cas, on se trouve en présence de la prohibition de l'article 2220. (Art. 2220.)

Comment se fait la renonciation à la prescription acquise ?
La renonciation à la prescription acquise peut avoir lieu expressément ou tacitement.

Elle a lieu expressément, lorsqu'elle résulte d'une déclaration formelle du possesseur ou du débiteur.

Elle a lieu tacitement, quand elle résulte de certains faits qui impliquent l'abandon du droit acquis. Par exemple, si le possesseur prend à bail l'immeuble qu'il a prescrit, ou si le débiteur demande des délais pour le payement de la dette qu'il a prescrite.

On observera que la renonciation faite par un possesseur ou par un débiteur à la prescription déjà acquise par lui ne consti-

_____

(1) Toutefois, dans le cas de prescriptions acquisitives, les renonciations anticipées sont susceptibles de produire des effets, en ce qu'elles impliquent la reconnaissance du droit du propriétaire par le possesseur, et que par suite elles convertissent la possession de celui-ci en un simple droit de détention. Marcadé, XII, n°ˢ 23 et suiv. — Mourlon, III, 1777. — Duranton, XXI, 146.

tue pas une libéralité proprement dite. — Effectivement, le renonçant se borne à reconnaître qu'il n'a pas acquis la chose qu'il
possède, ou qu'il ne s'est pas libéré de sa dette ; mais il ne transfère aucun droit nouveau à la personne au profit de laquelle la
renonciation a lieu (1). (Art. 2221.)

Quelle capacité faut-il avoir pour renoncer à la prescription ?

En renonçant à la prescription, le possesseur manque d'acquérir et le débiteur manque de se libérer. — Aussi, pour renoncer à la prescription acquisitive, faut-il, aux termes de
l'article 2222, être capable d'acquérir. Par analogie, on décide
que, pour renoncer à la prescription libératoire, il faut être
capable de s'obliger.

Il résulte de là qu'un tuteur ne peut pas renoncer à la prescription acquise à son pupille, s'il n'a pas été dûment autorisé.
— Mais il faut aller plus loin et décider que le tuteur, même
lorsqu'il a les autorisations nécessaires, ne peut pas consentir
une renonciation de cette nature, parce que la renonciation à
une acquisition ou à une libération ne se conçoit bien qu'autant qu'elle émane de la conscience de la personne qui y est
directement intéressée (2).

Toutefois, le tuteur peut renoncer à une prescription qui est
en voie de s'accomplir, parce qu'alors la renonciation est utile à
l'incapable, en lui faisant éviter les frais des poursuites qui seraient dirigées contre lui par le propriétaire ou par le créancier,
pour le déposséder ou pour le contraindre à payer. (Art. 2222.)

Les juges peuvent-ils appliquer d'office la prescription ?

Non ; les juges ne peuvent pas appliquer d'office la prescription ; car la loi ne permet au possesseur d'acquérir et au
débiteur de se libérer qu'à la condition d'invoquer eux-mêmes
la prescription (3). — Effectivement, on ne peut pas considérer celui qui a prescrit comme propriétaire de la chose qu'il
possède, ou comme libéré de l'obligation qu'il a contractée,
s'il n'est pas prêt à affirmer lui-même son acquisition ou sa
libération.

(1) Marcadé, XII, 40.
(2) Troplong, 80 et 81. — Mourlon, III, 1785.
(3) Toutefois, lorsqu'il s'agit de *matière criminelle*, les juges doivent acquitter l'accusé, lorsque le crime pour lequel il est poursuivi est prescrit, lors
même qu'il n'invoque pas la prescription.

Toutefois, le ministère public peut opposer la prescription lorsqu'elle s'est accomplie au profit des incapables, parce qu'il a reçu de la loi la mission de les protéger et de faire valoir tous les moyens qui sont à leur avantage. (Art. 2223.)

Jusqu'à quel moment la prescription peut-elle être invoquée ?

Aux termes de l'article 2224, la prescription peut être invoquée en tout état de cause et même en appel, lorsqu'on n'y a pas renoncé expressément ou tacitement. Ainsi, le défendeur condamné en première instance, et qui n'avait pas invoqué la prescription, peut la faire valoir en appel.

La prescription peut être opposée non seulement par le défendeur, mais encore par ses créanciers, ou par toute autre personne intéressée à l'établir, comme les cautions ou les codébiteurs solidaires. (Art. 2224.)

Les créanciers du défendeur peuvent-ils opposer la prescription, quand celui-ci y a renoncé ?

Aux termes de l'article 2225, les créanciers peuvent, ainsi que toute autre personne intéressée, telles que celles qui ont un droit d'usufruit ou de servitude constituée par le possesseur de l'immeuble, opposer la prescription, encore que le débiteur ou le propriétaire y aient renoncé. Mais les auteurs ne sont pas d'accord sur la portée de ce texte.

Suivant les uns, les créanciers du défendeur ne peuvent opposer la prescription, lorsque celui-ci y a renoncé, qu'autant que la renonciation leur est préjudiciable et qu'elle a été faite en fraude de leurs droits (1). — Ces deux conditions, le préjudice éprouvé et la fraude du débiteur, sont en effet nécessaires pour donner lieu à l'exercice de l'action Paulienne dont notre article fait l'application. Il serait d'ailleurs peu moral que des tiers pussent empêcher le débiteur de satisfaire au cri de sa conscience, et l'on doit en conclure que leur action n'est recevable qu'autant qu'il y a fraude de sa part.

Mais on répond, avec raison, que la condition de fraude n'est pas contenue dans l'art. 2225, et que c'est arbitrairement qu'on veut l'établir dans l'espèce dont il s'agit. Sans doute, cette condition est exigée pour l'exercice de l'action Paulienne ; mais il ne s'agit pas ici de l'exercice de cette action ; autrement notre

(1) Troplong, 101. — Duranton, XXI, 150. — Marcadé, III, 49 et suiv.

article serait inutile, puisqu'il ne ferait qu'énoncer une règle de droit commun. Ce que la loi a eu en vue ici, c'est de protéger les créanciers contre la fausse délicatesse d'un débiteur, qui préférerait les priver d'un gage sur lequel ils pouvaient légitimement compter plutôt que d'invoquer la prescription (1).

Quels sont les biens auxquels s'applique la prescription acquisitive ?

La prescription acquisitive s'applique à tous les biens, excepté à ceux qui ne sont pas dans le commerce.

Les biens qui ne sont pas dans le commerce sont les biens publics de l'État, tels que les édifices publics, les routes, les chemins, les forteresses, qui sont tout à la fois inaliénables et imprescriptibles. — Quant aux biens privés de l'État, des départements ou des communes, ils suivent, en ce qui concerne la prescription, les mêmes règles que ceux des particuliers.

La prescription acquisitive ne s'applique pas seulement d'ailleurs à la pleine propriété, mais encore à ses démembrements, tels que l'usufruit, l'usage, les servitudes continues et apparentes. (Art. 2226, 2227.)

Quels sont les droits auxquels s'applique la prescription libératoire ?

La prescription libératoire s'applique à toutes les obligations en général, qu'elles aient pour objet de donner, de faire ou de ne pas faire.

Toutefois, il existe certains droits, soit réels, soit personnels, qui, par exception, ont été déclarés imprescriptibles, à cause de leur importance considérable ou de leur nature exceptionnelle. — Tels sont les biens constitués en dot, les actions en réclamation d'état, et même, suivant quelques auteurs, certaines actions en nullité du mariage, comme celles qui résultent du défaut de liberté dans le consentement de l'un des époux, quand il n'y a pas eu cohabitation.

La prescription libératoire ne laisse-t-elle pas subsister une obligation naturelle ?

Oui ; en faisant disparaître l'obligation civile, la prescription libératoire laisse néanmoins subsister une obligation naturelle. Il en était ainsi dans notre ancienne législation, et l'on doit décider de même aujourd'hui. — En effet, une obligation ne peut être

---

(1) Rataud, *Revue pratique*, t. II, p. 381 et suiv. Valette, *à son cours*.

absolument et radicalement éteinte que par le payement. Or, la prescription libératoire paralyse l'action, plutôt qu'elle n'éteint l'obligation ; elle ne libère le débiteur que des poursuites. Il ne peut plus être contraint de payer, parce que le créancier n'est pas admis à prouver sa créance; mais rien n'empêche qu'il ne puisse l'acquitter valablement, s'il consent à la reconnaître (1).

La prescription se rattache-t-elle au statut réel ou au statut personnel ?

Le statut réel comprend les lois qui exercent leur empire directement et d'une manière principale sur les biens, et qui ne se préoccupent qu'accessoirement de la condition des personnes. — A l'inverse, le statut personnel se compose des lois qui règlent directement et d'une manière principale l'état et la capacité des personnes, et qui ne s'occupent qu'accessoirement des biens.

D'abord, *en ce qui concerne la prescription acquisitive*, nous n'hésitons pas à répondre qu'elle appartient au statut réel, puisqu'elle a pour but prédominant et essentiel l'acquisition des biens. — Il en résulte que l'on doit suivre la loi du pays où ces biens sont situés, quant aux éléments essentiels et constitutifs de la prescription ; sauf à tenir compte des lois qui règlent l'état des personnes, si une difficulté était soulevée, par exemple à raison de la minorité du *dominus* (2).

Quant à la prescription libératoire, elle doit, à notre avis, être réglée d'après la loi du domicile du débiteur. — En effet, la prescription libératoire ne fait pas disparaître, par elle seule, le droit du créancier. Il faut qu'elle soit opposée par le débiteur, il faut qu'elle soit invoquée par lui comme moyen de défense au moment où il est actionné ; or, il ne pourra évidemment la faire valoir que suivant la loi du lieu où il a été assigné, c'est-à-dire suivant la loi de son domicile (3).

(1) *En ce sens :* Mourlon, III, 1772. — Marcadé, XII, nos 7 et suiv.
(2) Duranton, XXI, 113. — Troplong, 39. — Marcadé, XII, n° 9.
(3) Merlin, *Répert.*, v° *Prescrip.*, sect. I, § 3, n° 7. — Marcadé, XII, n° 10. — Daniel de Folleville, *loco cit.*

CHAPITRE DEUXIÈME

DE LA POSSESSION.

Articles 2228 à 2235.

Qu'est-ce que la possession ?

Aux termes de l'article 2228, la possession est la détention ou la jouissance d'une chose ou d'un droit, que nous tenons et exerçons par nous-même, ou par un autre qui la tient ou qui l'exerce en notre nom.

Cette définition demande quelques explications.

Détenir une chose, ce n'est pas seulement s'en servir, c'est ncore avoir la faculté de s'en servir et d'en disposer. Par conséquent, on peut être détenteur d'une chose, non seulement par soi-même lorsqu'on en fait usage, mais encore par d'autres personnes qui la détiennent pour nous et en notre nom.

Mais il ne suffit pas d'avoir la détention d'une chose, soit par soi-même, soit par des personnes qui nous représentent, pour en être véritablement possesseur : il faut, de plus, avoir la volonté de détenir cette chose comme sienne, de l'avoir pour soi, *animo domini*. — Ainsi, la possession proprement dite comprend deux éléments, savoir : le fait matériel de la détention, et la volonté de détenir la chose comme sienne.

Il suit de là que la possession proprement dite ne s'applique qu'aux objets qui sont détenus physiquement, c'est-à-dire aux choses corporelles. — Toutefois, on a fini par admettre que l'exercice des droits incorporels, tels que l'usufruit, l'usage, les servitudes équivaut à la détention, et qu'ainsi celui qui les exerce en son propre nom peut être regardé comme possesseur. Seulement, à raison du défaut de détention physique, on appelle *quasi-possession* la possession des choses incorporelles.

Généralement, la possession se lie au droit de propriété : celui qui possède une chose en est propriétaire. Quelquefois, néanmoins, il arrive qu'on possède la chose d'autrui, c'est-à-dire qu'on la détient en la regardant comme sienne. C'est alors qu'on peut l'acquérir par prescription. — Mais cela arrivera rarement, parce que le véritable maître de la chose s'y opposera par les moyens légaux qui sont à sa disposition. (Art. 2228.)

Quels sont les avantages de la possession ?

Les avantages de la possession consistent :

1° A faire considérer le possesseur comme propriétaire jusqu'à preuve contraire ;

2° A lui faire acquérir les fruits, lorsqu'il les perçoit de bonne foi et en vertu d'un titre translatif de propriété ;

3° A lui faire acquérir la chose même qu'il possède ;

4° Enfin à lui conférer le droit d'exercer les actions possessoires. — Toutefois, ce n'est qu'autant que la possession dure depuis une année au moins que le possesseur peut exercer ces actions.

On sait que les actions possessoires sont des actions qui ont pour objet de protéger la possession, et qu'on peut exercer par le seul fait qu'on est possesseur, sans avoir besoin d'établir qu'on est propriétaire. — A l'inverse, les actions pétitoires sont celles par lesquelles on revendique la propriété.

Il y a trois actions possessoires : la complainte, la réintégrande et la dénonciation de nouvel œuvre. Le possesseur exerce la complainte, lorsqu'il est simplement troublé dans sa possession, et qu'il veut faire cesser le trouble. — Il exerce la réintégrande, lorsqu'il a perdu la possession et qu'il veut la recouvrer. — Il exerce enfin la dénonciation de nouvel œuvre, lorsqu'on manifeste l'intention de commettre une usurpation (sur son fonds, en exécutant sans aucun droit certains travaux. Art. 2230.)

Quelles sont les qualités que doit avoir la possession pour fonder la prescription ?

Pour pouvoir prescrire, il faut une possession qui soit continue, non interrompue, paisible, publique, non équivoque et à titre de propriétaire.

Au reste, le possesseur est seulement tenu de prouver qu'il a commencé à posséder régulièrement. — Il peut établir le fait de sa possession ancienne, par exemple en représentant des actes, tels que des baux, des rôles des contributions, ou même par témoins. Il peut recourir à cette dernière preuve, même sans commencement de preuve par écrit, bien que l'objet du litige dépasse la valeur de 150 francs.

Cette preuve faite, le possesseur est présumé avoir possédé

dans les mêmes conditions pendant tout le temps intermédiaire, et c'est à celui qui prétend le contraire à le prouver. (Art. 2229, 2233, 2234.)

Qu'entend-on en disant que la possession doit être continue et non interrompue ?

En disant que la possession doit être continue, on entend qu'elle doit avoir été continuée sans invervalle, ou du moins que les actes de possession matérielle aient été assez rapprochés pour qu'on ne puisse pas dire qu'il y ait eu abandon de la possession pendant un certain temps. En effet, si le possesseur avait abandonné volontairement la chose, il ne pourrait plus compter, pour prescrire, le temps qui a précédé l'abandon. — Au reste, pour qu'il y ait abandon de la possession, il ne suffit pas que le possesseur ait cessé de détenir la chose ; il faut qu'il ait eu de plus la volonté de ne plus la posséder. C'est ce qu'on exprime en disant que la possession, une fois acquise *animo et corpore*, peut se conserver *animo solo*, tant qu'un autre ne s'est pas emparé de la chose. C'est d'ailleurs au juge qu'il appartient d'apprécier quand il y a abandon de la possession.

Le Code ajoute que la possession doit être non interrompue. On verra plus loin, dans le commentaire des articles 2242 et suivants, que la prescription peut être interrompue de deux manières, civilement ou naturellement. — Elle est interrompue civilement, par la reconnaissance que le possesseur fait du droit du *dominus*, ou par les poursuites qui sont dirigées contre lui. Elle est interrompue naturellement, lorsque le possesseur a été dépossédé par un tiers depuis plus d'une année, sans réclamation de sa part.'

Il ne faut pas confondre la discontinuation avec l'interruption de la prescription. Comme le fait remarquer Marcadé, la discontinuation de la possession consiste dans les intermittences que le possesseur apporte à la jouissance régulière de la chose, tandis que l'interruption est un fait qui vient briser et anéantir la prescription. La possession discontinue a toujours subsisté, tout en marchant irrégulièrement et par intervalles, tandis que la possession interrompue est celle qui a cessé d'être à un moment donné. Nous ajouterons que la discontinuation de la possession vient du possesseur lui-même, tandis que l'interruption suppose le fait d'un tiers. (Art. 2229.)

Qu'entend-on en disant que la possession doit être paisible ?

En disant que la possession doit être paisible, on entend par là que le possesseur a dû la conserver, sans avoir été dans la nécessité de repousser par la force les tentatives du propriétaire pour la recouvrer. — Au reste, la violence est un vice relatif, c'est-à-dire qu'elle n'empêche la prescription de courir qu'à l'égard des personnes qui en ont été l'objet.

En droit romain, la possession qui à l'origine avait été acquise par la violence ne pouvait jamais conduire à la prescription. Mais, dans notre législation, l'emploi de la violence pour acquérir la possession ne rend pas celle-ci perpétuellement vicieuse. Ce vice est purgé par cela seul que la possession a continué paisiblement, et il n'est pas nécessaire que la chose retourne préalablement au pouvoir de celui qui en a été dépouillé. (Art. 2233.)

Qu'entend-on en disant que la possession doit être publique ?

En disant que la possession doit être publique, on entend par là qu'elle doit exister de manière à être connue de tous ceux qui auraient intérêt à la connaître et à la faire cesser. — On ne peut pas, en effet, reprocher au propriétaire son inaction, s'il n'a pas pu savoir que sa chose était possédée par autrui.

Comme la violence, la clandestinité est un vice relatif : en conséquence, elle ne peut être invoquée que par celui à qui la possession a été cachée, et dès qu'elle vient à cesser, le vice est purgé et une possession utile prend naissance.

Au reste, il ne suffirait pas que la possession ait été publique à l'origine et qu'elle ait ensuite cessé de l'être. Il faut qu'elle ait toujours continué de s'exercer publiquement. (Art. 2229.)

Qu'entend-on en disant que la possession doit être non équivoque ?

En disant que la possession doit être non équivoque, on entend par là qu'elle ne doit laisser aucun doute sur son caractère véritable. — Il faut, en d'autres termes, qu'elle se soit accomplie de manière à ce que les tiers ne puissent pas douter que le possesseur l'ait exercée en son nom, en regardant la chose comme sienne, en agissant comme si elle lui avait appartenu, en sorte qu'il ne puisse pas y avoir d'erreur à cet égard.

En résumé, pour que la possession soit non équivoque, il faut un ensemble de faits se complétant les uns les autres, et qui, par la concordance parfaite qu'ils présentent entre eux, déter-

minent le caractère de la possession. Ainsi, la possession sera
non équivoque, si le possesseur établit qu'il possède la chose
depuis un certain temps, et que sa possession a toujours été
paisible, publique, continue et non interrompue. (Art. 2229.)

**Qu'entend-on en disant que la possession doit être à titre
de propriétaire ?**

En disant que la possession doit être à titre de propriétaire, on
entend par là que le possesseur ne doit pas avoir seulement la
détention physique de la chose, mais qu'il doit en outre la détenir comme sienne, avec l'intention d'en acquérir la propriété,
animo domini. — Il faut, en d'autres termes, que la possession
soit exclusive de précarité.

Dans le doute, le détenteur est présumé avoir possédé pour
lui-même, et c'est à l'adversaire à prouver le contraire ; à moins
cependant qu'à l'origine il n'ait commencé à détenir pour autrui,
car alors il serait censé n'avoir fait que continuer une détention
à titre précaire.

A la différence des autres vices de la possession, la précarité
est un vice absolu. Elle peut être invoquée non seulement par
celui que le détenteur reconnaissait comme maître, mais encore
par toute autre personne intéressée. — En effet, pour prescrire
il faut posséder, et celui-là ne possède pas qui ne détient pas
pour lui et en son nom. (Art. 2229, 2230, 2231.)

**Qu'entend-on en disant que les actes de pure faculté ne
peuvent pas fonder une prescription ?**

Comme on le sait, la prescription est fondée d'une part sur la
possession de celui qui prescrit, et d'autre part sur la négligence,
sur l'inaction de celui contre lequel on prescrit. Or, pour qu'il
y ait une négligence, une inaction à imputer à ce dernier, il faut
nécessairement supposer un fait contraire à son droit prétendu,
une sorte d'usurpation commise contre lui et qu'il a subie
sans protestation ; d'où la conséquence que s'il a souffert cette
atteinte portée à son prétendu droit, c'est que ce droit n'existait
pas ou qu'il en a fait l'abandon. Ainsi le créancier qui est resté
dans l'inaction pendant trente ans à partir de l'exigibilité de sa
créance, le propriétaire qui a laissé posséder sa chose prétendue
par un tiers sont réputés n'avoir eu aucun droit, ou, s'ils en ont
eus, y avoir renoncé ; car, s'il en avait été autrement, on ne
concevrait pas qu'ils ne l'aient pas fait respecter.

Mais il n'en est pas de même de ceux qui se sont abstenus d'agir lorsqu'il n'y avait pas lieu de s'opposer à des prétentions contraires, lorsqu'en un mot leur abstention ne s'est pas produite en regard d'une usurpation commise par des tiers. — Il est bien évident, en effet, qu'il ne saurait être question d'inaction ou de négligence de la part de celui contre les droits duquel aucune atteinte n'a été portée, qui n'a eu à faire cesser aucune usurpation commise contre lui, ni à faire respecter aucun droit existant à son profit et méconnu. L'inaction ou la négligence ne peuvent évidemment s'entendre que s'il y a eu un fait contraire au droit du *dominus :* autrement, elles sont indifférentes, elles n'impliquent de sa part ni l'abandon de son droit, ni la reconnaissance du droit d'un tiers.

Ainsi, lorsque je laisse écouler trente ans sans bâtir sur mon fonds, je ne fais pas acquérir à mon voisin le droit de m'empêcher d'y bâtir; car je ne lui ai procuré par là aucun droit sur mon fonds, et je n'ai pas eu dès lors à m'opposer à une usurpation de sa part. — Pareillement, lorsque je reste trente ans sans aller puiser de l'eau à une fontaine communale, je ne fais pas acquérir à mes voisins le droit de m'empêcher d'exercer dans l'avenir cette faculté; car personne n'a profité de mon inaction pour m'en priver, et je n'ai pas eu davantage à faire cesser une usurpation commise à mon préjudice. (Art. 2232.)

Qu'entend-on en disant que les actes de simple tolérance ne peuvent pas fonder une prescription ?

A la différence du cas précédent où l'on suppose qu'aucun fait, qu'aucune usurpation n'a été portée au droit du *dominus*, d'où la conséquence que son inaction ne peut établir aucun préjugé défavorable contre lui, on suppose ici que son droit a reçu une atteinte, qu'une usurpation a été commise contre lui. Toutefois, si l'atteinte portée à son droit est légère, si l'usurpation commise contre lui est sans importance, on s'explique son inaction par le désir de conserver des rapports de bon voisinage et l'on n'en tire aucune conclusion contre lui. — En d'autres termes, l'inaction du propriétaire qui n'a pas empêché des usurpations commises sur son fonds n'implique pas de sa part l'abandon de son droit, quand ces usurpations n'ont pas porté une atteinte grave et permanente à ce droit. Son inaction est alors considérée comme une simple tolérance qui s'explique suffisamment par le désir de conserver des rapports de bon voisinage.

Ainsi, lorsque, pendant trente ans, j'ai laissé un voisin passer de temps à autre sur mon fonds, sans que rien n'indique d'ailleurs qu'il ait le droit d'y passer habituellement, ma tolérance ne suffit pas à lui faire acquérir un droit de passage, parce qu'elle n'implique pas l'abandon de mon droit. S'il en était autrement, les propriétaires n'auraient rien toléré de la part de leurs voisins dans la crainte de la prescription. (Art. 2232.)

Est-il nécessaire que la même personne possède pendant le temps requis pour la prescription ?

Non ; les successeurs universels ou à titre universel et les successeurs particuliers peuvent continuer utilement la possession commencée par leur auteur. En effet, aux termes de l'article 2235, pour compléter la prescription, on peut joindre à sa possession celle de son auteur, de quelque manière qu'on lui ait succédé, soit à titre universel ou particulier, soit à titre lucratif ou onéreux. — Mais cet article est inexact en ce qu'il confond, par rapport à la jonction des possessions, les successeurs universels et les successeurs à titre particulier (1). .

Les successeurs universels ou à titre universel ne commencent pas une possession nouvelle ; mais ils ne font que continuer la possession de leur auteur. Par conséquent, pour savoir s'ils peuvent prescrire, il faut se reporter à l'origine de la possession de celui-ci. Il en résulte que s'il avait juste titre ou bonne foi lorsqu'il est entré en possession, ils prescriront par dix et vingt ans, alors même qu'ils auraient eu connaissance des vices de leur possession ; que s'il avait été de mauvaise foi, ils ne prescriront que par trente ans, bien qu'ils soient eux-mêmes de bonne foi ; enfin que s'il était un détenteur précaire, ils ne pourront pas prescrire, à moins qu'il n'y ait eu interversion du titre.

Au contraire, les successeurs à titre particulier, tels que les acheteurs, coéchangistes, donataires peuvent commencer une possession nouvelle et distincte de celle de leur auteur, parce qu'ils n'acquièrent pas en vertu du droit de celui-ci, mais en leur propre nom ; parce qu'ils ont une cause de possession qui

---

(1) Il faut ranger parmi les successeurs universels, non seulement les héritiers légitimes, mais encore les successeurs irréguliers, les légataires universels ou à titre universel, Duranton XXI, 239.

leur est propre. Ainsi lorsqu'un acheteur a eu bonne foi au moment de son acquisition, il pourra prescrire par dix et vingt ans, lors même que son vendeur était un possesseur de mauvaise foi, ou même un détenteur précaire. — Au reste, si les acquéreurs à titre particulier peuvent commencer une possession nouvelle, ils peuvent aussi, lorsqu'ils y ont intérêt, continuer la possession de leur auteur, car celui-ci leur a transféré tous les droits qu'il avait sur la chose. Ainsi l'acheteur qui est depuis cinq années en possession de la chose vendue au moment où il est actionné, joindra utilement sa possession à celle de son auteur si celui-ci l'avait possédée pendant vingt-cinq ans. Au contraire, il pourra se borner à invoquer sa propre possession, s'il possède depuis dix ans avec bonne foi.

En résumé, les successeurs universels ne peuvent jamais séparer leur possession de celle de leur auteur, parce qu'ils continuent sa personne juridique. Au contraire, les successeurs à titre particulier peuvent, à leur gré, joindre ou ne pas joindre leur possession à celle de leur auteur. (Art. 2235.)

CHAPITRE TROISIÈME

DES CAUSES QUI EMPÊCHENT LA PRESCRIPTION.

Articles 2236 à 2241.

Quelles sont les causes qui empêchent la prescription ?

Il n'y a qu'une cause qui puisse empêcher la prescription, c'est la précarité.

La *précarité* est le fait de détenir une chose en vertu d'un titre précaire. Le titre précaire est celui par lequel on reconnaît détenir au nom et pour le compte d'autrui, et sous la condition de restituer. Ainsi, les locataires, les dépositaires et les usufruitiers sont des détenteurs précaires (1).

Du reste, on observera que la précarité ne s'applique qu'à la

(1) Il en est de même du mari pour les biens appartenant à sa femme et dont il a l'administration et la jouissance.

prescription acquisitive. Ainsi, le débiteur peut prescrire contre son titre, en ce sens qu'il peut se libérer de l'obligation qu'il avait contractée. (Art. 2236, 2241.)

Le vendeur qui n'a pas encore livré la chose vendue est-il un détenteur précaire ?

Non ; le vendeur qui n'a pas encore livré la chose vendue n'est pas un détenteur précaire. Sans doute, il est bien obligé par son contrat à faire la délivrance de la chose, à la restituer à l'acheteur à laquelle elle appartient désormais ; mais cela ne suffit pas pour le constituer détenteur à titre précaire. En effet, pour être détenteur à titre précaire, il faut non seulement être obligé de restituer, mais encore y être obligé en vertu du titre même qui a procuré la détention de la chose. Or, telle n'est pas la situation du vendeur : nous l'avons dit, il est bien obligé, en vertu de la vente, à remettre la chose vendue à l'acheteur ; mais ce n'est pas par l'effet de la vente qu'il a été mis lui-même en possession. En d'autres termes, la vente qu'il vient de faire l'oblige à reconnaître un tiers comme propriétaire, mais elle n'a pas eu pour effet de lui donner en même temps la détention de la chose, puisqu'il la détenait déjà auparavant ; tandis que le louage ou le dépôt ont fait naître la détention du fermier ou du dépositaire, en même temps qu'ils ont consacré les droits de propriété d'un tiers. En conséquence, le vendeur qui n'a pas encore livré la chose vendue pourra, comme tout autre possesseur, acquérir par prescription le droit de propriété dont il a consenti à se dépouiller ; seulement comme sa possession est entachée de mauvaise foi, il ne prescrira que par trente ans (1).

La précarité peut-elle cesser ?

Oui ; la précarité peut cesser de deux manières :

1° Par l'interversion du titre précaire en un titre non précaire ;

2° Par la contradiction que le détenteur précaire oppose aux droits du propriétaire.

Examinons ces deux hypothèses :

I. *Interversion du titre précaire.* — L'interversion ou conversion du titre précaire en un titre non précaire s'opère lorsque le détenteur, après avoir d'abord reçu la chose à titre précaire des mains d'un possesseur non propriétaire, est venu ensuite à

(1) Mourlon, III, 1841 et suiv.

l'acquérir de celui-ci. Étant alors devenu lui-même possesseur au moyen de cette acquisition, il commencera à prescrire contre le véritable propriétaire.

L'interversion du titre précaire en un titre non précaire aurait encore lieu, lorsque le détenteur précaire s'est fait vendre par un tiers autre que le possesseur la chose qu'il détient au nom d'autrui. Mais ce cas se présentera rarement. En effet, pour cesser d'être un détenteur précaire, il ne suffit pas de se faire transférer la chose qu'on détient par le premier venu. Ce serait changer son titre, s'en créer un nouveau, et l'article 2240 prohibe formellement de telles interversions. Il faut donc que le détenteur ait eu un motif raisonnable de croire que le tiers qui lui a vendu la chose qu'il détient en était propriétaire (1).

II. *Contradiction opposée par le détenteur à titre précaire aux droits du propriétaire.* — Cette contradiction a lieu lorsque le détenteur à titre précaire déclare à celui au nom duquel il possède qu'il ne le reconnaît plus pour maître. Si ce dernier n'agit pas alors pour faire maintenir son droit contre le détenteur précaire, celui-ci devient possesseur et se trouve mis en voie de prescrire. En effet, l'inaction du propriétaire équivaut, dans ce cas, à un abandon de son droit.

Cette hypothèse se présentera rarement. Cependant, elle n'est pas inadmissible, et elle arrivera, par exemple, dans le cas où un locataire ou fermier a refusé pendant trente ans de payer ses loyers ou fermages, sous prétexte qu'il a acquis le fonds qu'il détient en vertu d'un testament émané du précédent propriétaire. — Si le *dominus* a supporté cet état de choses pendant trente ans et qu'on vienne ensuite à découvrir que le testament dont il s'agit a été annulé par un testament postérieur, le détenteur aura acquis la propriété du fonds par prescription. (Art. 2238, 2240.)

Les successeurs d'un détenteur à titre précaire peuvent-ils prescrire?

Il faut distinguer selon qu'il s'agit des successeurs universels ou des successeurs à titre particulier.

---

(1) La règle de l'article 2240, que l'on ne peut jamais prescrire contre son titre, signifie qu'on ne peut pas transformer seul et soi-même en possession à titre de propriétaire la possession qu'on avait d'abord à titre précaire. Cette règle n'est d'ailleurs applicable qu'en matière de prescription acquisitive.

I. *Successeurs à titre universel.* — Les successeurs universels ou à titre universel d'un détenteur précaire ne peuvent pas prescrire; car ils ne sauraient avoir des droits plus étendus que ceux de leur auteur. Ils continuent donc la détention de leur auteur au même titre que lui.

II. *Successeurs à titre particulier.* — A l'inverse, les successeurs à titre particulier d'un détenteur précaire peuvent prescrire, parce qu'ils ont des droits différents de ceux de leur auteur. Ils commencent une possession nouvelle, assise sur un titre différent et qui n'est pas entachée du vice de précarité. — Mais il faut, bien entendu, que le titre qui les a mis en possession soit sérieux et sincère, et que la possession ait pu être connue du propriétaire. (Art. 2237, 2239.)

CHAPITRE QUATRIÈME

DES CAUSES QUI INTERROMPENT OU QUI SUSPENDENT LA PRESCRIPTION.

Articles 2242 à 2259.

Ce chapitre est divisé par le Code en deux sections, qui traitent :

SECTION I. — De l'interruption de la prescription.
SECTION II. — De la suspension de la prescription.

SECTION I

DES CAUSES QUI INTERROMPENT LA PRESCRIPTION.

Quelles différences y a-t-il entre l'interruption et la suspension de la prescription ?

L'interruption et la suspension de la prescription diffèrent par leurs causes et par leurs effets. — D'abord, elles diffèrent par leurs causes : en effet, l'interruption résulte du fait de l'homme; elle est la conséquence d'un acte dirigé contre le possesseur; tandis que la suspension est l'œuvre de la loi et qu'elle tient, non pas à des actes dirigés contre le possesseur ou le débiteur, mais à l'état d'incapacité du *dominus* ou du créancier, état qui ne lui permet pas de s'opposer à l'usurpation commise contre son droit.

— En second lieu, elles diffèrent par leurs effets; car l'interruption anéantit tout le temps qui avait couru auparavant; tandis que la suspension ne fait qu'arrêter le cours de la prescription pendant un certain intervalle, en tenant compte du temps qui avait couru auparavant et en l'ajoutant à celui qui a recommencé à courir après qu'elle a cessé.

Comment la prescription est-elle interrompue?

La prescription peut être interrompue *naturellement*, lorsque le possesseur est privé pendant plus d'un an de la jouissance de la chose, soit par l'ancien propriétaire, soit même par un tiers. — On a vu précédemment que le possesseur d'un immeuble en conserve la possession par sa seule intention, *animo solo*, lors même qu'il cesse de le cultiver et de faire des actes de propriétaire. Mais c'est à la condition que personne ne se soit emparé de l'immeuble, et n'en ait gardé la possession pendant une année au moins. En effet, lorsqu'un tiers, propriétaire ou autre, s'en est emparé, soit avec violence, soit sans violence, le possesseur dépouillé de la détention en conserve encore cependant la possession civile, et il peut exercer les actions possessoires pour se faire réintégrer, tant que le tiers détenteur n'a pas eu lui-même une possession annale. Il en résulte que si le possesseur exerce les actions possessoires dans l'année, il est réputé n'avoir jamais perdu la possession. Mais une fois l'année expirée, il ne peut plus les exercer puisqu'elles appartiennent au nouveau possesseur. Seulement il peut encore agir au pétitoire contre ce dernier, en établissant qu'il est le propriétaire de l'immeuble. S'il triomphe, il sera considéré comme propriétaire par rapport à son adversaire; et il recommencera une possession nouvelle, mais qui ne se rattachera en rien à la possession précédente.

La prescription est interrompue *civilement*, lorsque le possesseur a reçu signification d'une demande en justice, d'un commandement, d'une saisie, ou d'une citation en conciliation; ou encore lorsqu'il a reconnu expressément ou tacitement le droit de celui contre lequel il prescrivait. (Art. 2242, 2243, 2244, 2245, 2248.)

Qu'est-ce que la demande en justice?

La demande en justice est un acte d'huissier par lequel le

demandeur appelle son adversaire à comparaître devant un tribunal, afin de faire prononcer une condamnation contre lui.

La demande en justice interrompt la prescription, même lorsqu'elle est donnée devant un tribunal incompétent. — Comme il est assez facile de se tromper à cet égard, la loi n'a pas voulu que le demandeur pût en ressentir un préjudice relativement au maintien de son droit.

Toutefois, la demande en justice cesse d'interrompre la prescription dans les cas suivants : 1° lorsqu'elle est nulle pour défaut de forme; 2° lorsque le demandeur s'est désisté de sa demande ; 3° lorsqu'il a laissé périmer l'instance; 4° enfin, lorsque sa demande a été rejetée. (Art. 2246, 2247.)

Qu'est-ce que la citation en conciliation ?

La citation en conciliation est un acte par lequel le demandeur invite son adversaire à se présenter avec lui devant le juge de paix pour se concilier, s'il est possible, avant de l'appeler à comparaître devant le tribunal civil.

Aux termes de l'article 2245, la citation en conciliation interrompt la prescription du jour de sa date, pourvu qu'elle soit suivie dans le mois d'une demande en justice (1).

Ici se présente la question de savoir si la demande en justice peut interrompre la prescription, lorsqu'elle n'a pas été précédée d'une citation en conciliation. — Si l'on s'en référait à la jurisprudence de la Cour de cassation, il faudrait admettre la négative (2). Mais la doctrine décide généralement le contraire, et c'est avec raison. En effet, aux termes de l'art. 2246, la demande en justice interrompt la prescription, même lorsqu'elle est formée devant un tribunal incompétent. Or, en portant l'affaire au tribunal civil avant de s'être préalablement adressé au juge de paix, le demandeur n'a pas fait autre chose que de se tromper de compétence (3).

Qu'est-ce que le commandement?

Le commandement est un acte d'huissier par lequel on enjoint à une personne, en vertu d'un titre exécutoire, d'avoir, soit à délaisser une chose, soit à exécuter une obligation.

---

(1) Il faut ajouter que l'interruption se continue pendant tout le cours de l'instance.

(2) Arrêt du 30 mai 1814. — *Adde* : Troplong, 600.

(3) Valette. Mourlon, III, 1875. Marcadé, XII, 174 et suiv.

C'est à cause du titre exécutoire dont il est revêtu que le commandement interrompt la prescription. Ce titre est, en effet, une preuve authentique que l'injonction est fondée. Aussi, la simple sommation ne suffit-elle pas à interrompre la prescription.

Qu'est-ce que la saisie ?

La saisie est un acte d'huissier par lequel les biens d'un débiteur sont placés sous la main de la justice pour être ensuite vendus.

Ordinairement, la saisie est précédée d'un commandement. Cependant, comme elle a lieu dans certains cas, notamment dans le cas de saisie-gagerie, sans commandement préalable, le législateur a jugé à propos de la rendre par elle-même interruptive de prescription.

Le commandement et la saisie n'interrompent d'ailleurs que la prescription libératoire, à la différence de la citation en justice, qui s'applique en outre à la prescription acquisitive.

Quel est l'effet de la reconnaissance faite du droit de celui contre lequel on prescrivait ?

La reconnaissance faite du droit de celui contre lequel on était en voie de prescrire interrompt la prescription, parce que cette reconnaissance équivaut à une renonciation au bénéfice du temps écoulé depuis que la prescription a commencé. Aussi, de même que la renonciation, la reconnaissance peut avoir lieu expressément ou tacitement.

Elle a lieu *expressément*, par exemple lorsque le débiteur fait des aveux devant le juge de paix, ou lorsqu'il fait des offres réelles au créancier.

Elle a lieu *tacitement*, par exemple lorsque le débiteur paye les intérêts de la créance, ou lorsque le possesseur prend l'immeuble à bail.

A quelles personnes l'interruption civile profite-t-elle ?

En principe, l'interruption civile ne profite qu'à celui qui l'a produite, et réciproquement elle n'est opposable qu'à celui contre qui elle a eu lieu.

L'article 2249, aux termes duquel l'interpellation faite à l'un des débiteurs solidaires, ou sa reconnaissance du droit du *dominus*, interrompent la prescription contre tous les autres, ne déroge pas à ce principe : car les débiteurs solidaires se représentent les uns les autres en ce qui concerne la conservation de l'obligation, *ad perpetuendam obligationem;* ce qui est fait contre l'un d'eux sous ce rapport est réputé fait contre les autres. — Mais il n'en est pas de même des héritiers d'un débiteur solidaire : ceux-ci n'étant pas unis par le lien de la solidarité, l'interpellation faite à l'un d'eux n'interrompt la prescription que pour la part dont cet héritier est tenu ; elle ne produit aucun effet contre les autres héritiers. (Art. 2249.)

Quel est l'effet de l'interpellation faite à l'un des débiteurs, lorsque la dette est indivisible ?

L'interpellation faite à l'un des débiteurs ou la reconnaissance de la dette par celui-ci interrompent la prescription par rapport aux autres, lorsque la dette est indivisible ; parce qu'une dette indivisible ne peut pas se prescrire pour une partie et se conserver pour le surplus.

Pareillement, l'interpellation faite au débiteur principal ou la reconnaissance de la dette par celui-ci interrompent la prescription contre la caution (1). — En effet, celle-ci, en consentant à garantir le payement de la dette, a, par cela même, entendu demeurer obligée tant que le débiteur principal le serait luimême. (Art. 2249, 2250.)

SECTION II

DES CAUSES QUI SUSPENDENT LE COURS DE LA PRESCRIPTION.

Quelles sont les causes de suspension de la prescription ?

Ainsi que nous venons de le voir, l'interruption de la prescription tient à des circonstances de fait : ou c'est une dépossession, ou ce sont des actes judiciaires qui la produisent. Il n'en est pas de même de la suspension de la prescription; elle résulte uniquement de la volonté du législateur.

Aux termes de l'article 2251, la prescription court contre toute personne qui n'est pas dans quelque exception établie par la loi. — En conséquence, elle court contre celles qui ignorent leur droit de propriété ou de créance, et contre celles qu'un obstacle de fait, tel que l'absence, la maladie, une séquestration, aurait mis dans l'impossibilité de faire des actes interruptifs,

---

(1) Mais l'interruption accomplie contre la caution n'a aucun effet contre le débiteur principal. Duranton, n° 283 ; Marcadé, XII, 184.

puisque ces différentes personnes ne sont l'objet d'aucune exception.

Quelque rigoureuse qu'elle puisse paraître au premier abord, cette règle est éminemment sage; car la prescription, qui est une règle d'ordre public, serait entravée et deviendrait illusoire si l'on permettait aux personnes contre lesquelles elle s'est accomplie de la faire considérer comme non avenue, en prouvant qu'elles n'ont pas pu faire des actes interruptifs.

Voyons maintenant quelles sont les exceptions établies par la loi; en d'autres termes, quelles sont les personnes au profit desquelles la prescription est suspendue. (Art. 2251.)

Quelles sont les personnes au profit desquelles la prescription est suspendue ?

Par exception, la prescription est suspendue :

1° Au profit des mineurs et des interdits. — La loi ne veut pas qu'ils puissent être victimes de la négligence de leur tuteur à faire des actes interruptifs de prescription. — Au reste, l'exception exprimée en faveur des mineurs et interdits n'a trait qu'à la prescription trentenaire et à celle de dix et vingt ans : toutes les prescriptions qui s'opèrent par un laps de temps moins prolongé peuvent leur être opposées.

2° Entre les époux. — Aux termes du rapport fait au conseil d'État par M. Bigot de Préameneu, il ne peut y avoir de prescription entre les époux; car il serait contraire à la nature de la société du mariage, que les droits de chacun d'eux ne fussent pas, l'un à l'égard de l'autre, respectés et conservés (1).

3° Au profit des femmes mariées, mais seulement dans quatre cas qu'on verra tout à l'heure. En principe, la prescription court contre les femmes mariées au profit des tiers non seulement à l'égard des biens dont elles ont l'administration, mais encore à l'égard de ceux qui sont administrés par le mari, parce qu'elles peuvent, si leur mari n'agit pas, obtenir l'autorisation de justice pour faire elles-mêmes les actes conservatoires.

4° Au profit de l'héritier bénéficiaire, à l'égard des créances qu'il a contre la succession.

---

(1) Duranton, XXI, 299. — Bugnet, *sur Pothier*, II, p. 375. — Marcadé, XII, 205. — Paris, 26 juillet 1862; Lyon, 7 janvier 1868; Rouen, 15 avril 1869; Bordeaux, 3 février 1873.

Enfin la prescription peut encore être suspendue à raison des modalités de la créance. (Art. 2252, 2253, 2254, 2257, 2258.)

Dans quels cas la prescription est-elle suspendue au profit des femmes mariées ?

La prescription est suspendue au profit des femmes mariées dans les quatre cas suivants : .

1° Dans le cas où il s'agit de leurs immeubles dotaux. — En effet, les immeubles dotaux étant inaliénables, ont dû par cela même être déclarés imprescriptibles ; car, s'ils pouvaient être prescrits, le principe de l'inaliénabilité deviendrait illusoire. Au reste, l'imprescriptibilité des immeubles dotaux n'a pas lieu, par exception, lorsque la prescription a commencé avant le mariage ou après la séparation de biens.

2° Dans le cas où l'action de la femme ne pourrait être exercée qu'après une option à faire sur l'acceptation ou la renonciation à la communauté. — Ainsi la femme a fait tomber un de ses immeubles dans la communauté par une clause d'ameublissement insérée dans son contrat de mariage ; mais elle s'est réservé la faculté de reprendre cet immeuble en renonçant à la communauté : comme elle ne peut renoncer à la communauté que lorsqu'elle sera dissoute, le tiers détenteur qui possède l'immeuble ne commencera le temps nécessaire à la prescription qu'à compter de la dissolution de la communauté et de la renonciation de la femme à celle-ci.

3° Dans le cas où le mari, ayant vendu un bien propre de la femme sans son consentement, est garant de la vente, et dans tous les autres cas où l'action de la femme réfléchirait contre le mari. — L'action de la femme réfléchit contre le mari, c'est-à-dire qu'elle détermine sa mise en cause, lorsqu'il est engagé en qualité de co-vendeur ou de garant. Dans ce cas, la prescription est suspendue au profit de la femme, parce qu'en la mettant dans la nécessité d'agir pour interrompre la prescription, on troublerait l'harmonie du ménage, à raison du recours en garantie que l'acquéreur ne manquerait pas d'exercer contre son mari.

4° Relativement aux actions en nullité des contrats que la femme a faits sans l'autorisation de son mari. — Ce n'est qu'à partir de la dissolution du mariage que ces actions deviennent prescriptibles ; car, tant que le mariage subsiste, la femme ne pourrait pas les intenter à cause de l'état de dépendance dans lequel elle se trouve placée, et aussi parce qu'en les exerçant elle troublerait la bonne harmonie du ménage.

Dans ces différents cas, la femme est empêchée dans l'exercice de son action ; et par conséquent la prescription ne doit point courir contre elle (1). (Art. 225, 1561, 2255, 2256.)

Dans quel cas la prescription est-elle suspendue au profit de l'héritier bénéficiaire ?

La prescription est suspendue au profit de l'héritier bénéficiaire relativement aux créances qu'il a contre la succession, par la raison qu'il est lui-même le représentant de la succession, qu'il est chargé de la détenir, de l'administrer et de la défendre. On conçoit dès lors qu'il ne puisse pas, s'il est créancier de la succession, faire des actes interruptifs de prescription dirigés contre elle.

En sens inverse, la prescription est-elle suspendue au profit de la succession, relativement aux créances qu'elle a contre l'héritier bénéficiaire ? Le Code a gardé le silence à cet égard. Mais on admet généralement l'affirmative. Effectivement, l'héritier bénéficiaire étant chargé d'administrer la succession, a le devoir de faire tous les actes conservatoires qui sont nécessaires. S'il manque à son devoir en omettant de faire des actes interruptifs de prescription contre lui-même, la faute qu'il commet ne doit pas être une cause d'enrichissement pour lui (2). (Art. 2258.)

La prescription court-elle contre une succession vacante ?

Oui ; aux termes de l'article 2258, la prescription continue de courir contre une succession vacante. Effectivement, les créanciers de la succession vacante et les autres intéressés ne sont point dans l'impossibilité de veiller aux droits de cette succession : ils peuvent notamment faire nommer un curateur pour l'administrer ; et, s'ils ne le font pas nommer, ils n'ont qu'à s'en prendre à eux-mêmes de leur négligence.

La prescription court également contre une succession pendant les trois mois et quarante jours pour faire inventaire et

(1) Dans tous les autres cas, la prescription court contre la femme mariée, et l'article 2254 a soin de le déclarer. Mais elle a un recours contre son mari, lorsque c'est lui qui administre, s'il a laissé s'accomplir une prescription par sa faute. Duranton, XXI, 301 ; Marcadé, XII, 195 et suiv.

(2) Duranton, XXI, 315 ; Marcadé, XII, 207.

pour délibérer, parce que les successibles peuvent faire des actes interruptifs de prescription, même avant d'avoir accepté la succession. (Art. 2258, 2259.)

Dans quels cas la prescription est-elle suspendue à raison de la modalité de la créance ?

La prescription est suspendue à raison de la modalité de la créance :

1° Lorsqu'il s'agit d'une créance conditionnelle, jusqu'à ce que la condition soit arrivée (1) ;

2° Lorsqu'il s'agit d'une créance à terme, jusqu'à ce que le terme soit arrivé ;

3° Lorsqu'il s'agit d'une action en garantie, jusqu'à ce que l'éviction ait eu lieu.

Dans ces trois cas, il ne s'agit que de la prescription libératoire. On sait que cette prescription est fondée sur la présomption que le créancier qui a laissé s'écouler un long temps sans exercer de poursuites a reçu le payement de sa créance. Mais comme il ne peut être exercé aucune poursuite contre le débiteur d'une dette contractée sous condition suspensive tant que la condition n'est pas arrivée, et qu'on ne peut pas davantage actionner le débiteur d'une dette à terme tant que le terme n'est pas échu, il en résulte que la prescription libératoire est suspendue jusqu'à l'arrivée de la condition ou du terme. La même règle s'applique à l'action en garantie ; car elle est conditionnelle, puisqu'elle ne peut être exercée qu'autant qu'il y a eu éviction. (Art. 2257.)

---

1) Il s'agit ici uniquement de la condition suspensive. Il n'y a pas de raison de suspendre la prescription lorsque la créance est affectée d'une condition résolutoire ; car alors la créance existe dès le moment du contrat. Duranton, XXI, 526. Marcadé, XII, 214.

CHAPITRE CINQUIÈME

DU TEMPS REQUIS POUR PRESCRIRE

Articles 2260 à 2281.

Ce chapitre est divisé par le Code en quatre sections, qui traitent :

SECTION I. — Dispositions générales.

SECTION II. — De la prescription trentenaire.

SECTION III. — De la prescription par dix et vingt ans.

SECTION IV. — De quelques prescriptions particulières.

SECTION I

DISPOSITIONS GÉNÉRALES.

Comment se compte la prescription ?

La prescription se compte par jours et non par heures. Cela veut dire qu'elle ne se compte point, par exemple, depuis tel jour à telle heure, jusqu'à tel autre jour à la même heure ; mais depuis tel jour jusqu'à tel autre jour, par exemple du 10 janvier de telle année au 10 janvier de telle autre année. Il en résulte qu'on peut interrompre la prescription jusqu'à la dernière heure du jour où elle doit s'accomplir.

Lorsque la prescription doit s'accomplir par mois, les délais se comptent par l'échéance des mois, date pour date, sans qu'il y ait à distinguer le nombre des jours qui sont compris dans le mois.

La prescription est acquise lorsque le dernier jour du terme est accompli. — En droit romain, on faisait à cet égard une distinction entre la prescription acquisitive et la prescription libératoire. Pour la première, il suffisait que le dernier jour du terme fût commencé ; pour la seconde, il fallait qu'il fût accompli. (Art. 2260, 2261.)

Quel est le point de départ de la prescription ?

A cet égard, les auteurs ne sont pas d'accord. Cependant, on décide généralement que l'on ne doit faire courir la prescription que du lendemain de l'entrée en possession ou de l'échéance de l'obligation (1). — Ainsi, en supposant une possession commencée ou une obligation échue le 1er mars 1830, c'est à partir du 2 du même mois que commencera à courir la prescription, pour s'accomplir le 2 mars 1860.

Le temps requis pour la prescription est donc un délai franc : on ne compte ni le jour qui sert de point de départ, ni le jour de l'échéance. — Au reste, les jours fériés comptent comme les autres ; car, avec la permission du juge, on peut, même ces jours-là, faire des actes conservatoires.

Quel est le temps requis pour opérer la prescription ?

Le temps requis pour la prescription, soit acquisitive, soit libératoire, n'est pas toujours le même ; il est plus ou moins long suivant la nature des droits qu'il s'agit d'acquérir ou d'éteindre.

Pour la prescription acquisitive, on distingue :

1° La prescription de trente ans, qui est celle de droit commun ;

2° La prescription de dix et vingt ans.

Pour la prescription libératoire, on distingue également :

1° La prescription de trente ans, qui est encore celle de droit commun, et qui existe par conséquent toutes les fois que la loi n'a pas fixé un temps plus court.

2° La prescription de dix ans, qui s'applique aux actions en nullité relative ou en rescision, ainsi qu'on l'a vu dans le titre des *Obligations*.

3° Les prescriptions particulières qui s'accomplissent par un laps de temps qui varie entre six mois et cinq ans.

SECTION II

DE LA PRESCRIPTION TRENTENAIRE.

Dans quels cas peut-on invoquer la prescription de trente ans ?

Ainsi qu'on vient de le voir, la prescription acquisitive et la prescription libératoire peuvent également s'accomplir par trente ans.

(1) Bugnet, *sur Pothier*, IX, 355. — Valette. — Troplong, 812. — Marcadé, XII, 229. — Cass., 3 mai 1854.

Pour la prescription acquisitive, il suffit d'établir que l'on possède depuis trente ans, dans les conditions exigées par la loi, la chose dont on prétend être propriétaire, lors même que l'on n'a pas juste titre et bonne foi.

Pour la prescription libératoire, il suffit d'établir que le créancier est resté dans l'inaction pendant trente ans, à compter du jour où la dette était exigible; qu'il n'a fait, depuis ce temps-là, aucun acte de poursuite susceptible d'interrompre la prescription (1). (Art. 2262.)

Que signifie la disposition de l'article 2263 ?

L'article 2263 décide que le débiteur d'une rente peut être contraint à fournir à ses frais un nouveau titre à son créancier, lorsqu'il s'est écoulé vingt-huit ans depuis la date du dernier titre. Cette disposition a pour but de prévenir la fraude du débiteur qui, en tenant cachées les quittances qu'il a reçues, pourrait prétendre qu'il n'a pas payé les arrérages et qu'il s'est ainsi libéré par prescription du service de la rente.

Si le débiteur refusait de consentir un nouveau titre, le créancier aurait le temps de le faire assigner en reconnaissance de sa dette, pendant les deux ans qui restent à courir jusqu'à l'accomplissement de la prescription.

L'article 2264 rappelle ici qu'il existe, indépendamment de la prescription de trente ans et de celle de dix et vingt ans, plusieurs autres prescriptions dont les règles sont expliquées sous les divers titres qui leur sont propres. (Art. 2263, 2264.)

SECTION III

DE LA PRESCRIPTION PAR DIX ET VINGT ANS.

Dans quels cas peut-on invoquer la prescription par dix et vingt ans ?

La prescription par dix et vingt ans se rapporte exclusivement à l'acquisition des immeubles, et elle n'est pas applicable à l'extinction des obligations. — Il ne faut donc pas la confondre avec

(1) La prescription de trente ans est une défense d'ordre public; elle peut être invoquée même par les établissements ou associations qui n'ont pas de personnalité civile, comme les congrégations religieuses non autorisées. Cass. 5 mai 1879.

la prescription libératoire qui s'opère aussi par dix ans, dans les cas de nullité des contrats pour cause d'erreur, de dol ou de violence.

Pour pouvoir invoquer la prescription de dix et vingt ans, il faut avoir juste titre et bonne foi. En l'absence de ces deux conditions ou seulement de l'une d'elles, il faudra trente ans pour acquérir la propriété de l'immeuble qu'on possède. (Art. 2265.)

En quoi consistent le juste titre et la bonne foi ?

On entend ici par *titre*, non pas l'écrit destiné à faire la preuve d'un acte, mais la cause et le fondement d'un droit quelconque. Dans ce sens, on comprend sous le nom de titre, tout acte qui est de nature à transférer la propriété, lorsqu'il émane du véritable propriétaire, comme la vente, l'échange, la donation, etc. Mais il ne suffit pas, pour pouvoir invoquer la prescription de dix et vingt ans, de posséder en vertu d'un titre translatif de propriété ; il faut de plus posséder en vertu d'un *juste titre*, c'est-à-dire en vertu d'un titre régulier et conforme aux prescriptions de la loi. En d'autres termes, il faut que le titre qui a mis la chose entre les mains du possesseur lui en eût transféré la propriété si le *tradens* avait eu lui-même la qualité de propriétaire ; et c'est précisément le vice résultant de la non-existence de cette qualité chez l'auteur de la transmission que la prescription a pour but de couvrir.

La bonne foi consiste dans le fait de croire que l'on est devenu propriétaire de la chose transmise. En d'autres termes, c'est la croyance dans laquelle se trouverait, par exemple, un acheteur, lors du contrat, que son vendeur était propriétaire de la chose vendue et que la vente lui en avait par conséquent transféré la propriété. — Il faut que la bonne foi soit raisonnable, et c'est pourquoi la loi exige qu'elle soit fondée sur un juste titre. Une simple supposition ou conjecture ne suffirait pas.

Au reste, la bonne foi est toujours présumée en faveur du possesseur qui a juste titre, pourvu qu'elle ait existé au moment de l'acquisition. (Art. 2268, 2269.)

Un titre nul pour défaut de forme peut-il servir de fondement à la prescription de dix et vingt ans ?

Non ; un titre nul pour défaut de forme ne peut pas servir de fondement à la prescription de dix et vingt ans, parce que la seule inspection du titre avertissait le possesseur que la propriété ne lui était pas transmise. L'erreur où il a pu tomber à cet égard n'était donc pas excusable.

Au reste, il faut supposer ici qu'on se trouve dans un cas exceptionnel où l'écrit est requis *ad solemnitatem*, par exemple dans le cas d'une donation ou d'un legs. — En effet, lorsque le titre, c'est-à-dire ici l'écrit, n'est exigé que pour la preuve, comme cela a lieu dans la vente ou dans l'échange, s'il a plu aux parties de faire un acte notarié, la nullité de l'acte n'empêchera pas la convention de tenir lieu de juste titre.

Que faut-il décider lorsque le possesseur a la chose entre les mains en vertu d'un titre putatif, c'est-à-dire en vertu d'un titre qui n'a aucun vice de forme, mais qui doit rester sans effet par suite d'une cause postérieure? — Le Code ne s'est pas expliqué à cet égard; mais on décide généralement que le titre putatif ne peut pas tenir lieu d'un juste titre. Effectivement, le résultat de la prescription de dix et vingt ans ne couvre qu'un seul vice, celui qui résulte de la non-existence du droit de propriété chez l'auteur de la transmission; et elle est inapplicable si le titre lui-même n'est pas de nature à emporter la transmission. Ainsi, celui qui possède une chose en vertu d'un testament qui a été ensuite révoqué par un autre testament ne peut pas acquérir par la prescription de dix et vingt ans, lors même qu'il est resté dans l'ignorance de la révocation (1). (Art. 2267.)

Dans quels cas la prescription a-t-elle lieu par dix ou par vingt ans?

La prescription fondée sur la bonne foi et le juste titre s'accomplit par dix ans entre présents, et par vingt ans entre absents.

Il y a présence, et la prescription s'accomplit par dix ans, lorsque le propriétaire contre qui elle s'opère habite le ressort de Cour d'appel dans lequel est situé l'immeuble. — Il y a au contraire absence, et la prescription n'a plus lieu que par vingt ans, lorsqu'il habite hors du ressort.

Notons que ce n'est pas le domicile, mais la résidence dans le ressort ou hors du ressort, qu'il faut considérer pour la prescription de dix ou vingt ans (2).

(1) Marcadé, XII, 254 et suiv.
(2) Pothier, *Prescrip.*, n° 108. — Bugnet, *sur Pothier*, IX, p. 356. — Marcadé, XII, 262 et suiv. — *Contrà*: Duranton, XXI, 377.

Si le propriétaire a eu son habitation dans différents lieux, la prescription se compte en ajoutant aux années de présence effective un nombre d'années d'absence double de celui qui manque pour compléter dix ans de présence. — Par exemple, quand le propriétaire n'a résidé que cinq ans dans le ressort de la Cour d'appel où est situé l'immeuble, il faut ajouter dix ans d'absence à ce délai pour que la prescription soit accomplie. (Art. 2265, 2266.)

Quels droits peut-on acquérir par la prescription de dix et vingt ans ?

On peut acquérir par la prescription de dix et vingt ans :

1° La pleine propriété des immeubles ;

2° Les droits d'usufruit, d'usage et d'habitation, indépendamment de la propriété ; car ils sont susceptibles d'une quasi-possession qui tient lieu de possession proprement dite ;

3° Les servitudes réelles, lorsqu'elles sont continues et apparentes.

Toutefois, en ce qui concerne les servitudes réelles, quelques auteurs pensent que l'article 690 ne permet de les acquérir que par la prescription de trente ans. En effet, cet article exprime formellement que les servitudes continues et apparentes s'acquièrent par une possession de trente ans ; ce qui semble bien exclure la prescription de dix et vingt ans (1). — Mais on répond que telle n'a pas été la pensée du législateur, et que s'il s'est borné à parler de la prescription de trente ans, c'est que cette prescription n'était pas applicable aux servitudes dans notre ancien droit, d'après les coutumes de Paris et d'Orléans, où l'on suivait la maxime *Pas de servitudes sans titre* (2).

L'article 2270 indique une prescription particulière, dont il a déjà été question au titre du *Louage*. — Suivant cet article, après dix ans, l'architecte et les entrepreneurs sont déchargés de la garantie des gros ouvrages qu'ils ont faits ou dirigés.

(1) Marcadé, XII, 265. — Cass., 14 nov, 1853.
(2) Troplong, 856. — Mourlon, III, 1949. — Valette.

SECTION IV

DE QUELQUES PRESCRIPTIONS PARTICULIÈRES.

Quelles différences y a-t-il entre les prescriptions particulières et celles de droit commun ?

Les prescriptions particulières et exceptionnelles dont nous allons parler s'accomplissent par une durée qui varie de six mois à cinq ans, et on les appelle pour cela *courtes prescriptions*, par opposition à la prescription libératoire de trente ans. Ces deux classes de prescriptions présentent les différences suivantes :

1° La prescription de trente ans est suspendue pendant la minorité ou l'interdiction du propriétaire ou du créancier; au contraire, les courtes prescriptions courent aussi bien contre les mineurs et les interdits qu'au préjudice des personnes majeures et capables.

2° La prescription de trente ans ne demande pour s'accomplir que la réunion de trois conditions seulement, savoir : l'inaction du créancier, le laps de temps, et la déclaration du débiteur qu'il entend opposer la fin de non-recevoir que la loi a établie à son profit. — Pour les courtes prescriptions, il faut, en outre, que le débiteur soit prêt à affirmer sous serment qu'il s'est réellement acquitté de son obligation. Elles constituent ainsi des présomptions *juris tantum;* tandis que les longues prescriptions sont des présomptions *juris et de jure*, contre lesquelles on ne peut produire aucune preuve.

Toutefois, ce que nous venons de dire ne s'applique pas aux prescriptions de cinq ans. Ces dernières s'accomplissent, comme les longues prescriptions, sans avoir besoin d'être corroborées par le serment du débiteur, et elles n'en diffèrent que sous ce rapport qu'elles courent contre les mineurs et les interdits. (Art. 2275, 2278.)

Quelles sont les prescriptions particulières dont il est ici question ?

Les prescriptions particulières dont il s'agit ici sont celles qui s'opèrent par six mois, un an, deux ans et cinq ans.

I. *Prescription de six mois.* — Les créances qui se prescrivent par six mois sont : 1° celles des maîtres et instituteurs, pour les

leçons qu'ils donnent au mois ; 2° celles des hôteliers et trai-
teurs, à raison du logement et de la nourriture ; 3° celles des ouvriers et gens de service, à raison de leurs journées, fournitures
et salaire.

II. *Prescription d'un an*. — Les créances qui se prescrivent par
un an sont : 1° celles des médecins, chirurgiens et apothicaires
pour leurs visites, opérations et médicaments ; 2° celles des huissiers, pour le salaire des actes qu'ils signifient ; 3° celles des domestiques qui se louent à l'année, pour le payement de leur salaire ;
4° celles des marchands, pour les marchandises qu'ils vendent aux
particuliers ; 5° celles des maîtres de pension, pour le prix de la
pension de leurs élèves, et des autres maîtres, pour le prix de
l'apprentissage.

III. *Prescription de deux ans*. — Les créances qui se prescrivent
par deux ans sont : 1° celles des avoués, pour le payement de
leurs frais et salaire, à compter du jugement du procès ; 2° celles
qu'on peut avoir contre les huissiers, pour obtenir la restitution
des pièces qui leur ont été remises.

IV. *Prescription de cinq ans*. — Les créances qui se prescrivent
par cinq ans sont : 1° celles qu'on peut avoir contre les avoués,
pour obtenir la restitution des pièces qui leur ont été remises ;
2° les arrérages de rentes ; 3° les arrérages de pension alimen-
taire ; 4° les loyers des maisons et des biens ruraux ; 5° les intérêts des sommes prêtées, et généralement tout ce qui est payable à l'année ou à des termes périodiques plus courts. (Art. 2271,
2272, 2273, 2276, 2277.)

Comment ces prescriptions sont-elles interrompues ?

Aux termes de l'article 2274, les prescriptions de six mois,
d'un an et de deux ans cessent de courir lorsqu'il y a eu reconnaissance de la dette par arrêté de compte, cédule ou obligation,
ou citation en justice non périmée. — Le mot *cédule* est pris ici
dans le sens d'acte sous seing privé, par opposition au mot *obligation*, qui signifie acte de reconnaissance de la dette passé par
devant notaire.

Dans le cas où la dette a été constatée par un arrêté de compte
ou par une reconnaissance écrite du débiteur, elle n'est plus prescriptible que par trente ans, conformément au droit commun.
En effet, les courtes prescriptions dont il s'agit reposent sur cette
idée que les créances qui en sont l'objet n'ont pas été constatées

par écrit, et par suite qu'elles doivent être acquittées dans un très bref délai.

La continuation des fournitures, livraisons ou travaux n'empêche pas d'ailleurs ces prescriptions de courir, ainsi que l'article 2274 a soin de l'exprimer. — Ainsi chaque fourniture, livraison ou travail engendre une créance distincte, soumise à une prescription qui lui est propre. En d'autres termes, il y a autant de prescriptions particulières qu'il existe de fournitures. Mais chacune de ces prescriptions ne commence à courir qu'à dater de l'échéance convenue. Ainsi pour les leçons données au mois par les instituteurs, la prescription ne commence à courir qu'à l'expiration de chaque mois (1).

Est-il nécessaire de posséder les meubles pendant un certain temps pour en acquérir la propriété ?

Non; la seule possession des meubles suffit, indépendamment du laps de temps, pour en faire acquérir la propriété. C'est ce qu'exprime la règle énoncée dans l'article 2279 *En fait de meubles la possession vaut titre.*

Le même article confirme encore cette règle, en disant que le propriétaire d'un meuble perdu ou volé peut néanmoins le revendiquer pendant trois ans, à compter du jour de la perte ou du vol, contre celui dans les mains duquel il le trouve. — Ces expressions n'auraient aucun sens, si elles ne voulaient pas dire qu'on ne peut pas en général revendiquer un meuble contre celui qui le possède.

La règle qu'en fait de meubles la possession vaut titre repose sur un double motif d'ordre public et d'équité. — D'un côté, en effet, il importe à l'ordre public que les particuliers puissent acheter en toute sécurité des meubles dont ils ignorent presque toujours l'origine; et, d'un autre côté, il est équitable que le propriétaire négligent qui a laissé passer sa chose aux mains d'autrui subisse une perte, plutôt que l'acquéreur de bonne foi qui n'a aucune faute à se reprocher. (Art. 2279.)

A quelles conditions notre règle est-elle applicable ?

L'application de la règle qu'en fait de meubles la posses-

_____

(1) En ce qui concerne les médecins, la prescription ne court pas pour chaque visite séparément, mais pour l'ensemble des visites qu'ils ont faites pendant la maladie. Par conséquent, elle ne commence à courir qu'à partir du moment où le médecin a cessé ses rapports avec son malade.

sion vaut titre est subordonnée à trois conditions; il faut :

1° Que le possesseur qui l'invoque soit de bonne foi. — C'est ce qui résulte de l'article 1141, suivant lequel lorsque deux personnes ont successivement acheté la même chose mobilière, il faut donner la préférence à celle qui la première en a reçu *de bonne foi* la possession.

2° Qu'il ait un juste titre, c'est-à-dire qu'il possède la chose comme l'ayant acquise par vente, échange, donation, testament, etc. En effet, pour que la bonne foi mérite d'être prise en considération, il faut qu'elle soit raisonnable, qu'elle repose sur un titre d'acquisition. — Au reste, toute possession de meubles est réputée fondée sur un juste titre, et c'est au revendiquant à démontrer le contraire.

3° Que le possesseur ne soit pas personnellement obligé à la restitution de la chose. — Autrement, il aurait beau opposer une fin de non-recevoir à l'action en revendication exercée contre lui par le propriétaire, il serait encore contraint par l'action personnelle à restituer la chose (1).

La règle « en fait de meubles, la possession vaut titre » est-elle applicable à toute espèce de meubles ?

En principe, la règle qu'en fait de meubles la possession vaut titre est applicable à tous les meubles ; mais ils doivent réunir les deux caractères suivants. — Il faut : 1° que leur transmission ne soit pas habituellement constatée par des écrits ; 2° qu'ils soient de nature à passer rapidement de main en main et d'une identité facile à constater.

En conséquence, notre règle n'est pas applicable :

1° Lorsqu'il s'agit des meubles incorporels, tels que les créances et les rentes. — Effectivement, ces sortes de meubles incorporels sont ordinairement constatés par des écrits qui indiquent le nom du véritable propriétaire, et qui excluent ainsi toute idée de bonne foi de la part de celui qui consent à les recevoir d'une autre personne. — Toutefois, on peut encore appliquer notre règle lorsqu'il s'agit de meubles incorporels qui ne sont pas con-

---

(1) Cette troisième condition est rejetée par Marcadé comme faisant double emploi avec les deux autres. Tout en l'énonçant, Mourlon ajoute qu'elle se confondra *presque toujours* avec les deux autres. Marcadé, XII, 301. — Mourlon, III, 1906.

statés par des titres nominatifs, comme les billets de banque et les valeurs au porteur.

2° Lorsqu'il s'agit des universalités de meubles. — Effectivement, il existe toujours, quant à ces universalités juridiques, des titres de nature à éclairer les contractants. Ainsi, celui qui veut acheter un ensemble de meubles provenant d'une succession a un moyen bien simple de s'assurer que le vendeur est propriétaire de ces meubles, c'est d'exiger, soit la communication du testament en vertu duquel il les possède, soit la preuve qu'il les a recueillis par succession *ab intestat*, à raison de sa parenté avec le défunt.

Quelles sont les exceptions à notre règle ?

La règle qu'en fait de meubles la possession vaut titre reçoit deux exceptions remarquables; la première est relative aux meubles qui garnissent les lieux loués; la seconde se réfère aux meubles perdus ou volés.

I. *Première exception.* — Elle consiste en ce que le propriétaire peut saisir les meubles qui garnissaient sa maison ou sa ferme, lorsqu'ils ont été déplacés sans son consentement, pourvu qu'il exerce cette revendication dans un certain délai. — Nous n'avons pas à nous étendre davantage sur cette hypothèse, que nous avons déjà présentée. Occupons-nous de la seconde exception.

II. *Seconde exception.* — La seconde exception à notre règle a été ainsi formulée par l'article 2279 : « Néanmoins, celui qui a perdu ou auquel il a été volé une chose, peut la revendiquer pendant trois ans, à compter du jour de la perte ou du vol, contre celui dans les mains duquel il la trouve. »

Toutefois, l'article 2280 apporte ensuite un adoucissement à cette exception, en décidant que si le possesseur de la chose perdue ou volée l'a achetée dans une foire ou dans un marché, ou dans une vente publique, ou d'un marchand vendant des choses pareilles, le propriétaire originaire ne peut se la faire rendre qu'en lui remboursant le prix qu'elle lui a coûté. (Art. 2279, 2280.

Les objets détournés par suite d'abus de confiance ou d'escroquerie doivent-ils être assimilés aux objets volés ?

On admet généralement la négative. — Effectivement, le vol, tel qu'il est défini par l'article 379 du Code pénal, suppose *une soustraction frauduleuse* résultant de voies de fait : or, l'abus de confiance et l'escroquerie n'impliquent pas une soustraction faite par un tiers, mais un abandon émané du propriétaire, abandon irréfléchi et auquel il a été amené par des manœuvres frauduleuses, mais qui n'en est pas moins un abandon volontaire de sa part. D'où il suit que l'abus de confiance et l'escroquerie ne doivent pas être assimilés au vol. Et comme le droit de revendiquer les objets volés ou perdus est une dérogation au droit commun, et que les dérogations ne doivent pas être étendues par analogie, il faut en conclure que ce droit n'est pas applicable aux objets qui ont été détournés des mains du véritable propriétaire par suite d'abus de confiance et d'escroquerie (1).

L'article 2281, qui termine le Code, ne contient que des dispositions transitoires.

(1) Marcadé, XII, 306. — Cass., 20 mai 1835, 22 juin 1858. 23 décembre 1863.

FIN DU TROISIÈME ET DERNIER VOLUME.

TABLE DES MATIÈRES

TITRE XIX

De l'expropriation forcée.

TITRE XX

De la prescription.

FIN DE LA TABLE DES MATIÈRES.

www.ingramcontent.com/pod-product-compliance
Lightning Source LLC
Chambersburg PA
CBHW061957220326
41599CB00021BA/3073